일본어 잡지로 본 조선영화 6

일제강점기 영화자료총서 13

일본어 잡지로 본 조선영화 6

한국영상자료원 한국영화사연구소 엮음

Korean Film Archive
한국영상자료원

발간사

　『일본어 잡지로 본 조선영화』 시리즈가 올해로 여섯 번째 권을 발간하게 되었습니다. 일제강점기에 일본어로 발행된 영화잡지들 중에서 '조선영화'와 관련한 기사를 찾아 정리·번역하는 본 시리즈는, 같은 시기 조선어 신문에 수록된 영화 관련 기사를 정리·발간하고 있는 『신문기사로 본 조선영화』와 더불어 초기 한국영화사 연구를 위한 토대를 성실히 구축해왔다는 평가를 받고 있습니다.

　올해 발간되는 『일본어 잡지로 본 조선영화』 6권은 그간 이런저런 사정으로 발간되지 못한 채 누락된 여러 잡지의 원고들을 묶는 한편, 1926년부터 1942년 사이에 발행된 '영화연감' 원고들을 싣고 있습니다. '조선'을 다루고 있는 '일본영화' 〈국경의 노래〉(1926)에 대한 기사를 비롯하여 일본의 영화국책과 관련된 기사들, 최승희가 출연한 〈반도의 무희〉(1936) 상영을 둘러싸고 일본의 팬들이 벌인 소동에 관한 기사, 조선에서 촬영된 일본영화 관련 기사, 그리고 '영화연감'에 수록된 다양한 통계 조사 등은 기존에 크게 다루어지지 않았던 관점에서 '조선'과 '조선영화'를 살펴볼 수 있는 자료가 될 것이라고 생각합니다.

　최근 한국영화사 연구는 일국 영화사를 넘어 국가와 지역 간의 영향 관계를 중심으로 확대되고 있습니다. 이 시리즈는 초기 한국영화사를 보다 넓은 관점에서 재구성할 수 있는 중요한 계기가 되어왔습니다. 앞으로도 한국영상자료원은 한국영화사 연구를 위한 사료 발굴과 공개 임무를 게을리하지 않을 것입니다. 연구자 분들의 기대와 격려, 그리고 애정 어린 비판을 부탁드립니다.

류재림
한국영상자료원장

일러두기

1. 이 책은 '일제강점기 영화자료총서' 시리즈 열세 번째 권으로 기획된 『일본어 잡지로 본 조선영화』 제6 권입니다. 『활동구락부』『활동잡지』『연극과 키네마』『키네마순보』『키네마주보』『영화평론』『시나 리오 연구』『시나리오 행동』『영화의 친구』『스타』 그리고 통칭 '영화연감'에 실린 조선 관련 영화 기 사를 번역·수록했습니다.

2. 이 책의 연구진은 일본 이와테대학(岩手大学) 인문사회과학부 교수 양인실과 한국영상자료원 한국영화사 연구소 연구원 이유미입니다. 양인실은 수록된 자료의 책임 번역 및 해제를, 이유미는 교정과 책임 편 집을 담당하였습니다.

3. 일본어의 한글 표기는 문교부 고시 제85-11호(1986.1.7) 국립국어원 외래어표기법 '일본어의 가나와 한글 대조표'와 '일본어의 표기'를 따랐습니다.

4. 일본어의 한자 고유명사는 음독과 훈독 두 가지 방법으로 읽을 수 있어 한국어 독음 표기에 어려움이 있습니다. 가타카나로 표기된 고유명사도 원어를 확정하기 곤란한 경우가 있었습니다. 독음과 원어를 찾을 수 있는 경우에는 이를 명기하였으나, 그렇지 않은 경우에는 초출에 일반적으로 통용되는 일본 어 독음을 따라 적고 원문의 일본어를 병기하였습니다.

5. 영화명, 특히 일본영화와 서양영화에 관하여는 아래 데이터베이스를 참고하여 원제를 추적하고 부록 의 '영화 정보'로 정리하였습니다.
   - 일본문화청 일본영화정보시스템(Japanese Cinema Database) [http://www.japanese-cinema-db.jp]
   - 일본영화데이터베이스(JMDB) [http://www.jmdb.ne.jp]
   - 키네마순보 영화데이터베이스 [http://www.kinenote.com]
   - The Internet Movie Database [http://www.imdb.com]
   단, 원제를 확정하기 어려운 경우에는 본문에 각주를 달아 원문의 일본어 제목 및 원제 확정이 어려운 사유를 적고 '영화 정보' 비고란에 '추정'이라고 표기하였으며, 데이터베이스에 검색값이 부족한 경우 에는 '영화 정보'에 포함시키지 않고 본문 내에 일본어 제목을 병기하였습니다. 한편 조선영화의 경우 에도 위의 일본영화데이터베이스에 검색값이 있는 작품들은 부록의 '영화 정보'에 포함되어 있습니다.

6. 본 시리즈 2권부터 일본 개봉 시 제목을 독음하여 '다비지'로 표기되어온 이규환 감독의 1937년작은 제목을 번역해 수록하고 있는 다른 작품들과의 형평성을 고려하여 본문에서 '나그네'로 표기하였습니 다.

7. 영화명, 연극명, 곡명은 화살괄호(〈 〉), 도서와 잡지명은 겹낫표(『 』), 기사명과 논문명은 홑낫표(「 」) 로 표기했습니다.

8. 원문의 괄호는 대괄호([ ])로 표기하여, 번역자 및 편집자가 추가한 괄호와 구별하였습니다.

9. 일본어 잡지 원본의 사진이나 이미지는 이 책에 포함시키지 않았습니다. 그 대신 사진이 있는 자리를 표시하고 사진 설명을 달았습니다.

10. 이 책은 2차 저작물이므로 본문에 실린 기사를 인용하실 경우 기사 원문의 출처와 함께 이 책에서 인 용하였음을 반드시 명기해주시기 바랍니다.

차례

1부

활동구락부(活動俱樂部)

1924년 2월 | 제7-2호 | 88~89쪽

〈열녀 춘향전〉

조선에 싹튼 순영화극

동아문화협회(東亞文化協會) 특작 〈열녀 춘향전〉

새롭게 발전하는 조선영화계를 위해

아름다운 자연과 시와 같은 전설로 키워진 조선, 그곳에는 같은 동양의 정조로 가득 찬 많은 가인과 재주꾼들의 이야기가 있다.

그리고 그곳에 나타난 의리와 용감함과 강한 의기는 우리 혼에까지 울림을 주었다. 우리는 지금 형제 조선을 알지 않으면 안 된다. 지금까지보다 더 많은 이해와 사랑을 가지지 않으면 안 된다. 이즈음에 조선의 문화사업에 항상 진력해온 동아문화협회가 다음과 같은 영화극을 촬영했다는 것은 실로 의의가 있는 시도일 것이다. 조선을 이해하기 위해, 조선인을 사랑하기 위해 운 좋게 이 영화가 모든 사명을 다해주기를 바란다.

〈열녀 춘향전〉 전(全) 1만 척

조선 동아문화협회 작(作)

감독 하야카와 고슈(早川孤舟) 씨

역할

퇴기 월매의 딸 춘향 한용(韓龍) 여사[1] **이 부사의 아들 도령** 김조성(金肇盛) 씨 **춘향의 하녀 향단** 윤경옥(尹慶玉) 여사 **남원부 사령 방자** 최영완(崔泳完) 씨 **행수기생** 천순옥(千淳玉) 여사 **춘향의 어머니 월매** 이성(李姓) 여사

줄거리 예전부터 절세미인은 강산의 정기를 받아서 태어난다고 전해지는데, 호남 남원부는 동(東)으로는 지리(智異)의 영산(靈山)을 두고 서(西)로는 적성(赤城)의 청강(淸江)을 두고 있기 때문인지 재색을 겸비한 데다가 정절로는 고금에 빛나는 아름다운 춘향을 낳았다. 이 춘향이야말로 수많은 복잡한 로맨스와 파란 넘치는 생애를 보낸, 다시 말하자면 본 영화의 주인공인 것이다.

그 무렵 여기에 시정(施政)으로 부임한 이(李) 부사는 선정을 펼치고 공덕을 쌓아 부민으로부터 자애로운 아버지처럼 존경을 받고 있었다. 그리고 이 부사에 대한 공덕비가 가는 곳마다 세워졌다. 그 아들인 도령 또한 박학다식하여 아버지에게 지지 않는 유위(有爲)한 인물이었다.

어느 초봄 아침, 도령은 하인을 불러 말을 광한루로 끌게 하여 그 절경에 빠져 있었다. 그때 우연히 월매의 딸 춘향을 보았다. 도령은 한눈에 빠져 그때부터 항상 춘향에 대해서만 생각하고 앓게 되었다. 춘향도 같은 생각으로 도령을 연모하는 마음은 주야로 마음에서 떠나지 않았다. 어느 밤 도령은 결국 춘향의 집에 가서 어머니의 허락을 받아 춘향과 백년을 가약할 수 있었다. 둘은 끝없는 열락에 며칠을 꿈처럼 보냈다.

그러고 나서 얼마 되지 않아 도령의 아버지 이 부사는 내각에 이름을 올리게 되어 한양으로 가야 했다. 도령은 춘향도 동행하도록 아버지에게 간절히 부탁하지만 허락받지 못했다. 눈물의 하룻밤도 밝아와 도령은 비련의 정에 울면서 한양으로 서둘러 갔다. 춘향은 하루 종일 병을 앓게 되었다.

3년은 꿈처럼 지나 남원 부사는 세 번 교체되었다. 신임 부사 변학도는 유명한 호색한이었다. 때마침 춘향의 미모를 들은 그는 부하들의 만류도 듣지 않고 폭력을 써서 바로 춘향을 불렀다. 부름을 받은 춘향은 약한 목소리에 힘을 실어 도리를 역설

---

1)　한명옥(韓明玉)으로도 알려져 있다.

하고 그 무도함을 반문했다. 변학도는 결국 화를 내며 춘향을 장형에 처해 기절시켰고 나아가 칼을 씌우고 쇠고랑을 차는 중형으로 투옥시켰다. 이를 들은 남원 부민은 통곡했고 부사에 대한 원망의 소리가 마을에 가득 찼다. 하지만 사법행정관을 겸하는 부사에게는 도저히 대항할 수 없었다.

한편 변 부사는 오는 8월 15일에 행하는 자신의 생일연회 석상에서 춘향을 사형에 처한다는 내용을 공표했다. 이를 들은 옥리는 너무 심한 처사에 아연실색하여 끝내 춘향이 한 통의 편지를 쓰는 것을 허용하였고, 방자를 불러 이를 한양의 도령에게 급히 전달시켰다.

그 무렵 도령은 과거[지금의 문관시험]에 우등으로 급제, 즉시 호남 어사로 파견되어 걸인의 행색으로 시정의 가부와 민정을 탐사하면서 오한군(伍寒郡) 부근에서 방자와 우연히 만났다……. 얼마 후 걸인 행색의 어사는 변학도의 연회에 출석을 간청하여 사실을 확인했다. 그리고 연회 중간에 한양에서 온 사령들이 남원부에 나타났다. 남원 부내는 이 때문에 깜짝 놀랐다.

무고한 백성은 석방되고 드디어 춘향도 구명되었다. 전날의 걸인이 오늘의 어사, 게다가 자신의 남편이었다는 것을 알고 춘향은 기쁜 나머지 인사불성이 되었다.

푸르른 봄날, 해가 뜬 아침에 도령과 춘향의 사랑은 되살아났다. 얼마 안 되어 두 사람은 같이 한양으로 서둘러 갔다.

이상이 극의 줄거리이다. 우리 나라에도 종래 각종 지나극(支那劇)이 촬영되었는데 세트나 의상에 심각하게 잘못된 부분이 많았고 대체로 식자들의 웃음을 사고는 했다. 지나문화가 과반(過半)인 조선영화는 지나극 지나풍속에 대한 우리 관상안(觀賞眼)의 각도를 바로잡아줄 것이다.

게다가 출연 배우는 모두 조선인이다. 장면도 상당히 우수하게 촬영되었고 변화도 풍부하니 상영하면 제군(諸君)에게 꽤 많은 참고가 될 것이다. 일부러 여러 제군에게 소개하는 이유이다.

활동잡지(活動雜誌)

1924년 7월 | 제7-7호 | 70~71쪽

선지(鮮支)영화계 단신
일본영화 천지가 대부분

조선부터 북청(北淸)까지 다녀온 사람의 이야기에 따르면, 경성영화계는 꽤 성황을 이루고 있다고 한다. 조선인 전문관 세 관에 대해 내지인의 상설관은 네 관 정도 있는데 조선인에게 시대영화 내지는 구극(舊劇)영화라는 것은 전혀 화제가 되지 않는다고, 다시 말해 조금도 흥미를 자아내지 않는다고 한다. 그러나 신파가 되면 대부분 이해가 되어서인지 인기가 있으며 역시 미국영화의 활극물, 인정극, 정희극(正喜劇)이 조선인들이 좋아하는 영화이다. 조선인 전문관은 물론 조선어로 설명한다. 그러나 그 이전에 조선인과 일본인이 한데 뒤섞여 보는데 일본인이 많으면 선인(鮮人)들에게 줄거리를 설명해주고 화면에는 일본어를 사용했다고 한다. 역시 현대의 선인들은 보는 것만으로는 만족하지 못하고 선인문화를 위해서 영화를 이용하고자 하는 기운도 꽤 농후하다고 한다. 그러므로 수출영화 여부에 개의치 말고, 배미(排米)영화운동의 제1보(步)도 아닌, 내지의 연장으로서 적어도 조선 정도까지는 일본영화의 완전한 세력 범위로 하지 않으면 안 될 것이다.

천진(天津) 지방은 역시 유사물(Universal社物) 따위가 활개를 치고 있어서 가끔 러시아물이나 독일물이 와도 그다지 화제가 되지 않는다. 그런데 지나인 관객 심리라는 것도 이상한 것이, 악하게 되고자 50전의 입장료를 비싸다고 여기지 않고 입장한다. 왜냐하면 새로운 절도 방법을 영화로 배울 수 있고 이를 이용하여 새로운 수법으로 도둑질을 한다면 입장료 정도는 싸다며 대놓고 영화를 악용(惡用)하기 위해 보러 오는 자도 있다는 것이다. 반은 과장이라 치더라도 매우 이상한 이야기이다. 이에 북경 정부도 영화 무검열이라는 느긋한 신참의 태도를 취할 수 없게 되어 기어코 작년 즈음부터 역시 영화 검열을 시작했다는데, 범죄 방면(方面)도 그렇게까지 가버리면 철저하다. 한편 북경 방면에서 일본영화는 역시 풍속 습관이 상이하기 때문인지 화제에는 오르지 못한다. 대(對) 지문화(支文化) 사업으로 영화를 이용하자는 말이 있어서 북경 공사관에 갔더니 섭정궁(攝政宮) 전하[2]가 유럽에 가셨을 때 영화를 찍은 이야기 등 괜찮은 이야기임에는 틀림없었다. 하지만 외무성 등에서 낮잠 잘 시간에 적당한 작품을 더 많이 생각해주었으면 한다고 말했다. 그래 봤자 지나인의 복장이나 무대 관계가 서양과 유사하기 때문에 아무래도 앉아서 이것저것을 하는 일본영화는 선생들의 흥미를 끌지 못한다고 했다. 문화생활을 하고 있는 일본인을 주인공으로 한 신파극이라면 인기가 있다고 한다.

남지나-상해 중심의 지방은 확연히 다른 듯한데, 북지나는 아직 유치한 영화 취미에서 벗어나지 못하고 있다. 플래시와 컷백(cutback)이 가득한 미국영화는 지나인의 태평스런 기분과는 경향을 조금 달리하고 있다고 할 수 있다. 다시 말해 짧고 재미있는 작품을 손쉽게 빨리 보기보다, 재미없는 작품이어도 참으면서 길고 긴 작품을 천천히 보지 않으면 활동 구경을 간 기분이 들지 않는다는 일본의 일부 구경꾼과 같은 심리로 움직이고 있다고 해도 지장이 없을 것이다. 아무튼 도둑술(術) 연구를 위한 활동사진 구경 같은 것이 요사이 알려져 있는 것 같다.

덧붙여 다음 호에는 지나의 팬 및 지나어에서 드러나는 외국영화 제명이나 배우명을 소개하겠다.

---

2)   쇼와 천황 히로히토(裕仁)를 말한다. 당시 황태자였던 히로히토는 1921년 11월 25일부터 1926년 12월 25일까지 섭정을 했다.

1924년 7월 | 제7-7호 | 70~71쪽

조선에서 영화제작을 개시

영화계가 발전함에 따라 조선에도 많은 상설관이 경영되고 있다. 조선인 배우가 제작한 영화는 겨우 몇몇의 손일지라도 계획되고 있는 듯한데, 이번에 부산의 명사인 나데 오토이치(名出音一)[회사 중역], 가토 세이이치(加藤清一)[병원장], 와타나베 다쓰사우(渡邊辰左右)[화가], 구보타 고로(窪田梧樓)[변호사 회장], 다카사 간초(高左貫長)[승려] 등이 발기하여 조선키네마주식회사를 설립하고 니혼대학교 출신의 군헌을 좌장으로 하는 신극단 조선문예협회[여배우는 8명 있음]의 일단(一團)을 전속으로 영화제작을 개시하게 되었다. 영화를 통해 내선친화의 결실을 꾀하는 동시에 내지인들에게 조선의 사정을 널리 소개하게 될 터이다. 다카사 간초 씨는 지금 본소(本所)인 법은사(法恩寺)에 체재하면서 제반의 준비를 하고 있는데, 조선키네마사의 영화는 닛카쓰(日活), 쇼치쿠(松竹) 등과 제휴하여 내지의 각 관에서 상영하기로 했다고 한다.

연극과 키네마(芝居とキネマ)

1924년 10월

조선키네마와 쇼치쿠의 조선극

사진(상단 오른쪽) ∣ 조선 경성에 '조선키네마'라는 영화회사가 생겼습니다. 그리고 뛰어난 조선 배우들이 많이 나타나고 있습니다. 이 사진은 처녀작 〈해의 비곡〉의 주역 이방원(李芳元)으로 분한 이주경(李周璟)입니다.[3]

사진(가운데) ∣ 조선키네마의 스타인 여배우 '이월화(李月華)'입니다. 나이는 스물셋, 원래 무대예술협회라는 극단의 스타로서 무엇을 시켜도 재주 있게 해내는 쾌활한 여성입니다. 표정 등도 능숙한 사람입니다.

사진(중단 왼쪽) ∣ 조선키네마의 〈해의 비곡〉에 이방원의 아내로 분한 여배우 이채전(李彩田).[4] 나이는 서른이 넘었지만, 약간 수수한 예풍(藝風)으로 '슬픔'이 있는 얼굴입니다.

사진(하단 오른쪽) ∣ 조선 복장의 가와타 요시코(川田芳子)[쇼치쿠 키네마]. 〈역류에 서서〉 로케이션에서 돌아오는 길, 지바현(千葉縣) 기노시타(木下).

---

3) 『실록 한국영화총서』(김종욱 편저, 국학자료원, 2002)에는 이주경이 분한 〈해의 비곡〉의 주인공이 이호영 (李浩永)으로 나와 있다.
4) 앞의 책에는 〈해의 비곡〉에서 이채전이 분한 역할은 안종화(安鐘和)가 분한 진문기(陳文基)의 애인이라고 나와 있다.

연극과 키네마 **19**

사진(하단 가운데) | 〈역류에 서서〉 로케이션. 조선 여자들이 세탁하는 모습입니다. 장소는 지바현 기노시타[쇼치쿠 키네마].

사진 | 조선 복장의 하야시 치토세(林千歲)[쇼치쿠 키네마].

1924년 12월

여배우의 집(2)
조선키네마 이월화

사진 | 부산에 새로 생긴 조선키네마주식회사의 새로운 스타 이월화 양입니다. 이월화는 조선키네마사의 첫 번째 작품인 현대 비극 〈해의 비곡〉에 섬 아가씨와 혜옥(惠玉)이라는 두 역할을 연기하며 소박한 예풍을 보여주고 있습니다. 그리고 조선키네마는 두 번째 작품으로 시대극을 계획하고 있다고 합니다만, 이월화는 여기에서도 주연을 맡을 것입니다. 현재 이월화는 어머니와 단둘이 오붓하게 살고 있다고 합니다.

키네마순보

1927년 5월 21일 | 제262호 | 47쪽 | 일본영화 소개

〈국경의 노래〉

쇼치쿠 가마타(蒲田) 영화

원작 및 각색자 시노야마 긴요(篠山吟葉) 씨

감독자 쓰타미 다케오(蔦見丈夫) 씨

촬영자 오하라 조지(小原讓治) 씨

주요 역할

여급 쓰타에(つたえ) 다나카 기누요(田中絹代) **애인 가즈마(一馬)** 오시모토 에이지(押本映治) **요리사 이원응(李元應)** 오카다 소타로(岡田宗太郎) **이(李)의 딸 도화(桃花)** 다카오 미쓰코(高尾光子) **아오누마(靑召)의 데쓰지로(鐵治郎)** 와카바야시 히로오(若林廣雄) **카페 주인** 도다 헤키류(戶田辨流) **마적 대장** 오기노 사다유키(荻野貞行)

해설 오랫동안 병으로 휴양 중이었던 쓰타미 다케오 씨가 감독·제작한 군사극이다.

줄거리 카페 '하루사메(ハルサメ)'의 여급 쓰타에는 세상에 하나뿐인 애인 가즈마가 조선에 국경 경비병으로 가지 않으면 안 되자, 이에 울적하게 이별을 이야기하던 차, 오랫동안 병상에 있던 어머니가 급변했다는 연락을 받았다. 밤거리를 서둘러 돌아가던 도중, 돈의 힘으로 그녀를 얻으려 하여 쓰타에가 송충이처럼 싫어하던 아오

누마의 데쓰지로 일당에게 유괴된다. 자동차에 실려 가려던 찰나, 그곳을 지나던 가즈마의 도움으로 그녀는 무사히 집으로 돌아오지만 어머니는 이미 돌아가셨다. 드디어 출정의 날이 왔다. 요리사 이 씨는 이때 처음으로 신상(身上)에 대해 말했다. 지금으로부터 3년 전 도화라는 딸을 마적에게 빼앗기고 그대로 생이별했는데, 그 딸이 어떻게 지내고 있는지 걱정이 된다는 것이었다. 조선으로 건너간 후 수개월이 지난 어느 날, 가즈마는 한 소녀를 도와주게 되는데, 그 소녀가 도화였다. 갑자기 건너편 기슭으로 모여드는 마적 일대(一隊). 평화로운 마을이 말 그대로 처참한 폭풍에 휩싸이려는 순간, 가즈마는 한 명을 본대(本隊)로 보내고 자신도 무장하여 문밖으로 나가려고 한다. 그러나 발포하면 마적이 마을 사람들을 모두 죽일 것이라는 도화의 말에 눈물을 머금고 저항하지 않았다. 하지만 마적들은 이를 빌미로 마을 곳곳을 유린하고 도화를 뺏으려 하였다. 인내심의 한계를 넘은 가즈마는 수많은 적과 싸웠다. 힘을 다해 싸운 가즈마는 불행히도 적탄을 맞는다. 자, 사건은 어떻게 전개될 것인가.

1927년 5월 21일 | 제262호 | 58쪽 | 영화평

〈국경의 노래〉

쇼치쿠 가마타 영화

원작 및 각색자 시노야마 긴요 씨

감독자 쓰타미 다케오 씨

촬영자 오하라 조지 씨

주연자 오시모토 에이지 씨

소개 제262호

줄거리가 산만하다. 주제가 희미하다. 이래서는 중심인물 가즈마도, 카페의 여급 쓰타에도, 요리사 이원응도, 이(李)의 딸 도화도 그 누구도 살리지 못한다.

이 파국은 활극적인 군사극(軍事劇)과 소곡영화(小唄映畫)[5]를 무리하게 하나로 만

---

5)   무성영화 시기에 유행가를 삽입한 영화들을 일컫는다. 당대 유행가 〈시들은 방초(枯れすすき)〉를 주제가로

들려고 한 것에서 기인한다.

각색도 쓸데없는 부분이 꽤 많았다. 특히 가즈마가 출정하기 전 부분 등은 지극히 지루하다.

감독도 많이 한심하다. 제일 힘을 들이고 있는 듯한 마적 습격 같은 것도 실로 조잡하다.

주연 오시모토 에이지 씨는 군복을 입고 나서는 그나마 나았다. 다나카 기누요 양의 연기는 힘이 없고 존재감도 약하다. 다카오 미쓰코 양, 마적 습격 장면에서는 연기가 너무 과했다.

그리고 조선 가옥 세트는 좋지 않았다. 조선인 집은 저렇지 않다.

흥행가치 군사영화, 소곡영화

[5월 22일 아사쿠사 덴키칸(淺草電氣館)]

기타가와 후유히코(北川冬彦)

1930년 4월 21일 | 제363호 | 13쪽

〈잔다르크〉 조선 상영 금지

내무성의 영화 검열을 패스하면 일본 전역의 영화흥행에 지장이 없다는 것은 종래의 상식이었으나 사실은 그렇지 않다. 야마니양행(ヤマニ洋行)이 수입한 예(例)의 〈잔다르크〉가 조선총독부의 검열에 걸려 조선에서의 흥행 권리가 수포로 돌아가는 결과를 초래했다. 다시 말하자면 내무성의 검열 효력은 일본 본토와 홋카이도, 사할린으로만 한정되어 조선 및 대만은 각각 단독으로 검열을 받아야 한다. 따라서 이 지방에 흥행 권리를 양도하는 것에 대해서는 상당히 신중한 태도로 관여하지 않으면 안 될 것이다. 그러나 조선, 대만 각 총독부가 패스(pass)시킨 영화는 양토(兩土) 내에

한 영화 〈뱃사공의 노래(船頭小唄)〉(池田義信, 1923)의 히트를 계기로 양산되었으며, 영화 중간 가사가 자막으로 나오고 변사 혹은 가수가 노래를 불렀다고 한다.

서는 자유롭게 흥행할 수 있으므로 내지에서 허가를 받지 못한 작품이라도 조선, 대
만에서는 흥행하기도 한다. 〈잔다르크〉의 경우는 마지막에 대중들이 밀려드는 신
(scene)이 금기에 저촉되었다고 한다.

1930년 4월 21일 | 제363호 | 79쪽 | 일본영화 소개

〈승방비곡〉

조선동양영화사 현대영화

원작자 최독견(崔獨鵑)

각색 및 감독자 이구영(李龜永)

촬영자 이명우(李明雨)

주요 역할

이필수(李弼秀) 이경선(李慶善) **최영일(崔英日)** 함춘하(咸春霞) **김명숙(金明淑)** 김연실(金蓮實)
김명진(金明鎭)[명숙의 오빠] 윤봉춘(尹蓬春)[6] **김은숙(金恩淑)** 정숙자(鄭淑子) **음전이(音全)** 전
광옥(田光玉)[7]

해설 이구영 씨의 〈아리랑〉[8]에 이은 작품이다.

줄거리 부잣집 망나니 아들 이필수는, 오빠의 노동으로 학자금을 얻어 미술여학
교에 통학하는 김명숙을 임신시키자 도쿄에 유학한다는 구실로 명숙을 버리고 여류
음악가 김은숙에게로 도망친다.

　명숙의 오빠 명진은 필수의 아버지가 자신의 연인 음전이를 능욕하고, 지금 또
산후(産後)로 실명하여 아버지 없는 아이를 떠안고 있는 여동생 명숙을 보자 격노한
나머지 필수네 집 방화를 기도한다. 하지만 이마저 미수로 그치고 체포되어 감옥에

---

6)　'尹蓬春'의 오식으로 추정된다.

7)　전옥(全玉)을 일컫는 것으로 추정된다.

8)　〈아리랑 후편〉(1930)을 일컫는 것으로 추정된다.

간히는 신세가 된다.

운외사(雲外寺) 해암선사(海巖禪師) 밑에서 고아로 자라난 영일은 불교에 귀의한 몸이면서도, 금강산에서 우연한 기회에 만난 은숙을 연모한다.

이리하여 순진한 명숙은 필수를 찾아 방랑하고 은숙과 필수, 영일을 둘러싼 애욕의 삼각관계가 전개된다.

1930년 4월 21일 | 제363호 | 79쪽 | 일본영화 소개

〈철인도〉

조선○□△사[9] 현대영화

원작·각색 및 감독 춘사(春史)

촬영 이필우(李弼雨)[10]

주요 역할

개고기(改古器)[11] 나운규 **경칠삼(景七三)** 임운학(林雲鶴) **서재운(徐在運)** 박제행(朴齊行) **서(徐)마리아** 김연실 **마진금(馬眞金)** 박연익(朴演翊) **원십장(元十長)** 이영철(李榮哲)

해설 〈벙어리 삼룡〉에 이은 춘사의 작품이다.

줄거리 무학(無學) 문맹으로 자전거 장사를 하는 개고기와 경칠삼은 숙적으로 시종 싸우기만 했다. 목사인 서재운은 둘을 위해서 화해시키도록 애쓰지만 싸움은 점점 커지기만 했다.

서 목사의 딸 마리아의 아름다운 모습에 광산 인부들의 우두머리 원 십장은 부하를 데리고 마리아를 유괴하였다.

서 목사의 탄식을 보고 고기와 칠삼 두 사람은 화해하여 십장으로부터 마리아를

---

9) 원방각사(圓方角社)로 표기되는 경우도 있다.

10) 『실록 한국영화총서』에는 촬영이 이명우라고 나와 있다.

11) 介古器로 표기되는 경우도 있다.

되찾고, 마리아의 친절함에 감복해 야학교에서 열심히 공부하게 되었다.

사진 | 〈철인도〉 조선○□△사 춘사 작품. 김연실 양과 나운규 씨.

1930년 4월 21일 | 제363호 | 97쪽 | 촬영소통신

조선영화통신
[3월 22일 조사]

▽ 조선영화사, 제2회 작품으로 안종화 감독하에 〈나의 학생시대〉 8권 촬영 중.[12]

▽ 아성(亞星)키네마 프로덕션, 왕덕성(王德星)의 〈회심곡〉에 이어 제2회 작품으로 〈맹인의 노래(盲人の唄)〉 목하 각색 중.

▽ ○□△사, 나운규 〈아리랑〉에 이어 〈철인도〉를 촬영 중, 4월 1일 완성 예정.

▽ 예술연맹이동파(藝術聯盟移動波), 제1회 작품으로 〈지지 마라 순이야〉를 남궁운(南宮運) 감독 촬영 중.[13]

▽ 금강키네마 프로덕션, 제4회 작품 이원용(李源鎔) 주연 '제목 미정'을 촬영 개시.

▽ 유봉렬(柳鳳烈) 프로덕션, 〈춘향전〉 10권을 유봉렬 감독하에 촬영 중.

▽ 동양영화주식회사, 제1회 작품 〈승방비곡〉 12권을 김연실 첫 주연으로 이구영 감독하에 촬영 중.

▽ CK 프로덕션, 제2회 작품으로 김영환(金永煥) 감독 〈원한(怨恨)〉에 근일 착수.

---

12) 원문에는 "私の学生時代"로 표기되어 있다. 후에 〈노래하는 시절〉(1930, 안종화)로 발표된 작품을 일컫는 것이 아닌지 추측된다. 단, 1930년 9월 공개된 〈노래하는 시절〉(1930)은 이우(李愚), 안종화, 김영팔(金永八) 등이 주축이 되어 설립된 X키네마사 제1회 작품이다. 한편, 최남주(崔南周) 프로덕션 제2회 작품으로 최남주가 제작·연출·출연한 '한국 최초의 스포츠영화' 〈학생시대〉(개봉여부 미상)가 비슷한 시기 제작되고 있었다. 두 편 모두 본문에서 제공되는 정보와 일치되지 않으므로 〈나의 학생시대〉가 어떤 작품인지 단언할 수 없으나, 이후에 게재된 기사(통권 제370호, 조선영화통신)를 참고하건대 전자가 아닐까 추측한다.

13) 『실록 한국영화총서』에 따르면, 〈지지 마라 순이야〉는 태양키네마사 이동영화제작단 제1회 작품으로 김창선(金昌善) 제작, 김태진(金兌鎭) 감독, 남궁운 각색으로 제작되었으나 미완성이라고 한다.

1930년 5월 1일 | 제364호 | 131~132쪽 | 지방통신

경성통신

지난 석 달 동안 경성의 외국영화계 개황을 말씀드리겠습니다.

최초로 발성영화가 공개되었기 때문에 1930년 1월은 조선의 영화흥행사에 영구히 기억되어야 합니다.

주오칸(中央館)[이는 내지인 측의 상설관입니다. 내지인 측, 선인 측이라고 굳이 구별하는 것이 제 본의는 아닙니다만, 항상 진취적이며 희생적인 활동을 지속하고 있는 선인 측 상설관의 사실을 전달하기 위해서 그리고 그 노력에 만강(滿腔)의 사의(謝意)를 표하는 의미에서 잠시 이를 허용해 주세요]에서 YMCA 주최하 사운드 버전 〈네 장의 날개〉〈야구시대〉〈나이트클럽〉을 상영한다고 하여 호기심을 점점 부채질 당한 수많은 팬들이 무서울 만큼 기대하고 있을 때, 돌연히 정말 돌연히 혜성처럼 예고 같은 예고조차 없이 선인 측 상설관 단성사에서 〈드라몬드 대위〉〈유랑배우〉를 공개했습니다. 작년 8월 1일 마키노의 〈모도리바시〉를 주오칸에서 상영했지만, 이것은 토키라고 하기에는 너무 빈약한 그저 토키의 장치를 하고 있었다는 정도의 작품인 데다가 원래 첨물(添物)로—사실은 첨물도 되지 않는 정도의 작품이었습니다—공개했으므로 화제는 아니었습니다. 외국영화로 나아가 정정당당하게 발성영화라고 이름 붙일 수 있는 사운드버전으로 프로그램 전부를 상영한 단성사의 이번 흥행을 저는 조선 최초의 공개라고 하겠습니다.

지금부터 제가 본 영화를 그 순서대로 조금씩 서툰 감상을 곁들여 말씀드리겠습니다.

ⓩ 조선극장 ⓣ 단성사(團成社) ⓤ 우미관(優美館) 이상 선인 측

ⓙ 주오칸(中央館) ⓚ 기라쿠칸(喜樂館) ⓛ 도아구락부(東亞俱樂部)

〈천하무적의 대맹습〉 ⓩ 제가 올해 처음 본 영화. 1930년은 톰 믹스(Tom Mix)로 열었습니다. 톰 믹스는 변함없이 정한(精悍) 그 자체, 그저 당신은 토니와 함께 뛰어다녀준다면 그것으로 좋아.

〈뉴스전진곡〉 ⓩ 사실적 흥미와 닉 스튜어트(Nick Stuart)라는 배우의 존재.

〈야구왕〉 ㉛ '워밍 업(Warming Up)'이라는 원제부터 남성적이고 용맹하네. 정평 있는 프레드 뉴메이어(Fred Newmeyer)의 스포츠영화. 언제 봐도 상쾌한 리처드 딕스(Richard Dix), 마지막 백열전의 훌륭한 카메라 앵글. 그래 맞다, 이 야구영화에는 투 아웃 투 스트라이크 쓰리 볼 후의 핀치 히터가 홈런을 날린다는 정석이 없었다.

〈죽음의 북극탐험〉 ㉗ 〈창〉〈잔바〉 등을 훨씬 뛰어넘는 것을, 그것도 많이 지닌 실사영화. 백경(白鯨)과 백곰의 포획. 이렇게까지 진실한 포획의 실황을 보여준 적은 없었다. 전편(全篇)이 압권이다. 헤럴드 섬에서 행방불명이 된 선구자들의 유해와 유품.

〈호랑이 부인〉 ㉚ 신분이 미천한 남자가 고귀한 여성을 사랑한다는 아돌프 멘주(Adolphe Menjou) 전매의 스토리는 조금씩 질려왔다. 에버린 브렌트(Evelyn Brent)가 그 요염한 자태를 보이지 않았다면 이 영화는 필시 재미없었을 거예요.

〈어머니〉 ㉚ 주연인 어머니 역은 정평 있는[?] 메리 카(Mary Carr) 아주머님이 맡으셨습니다.

〈스피디〉 ㉙ 조선에서는 2년 넘게 기다려야만 볼 수 있는 파라마운트 로이드(Harold Lloyd) 영화 '스피디(speedy)'. 근대적 울림을 가지는 제목과 뉴욕 시내의 로케이션, 눈이 돌아갈 것 같은 그 훌륭한 스피드. 로이드 희극에 덧붙여진 스피드의 쾌감, 베이비 루스(Babe Ruth)여, 아예 활동배우가 되는 것은 어떨까요?

〈연인〉 ㉛ 미남 라몬 나바로(Ramon Novarro)와 미녀 앨리스 테리(Alice Terry)의 콤비네이션, 그리고 존 스탈의 풍미. 나바로가 검을 가지고 싸우는 남자다움을, 여성화한 미남 하야시 조지로(林長二郎)[14]의 검극과 비교하지 마시도록.

〈함대입항〉 ㉛ 클라라 보(Clara Bow)의 흥행가치, 능숙한 제임스 홀(James Hall)과 신인 잭 오키(Jack Oakie)의 상대는 나쁘지 않다. 말 싱클레어 감독, 마지막 자막이 "I Love You", 미국 수병들, 정말 좋은 환경이네요.

〈대제의 밀사〉 ㉛ 유럽영화계의 오래된 얼굴 이반 모주힌(Ivan Mozzhukin)과 나탈리 코방코(Nathalie Kovanko). 테크니컬러가 지나 요리라면 파테(Pathé)컬러는 일본 요리 같은 느낌.

---

14) 하세가와 가즈오(長谷川一夫)라는 이름으로 더 유명하다.

〈돌격 믹스〉 ㉭ 믹스가 오토바이를 타고 왔습니다, 배리 노턴(Barry Norton)을 이런 영화로 만나게 될 줄이야.

1930년 1월에 27일! 29일부터 주오칸의 발성영화를 기대하고 있는 저에게 이 날은 정말 느닷없었습니다. 저는 단성사의 이 기획을 당시 얼마나 칭찬했는지. 그리고 언제나 선인 측 상설관의 활약에는 항상 크나큰 경의를 표합니다.

이 날 처음으로 만화 토키를 두 편 제공해주었습니다. 이 세상과 동떨어진 초현실적인 만화, 현대인의 정신생활에 실로 중요한 의의를 가지고 있는 희극 중 하나인 만화, 그 자체가 이미 유쾌한 것임에도 불구하고 더 나아가 사운드가 되어서는 소리의 개그, 소리의 유머가 부가되어 있으니 너무 좋습니다. 정말 토키만화의 존재를 기뻐하고 있습니다.

〈드라몬드 대위〉 ㉠ 필름식 RCA 포토폰, 반주와 의음(擬音)의 사운드판, 실로 시종일관 떠들썩한 반주였어요.
〈유랑배우〉 ㉠ 마찬가지로 필름식 RCA 포토폰, 반주와 의음 그리고 마지막 한 권에서 앨런 헤일(Alan Hale), 르네 아드레(Renée Adorée), 프레드 코라(Fred Kohler), 클라이드 쿡(Clyde Cook)이 말하기 시작한다는, 어울리지 않는 형식의 파트 토키. 그러나 조선에서 미국 배우의 목소리를 들은 것은 실로 이것을 효시로 하는…… 언제까지나 잊지 못할 것입니다. 어떻습니까, 앨런 헤일의 능숙한 연기는……. 저는 르네 아드레도 매우 좋아합니다, 클라라 보 등보다도 훨씬. 파테의 상표, 예의 닭이 꼬끼오 하고 우는데 엉겁결에 웃음이 났습니다. 그 한마디 한마디는 이해하지 못했지만 마지막 대사에서 마음이 확 조여오는 듯한 기분이 들었습니다.

이 날 스크린에 사운드트랙이 비치어 눈에 거슬렸지만, 그 변화와 들려오는 사운드와의 동시성이 매우 재미있고 유익하여 참고가 되었습니다.

대대적인 선전으로 엄청난 인기가 집중되고 있습니다만, 단성사에 완전히 기선을 제압당했습니다. 29일에 발성영화가 공개되었음에도 흥행 성적으로 보면 단지 콧대가 꺾였다는 것뿐, 첫날부터 입장객이 엄청났습니다. 단성사 쪽으로 가서 선인 측 영화를 보는 사람들은 정해져 있습니다. 그 이외의 사람들은 역시 이쪽으로 올 테니까요.

여기에서 단성사에서처럼 처음으로 파라마운트의 스크린 송을 두 곡 경험하였습니다. 필름식으로 이번 프로그램 중에서 평판이 가장 좋았던 모양입니다. 토키 만화에는 정말 굉장한 앞날이 있다고 생각합니다.

〈야구시대〉 ㉿ 필름식 파라마운트 올 토키, 그리고 야구극(野球劇) 최초의 토키. 이것이 사일런트였다면 재미없었겠죠. 잭 오키의 연기를 차용한 그웬 리(Gwen Lee)의 교성이 인상에 남았습니다. 그러나 아무튼 토키라는 물건은 잘도 떠드는 시끄러운 녀석이에요.

〈네 장의 날개〉 ㉿ 파라마운트 디스크식 토키, 리처드 알린(Richard Arlen), 페이 레이(Fay Wray), 클라이브 브룩(Clive Brook), 윌리엄 포웰(William Powell), 노아 비어리(Noah Beery)의 호화로운 면면, 소녀 시절을 연기하는 필립 드 라시(Philippe De Lacy)를 추천. 토인과 원숭이와 하마의 습격을 받는 부분의 뛰어난 촬영과 편집이 주는 스릴. 성채(城塞)를 멀리서 찍다가 정면으로 다가와 정상의 경비 초소를 가까이에서 찍는 카메라 테크닉.

〈내일의 결혼〉 ㉿ 발성상영을 기대하여 외출했더니 첫날 완전히 선인 관중에게 배척당하여 이튿날부터 무성으로 상영. 모처럼 (내지인 관에) 선수를 쳤던 단성사의 사람들도 실망했을 것입니다. 조선에서는 벌써 토키에 암운이 드리우기 시작했습니다. 팻시 루스 밀러(Patsy Ruth Miller)의 노래를 들을 수는 없었지만 17, 8살의 소녀 시절부터 40대에 이르는 메이크업과 그 연기가 볼 만했습니다.

〈공중전전〉 ㉿ 이번에는 믹스가 비행기 위에서 활약한다. 예의 승마 모습에 뒤지지 않는 곡예 비행.

〈뉴욕광상곡〉 ㉿ 커다란 의자와 전화기에 작고 작은 몬테 블루(Monte Blue)

〈레뷰시대〉 ㉿ F.N.사(First National社) 발성영화. Baby-faced-star Alice White. 프레드 코라(Fred Kohler)의 당당한 관록, 화이트의 끈끈한 노래 소리와 아직 완전히 발달이 덜 된 몸.

〈억지 탐방대파발〉 ㉿ 몬티 뱅크스(Monty Banks) 주연의 슬랩스틱 코미디.

〈강〉 ㉿ 이런 역에 딱 맞는 찰스 패럴(Charles Farrell)과 발굴된 메리 던컨(Mary

Duncan). 어네스트 파머(Ernest Palmer)의 카메라, 패럴은 눈보라 속에서 알몸으로 나무들을 베어 쓰러뜨립니다. 사일런트의 깊이를 오랜만에 절실하게 느꼈습니다.

〈활동배우〉 ㉨ 이런 종류의 영화가 갖는 독특한 매력. 무엇보다도 제일 기뻤던 것은 갑자기 백발을 늘린 작은 찰리 채플린(Charles Chaplin)이 그 본모습을 접사하고 있었다는 점일지도……. 아쉽게도 2, 3커트, 저는 매우 아쉬웠습니다. 인디언처럼 색이 검은 듯한 더글러스(Douglas Fairbanks)의 맨얼굴, 노마 탈마지(Norma Talmadge), 윌리엄 S. 하트(William S. Hart), 존 길버트(John Gilbert), K. 아더(George K. Arthur), 매 머레이(Mae Murray) 특별 출연.

〈구조신호〉 ㉨ 오래된 영화이지만 인상에 남은 것은 엘레인 함머슈타인(Elaine Hammerstein).

〈미시건의 애송이〉 ㉨ 콘래드 나겔(Conrad Nagel)과 르네 아드레. 마지막 클라이맥스. 참혹한 산불, 광풍, 격류 그리고 한 척의 작은 배가 그 안에서 도망쳐간다.

〈서광의 숲〉 ㉭ 여기에도 제가 좋아하는 르네 아드레가 나옵니다. 낯익은 그 옛날의 안토니오 모레노(Antonio Moreno).

〈검은 옷의 기사〉 ㉩ 죽은 프레드 코라의 비약, 애석한 일입니다. 요즈음 훌륭한 실버 킹(Silver King)은 어떻게 지내고 있을까요?

〈살아 있는 시체〉 ㉩ 처음 구경할 수 있었던 소비에트영화[독일 프로메트이스트(Prometheus) 공동 제작으로, 순수한 소비에트영화는 아니지만……]. 주연이 러시아 시네아스트 푸도프킨(Vsevolod Pudovkin). 함께 연기한 마리아 야코비니(Maria Jacobini)는 그리운 여배우입니다.

〈순정무적〉 ㉩ 몬테 블루와 산(山)고양이 마나 로이(Myrna Loy)

〈사랑의 주마등〉 ㉩ F.N.사 올 토키. 이런 영화는 처음부터 사일런트 제작은 하지 않을 것입니다. 아웃도어 토키는 좋았는데 잘도 떠드는 콜린 무어(Colleen Moore).

〈도회의 애수〉 ㉩ 기다리고 기다리던 파울 페요스가 감독한 론섬. 새로운 영화 기교 글렌 트라이언(Glenn Tryon)의 연기.

〈대통령〉 ㉩ 이반 모주힌! 〈킨〉과 〈살아 있는 파스칼〉의 그를 예상하며 나갔더니 이것은 또한 뭐라 할 수 없는 경쾌한 그의 모습이었다. 풍자적 이야기.

〈**결혼행진곡**〉 ㉚ 위대한 스트로하임의 창작 — 원작·각색·감독 및 주연. Wedding
March = Funeral March. 예쁜 병문안용 과자 상자를 열고서 이제까지 아버지로
부터는 5센트짜리 과자밖에 받아본 적 없다고 눈물을 흘리는 페이 레이. 경이로
운 자수 피츠(Zasu Pitts)의 연출과 매슈 베츠(Matthew Betz)의 연기.

〈**대비행 함대**〉 ㉙ 비행기의 매력이 여전히 전부. 항공모함을 중심으로 하는 비
행기의 활동과 그 친절한 카메라. 무성이었기 때문에 랠프 그레이브스(Ralph
Graves)가 해상의 기상(機上)에서 나바로의 폭발음을 들을 때의 사운드를 듣지 못
했다.

〈**나팔수 쿠건**〉 ㉙ 오랜만의 재키 쿠건(Jackie Coogan), 매우 아름다웠던 클레어
윈저(Claire Windsor).

〈대비행 함대〉와 〈나팔수 쿠건〉을 단성사에서 3월 10일 육군 기념일 낮에 봤는
데, 돌아오고 나서 조금 지나니 진해요항부(鎭海要港部)에서 오후 2시경에 필름에서
발화하여 남녀 아동 백여 명이 참사했다는 호외[15]였습니다. 우려할 만한 문제입니다.
영화교육 방면에 상당한 쇼크를 줄 사건입니다.

〈**폭탄 돌진**〉 ㉗ 켄 메이너드(Ken Maynard)의 고등 마술.

〈**노아의 방주**〉 ㉗ 3월 12일부터 상영 — 조선에서의 기록적 개봉. 마이클 커티즈
가 이 위업을 달성하리라고는 생각하지 못했습니다. 트릭 촬영이라고 알면서도
현혹되고 마는 그 테크닉. 맑은 눈동자의 돌로레스 코스텔로(Dolores Costello)와
남성미의 조지 오브라이언(George O'brien)의 육체 연기. 영화적 가치는, 사운드
가 절반도 안 되는 사일런트로 보고도 이런 감격을 얻었다고 말씀드리면 대체적
으로 짐작하실 수 있을 것입니다.

〈**억지 하늘의 대통령**〉 ㉗ 〈하늘의 왕자〉와 동시 상영은 조금 역설적.

〈**하늘의 왕자**〉 ㉗ "서브마린", 이번에는 하늘을 날다. 그러나 비행기라는 것은
무서울 만큼 우리를 들뜨게 만들어버리는 것이네요. 잭 홀트(Jack Holt)와 랠프

---

15) 진해의 필름 소실에 관하여는 본 자료집 시리즈 『일본어 잡지로 본 조선영화 1』(한국영상자료원 한국영화
사연구소 엮음, 현실문화연구, 2010) 216쪽 참조.

그레이브스의 조합. 다시 부활한 라일라 리(Lila Lee). (다이쇼) 14, 15년경에 활동 잡지 표지 등에 나오던 라일라를 아직도 확실히 기억하고 있습니다. 비행기를 올려다보고 기뻐하는 라일라의 미소.

〈뉴욕의 선착장〉 ㉮ 쓸데없는 프레임이 하나도 없는 영화. 스턴버그와 뱅크로프트(George Bancroft) 콤비네이션의 위세, 단순 대담한 근육질의 화부(火夫) 뱅크로프트에 부드럽고 섬세한 중년의 아름다움 베티 캄프슨(Betty Compson)의 압도적 연기. 생각나면 시원하게 바다로 뛰어들어 천천히 헤엄쳐나가 마지막까지 뱅크로프트스럽다. 그리고 캄프슨은 눈물로 눈이 흐려져 바늘에 실을 꿰지 못한다. 올가 바크라노바(Olga Baclanova)의 탁월한 연기. 뱅크로프트가 조금 더 젊었더라면.

〈3일 백작〉 ㉝ 여기서도 또 멘주는 "귀부인에 급사, 호랑이 부인"을 반복한다. 그의 특기 분야이긴 하지만.

〈명물 삼총사〉 ㉝ 스트롱 보이란 빅터 맥라글렌(Victor McLaglen)을 말하는 것인가요? 이렇게 말하고 싶어집니다. 레어트리스 조이(Leatrice Joy)는 완전히 할머니가 되어버렸네요. 길 위에서의 격투가 조금 재미있었다.

〈크리스티나〉 ㉝ 소녀소설(순정소설). 백마를 타고 아름다운 신랑이 나타나는 날이 반드시 온다고 한다. 재닛 게이너(Janet Gaynor)의 영화.

〈변덕스러운 아가씨〉 ㉰ 마지 벨라미(Madge Bellamy)의 눈동자. 조니 맥 브라운(John Mack Brown)을 만날 수 있었던 것은 기뻤다.

〈아버지와 아들〉 ㉰ 에밀 야닝스(Emil Jannings)는 언제나처럼 똑같다. 신인 루스 채터턴(Ruth Chtterton)을 우선 제일 추천한다. 좋아하는 자수 피츠가 나왔습니다.

이 3개월간 토키를 구경한 것이 첫 번째 수확입니다. 〈죽음의 북극탐험〉〈활동배우〉〈살아 있는 시체〉〈도회의 애수〉〈결혼행진곡〉〈대비행 함대〉〈하늘의 왕자〉〈노아의 방주〉〈뉴욕의 선착장〉 그리고 〈골드 러시〉를 본 것이 마지막 수확이고요. 이렇게 정리하면서 이 통신을 끝내겠습니다.

다쓰야마 도시코(龍山登志子)

1930년 6월 1일 | 제367호 | 7쪽 | 시보란(時報欄)

데이키네(帝國キネマ)의 조선 진출

여러 가지 소문을 낳았던 데이키네의 반도 진출은, 데이키네 상담역(相談役) 니에다 다카시(仁戶田隆) 씨의 조선행을 전기(轉機)로, 질풍노도처럼 경성 주오칸과 제휴를 맺고 4월 25일 〈무엇이 그녀를 그렇게 만들었는가〉를 공개, 반도에 일대 센세이션을 불러일으켰다. 5년여 동안 조선으로부터 차단되어 있던 신코(新興) 데이키네의 진출은, 전 조선 상설관의 과반수를 차지하고 있는 마키노 계열을 엄청난 혼란에 빠뜨려, 현재는 마키노 해약 신청이 두세 관으로 멈추지 않아, 당분간은 마키노, 데이키네 양자의 쟁탈로 반도 이 업계의 주목을 끌게 되었다. 또한 출장소는 경성부 메이지마치(明治町) 2초메(丁目) 29번지[전화 본국4544번]에 설치, 전 조선 배급을 개시했다.

1930년 6월 1일 | 제367호 | 115쪽 | 지방통신

경성의 부(部)[16]

◇ 조선극장[인사동] 각 사 특약

5월 15일 〈올가〉[17][독(獨) 올프리트] 〈여장부〉[W.B.(Warner Bros.)] 〈남편 도전왕 탈마지(夫挑戰王タルマッヂ)〉[탈마지(Richard Talmadge)프로]

◇ 단성사[수은동] 각 사 특약

5월 13일 〈고양이와 카나리아〉[유니버설] 〈철주먹 깁슨〉[18][유니버설] 〈성공한 조니〉[F.N.]

◇ 우미관[관철동] 각 사 특약

---

16)   원문에는 "히로시마의 부(廣島之部)"로 오기되어 있다.

17)   〈ヴォルガ〉. IMDb에는 제작사가 Peter Ostermayr-Filmproduktion으로 나와 있다.

18)   원문에서 "鉄拳ギブソン"으로 표기되나 '충돌 깁슨(突貫ギブソン)'의 오식으로 추정된다.

5월 14일 〈아리랑 전(前)편〉[조선키네마프로] 〈풍운아(風雲兒)〉[조선키네마프로]
〈춤추는 영웅〉[M.G.M.]

◇ 다이쇼칸(大正館)[사쿠라이초(櫻井町)] 쇼치쿠 특약
5월 14일 〈대도쿄의 일각〉[쇼치쿠 가마타] 〈전선가〉[우타프로(市川右太衛門プロ))
〈잔바라 부부〉[쇼치쿠 가마타]

◇ 기라쿠칸[혼마치(本町)] 닛카쓰 직영
5월 14일 〈주신구라〉[닛카쓰 시대]

◇ 주오칸[에이라쿠초(永樂町)] 데이키네, 마키노
5월 14일 〈일본 암굴왕 후편〉[마키노 시대] 〈좋아하니까〉[데이키네 현대] 〈개구
리는 개구리〉[데이키네 시대]

◇ 도아구락부[고가네마치(黃金町)] 도아, 가와이(河合)
5월 13일 〈이도류 야스베〉[도아 시대] 〈대산명동〉[FOX] 〈신여성풍경〉[도아 현
대]

◇ 게이류칸(京龍館)[간코도리(漢江通)] 닛카쓰 보합
5월 11일 〈아, 무정〉[닛카쓰 시대] 〈장님〉[닛카쓰 현대] 〈오 마에다 에이고로〉[닛
카쓰 시대]

1930년 6월 11일 | 제368호 | 103쪽 | 지방통신

경성의 부

◇ 조선극장[인사동] 각 사 특약
5월 21일 〈쇼 보트〉[유니버설] 〈깁슨의 복수〉[유니버설]

◇ 단성사[수은동] 각 사 특약

5월 19일 〈속력시대〉[RKO] 〈영화도시에 나와서〉[W.B.] 〈도금광 골목(渡金廣小路)〉[W.B.]

5월 24일 〈동양의 비밀〉[독일 우파(UFA)] 〈모던 출세경〉[FOX] 〈전마 울부짖다〉[FOX]

◇ 우미관[관철동] 각 사 특약

5월 7일 〈황금의 세계〉[M.G.M.] 〈대학생활〉[19)][유니버설]

5월 23일 〈사선의 어머니(死線の母)〉[영국 CM] 〈엉클 톰스 캐빈〉[유니버설]

◇ 다이쇼칸[사쿠라이초] 쇼치쿠 보합

5월 19일 〈홍련정토〉[우타프로] 〈보상받지 못하는 사람〉[쇼치쿠 가마타(浦田)] 〈스틱 걸〉[쇼치쿠 가마타]

5월 21일 〈명랑하게 걸어라〉[쇼치쿠 가마타] 〈말의 다리〉[쇼치쿠 교토(京都)] 〈좋아해서 결혼했어요〉[쇼치쿠 가마타]

◇ 기라쿠칸[혼마치] 닛카쓰 직영

5월 21일 〈그를 둘러싼 다섯 명의 여자〉[닛카쓰 현대] 〈장한〉[닛카쓰 시대] 〈마지막 열차〉[닛카쓰 현대]

5월 24일 〈인생의 거지〉[파라마운트] 〈원앙주문〉[닛카쓰 시대] 〈닻의 기풍〉[20)][닛카쓰 현대]

◇ 주오칸[에이라쿠초] 데이키네, 마키노

5월 19일 〈아라시야마 하나고로〉[데이키네 시대] 〈울지 말아〉[21)][데이키네 현대] 〈호걸 가마꾼〉[데이키네 시대]

---

19) 〈大學生活〉. Nat Ross의 시리즈물로 추정된다.

20) 〈錨の旗風〉(片桐巖, 1925)로 추정된다. 단, 본문과 달리 앞의 영화는 쇼치쿠 가마타.

21) 원문에는 "泣くなよ"로 표기되어 있으나, 〈泣くな小春〉(松本英一, 1930)로 추정된다.

5월 23일 〈갈라지는 피부〉[마키노 시대] 〈마의 대도회〉[데이키네 현대] 〈패전의 한은 길다〉[마키노 현대]

◇ 도아구락부[고가네마치] 도아, 가와이
5월 17일 〈열혈〉[도아 시대] 〈나는 곡예사〉[M.G.M.] 〈총성〉[도아 현대]
5월 21일 〈네 명의 악마〉[FOX] 〈미토낭사〉[22)][가와이 시대]
5월 24일 〈미쿠니 일도류〉[도아 시대] 〈키튼의 결혼광〉[M.G.M.] 〈장작을 떼면서〉[가와이 현대]

◇ 게이류칸(京龍館)[간코도리(漢江通)] 닛카쓰 특약
5월 16일 〈창백한 장미〉[닛카쓰 현대] 〈아, 무정 후편〉[닛카쓰 시대]
5월 21일 〈가이가라 잇페이 1, 2편〉[닛카쓰 시대] 〈자비심의 새〉[닛카쓰 현대]

▽ 전 호의 '히로시마의 부'는 '경성의 부'로 정정.

1930년 6월 21일 | 제369호 | 90~91쪽 | 지방통신

경성의 부

◇ 조선극장[인사동] 각 사 특약
5월 27일 〈네 명의 악마〉[FOX] 〈철가면〉[U.A.(United Artists)]
5월 30일 〈행운의 별〉[FOX] 〈밤의 속삭임〉[FOX] 〈분투격전(奮鬪激戰)〉[FOX]
6월 5일 〈추억〉[M.G.M.] 〈나는 탐정〉[M.G.M.]

◇ 단성사[수은동] 각 사 특약
5월 31일 〈승방비곡〉[조선동양프로] 〈모험아〉[M.G.M.] 〈무뢰한〉[FOX]

---

22) 〈미토낭사〉 1930년판을 일컫는다.

◇ 우미관[관철동] 각 사 특약

5월 28일 〈도회의 애수〉[유니버설] 〈마지막 일축〉[F.N.]

6월 1일 〈미인국 2인 행각〉[U.A.] 〈각성〉[U.A.]

◇ 다이쇼칸[사쿠라이초] 쇼치쿠 특약

5월 25일 〈기치조 도련님〉[쇼치쿠 교토] 〈어머니〉[쇼치쿠 가마타]

5월 30일 〈청춘보〉[쇼치쿠 가마타] 〈하라다 가이〉[우타프로, 쇼치쿠] 〈바람난 목욕탕〉[23)][쇼치쿠 가마타]

6월 5일 〈나오자무라이〉[쇼치쿠 교토] 〈진실한 사랑〉[쇼치쿠 가마타] 〈첨단적이네요〉[쇼치쿠 가마타]

◇ 기라쿠칸[혼마치] 닛카쓰 직영

5월 27일 〈격멸〉[닛카쓰 현대] 〈조각배〉[닛카쓰 시대]

6월 3일 〈가이가라 잇페이 완결편〉[닛카쓰 시대] 〈공의 행방〉[사와다프로(澤田プロ)]

◇ 주오칸[에이라쿠초] 데이키네, 마키노

5월 28일 〈세 명의 어머니〉[데이키네 현대] 〈속력시대〉[RKO] 〈아시가루 기치에몬〉[데이키네 시대]

6월 2일 〈전기 도엽립〉[데이키네 시대] 〈담쟁이넝쿨〉[데이키네 현대] 〈싸우는 나가야〉[데이키네 현대]

6월 5일 〈시미즈 지로초(清水次郎長)〉[24)][마키노 시대] 〈판도라의 상자〉[독일 네로(Nero)] 〈히타치 마루〉[마키노 현대]

---

23) 원문에는 "浮氣風呂"로 표기되어 있으나, 〈그림 목욕탕(浮世風呂)〉(五所平之助, 1929)의 오식으로 추정된다.

24) '시미즈 지로초' 시리즈는 일본영화사 초기부터 현재까지 다수 리메이크된 인기물로, 일본영화정보시스템에 의하면 당시까지 1912년 요코다상회(橫田商會), 1916년 닛카쓰, 1924년 닛카쓰, 데이키네, 도아, 1926년 쇼치쿠, 1928년 닛카쓰에서 제작·리메이크되었는데, 마키노 제작 버전은 1931년 처음 등장한다. 원문이 1930년에 발간된 점으로 미루어, 기사상의 작품을 확정하기에는 무리가 있으나 1924년 도아 버전이 아닐까 추정된다.

◇ 도아구락부[고가네마치] 가와이, 도아

5월 28일 〈겐로쿠구미〉[도아 시대] 〈황금의 세계〉[M.G.M.] 〈빛나는 아침〉[도아 현대]

5월 31일 일본소녀가극단

6월 5일 〈사랑의 사냥꾼〉[도아 현대] 〈요도가와의 혈도〉[도아 시대] 〈싱가포르〉 [M.G.M.]

◇ 게이류칸[간코도리] 닛카쓰 보합

5월 26일 〈사랑에 물든 지옥〉[닛카쓰 시대] 〈의사 선생님이어도〉[닛카쓰 현대] 〈마의 늪〉[닛카쓰 현대]

5월 31일 〈피에 물든 가라〉[닛카쓰 시대] 〈스피디〉[파라마운트] 〈이름 없는 새〉 [닛카쓰 현대]

1930년 7월 1일 | 제370호 | 102쪽 | 촬영소통신

조선영화통신
[6월 15일 조사]

▽ X키네마 프로덕션, 이미 보도한 〈노래되던 시절〉을 〈노래하는 시절〉로 변경하여 촬영 속행 중.

배역은 다음과 같다.

옥분[김영희(金英姬)] 그 아버지[윤명천(尹明天)] 길용[김하운(金夏雲)] 김영자[신필애][25]

▽ 금강키네마 프로덕션, 이미 전했듯이 〈다람쥐(リス)〉 김영환 감독하에 진행 중.

▽ 녹성(綠星)키네마 프로덕션, 아성키네마에서 개명하여 이번에 사무소를 대구

---

25) 『실록 한국영화총서』에는 X키네마 제작 〈노래하는 시절〉의 출연진이 윤봉춘, 함춘하, 이휘(李徽), 이우, 이애련(李愛蓮)으로 나와 있다.

에 두고 〈맹인의 노래〉 일시 중지, 새로 〈은해수(銀海水)〉의 원작을 받아 왕덕성 감독·촬영으로 준비 중.

1930년 7월 11일 | 제371호 | 13쪽

〈무엇이 그녀를 그렇게 만들었는가〉 상영에 임하는 두 가지 모험!

일본영화 〈무엇이 그녀를 그렇게 만들었는가(이하 무엇이 그녀를)〉를 조선관에 가지고 와서 이를 완전히 소화시키기까지는 아마 두 가지 모험을 거쳐야 할 것입니다.

하나는 조선관에서 일본영화 상영은 극히 드문 일이라는 것입니다. 언제인가 같은 조선인 측 우미관이 〈K대학교의 이글〉과 〈5인의 남학생〉[26][마키노]을 상영한 적이 있었고, 제가 아직 단성사[상설관]에 있었을 때 조선극장에서 〈일륜(日輪)〉[27]을 상영한 적이 있었는데, 그 후로 이번이 네 번째인 만큼 일본영화 상영에 임하는 대중의 의지 문제가 중대시됩니다.

좋아하는가? 좋아하지 않는가? 대중, 즉 조선인 대중을 본위로 하는 상설관이라면 이런 문제영화를 상영하는 데 충분한 고려를 하지 않으면 안 됩니다. 때문에 우리는 우선 이 상영 건에 대해 팬 및 식자계급에 가부를 물어보았습니다.

그런데 다행히도 상영해주었으면 하는 의견을 듣게 되었고, 드디어 한 달 전 즈음부터 선전에 들어갔습니다.

단, 이것은 일부만의 의견으로 일반적 의견은 아직 알지 못합니다. 그래서 일시적으로 주저하기도 했습니다. 하지만 괜찮다! 우선 이 영화는 프로(프롤레타리아)작품이다. 세계가 프로라든가 부르(부르주아)의 구분을 명확히 하고 있는 한, 어디에 가지고 가더라도 이 영화는 상찬받을 만한 작품이며 더군다나 현대 조선의 민중예술은

---

26) 〈學生五人男〉(マキノ正博, 1927). 원문에는 "學生4人男"로 되어 있는데 오기로 추정된다.

27) 일본영화정보시스템에 따르면 1925년 마키노 제작판과 1926년 연합영화예술가협회 제작판 및 닛카쓰 제작판이 존재하는데, 원문 정보만으로는 어느 작품을 일컫는지 확정할 수 없다.

프로를 토대로, 그곳에 입각하여 스타트하지 않으면 안 된다. 예술에 국경이 없다는 이론은 다시 말해 프로에 국경이 없다는 의미도 된다. 이런 마음으로 우리는 용감하게, 과감하게 단행하였습니다. 마치 생사양단의 모험에라도 부딪히는 듯한 기분으로 결국 이 작품을 상영한 것입니다.

그러나 여기에 이르러 또 하나 모험이 남아 있었습니다. 우리 해설자의 모험이었습니다. 일본영화 해설에 임한 적이 드문 동시에 저로서는 태어나서 처음 있는 일이었으므로 주야로 잠도 못 잤다고 할 정도로 걱정이었습니다. 생각해보면 아무것도 아니다. 조선어로 양극(洋劇)을 해설하는 것도 일본물을 해설하는 것도 다 같은 것이다. 단지 서양물은 지금까지 계속 익숙해졌지만 일본물은 이번이 처음이다. 요컨대 문제는 그것뿐이다. 특히 일본물이라고 해서 그렇게 걱정할 필요는 없다.

이렇게 한마디로 해버리면 그렇게 고생도 안 했겠지만 해설자 입장에서 이 작은 문제가 얼마나 고민을 하게 만들었는지 모릅니다.

우선 자막을 읽는 방법은 그다지 걱정하지 않았습니다. 조선어와 일본어는 영어나 지나어처럼 (어순이) 반대로 된 것도 아니고 단어의 철자도 조직도 마찬가지로 한 줄씩 지나가므로 자막을 번역하면서 읽는 것은 오히려 재미있는 일입니다. 단지 일본어는 우아하게 되어 있고 조선어는 굴곡이 강한 성격을 지니고 있어 일본어와 같은 부드러운 표현이 조금 어렵다, 그것이 조금 곤란했을 뿐입니다.

그런데 정말이지 우리가 가장 애를 먹은 것은 영화 속 인물의 명칭입니다. 양화라면 잭이라든가 메리든가 지금까지 저쪽의 음을 그대로 불러왔습니다. 해설자나 관중들은 여기에 익숙해져 있으므로 별로 이상하게 생각하지 않았습니다. 그러나 일본물이 되면 이것은 한번 생각해보아야 합니다. 요컨대 인물의 명칭을 조선어로 할 것인지 일본어로 할 것인지의 문제 말입니다.

인물의 명칭이 타이틀에 한자로 똑똑히 나타나면 관중은 벌써 조선어 음으로 읽기 시작합니다. 이를 돌연히 일본어 음으로 부르면 혹 청중이 불쾌해하지 않을까.

한편 조선어 음 '신태랑(新太郎)'이나 '추산의웅(秋山義雄)'은 읽을 수 있다 치더라도, '스미코'(すみ子)의 조선어 음은 어떻게 할 것인가.

아무튼 팬들에게 묻는 것이 최선의 방책이라고 생각하여 일반에 무엇이 좋은지를 물어보았습니다.

일본어 음 그대로가 진짜라는 대답이 대세였습니다.

그리하여 나는 인물의 명칭을 일본어 음으로 하리라고, 앞으로의 일본물 해설도 그대로 하리라고 결정했습니다.

드디어 실제 해설에 임했을 때, 단지 첫 대면인 만큼 처음에는 마치 모르는 길을 찾아가는 듯한 기분이 들어 어느 정도 불안도 느꼈습니다. 하지만 제가 맡은 후반 3분의 1 정도를 계속 말하니 자연스럽게 편안해져 역시 양극이나 조선영화 해설과 다른 곳은 조금도 발견할 수 없었습니다. 그러나 '스미짱'에서는 난처해질 수밖에 없었습니다.

마에다(前田) 씨에게 물어보니 '짱'이라는 글자는 매우 델리케이트하게 친숙함을 표현하는 언어라고 하는데, 유감스럽게도 조선어에는 이런 부드러운 말이 없습니다. 호칭을 전부 떼버리고 '스미코'로 밀어붙였습니다.

이 두 가지 모험을 거쳐 공개된 〈무엇이 그녀를〉은 예측 이상의 쇼크를 주어, 연일 연야 만원을 이루었습니다. 〈아스팔트〉와 함께 공개되었는데, 오히려 〈아스팔트〉를 능가하는 작품이라고까지 격찬을 받았습니다.

관객도 충분히 양해했고, 영화도 조선인의 생활과 딱 맞는 듯한 부분이 많았습니다.

나는 이 영화를 비롯하여 앞으로 우수한 일본영화 작품들을 내지 회사가 조선어 자막을 넣어 더 많이 조선에 배급한다면 외국물을 뛰어넘게 되지 않을까 하고 생각합니다.

조선극장 김영환

1930년 7월 11일 | 제371호 | 70쪽 | 촬영소통신

조선영화통신
[6월 15일 조사]

▽ X키네마 프로덕션, 안종화 씨는 이미 전했듯이 〈노래하는 시절〉을 계속 촬영 중인데 완성은 다음 달 초순 예정.

▽ 금강키네마 프로덕션, 김영환 감독의 〈다람쥐(栗鼠)〉는 촬영 목하 휴양 중.

▽ 녹성키네마 프로덕션, 왕덕성 감독하 촬영 예정 〈은해수〉 준비 종료. 근일 배우를 선정하여 촬영에 들어간다고 한다.

1930년 7월 11일 ǀ 제371호 ǀ 77쪽 ǀ 지방통신

경성의 부

◇ 조선극장[인사동] 각 사 특약
6월 19일 〈아스팔트〉[독일 우파] 〈무엇이 그녀를 그렇게 만들었는가〉[데이키네 현대]

6월 25일 〈사일런트 하우스〉[영국 부처(Butcher's Film Service)] 〈파리취어〉[FOX] 〈벤 터핀(Ben Turpin)의 결혼생활〉[맥 세넷(Mack Sennett)]

◇ 단성사[수은동] 각 사 특약
6월 19일 삼천소녀가극단 공연

◇ 우미관[관철동] 각 사 특약
6월 18일 〈로빈후드〉[U.A.] 〈호걸 핫치〉[파테(Pathé)]
6월 22일 〈다크 엔젤〉[F.N.] 〈호걸 핫치〉[파테] 〈창문에서 창문으로〉[F.N.]

◇ 다이쇼칸[사쿠라이초] 쇼치쿠 특약
6월 18일 〈려인〉[쇼치쿠 현대] 〈아마쿠사 시로〉[쇼치쿠 교토]

◇ 기라쿠칸[혼마치] 닛카쓰 직영
6월 18일 〈여성찬가〉[닛카쓰 현대] 〈울부짖는 텟페이〉[닛카쓰 시대] 〈아내는 사양(女房は御免)〉[파테]
6월 24일 〈속(續) 오카정담〉[닛카쓰 시대] 〈메이너드〉[F.N.] 〈귀여울 때(可愛いさかり)〉[유니버설]

◇ 주오칸 [에이라쿠초] 데이키네, 마키노

6월 18일 〈백병조〉[마키노 시대] 〈세이부 요타소동〉[FOX] 〈사랑의 재즈〉[데이키네 현대]

6월 21일 〈빛을 찾아서〉[마키노 시대] 〈호반의 집〉[마키노 현대] 〈영원의 어머니〉[마키노 현대] 〈행운왕 탈마지(幸運王タルマッチ)〉[영국 유니티]

6월 24일 〈검을 빼어〉[마키노 시대] 〈백퍼센트의 결혼〉[마키노 현대] 〈스위트 하트〉[독일 데프(Deutsche Film Union)]

◇ 도아구락부 [고가네마치] 가와이, 도아

6월 17일 〈여래야 후편〉[도아 시대] 〈항로경관대(航路警官隊)〉[유니버설] 〈화장가게의 아가씨〉[도아 현대]

6월 20일 〈왕정복고 전편〉[도아 시대] 〈추억〉[M.G.M.]

6월 23일 〈왕정복고 중편〉[도아 시대] 〈세계에 고한다〉[M.G.M.] 〈울어버린 이야기〉[도아 현대]

◇ 게이류칸 [간코도리] 닛카쓰 보합

6월 20일 〈원앙주문〉[닛카쓰 시대] 〈억지 부리기(間違ひ通し)〉[FOX] 〈파라마운트 주보(週報)〉[파라마운트]

6월 25일 〈검을 넘어서〉[닛카쓰 시대] 〈땀〉[닛카쓰 현대]

1930년 7월 21일 | 제372호 | 68쪽 | 촬영소통신

조선영화통신
[7월 5일 조사]

▽ 서울키노사, 내지 견학을 마치고 조선으로 돌아온 김유영(金幽影) 씨가 설립한 영화 공장으로, 우선 조선의 영화비평가 안석영(安夕影), 서광제(除光齊)[28], 이효석

---

28) '徐光霽'의 오식으로 추정된다.

(李孝石), 석일량(石一良) 씨 등의 동인과 함께 각종 전위적 영화운동에서 활약 중인데, 이번에 원작 조명희(趙明熙), 각색 석일량이 관여하는 〈낙동강〉을 감독 김유영 씨, 카메라 민우양(閔又洋) 씨하에서 촬영하려 준비 중.

▽ X키네마 프로덕션, 안종화 씨는 이미 보도한 〈노래하는 시절〉의 촬영을 완료하고 목하 정리 중.

▽ 녹성키네마 프로덕션, 이미 보도한 〈은하수(銀河水)〉[29]는 준비를 끝내고 6월 27일부터 대구 부근을 중심으로 감독 왕덕성 씨, 카메라 손용진(孫勇進) 씨로 촬영 개시.

▽ **별보(別報)** 조선영화동인회 창립 기념 흥행. 박정현(朴晶鉉) 씨를 회장으로 하는 조선영화동인회는 이번에 창립 기념을 겸해 곤궁에 빠져 있는 동인들을 구호하기 위해 자금을 모집하는 방법으로서 동인 60여 명이 7월 1일부터 닷새 동안 단성사에서 댄스, 실연, 영화, 가극 등을 공개하였다.

1930년 7월 21일 | 제372호 | 71쪽 | 지방통신

경성의 부

◇ 조선극장[인사동] 각 사 특약

7월 1일 〈제국호텔〉[파라마운트], 전(全) 조선 대표 설명과 인사, 레뷰[삼천(三川) 가극단] 〈침묵〉[P.D.C.(Producer Distributing Corporation)]

7월 5일 〈야구왕〉[파라마운트] 〈로이드의 스피디〉[파라마운트] 〈하룻밤의 비밀〉 [파라마운트]

◇ 단성사[수은동] 각 사 특약

7월 1일 〈약혼〉[조선OK 프로덕션][30], 독창[김연실 양], 촌극 〈걸인의 일기〉[조선영화배우진 총 출연] 〈들쥐〉[조선키네마프로]

---

29) 기보에는 "은해수(銀海水)"로 표기되어 있다.
30) 『실록 한국영화총서』 및 KMDb에는 〈약혼〉이 중앙키네마사 제1회 작품으로 나와 있다.

◇ 우미관[관철동] 각 사 특약

6월 27일 〈성열의 시막〉[U.A.] 〈깁슨의 복수〉[유니버설] 〈호걸 핫치〉[파테]

6월 29일 〈빙원의 협아〉[유니버설] 〈용맹과감〉[FOX] 〈수륙돌파사물광〉[파테]

7월 3일 〈5인의 남학생〉[마키노 현대]

◇ 다이쇼칸[사쿠라이초] 쇼치쿠 특약

6월 26일 〈눈물〉[쇼치쿠 교토] 〈낙제는 했지만〉[쇼치쿠 가마타] 〈아! 그 순간이여〉[쇼치쿠 가마타]

7월 3일 〈시오하라 다스케〉[쇼치쿠 교토] 〈여명의 세계〉[쇼치쿠 가마타] 〈미친 명군〉[쇼치쿠 교토]

◇ 기라쿠칸[혼마치] 닛카쓰 직영

7월 1일 〈풍운천만초지〉[닛카쓰 치에프로(片岡千惠蔵プロ)] 〈거짓말에서 거짓말로〉[닛카쓰 현대] 〈반신〉[닛카쓰 시대]

◇ 주오칸[에이라쿠초] 데이키네, 마키노

6월 27일 〈지복 대연전〉[마키노 시대] 〈번뇌〉[F.N.] 〈그대여 안녕〉[데이키네 현대]

7월 3일 〈잠자리 이야기〉[마키노 시대] 〈열사의 춤〉[U.A.] 〈푸른 하늘〉[데이키네 현대]

◇ 도아구락부[고가네마치] 도아, 가와이

6월 26일 〈왕정복고 완결편〉[도아 시대] 〈권투왕 키튼〉[M.G.M.] 〈혼선행진곡〉[31][도아 현대]

6월 29일 〈도회교향악〉[도아 현대] 〈헌 옷 장수 쿠건〉[M.G.M.] 〈지옥계곡의 대검객〉[도아 시대]

7월 2일 〈환상의 그림자를 쫓아서〉[도아 현대] 〈네덜란드의 오키치〉[도아 시대]

---

31) 원문에는 "滑線行進曲"으로 되어 있으나 〈混線行進曲〉(福西讓治, 1929)의 오기로 추정된다.

〈귀신퇴치〉[버드 버스키(Bud Barsky Corporation)]

7월 5일 〈3인 자매 전·중편〉[도아 시대] 〈난투왕 탈마지(亂鬪王タルマッヂ)〉[탈마지프로] 〈진 카르멘〉[엣사네(Essanay Film Manufacturing Company)]

◇ 게이류칸 [간코도리] 닛카쓰 특약

6월 30일 〈가이가라 잇페이 완결편〉[닛카쓰 시대] 〈선라이즈〉[FOX]

7월 5일 〈춘풍의 저편에〉[닛카쓰 치에프로] 〈검은 결혼〉[닛카쓰 현대] 〈돈〉[닛카쓰 현대]

1930년 8월 1일 | 제373호 | 117~118쪽 | 지방통신

경성의 부

◇ 조선극장[인사동] 각 사 특약

7월 9일 〈아버지와 아들〉[파라마운트] 〈고성의 비밀(古城の秘密)〉[파라마운트] 〈요철서커스의 권〉[파라마운트]

7월 12일 〈브로드웨이〉[유니버설] 〈거짓 성벽(假の壚)〉[유니버설] 〈땅콩 소승 경주의 권〉[유니버설]

◇ 단성사[수은동] 각 사 특약

7월 6일 〈인생서커스〉[W.B.] 〈여군난선〉[32][RKO] 〈가면의 무희〉[33][프린시펄(Principal Films)]

7월 10일 〈유령선〉[지나 대동(大東)키네마프로] 〈엉망진창 사랑의 모험〉[탈마지프로] 〈전격 믹스(電激ミックス)〉[영국 애니메이션 필름]

7월 15일 〈가우초〉[U.A.] 〈연인〉[M.G.M.] 〈나는 신병〉[M.G.M.]

---

32) 〈女軍難船〉. IMDb에는 B.F. Zeidman Productions Ltd. 제작, Principal Distributing 배급으로 나와 있다.

33) 〈假面の舞姬〉. IMDb에는 제작사 Zelnik-Mara-Film만 나와 있다.

◇ 우미관[관철동] 각 사 특약

7월 6일 〈언애스피드(戀愛スピード)〉[탈마지 프로] 〈천공폭파〉[34)][FOX] 〈대산명동〉 [FOX]

7월 11일 〈추억〉[M.G.M.] 〈철모〉[M.G.M.]

◇ 다이쇼칸[사쿠라이초] 쇼치쿠 특약

7월 10일 〈검〉[우타프로, 쇼치쿠] 〈아카보시 주자〉[쇼치쿠 교토] 〈아내에게 잡혀 살아서〉[쇼치쿠 가마타]

7월 15일 〈까마귀파〉[반쓰마프로(阪東妻三郎プロ) 쇼치쿠] 〈그녀는 어디로 가는 가〉[쇼치쿠 가마타] 〈도전왕 탈마지〉[탈마지프로]

◇ 기라쿠칸[혼마치] 닛카쓰 직영

7월 8일 〈풍운천만초지 완결편〉[닛카쓰 시대] 〈조용한 발걸음〉[닛카쓰 현대] 〈서 커스〉[U.A.]

7월 15일 〈고향〉[닛카쓰 현대 발성] 〈꽃싸움〉[닛카쓰 시대] 〈추억〉[M.G.M.]

◇ 주오칸[에이라쿠초] 데이키네, 마키노

7월 6일 〈나베시마 괴묘전〉[데이키네 시대] 〈성공한 조니〉[F.N.] 〈사랑의 굴레〉 [데이키네 현대]

7월 9일 〈하나부키 신하치〉[데이키네 시대] 〈대륙대왕(大陸大王)〉[35)][F.N.] 〈황야〉 [데이키네 시대]

7월 13일 도야마 미쓰루(遠山滿) 일행 실연

◇ 도아구락부[고가네마치] 도아, 가와이

7월 8일 〈3인 자매 후편〉[도아 현대] 〈미인국 2인 행각〉[U.A.] 〈모던 고양이 소 동〉[도아 현대]

---

34) 〈공중전전〉과 동일작.

35) Albert S. Ropell 감독, Ken Maynard, Kathleen Collins 주연 영화이나 원제와 제작연도는 확정할 수 없다.

7월 11일 〈시대의 무희 전편〉[도아 시대] 〈아가씨의 청춘 팔씨름(娘靑春腕比らべ)〉 [W.B.] 〈사랑의 십자로〉[도아 현대]

7월 14일 〈시대의 무희 후편〉[도아 시대] 〈개선가 높이 불러라〉[도아 현대] 〈황원에서 사자후하는 여자(荒原に師子吼する女)〉[유니버설]

◇ 게이류칸[간코도리] 닛카쓰 특약

7월 10일 〈도회교향악〉[닛카쓰 현대] 〈그림책 무사 수행〉[치에조, 닛카쓰]

7월 15일 〈여성찬가〉[닛카쓰 현대] 〈울부짖는 텟페이〉[닛카쓰 시대]

1930년 8월 11일 | 제374호 | 76쪽 | 촬영소통신

조선영화통신

[7월 5일 조사]

▽ 서울키노사, 이미 보도한 〈낙동강〉은 날씨가 좋아지는 대로 즉시 착수할 예정.

▽ X키네마 프로덕션, 안종화 씨의 〈노래하는 계절〉 완성, 개봉은 9월 초순 예정.

▽ 청구(靑邱)키네마 프로덕션, 중외일보 연재 시대소설 『어사 박문수전』 영화화를 위해 이금룡(李錦龍) 씨가 목하 각색 중.

1930년 8월 11일 | 제374호 | 85~86쪽 | 지방통신

경성의 부

◇ 조선극장[인사동] 각 사 특약

7월 17일 〈잔다르크〉[프랑스 소시에테(Société générale des films)] 〈사랑에 굶주려〉 [FOX] 〈애리조나의 쾌남아〉[FOX]

7월 21일 〈철완의 남자〉[F.N.] 〈원앙의 노래〉[F.N.]

7월 25일 〈킨〉[프랑스 알바트로스(Films Albatros)] 〈마티스테의 서커스〉[36)[이탈리아 스테파노]

◇ 단성사[수은동] 각 사 특약

7월 19일 〈벤 허〉[M.G.M.] 〈활주하라 켈리〉[M.G.M.]

7월 23일 〈돈Q〉[U.A.] 〈나는 이렇게 해서 보여준다(わしはかうして見せる)〉[U.A.]

◇ 우미관[관철동] 각 사 특약

7월 15일 〈키튼의 결혼광〉[M.G.M.] 〈무명의 기수〉[F.N.] 〈모험아〉[M.G.M.]

7월 20일 〈황금의 세계〉[M.G.M.] 〈도전왕 탈마지〉[탈마지프로] 〈충돌 깁슨〉[유니버설]

7월 25일 〈각 항구의 여자 난상〉[FOX] 〈대륙왕자〉[F.N.] 〈하얀 이에 놀라서〉[W.B.]

◇ 다이쇼칸[사쿠라이초] 쇼치쿠 특약

7월 22일 〈다정불심〉[쇼치쿠 가마타] 〈대학은 나왔지만〉[쇼치쿠 가마타]

7월 24일 〈아버지〉[쇼치쿠 가마타] 〈날아가는 노래〉[우타프로] 〈눈의 홋카이토를 둘러보다〉[쇼치쿠 가마타]

◇ 기라쿠칸[혼마치] 닛카쓰 직영

7월 22일 〈어머니〉[닛카쓰 현대] 〈하얀 이에 놀라서〉[W.B.] 〈다쓰마키 나가야〉[닛카쓰 시대]

◇ 주오칸[에이라쿠초] 데이키네, 마키노

7월 19일 〈아카오 린조〉[데이키네 시대] 〈무명의 기수〉[F.N.] 〈눈물의 비곡〉[데이키네 현대]

7월 22일 〈연옥 두 갈래 길〉[마키노 시대] 〈나는 신병〉[U.A.] 〈메리켄잡〉[마키노,

---

36) 〈マチステのサーカス〉. IMDb에는 제작사가 Cinès-Pittaluga로 나와 있다.

카쓰미프로(勝見庸太郎プロ)]

7월 25일 〈춤추는 환영〉[데이키네 현대] 〈요시하라 백인 목 베기〉[마키노 시대] 〈땅콩 소승 경마의 권〉[유니버설]

◇ 도아구락부[고가네마치] 도아,가와이

7월 17일 〈시구레 지옥〉[도아 시대] 〈밀수입자의 사랑〉[M.G.M.]

7월 20일 〈당인 박쥐전〉[도아 시대] 〈로이드의 스피디〉[파라마운트] 〈넓은 하늘처럼〉[도아 현대]

7월 23일 〈풍운의 저편〉[도아 시대] 〈더글라스의 해적〉[U.A.]

◇ 게이류칸[간코도리] 닛카쓰 특약

7월 19일 〈도쿄행진곡〉[닛카쓰 현대] 〈사선돌파(死線突破)〉[독일 우파]

7월 25일 〈수수께끼의 인형사〉[닛카쓰 시대] 〈명랑한 걸음〉[37][닛카쓰 현대] 〈역전〉[닛카쓰 시대]

1930년 8월 11일 | 제374호 | 87쪽 | 지방통신

부산 키네마계의 근황

이것은 제 첫 투고입니다. 저는 올해 1월부터 순보를 받아봤을 뿐이어서 작년 일에 대해서는 알지 못합니다. 그러나 올해 7월 21일호까지, 스물한 권을 읽어보았지만, 아직 한 번도 이 페이지에 부산의 사정이 나오지 않은 것 같습니다. 이 기회에 소식을 전하려고 합니다.

고열(苦熱)!

정말이지 고열입니다. 운 좋게 매일 너무나도 쾌청하여, 등산이나 캠프하기 좋

---

37) 원문에서는 "朗かなる歩み"로 표기되었으나 〈조용한 발걸음(静かなる歩み)〉의 오기로 추정된다. 한편, 유사한 제목으로 〈명랑하게 걸어라(朗らかに歩め)〉가 있으나 쇼치쿠 제작이므로 다른 작품으로 추정된다.

은 곳이 근처에 없는 부산의 12만 부민은 그저 바다로 바다로, 그리 넓지도 않은 송도 해수욕장에 넓이들 니롯배를 타고 나가고 있습니다. 저도 이틀에 한 번꼴로 그중 한 사람이 됩니다.

또한 지난 달 하순부터, 현재 매립공사 중인 미도리마치(綠町) 해안 밑으로 밤의 납량장(納涼場)이 생겨 균일요금으로 입장이 허용되어 꽤 많은 손님들을 끌고 있는 것 같습니다.

여름이 낳은 이들 오락장의 성대함에 비해 부산 키네마계의 근황은 참으로 비애의 밑바닥에서 허덕이고 있습니다. 사이와이칸(幸館), 호라이칸(寶來館), 아이오이칸(相生館)이라는, 부산 12만 상당의 인구에 비해 겨우 세 관밖에 없는 상설관에서는, 작년 6, 7월경에 막 정해진 '10전 균일요금 폐지'라는 3관 공정(共定)도 올해는 흔적도 없이 사라져, 각 관에서는 '10전 균일! 10전 균일!'이라고 끊임없이 흥행을 하고 있고 이는 8월 중순 정도까지는 계속될 것으로 보입니다.

'10전 균일!'

과연 손님은 많습니다. 그러나 관객이 많다고 해도 10전 균일입니다. 명화가 상영되는 일은 더더욱 없고 아직까지도 재상영 또 재상영으로, 우리 진정한 키네마 팬으로서 참으로 부족함을 느낄 뿐입니다.

관객들을 끌기 위해서 10전 균일로 하는데, 10전 균일로 하면 아무래도 예전 영화를 재상영하지 않고는 상설관이 유지될 수 없습니다. 그중에서 최악인 것은, 손님 쪽이 영화의 우열을 가리지 않고 10전이어야만 영화를 보러 오게 되어버린 일입니다. 20전이이라도 된다면 선전을 굉장히 잘하지 않으면 관객이 절대 없습니다. 이래서 우수영화 상영은 결손(缺損)이므로, 각 상설관은 머리를 모아 열등영화 상영에 맹렬하게 박차를 가하고 있습니다. 그러나 아무리 10전 균일이라고는 해도, 상영되는 열등영화에 대한 관객의 흥미는 점차 사라지게 되고 그 현상으로 관객이 점차 줄어들어 관객의 입에서 이러한 말이 나옵니다.

'10전 균일로는 역시 제대로 된 사진이 없구나! 저런 무더운 곳에 가서 시시한 사진을 보는 것보다 집에서 얼음이라도 한잔하는 쪽이 훨씬 똑똑한 거야.'

이래서는 말이 안 되니까, 역시 때로는 상당한 작품을 들여와야 하는데 그러면 요금을 인상해야만 영화관이 운영될 수 있습니다. 그래서 최근의 재미있는 현상으로, 부산 키네마계를 다음과 같은 일들이 지배하고 있습니다.

먼저 우수영화가 상영된다고 하면서 크게 선전을 합니다. 그리고 요금을 인상합니다.

[그 전에 잠깐 부산 3개관의 요금에 대하여 말씀드리겠습니다. 제가 그 방면에 지식은 없지만, 대체 식민지는 내지와 요금 차이가 어느 정도여야 할까요?

아무리 생각해도 내지보다 비싼 것 같습니다. 그러니까 보통요금이라고 하는 것이 부산에서는 위층 60전, 아래층 40전입니다. 이것이 우선 2, 3, 4, 5월부터 9, 10, 11, 12월의 평균 요금입니다. 정월이나 봉[38]흥행 또는 기타 특별흥행 시에는 특별요금으로 위층 80전, 아래층 60전을 받습니다. 6월경부터 7, 8월에 걸쳐서는 30전 균일, 20전 균일, 10전 균일로 조금 복잡합니다.]

여기서 앞의 이야기로 돌아가겠습니다.

선전을 하고 요금을 올리는데 그게 재미있는 일 아니겠어요! 이번에는 조금 신경 쓴 영화라고 해서 표를 사려고 보면, 글쎄요, 어떨까요?

위층 ¥0.60, 아래층 ¥0.40

또한 때때로

위층 ¥0.80, 아래층 ¥0.60

자, 큰일입니다. 지금까지 10전 균일의 늪에 빠져 있던 부산 키네마 팬 모두에게 청천벽력입니다.

하지만 신기하게도, 그것이 최근에 어째 청천벽력으로 바로 나타나지 않고 팬들은 실로 아무렇지도 않은 듯 요금을 지불하고 있습니다. 물론 그 영화는 떨어지는 작품이 아닙니다. 그렇다면 비싼 요금을 지불해야 하는데, 여기에서입니다.

처음에 일단 좋은 영화를 상영하리라 하며 30전이나 20전인 곳에서 보여줍니다. 그러나 10전 균일 정도부터 관객들이 뜸합니다. 게다가 손님이 적은 채로 그 주가 끝나버려 상설관은 활기가 더 없습니다. 이래서는 안 된다고 하며, 이번에 하나의 안이 생겨났습니다. 다시 말해, 처음 2, 3일간만 가장 높은 요금을 매표소에 올려서 선전의 힘으로 얻은 팬들과 우리 진짜 팬을 끌어들여 주판알을 튕기고 나면, 다시 선전을 해서 이번에는 지금까지처럼 10전 균일로 일반 팬을 끌어들이는 식의 현상입니다. 이렇게 되고 보니 팬들이 수긍하는 것도 무리가 아니라고 할 수 있습니다. 한두 가지 예

---

38)   양력 8월 15일 전후를 일컫는다.

를 들어보겠습니다.

6월 중순인가 사이와이칸에서 MGM의 〈추억〉과 마키노의 〈지복 대연전〉을 했습니다. 사흘째부터 보통요금을 확 내려서 10전 균일이 되어버렸습니다. 이것이 올해 부산 키네마계의 이상한 현상이 만들어낸 톱 사건입니다. 이때부터 오늘날까지 각 3개관이 여러 번 이런 현상을 되풀이해왔습니다. 일일이 다 말씀드릴 수 없습니다.

또한 최근에는, 부산 공회당에서 닛카쓰 올 토키 〈고향〉을 상영했습니다.

[여기서 조금 말씀드려두겠습니다.

대체로 부산에서는 조금 좋은 영화라고 하면 바로 태평하게 공회당에 가져가 상영해버리는 병이 있습니다. 그 이유는, 공회당이 부산에 세워진 이래 여기서 개최한 모든 것이 꽤 좋은 반응을 얻었기 때문입니다. 이제 부산 사람들의 머리에는 공회당에서 개최되는 것이라면 1원이나 2원이어도 갈 만하다는 인식이 박혀버렸습니다. 이러한 계산을 하여 공회당에서 영화가 자주 상영되었던 것입니다.

이미 상영된 영화를 말해보면 〈네로〉 〈킹 오브 킹스〉 〈메트로폴리스〉 〈폼페이 최후의 날〉 〈잔다르크〉 〈탄광〉 〈고향〉 등등.

왜 일반 팬들이 비싼 요금을 내고 공화당에 보러 가는가. 우리는 아무리 생각해도 이유를 모르겠습니다. 영화 관련 설비 모든 것이 불완전한 공화당에, 해설자만 임시로 출장을 오고 반주는 레코드를 다이내믹하게 확대하는, 상설관보다 훨씬 열악한 공회당 어디에 장점이 있는지 아무래도 알 수가 없습니다.]

이상한 곳에 집중하고 말았습니다. 앞으로 돌아가겠습니다.

〈고향〉은 3일 동안 상영한다고 선전했습니다. 그러나 3일째 제가 공회당 앞에 섰을 때 의외의 물건을 보았습니다. 아니, 의외라기보다 당연하다고 해야겠지요.

'인사말

본 공회당을 3일 동안 빌리기로 했지만, 돌연 어제부로 빌릴 수 없게 되었습니다. 따라서 내일부터 호라이칸에서 상영을 속행합니다, 운운……'

호라이칸에서 상영하면 10전 흥행. 공회당에서 하면 충분히 1원 흥행. 이를 두고 주판알을 튕긴 호라이칸 관주 오카모토(岡本) 씨도, 불경기인 시절이니 입장자가 적은 당내를 한 차례로 보고 체면치레로 이틀간에 끝냈다는 전말입니다. 〈고향〉은 상당한 돈이 걸려 있어 10전 흥행은 하지 않았습니다. 반액권이 나왔던 모양입니다.

이상으로 재미있는 현상에 관하여 연필을 놓겠습니다. 이것이 부산 키네마계의 오늘입니다. 정말이지 오늘날 상설 각 관은 칠전팔도(七転八倒)의 고난 속에서 계속 허우적거리고 있습니다. 더욱이 12만이라는 인구에 비해 상설관이 겨우 세 개밖에 없다는 것을 생각하면 실로 면목 없는 부산, 아니, 조선의 문(門戶)이며 과장하자면 동아시아의 문인 대(大)부산이 이러한 모습을 보이다니, 실로 눈물을 금치 못하는 바입니다. 여러분! 동정하여 주십시오.

끝으로 이번 주 부산에서 상영되고 있는 영화를 들면서 마치도록 하겠습니다.

사이와이칸[마키노, 도아, 양화] 8월 2일 공개[39]
　1.〈개선가 높이 불러라〉7
　2.〈숨겨진 열정〉9
　3.〈시대의 무희〉8
호라이칸[닛카쓰, 데이키네, 양화] 8월 1일 공개
　1.〈호랑이 부인〉5
　2.〈어머니〉8
　3.〈다쓰마키 나가야〉8
　4.〈춤추는 환영〉10
아이오이칸[쇼치쿠, 양화] 8월 1일 공개
　1.〈날아가는 노래〉8
　2.〈아버지〉10
　3.〈헌 옷 장수 쿠겐〉8

이상입니다. 이번 주에는 대체로 좋은 사진이 상영되고 있습니다. 사이와이칸은 10전 균일로 하고 있습니다.

부산은 아직 권수의 제한을 받고 있지 않습니다. 따라서 보통 서너 편, 많을 때는 막 대여섯 편도 합니다. 조금 오래된 이야기이지만, 작년 말 즈음에 사이와이칸이 성대한 대회를 열었습니다. 〈5인의 남학생〉 대회, 〈만화 지옥〉 대회, 〈수라팔황〉 대회, 〈구라마텐구〉 대회 등등. 어떤 것이든 40권은 족히 넘었습니다.

---

39)　영화명 옆의 숫자는 권수를 가리키는 것으로 추정된다.

상설관의 인기를 말씀드리면…….

우선 사이와이칸입니다. 음악부원이 갖추어져 있다는 점, 해설부원이 갖추어져 있다는 점에서 정평이 나 있습니다.

다음은 호라이칸과 아이오이칸입니다. 일단 꽤 실력이 있다고 할 수 있습니다. 그러나 호라이칸의 음악부원은 잘 못한다는 정평이 굳어진 채 아직도 헤어나오지 못하고 있습니다.

세이고 생(セイゴー 生)[40]

1930년 8월 21일 | 375호 | 5쪽 | 시보란

폭스 경성 지사, 대리점으로 변경

폭스 경성 지사장 후지 고타로(藤井幸太郎)의 퇴직을 계기로, 종래 지점을 조선 대리점으로 변경하고 후지모토 쇼조(藤本省三)가 지배인이 되어서 당분간 고가네마치 2초메 199번지[전화 본국4538번]에 사무소를 둔다.

1931년 1월 1일 | 제387호 | 214쪽 | 촬영소통신

조선영화통신
[12월 5일 조사]

▽ 도야마 프로덕션, 이미 전한 〈금강한(金剛嵐)〉[41] 촬영 속행 중이다

▽ 서울키노사, 조선시나리오작가협회 연작(連作)이 되는 〈화륜〉을 서광제 씨가 각색, 감독 김유영 씨, 촬영 민우양 씨하, 3일부터 촬영을 개시했다. 배역은 다음과 같다.

---

40) '생(生)'은 남자가 자기를 낮추어 부르는 말이다.
41) '金剛恨'의 오기로 추정된다.

김길호(金詰浩)[42][백하로(白河路)], 그의 아내 옥순(玉順)[김정숙(金靜淑)], 덕삼(德三)[오길충(吳吉忠), 그의 첩 숙정(淑貞)[김연실]

▽ X키네마 프로덕션, 제2회 작품으로 〈큰 무덤(大墓)〉 촬영을 개시했다. 원작 한우(韓遇) 씨, 각색 김영찬(金英纂) 씨, 감독 박윤수(朴潤洙) 씨, 촬영 오타 히토시(太田同) 씨, 배역은 다음과 같다.

김필혁(金必革)[윤봉춘], 박영명(朴榮命)[박윤수], 사장[김영찬], 사장의 딸[하소양(河小楊)]

1931년 1월 21일 | 제389호 | 107쪽 | 지방통신

경성의 부

◇ 기라쿠칸[혼마치] 닛카쓰 직영

12월 31일 〈주시로 볼일의 편〉[닛카쓰 시대] 〈아가씨 첨단 에로감 시대, 내 생명은 손가락이야〉[닛카쓰 현대] 〈사랑의 모양〉[닛카쓰 시대]

1월 5일 〈호반의 도적〉[닛카쓰 시대] 〈5인의 유쾌한 도둑〉[43][닛카쓰 현대] 〈눈 속의 사랑(雪中の戀)〉[파테]

◇ 주오칸[에이라쿠초] 데이키네, 마키노

12월 31일 〈경염(競艶) 3인의 여자〉[44][마키노 시대] 〈대비행 함대〉[M.G.M.]

1월 4일 〈나카야마 시치사토〉[마키노 시대] 〈스피드웨이〉[M.G.M.] 〈아라시야마의 노래〉[마키노 현대]

◇ 다이쇼 [사쿠라이초] 쇼치쿠 보합

○월 ○일[45] 〈청춘의 피는 뛴다〉[쇼치쿠 가마타] 〈시미즈의 고마사〉[쇼치쿠 교토]

---

42) KMDb에 따르면 〈화륜〉의 주인공 이름은 철호로, 오기가 의심된다.
43) 일본영화정보시스템에는 〈5인의 유쾌한 도둑〉이 일본에서 1931년 8월 14일에 개봉한 것으로 나와 있다.
44) 〈俠艶三人女〉(中島宝三, 根岸東一郎, 金森万象, 1930)의 오기로 추정된다.
45) 원문에서 누락.

〈바다의 왕자(海の王者)〉[콜롬비아] 〈바람피우는 것만은 다른 문제다〉[쇼치쿠 가마타]

1월 4일 〈병든 병아리〉[쇼치쿠 교토] 〈기누요 이야기〉[쇼치쿠 가마타]

◇ 도아구락부[고가네마치] 도아 특약

0월 0일 〈속 구라마텐구〉[도아 시대] 〈힘의 왕자(力の王者)〉[탈마지프로] 〈별의 유희〉[도아 현대]

1월 3일 〈사쓰마의 노래〉[도아 시대] 〈동경하는 사람들〉[도아 현대] 〈소년 로빈슨〉[M.G.M.]

1월 6일 〈관동남자 겨루기〉[도아 시대] 〈사랑의 정화〉[도아 현대] 〈크랙커 잭〉[이스트코스트(East Coast Productions)]

1931년 2월 1일 | 제390호 | 105쪽 | 촬영소통신

조선영화통신
[1월 5일 조사]

▽ 서울키노사, 이미 전한 〈화륜〉 촬영 완성.

▽ X키네마 프로덕션, 이미 전한 〈큰 무덤〉 완성.

▽ 기타 소식

조선영화제작자들을 하나로 묶는 조선영화동인회는 이번에 아무런 양해도 없이 도야마 프로덕션으로 가버린 나운규, 이창용(李創用)을 동인회로부터 제명 처분했다.

결국 조선 대중이 도야마 프로덕션에 대해 어떤 태도를 보일 것인가, 장차 도야마 미쓰루가 어떤 선후책을 강구할 것인가 주목되고 있다.

1931년 4월 1일 | 제396호 | 13쪽 | 시보란

'활영교육' 선만(鮮滿)에 진출

오사카(大阪) 마이니치사(每日社) 내에 간사이(關西) 본부를, 니치사(日社) 내에 간토(關東) 본부를 두고 전국 약 1만 명의 회원 수를 아우르며, 활영교육 운동에 눈부신 활약을 계속하고 있는 전일본활영교육연구회에서는 이번에 새로 선만에도 진출, 그 사업의 확대강화를 도모하기로 했다.

참고로 이 담당자는 연구회 강사 유가와 도라오(湯川寅夫)이다. 이를 계기로 종래 부진했던 흥행영화계에도 독자적인 수완을 편다고 한다.

1931년 4월 1일 | 제396호 | 218~219쪽

영화관록

관명	소재지	전화	흥행주	지배인	영화계통
기라쿠칸	경성부 혼마치 1-38	본국 597	마쓰다 마사오 (松田正雄)		닛카쓰
다이쇼칸	동(同) 사쿠라이초 1초메	동 873	후쿠자키 하마노스케 (福崎濱之助)	나카미즈 도모노스케 (中水友之助)	쇼치쿠
도아구락부	동 고가네마치 4초메	동 2637	도쿠나가 구마이치로 (德永熊一郎)		도아, 양화
주오칸	동 에이라쿠초 1초메 48	동 3014	오다 유키치 (小田勇吉)	오다 하루카즈 (小田治一)	마키노, 데이키네
게이류칸	동 용산 간코도리	용산 31	우에다 도모타로 (上田友太郎)	나카무라 시게오 (中村重雄)	도아
우미관	동 관철동 89	광화문 395	시바타 미요하루 (柴田三代治)		양화
단성사	동 수은동 56	동 959	박승필 (朴承弼)	박정현 (朴晶鉉)	양화

조선극장	동 인사동 130	동 1281	신용희 (新鎔熙)	박응면 (朴應冕)	양화
가이라쿠칸 (偕楽館)	평양부 고토부키(寿)초 83	1177	마쓰다 미쓰테루 (松田光輝)	다나카 히로시 (田中博)	닛카쓰, 양화
가네치요자 (金千代座)	동 고토부키초 94	1284	모리 고지로 (森幸次郎)		도아, 마키노
헤이조(平壤) 키네마	동 사쿠라마치 53	926	사와다 후쿠노스케 (澤田福之助)	사와다 사다오 (澤田定雄)	쇼치쿠
제일관 (第一館)	동 수옥리(水玉里) 25	420	박순옥 (朴淳玉)		양화
아이오이칸	부산부 혼마치 1초메	535	미쓰오 미네지로 (滿生峯次郎)		쇼치쿠
호라이칸	동 사이와이초 1초메	485	이와사키 다케지 (岩崎武二)		닛카쓰
히사고칸 (瓢館)	인천부 신마치(新町)	410	닛타 마타히라 (新田又平)	요시무라 요이치 (吉村與日)	쇼치쿠, 마키노, 데이키네, 도아
애관 (愛館)	동 외리(外理)		이종룡 (李種龍)	이석구 (李錫九)	양화
쇼메이칸 (昭明館)	대구부 다마치(田町)	234	스즈키 류키치 (鈴木留吉)		쇼치쿠
만경관 (萬鏡館)	동 교마치(京町) 1초메	982	민태정 (閔泰貞)		양화
에이라쿠칸 (永樂館)	대구부 다마치 14	1376	나가오 기주로 (長尾喜重郎)		닛카쓰, 도아, 양화
기쇼칸 (喜笑館)	군산부 개복동(開福洞) 44	344	가와카미 고조 (河上好藏)		쇼치쿠
유라쿠칸 (遊樂館)	원산부 이즈미초(泉町) 4초메	125	핫토리 도쿠지로 (服部德次郎)		쇼치쿠, 닛카쓰
마루니시자 (丸西座)	마산부 야나기초(柳町)	261	나가마쓰 하지메 (永松肇)		마키노, 닛카쓰, 도아, 쇼치쿠

세이신자 (靑津座)	청진부 고도부키초	761	미야타 후지타로 (宮田藤太郞)		각 사
쇼와자 (昭和座)	동 사이와이초				
간코(咸興) 극장	함흥부 야마토초 (大和町) 3초메	605	쓰지 헤이조 (辻平三)		닛카쓰
동명(東明) 극장	동 고토부키초	643	김영선 (金英善)	이영준 (李榮俊)	양화
마사고칸 (眞砂館)	동 혼마치 2초메	368	구니이 가쓰히데 (國井勝英)	도미나가 기요시 (富永淸)	쇼치쿠, 데이키네
헤이와칸 (平和館)	목포부 쇼와도리(昭和通)	757	모리모토 세이지로 (森本正治郞)	시모조 스미이치 (下條住市)	쇼치쿠, 닛카쓰
고슈칸 (光州館)	광주부 고가네마치 19	665	후지카와 가메사부로 (藤川龜三郞)		닛카쓰
데이코쿠칸 (帝國館)	동 혼마치 1초메	710	구로세 도요쿠라 (黑瀨豊蔵)		쇼치쿠, 데이키네
세카이칸 (世界館)	신의주부 도키와초(常盤町) 6초메	32	노다 하쿠스이 (野田白水)	하야시타 요시미즈 (林田芳水)	닛카쓰, 마키노, 도아, 양화
엔게이칸 (演藝館)	나남부(羅南府) 이코마초(生駒町) 5	369	이리에 겐페이 (入江元平)	닛토 히로유키 (日東廣行)	마키노
오타(大田) 극장	대전부 혼마치	266	고마쓰 쇼조 (小松省三)		쇼치쿠, 마키노
리리자 (裡里座)	전라북도 이리	117	가토 히사키치 (加藤久吉)		마키노, 쇼치쿠
사쿠라자 (櫻座)	충청북도 청주 혼마치 1초메	147	나카오카 구니고로 (中岡國五郞)		데이키네
도키와칸 (常盤館)	경상남도 울산군 방어진	방어진 10	하시즈메 에이타 (橋詰永太)		닛카쓰, 마키노
미나토칸 (港館)	평안남도 진남포 다쓰이초(龍井町)	610	아베 마사도모 (阿部正友)	아베 다케사부로 (阿部武三郞)	마키노

1931년 4월 1일 | 제396호 | 219쪽

영화관 통계

부현	양화 전문	방화 전문 및 혼합	계
조선	5	32	37

영화관 통계 쇼와 6년 3월 현재, 조사부.

1936년 1월 1일 | 제562호 | 13쪽 | 시보란

단신 한 다발

▽ RKO영화 조선 위탁배급소

종래 RKO영화의 조선 배급은 W. W. 테일러(Taylor)상회가 행해왔는데 이번에 동 상회와 원만한 양해하에 오는 쇼와 11년 1월부터 사와다 미쓰노리(澤田光昇) 씨, 야마모토 기지(山本季嗣) 씨, 이나미 고이치로(井波悟一郎) 씨가 경영하는 조선 배급소 [경성부 메이지마치 2-68, 전화 본국 2364]에 위탁하기로 결정했다.

1936년 6월 1일 | 제577호 | 76쪽 | 광고

〈장화홍련전〉

〈장화홍련전〉

조선어 전(全) 발성 일본판, 기대의 반도 예술영화

오사카 파크(パーク)극장 롱런

문예봉(文藝峰), 지경순(池京順) 주연

홍토무(洪十夢)[46] 감독

---

46) 본명 洪開明. KMDb 및 『실록 한국영화총서』에 따르면 홍개명의 예명은 吁無로 표기되어 있다. 원문에 표기된 吁夢은 일본식 발음으로 '토무'라고 읽힌다.

반도의 흙과 함께 오랫동안 사람들에게 전해져 내려온 슬픈 이야기

신흥 조선영화계가 보내는 본방(邦) 최초의 토키작품[47] 공개

제작 조선경성촬영소 제공, 고려영화주식회사

〈아리랑〉

〈아리랑〉

반도 민요 아리랑의 노래를 주제로 한 진정한

'아리랑'

전편 7권, 후편 9권

주연 나운규, 신일선(申一仙) 외 1천 명 출연

반도영화배급사 제1회 제공, 대망의 명화 개봉 박두!

〈사랑을 찾아서〉

〈사랑을 찾아서〉[48]

전 8권

조선어, 전 발성, 국어, 슈퍼타이틀판

명우 나운규의 엽생(畢生)의 대작품

만소선(만주, 소련, 조선) 국경을 흐르는 두만강을 배경으로 하는 장쾌하고 비교할 수 없는 대활극

화면, 슈퍼녹음이 선명하여 흥행가치 만점임을 보증

---

47) 일반적으로 조선 최초의 토키작품은 〈춘향전〉(이명우, 1935)으로 알려져 있다.

48) 원문에는 '愛を尋ねて'라는 일본어와 더불어 한글로 "사랑을 차저서"라고 표기되어 있다.

주연 나운규, 전옥, 주삼손(朱三孫), 이금룡, 이경선, 윤봉춘 외 올스타 캐스트

제공 빈도영화배급사

임시 사무소

교토시 시모쿄구(市京區) 가라하시다카바타마치(唐橋高畑町) 85

오사카시 니시나리구(西成區) 쓰루미바시도리(鶴見橋通) 1-11 [전화 에비스(戎) 7066번]

1940년 10월 11일 | 제730호 | 광고

〈수업료〉

〈수업료〉

반도의 동포들이 진심을 담아 보내는 명작! 근일 공개!

야기 야스타로(八木保太郎) 각색, 최인규(崔寅奎)·방한준(方漢駿) 감독, 이명우 촬영, 이토 센지(伊藤宣二) 음악

우수영(禹壽榮) 소년 원작을 영화화

스스키다 겐지(薄田研二), 정찬조(鄭燦朝)[49], 김신재(金信哉), 복혜숙(卜惠淑), 독은기(獨銀麒), 문예봉, 최운봉(崔雲峰), 전택이(田澤二) 공연

도와(東和)상사, 고려영화협회 작품

1940년 10월 11일 | 제730호 | 광고

〈복지만리〉

〈복지만리〉

조선영화가 만들어진 이래의 거탄(巨彈)! 전 만주 로케 제작기간 2년

이창용 시나리오·감독, 이명우 촬영

---

49) 『실록 한국영화총서』에 따르면 鄭燦祚로 표기된다.

고려 측 진훈(秦薰),[50] 심영(沈榮), 주인규(朱仁奎), 박창환(朴昌煥), 이규설(李圭卨), 송창관(宋昌冠), 전옥, 유계선(劉桂仙), 김동규(金東圭), 전택이 공연

만영 측 진진중(陳鎭中), 왕근파(王根波),[51] 이영(李映), 왕미운(王美雲), 장상(張翔), 장혁(張奕), 훈파(薰波) 공연

고려영화협회, 만주영화협회 공동 작품

도와상사 영화부 배급

---

50) 본명 강홍식(姜弘植).

51) 『실록 한국영화총서』 및 당시 동아일보 기사에는 왕은파(王銀波)로 나와 있다.

키네마주보

1933년 2월 10일 | 제143호 | 19쪽

영화국책에 관한 건의안에 대하여

활동사진을 오락적 견지에서만 비판·검토하는 것은 오늘날에 이르러서는 더 이상 허용되지 않는 일이다. 민중의 오락기관으로 전국적 흡입력을 지닌 활동사진의 매력은, 다른 일면으로 보면 강력한 선전기관 혹은 교화기관으로서의 기능도 지니는 것으로, 위정자들이 등한시할 수 없을 것이다. 게다가 그 강력한 선전·교화기관으로서의 기능을 국제적 입장에서 재인식할 경우, 그것이 미치는 영향력은 어떤 언론기관에서도 도저히 기획할 수 없는 삼투력을 발휘한다는 것을 알 것이다.

일전에 제네바에서 세계대의사(代議士)대회가 개최되었을 때, 우리는 여기에 출석하면서 해외의 제(諸) 사정을 보고 들었다. 특히 제(諸) 외국이 활발하게 활동사진을 이용함으로써 그 국정풍속(國情風俗)을 세계에 얼마나 정당하게 소개해왔는지를 알게 되었다. 반면, 우리 일본에서는 그와 같은 어떠한 시설도 이루어지는 것을 보지 못했다. 게다가 외국 활동사진관에서 왕왕 영사되는 일본소개 영화를 보면, 외국회사가 제작에 관여한 일본소개 영화인 까닭에 일부러 기교(奇矯)한 풍습, 허구의 사실을 묘사하고 있어, 본방(本邦)의 품위를 상하게 하고 불측(不測)의 오해를 초래하는 원인을 만들고 있어서 우려하지 않을 수 없다. 이와 같은 일에 대하여, 본방의 대외적 손실은 시비를 가려야 할 것이 있다.

그럼에도 불구하고 정부는, 민간의 내외 활동사진회사가 영리 목적으로 영화를 제작하는 그대로 방치하고 단지 약간의 소극적 영화경찰을 행하는 데 지나지 않을 뿐 아무런 적극적 지도 및 통제 정책을 내려 하지 않는다.

생각건대 흥행영화는 오락을 목적으로 하는 고로 국민의 사상 향상이나 풍교(風教) 선도 등에서는 아직 유감스러운 점이 적지 않다. 또 부지불식간에 관객을 유치하는 힘에서, 영화는 직접 감능(感能)에 호소하는 것인 만큼 경시할 수 없는 부분이 있는데, 특히 감수성이 풍부한 청년, 부녀자들에게 미치는 영향에 이르러서는 학교교육에도 뒤지지 않는 면이 있다.

이렇게 본다면, 밖으로는 전술한 바의 대외적 국가 손실을 방지하기 위해 자진(自進)하여 순정·고아(高雅)한 일본소개 영화를 제작, 이로써 해외에 우리의 국정 발양에 이바지해야 한다는 것은 논의를 기다릴 필요도 없다. 또한 안으로는 흥행영화 제작방침의 지도통제, 우량영화 제작의 장려보호를 강구, 이를 통해 내외의 활동사진 통제를 꾀하지 않으면 안 된다는 것도 응당 긴급한 문제이다.

말할 필요도 없는바, 지금 각국은 선악에 대한 활동사진의 강력한 영향력을 감안, 나아가 이것을 지도통제할 필요를 통감하여, 특히 활동사진 관련 전속기관을 설치하고 있는 모양이다. 우리 나라 또한, 마땅히 이러한 정세를 감안하여 속히 대책기관을 특설, 제반 관계 사항을 조사하고 유효적절한 지도통제를 확립, 이를 통해 이 문화사업의 조장(助長)·발달을 꾀하는 일이 필요하다. 이것이 지금 의회에 본안을 제출하는 소이(所以)이다.

행여 며칠 전 고토(後藤) 농림대신에게 이러한 취지를 이야기했더니, 농상(農相, 고토)은, 진구가이엔(神宮外苑) 청년관(靑年館)에서 주사를 맡고 있는 관계상 이 문제를 통절(痛切)히 고려하고 있다며 우리의 제안을 매우 기뻐하였다. 하토야마(鳩山) 문상(文相, 문부대신)도 우리와 뜻을 같이하고 있다고 하니, 다수의 찬성 의원들과 함께 이번 의회에서는 반드시 이 건의안을 구체화시키고 싶다고 생각하는 바이다.

우리 생각으로는, 위원회 조직을 따르는 것을 내각 직속으로 두고 각 성(省)에서 위원을 뽑아 거기에 참획(參劃)시키는 통일심의에 의해 모든 방면의 대책을 연구·조사하고, 장래에는 내각 직속하에 활동사진국이나 과(科)를 두어 관민 공동으로 이 대(大)목적을 달성시키려고 한다. 많은 분들의 성원을 얻을 수 있다면 다행이다.

정우회(政友會) 대의사(代議士) 이와세 료(岩瀨亮)

1933년 3월 3일 | 제146호 | 30쪽 | 광고

〈거짓 국기 밑에서〉

〈거짓 국기 밑에서〉

폭풍인가? 비인가? 건곤일척(乾坤一擲)의 스파이전(戰)

개봉 호평

샬롯데 수자 양, 구스타프 프레리히 씨 공연

동경, 오사카, 후쿠오카, 삿포로, 경성

산에이샤(三映社) 제공

1933년 4월 7일 | 제150호 | 36~38쪽

일본에서의 발성영사기 분포
[쇼와 3월 말 현재]

본년도 토키 설치관은, 전년도에 비해 약 배액(倍額)에 달하여 전국 천삼백 영화관이라면 그 약 3할이 토키 설치관이 되어 있다. 그 관명, 종별은 다음과 같은데, 데브라이(Devry), 데브리(DeVri)와 같은 휴대용 기계는 흥행용 이외의 것으로 유입되었으므로 본 조사에는 포함하지 않았다.

(……)

조선[8개관]

경성 우미관, 경성 조선극장, 경성 주오칸, 경성 단성사, 부산 아이오이칸, 경성 도아구락부, 평양 가이라쿠칸, 경성 기라쿠칸

편집부

영화국책 수립을 위한
내각 직속 영화국(局) 실현의 기운 다가오다

민간영화회사와의 제휴는 필수 문제가 되지 않아

영화국책 수립은 이미 각 방면에서 요망되어온 것으로, 지난 의회에서도 귀(貴)·중(衆) 양원(兩院)에서 이에 관한 건의안이 전원 일치로 가결된바, 영화 검열행정을 일거에 쥔 내무성은 드디어 마음을 먹고 그 국책 수립에 적극 임한다는 방침을 결정, 경보국에서 구체안 작제(作製)에 착수했다고 한다.

이번 국책 수립에서 관청 측이 과연 어떠한 제도를 가지고 실행에 임할지가 영화 관계 방면에서 매우 주시되고 있다. 특히 국책 수립을 촉진하고 이끌어낸 것이 내부영화 제작 방면이 아니라, 오히려 타동적(他動的)으로 제(諸) 외국 제작의 배일국욕(排日國辱)영화였음을 감안하면, 관청의 진출은 비상시 일본을 통일하여 대외적 방면에서의 영화 취체에 힘을 기울이는 것이 주가 되리라고 예상된다.

관청 측에서 발표한 것을 보면, 종래 영화 관련 사무는, 문부성에서 사회교육에 관한 것의 장려·조성, 육해군에서 군사 사상 보급에 관한 군사영화, 철도성에서 관광영화에 대한 것을 관장해온바, 그간 상호 연락이 전혀 이루어지지 않았던 것이 국책상 불편하다 여겨지는 점도 적지 않아, 우선 실행 제1보로서 각 성(省)의 영화 사무를 통일·종합하고 이를 하나로 관장하는 신기관(新機關)을 만드는 방침을 결정했다고 한다. 이 기관은 내각 총리대신 직속의 내각 일국(一局)으로서 상당히 폭넓은 권한을 가지게 되며, 연맹[52] 탈퇴 후의 미묘한 국제관계도 고려하여 영화행정에 온 힘을 기울일 것인데, 내무성안(案)의 윤곽이 결정되면 근간 문부, 육해군, 철도 각 성 회의로 옮겨 실행에 나설 것이며, 나아가 수출 필름에 대해서는 대장성과도 대책협의를 진행한다고 한다.

정부가 영화 문제에 대하여 이렇듯 적극적인 태도를 취하게 된 것은 참으로 환영할 만하다. 앞으로 이 방면의 실적이 점진적으로 높아질 것이라 예상되는바, 이를

---

52) 1933년 2월 일본의 국제연맹을 탈퇴를 일컫는 것으로 추정된다.

키네마주보

기회로 민간영화회사와 더욱 긴밀한 제휴를 통해 정부 측 정책의 보급을 꾀하면 어떨까 한다.

정부는 현존 영화회사의 존재를 인정, 여기에 저촉되지 않는 범위에서 정책선전 영화 제작을 도모하고 전국적 영화망을 가진 영화회사를 이용한 살포 방법도 고려하고 있을 것이다. 또한 정부 입장에서는 전문 기술 문제와 관련하여 민간영화회사의 원조를 더욱 바라고 있을 터이므로, 앞으로 설립될 영화국은 민간영화회사와 협조적으로 나아갈 필요가 대두될 것이다.

이에 대해서는 이미 일부에서 제창되는 것처럼, 관민 양자 간을 연락시키는 관민협립(脇立)의 자문기관을 설치하여 원활한 사무를 수행케 하는 것도 하나의 방책일 것이다.

정부는 민간영화회사를 통일하는 영화 국영(国営)화를 목표로 하지는 않는다. 현재의 정부 예산으로는 도저히 실현을 바랄 수 없으며 기존 사회제도에서 이에 대한 필요성을 인정하지도 않기 때문이다.

정부는 그저 민간 방면의 오락영화 보급망을 이용하여 정책 보급의 실적을 높여가면 된다. 민간회사는 정부 예산 내에서 청부(請負) 제작을 하고 더불어 이를 직계 극장망에서 상영하는 국가적 의무를 부담하면 될 것이다. 이는 이상적 관민협력의 한 예이다.

요컨대 민간회사에서는 관청 방면의 영화제작을 원조하여 국책 수행에 도움을 주는 동시에 관청과의 제휴를 통해 일정 부분 이익도 고려하여 향후에 임하는 각오를 필요로 할 것이다.

1933년 6월 30일 | 제161호 | 7~9쪽

영화국책에 관한 제(諸) 문제
영화국책이란 어떤 것인가

1. 연혁

작금 '영화국책'이라는 것이 우리 영화계에서 빈번히 이야기되고 있습니다만,

아무래도 문제가 큰 만큼 각인각설(各人各說), 각각이 관련된 입장들로부터 여러 가지 견해를 가지고 있는 듯합니다.

여러 견해를 가지고 있다는 것은, 아직 우리 나라에서 이 문제가 극히 발단(發端)적인데다 구체적인 성안(成案)이 어디에서도 만들어지지 않은 까닭에 각인(各人)이 마음대로 자신들의 입장을 토대로 이 문제를 논의하고 있기 때문이라고 생각합니다.

두 가지 이유

그렇다면 영화국책이라는 것이 왜 최근에 조급하게 문제가 되었고, 또 세간의 여론을 높이고 있는 것일까요? 말하자면, 여기에는 두 가지 이유가 있습니다. 그 하나, 만주사변과 상해사변 이후 동양에서 일본의 태도가 세계적 관심이 되었고, 따라서 일본에 대한 세계의 인식이 심화되어왔습니다. 이에 즈음하여 일본은 지나의 속국이 아닌가 따위의 기이한 인식 부족을 보이는 전세계인들에게 일본의 문화, 일본의 국정, 일본의 태도를 올바르게 알리지 않으면 안 됩니다. 이러한 대외적 영화국책. 또 하나, 일본 내지의 사회 정세, 사상 경향을 전통적 일본 정신에 순치(馴致)시키고, 더 나아가서는 현재 국제적·경제적 비상시에 처한 국민의 각오 같은 것을 영화를 통해 함양시킨다는, 즉 대내적 영화국책. 이것이 현재 영화국책에 대한 사회적 여론으로 형성되어 있다고 생각합니다.

게다가 영화를 교육 혹은 정치의 수단으로 활용시키자는 논의는 오늘날 시작된 것이 아닙니다. 과거 전(前) 닛카쓰 상무 네기시 고이치(根岸耕一) 씨나 전 닛카쓰 배우 아사오카 노부오(浅岡信夫) 씨, 오사카마이니치신문사 활영부(活映部) 미즈노 신코(水野新幸) 씨 등이 열심히 주창한 적 있었고, 쇼다 가즈에(勝田主計) 씨가 문상(文相)시대에 영화업자와 의견을 약하게 교환한 적도 있습니다.

앞에서 말씀드린 것처럼, 내외 정세라는 것이 아직 이러한 선인(先人)들의 영화국책론을 받아들일 기운에 이르지 못했기 때문에 결국 구체화되지 못했던 것입니다.

귀중양원에서

그런데 금년 1월 14일과 30일, 귀족원(院)에서 남작 기 도시히데(紀俊秀) 씨가 영화교육에 관해 치열하게 질문하고, 이어서 3월 13일에 마찬가지로 귀족원에서 노무라 마스조(野村益三) 씨가 대(對) 상공성(商工省) 질문으로 필름공업 조성 문제 및 교육영화 문제를 다루면서 일반 사회나 귀족원 방면의 여론을 자극했습니다. 또한 중의원(衆議院)에서는 2월 8일, 정우회 대의사 이와세 료 씨에 의해 '영화국책 수립에 관한 건의안'이 제출되어, 지금 영화국책이라는 단어가 세상의 주목을 받게 된 것입니다.

이와세 씨의 경우

이와세 씨가 이 건의안을 제출한 동기는 다음과 같습니다. 작년 여름 그는 만국대의사회의(萬國代議士會議)에 참석하기 위해 제네바에 갔습니다. 우연히 그곳 영화관에서 각 나라의 뉴스가 영사되는 것을 보았는데, 특히 일본의 뉴스가 너무 빈약하고 비외(卑猥)하여 차마 보지 못하고 돌아왔다고 합니다. 돌아오는 배 안에서 전 닛카쓰 배우 아사오카 노부오 씨를 알게 되었는데, 아사오카 씨 다년간의 지론인 영화국책안을 듣고 마음을 움직이게 된 것이 발단이었다고 합니다.

그리하여 돌아왔을 때, 이미 한 해가 저물어갈 무렵이었습니다만, 저희들 신문잡지 관련 유지(有志)들이 모이는 S.E.C.라는 클럽에 초대되었습니다. 그의 외유만담(外遊漫談) 중에 이야기가 엉터리 일본뉴스영화에 미치게 되었습니다. 일본의 영화업자가 그저 상업주의로 외국인들이 즐길 만한 진기, 비외의 풍속을 촬영하고 또한 취체 관청이 아무렇지도 않게 이런 영화의 수출을 허용한다면, 세계에 대하여 제국의 지위가 중대한 지금 이때에 쓸데없이 열등 국민 같은 인상을 부여하게 되어 외교상 중대한 문제라는 취지의 의견을 토로하면서, 그는 이 취체 방법을 정부에 진언할 예정이라고 했습니다.

그날 밤 저도 마침 그 자리에 있어 그 뉴스영화는 외국영화반이 촬영한 것이라 설명했습니다. 나아가 동석의 호치(報知)신문사 정치부 기자 F 씨와 함께 이는 대단히 큰일이므로 더욱 발전시켜 국책영화통제에까지 이르는 소위 '영화국책'을 건의하는 것은 어떨지, 건의할 가치가 있는 중대 문제라며 이와세 씨의 분기를 크게 요망했습니다. 결국 이를 기사화, 호치신문과 함께 1월 중순 의회 재개 직전에 발표했습니다[1월 20일호 본지 권두 참조].

건의안 내용은 다음과 같은데, 영화 방면에 관련되어 있다는 이유로 제가 원문에 약간의 가필을 가했습니다.

영화국책 수립에 관한 건의

정부가 속히 영화 조사·통제를 위한 적절한 기관을 설치하여 그 발달을 기하고 동시에 이에 수반되는 제반 폐해를 사전에 방지하기를 바라며 다음과 같이 건의한다.

영화국책 수립에 관한 건의안 이유서

영화는 오락기관, 선전기관이라는 직능에서, 또한 교화기관이라는 직능에서 근대과학의 소산 중 민중생활에 가장 널리 관여하는 것이라 할 수 있다. 그러나 정부는 민간회사가 영리 목적을 가지고 영화를 제작하는 대로 방치하고, 그저 약간의 소극적 영화경찰을 행할 뿐 어떠한 적극적 지도 및 통제의 책(策)을 내지 않았다.

생각건대 흥행영화는 오락을 목적으로 하는 고로 국민의 사상 향상이나 풍교(風教) 선도에 대해서는 유감스러운 점이 적지 않다. 부지불식간에 관객을 유치하는 힘에서, (영화는) 아마 언론기관에 뒤지지 않으며, 특히 감수성이 풍부한 청년, 부녀자들에게 미치는 영향에 이르러서는 학교교육에도 뒤지지 않는 정도의 것이다.

외국회사에서 제작된 일본소개 영화에서 일부러 기교(奇矯)한 풍습, 허구의 사실을 묘사함으로써 본방(本邦)의 품위를 상하게 하고 불측(不測)의 오해를 초래하는 경우가 적지 않다. 이와 같은 대외적 국가 손실을 방지하기 위해 자진(自進)하여 순정하고 고아(高雅)한 일본소개 영화를 제작하고, 이를 통해 해외에 이바지해야 한다는 것은 논의를 기다릴 필요가 없으며, 단순히 민간영화회사에만 의존하면 이러한 대(大)목적을 달성시킬 수 없다는 것은 분명하다.

지금 각국은 이러한 폐해를 감안하여 지도통제의 필요를 통감, 특히 영화에 관한 전관기관(專管機關)을 설치하는 현상(現狀)이다.

우리 나라 또한 마땅히 이러한 정세를 감안하여 속히 대책기관을 특설, 제반 관계 사항을 조사하고 유효적절한 지도통제를 확립, 이를 통해 이 문화사업의 조장·발달을 꾀하는 일이 필요한바, 이것이 지금 의회에 본안을 제출하는 소이(所以)이다.

더 나아가, 이와세 씨는 본지 2월 10일호에 '영화국책에 관한 건의안에 대하여'라는 제목으로, 영회계에 ㄱ 소견을 피력하였습니다.

건의안 가결

이 건의안은 같은 달 13일 건의위원 제2분과회(分科會)의 심의를 거쳐, 3월 4일 중의원에서 가결되었습니다.

이상이 목하(目下) 사회의 여론이 되고 있는 영화국책 문제의 연혁입니다.

2. 각국의 방법

이런 연유로 일본에서 영화국책 문제는 이제 막 태어난 아기입니다. 이것이 앞으로 어떻게 자라날 것인지 현재로서는 예상되지 않습니다만, 그렇다고 해서 전혀 예상되지 않는 것은 아닙니다. 이를 말씀드리기 전에 각국의 영화 이용법에 대해서 잠깐 간단히 기술해보고 싶습니다.

국제연맹 교육영화부에서 발행하고 있는 『교육영화국제평론』 1932년 5, 6월호 소재(所載) '각국의 교육영화 보호에 관한 법규' 중 적혀 있는 것을 보면

세금 면제

교육영화에 대한 수입세 면제, 관세 면제는 대체로 각국이 공통적으로 하고 있습니다.

강제상영

교육영화[국책영화]를 일반영화관에서 강제적으로 상영하고 있는 나라는 이탈리아, 칠레, 포르투갈 외 3개국, 헝가리에서는 정부 지정 제작단체에서 제작한 뉴스영화를 일반영화관에서 의무적으로 상영하도록 하고 있습니다.

장려·원조

또한 영화교육의 주지(主旨)를 가진 제작단체를 정부가 장려·원조하고 있는 나라는 지나, 덴마크, 캐나다, 미국, 프랑스 외 3개국으로 도합 8개국이며, 나아가 적극

적인 시스템하에 영화를 이용하고 있는 나라로 독일과 이탈리아가 있습니다.

독일의 시스템

독일의 방법입니다. 1915년 베를린에 민간교육단체인 중앙교육협회가 설립되었습니다. 일본으로 말할 것 같으면 간다 히토쓰바시(神田一ツ橋)의 제국교육회 같은 것입니다만, 이 협회가 중앙정부 및 독일 제주(諸州) 당국 인정하에 자치제로 중앙영화국을 만들고, 나아가 베를린과 뮌헨에 영화 검열국을 설치, 베를린 검열국은 북부를, 뮌헨 검열국은 남부 지방을 담당하도록 하여 전국 검열을 이 두 곳으로 통일했습니다. 마치 도쿄 외에 교토에도 또 하나 검열소를 둔 것과 같습니다. 이 중앙영화국의 영화 검열이 다른 나라의 검열과 다른 점은, 독일 국내에서 상영되는 모든 영화가 이곳의 검열을 거쳐야만 하는 것은 물론, 일반영화 검열 외에 교육영화국이라는 것이 별도로 있어 여기에서 국민 교화용으로 적당한 영화를 인정하고 나아가 이러한 영화들이 일반 영화관에 걸릴 경우 그 흥행세를 어느 정도 감액해주기로 한 것입니다. 흥행 프로그램 하나당 90퍼센트로, 여기서 인정영화가 나올 경우에는 흥행세가 전부 면제됩니다. 즉, 정부 방면에서 이런 영화를 걸고 싶다고 영화관 측에 부탁하고 그 대신 교환조건으로 세금을 싸게 해준다는 식이 되는 것입니다.

최근의 독일

그런데 최근의 정보에 의하면, 국수(國粹)사회당이 정권을 잡고 그 주령(主領) 히틀러가 강행정치를 하는 까닭에, 영화 방면을 맹렬히 움직여 내각 내에 새로 선전성(宣傳省)을 설치, 그 안에 영화국을 두어 영화를 가지고 파쇼정책을 선전하려 한다고 합니다. 또한 상영영화도 내외작품을 통틀어 엄격한 검열을 행하고 정부 소신(所信)에 반하는 내용의 영화는 모조리 상영을 금지시킨다는 무시무시한 통제방침을 시작했습니다. 이러다가는 소비에트 러시아처럼 영화 국영화까지 손을 뻗칠지도 모르겠습니다.

이탈리아의 시스템

독일에 이어 영화정책에 열심인 곳은 이탈리아입니다. 이탈리아에는 국민영화교육선전협회[약칭 루체(L'Unione Cinematografica Educativa, LUCE)]와 흥행영화 방면을 통제하는 피탈루가(Pittaluga) 두 가지가 있습니다. 루체는 무솔리니 직속의 국가기관으로서 1926년에 설립되었는데, 이탈리아 정부는 여기에서 제작·배급하는 교육영화를 상영하지 않는 영화관에는 흥행 금지 명령을 내는 것으로 하고 있습니다. 영화국책도 이렇게까지 철저하면 불응이 있을 수 없지만 강요되는 것만으로도 영화관 쪽은 계속 피해를 입을 터, 차라리 독일처럼 흥행세를 공제하는 식이 온당한 것 같습니다.

소비에트의 영화국책

이상이 국제연맹 교육영화부가 조사한 것입니다. 그런데 이 밖에 독일, 이탈리아보다도 정치와 영화를 훨씬 더 잘 연결시켜 영화국책을 감행하고 있는 곳으로 소비에트 러시아가 있습니다. 이곳에서는 이미 레닌의 말로 유명한 '모든 예술 중에서 XX에 가장 중요한 것은 영화이다'라는 신념에 의거, 혁명정부 성립 직후인 1918년 2월에 지부인민위원회에 의해 영화의 기능을 어떻게 활용해야 하는지를 연구하는 전문위원회가 조직되었고, 다음 해 8월에는 레닌 서명으로 영화국영법령이 발포되었습니다. 이 국립영화제작소의 영화를 이용하여, 광막한 러시아 각지에 산재하는 무지몽매한 노동자·농민을 문화적·정치적으로 교육해야만 한다는 신정부의 주의(主義)정책은 완전한 성공을 거두었습니다.

그 후에도 소비에트영화는 시종일관한 지도정신하에 전국의 영화사업을 소유즈(Soyuz)키노라는 트러스트를 통해 통제하고 여기서 제작·배급 일체의 연락을 행하는 식이 되었습니다. 특히 예의 5개년계획에서는 영화사업도 주요 일부분을 차지하는데, 작년에는 영화사업에 투자한 정부 자금이 거액 1억 3천만 루블로 상승했습니다.

공개와 관련해서는, 전국에 3만 개의 영화관 및 8천 개의 이동영사대를 두고 이를 통해 간단·활발하게 목적을 달성하는 방법을 취하고 있습니다. 나아가 제2차 5개년계획에 따라 1937년까지 현재의 약 3배 이상인 12만 2천 5백 개의 영화관 및 이동영사대를 설치하고자 하고 있습니다. 한편, 제(諸) 약품, 재료, 생필름 등 지금까지 외국에 기대왔던 것들도 렌즈 이외에는 모두 내지에서 가능하도록 연구가 이루어져, 그 조직 충실도와 규모의 거대함은 세계 유일이라고 합니다.

3. 영화국책으로의 길

이제 다시 일본의 영화국책 문제로 돌아오겠습니다. 일본에서는 현재 겨우 의회에서 건의안이 가결된 상황이라 이것이 어떻게 움직여갈지까지는 장래 문제입니다. 현재로서는 내무성 경보국과 문부, 철도, 외무, 육해군의 관계 6성에서 각각 구체안을 짜고 있습니다.

경보국 쪽은 오테마치(大手町) 필름검열소의 마스다(增田) 사무관에게 명하여 영화 검열 해당 담당자들이 각각 중앙 제(諸) 관청 및 지방관청에서의 영화 이용 방법, 각국의 영화정책 방법 등을 조사·연구하고 있습니다. 문부성 쪽에서는 서무과의 나카다 준조(中田俊造) 씨 이하가 유사한 조사를 담당하고 있습니다. 근간 이 양쪽의 조사가 완료되면 다시 실행안을 입안하여 예산을 계상(計上)하기로 했습니다.

3조 정책

한마디로 영화국책이라 말씀드리지만, 전술한 것 같은 교육영화의 제작·상영만이 국책은 아닙니다. 영화국책은 일정의 통제위원제도하에 있어야 하며 적어도 다음의 3조가 포함되지 않으면 안 된다고 생각합니다.

1. 교육수단으로서의 영화정책
2. 검열에 의한 내외영화 통제
3. 국민문화로서 국산영화 보호와 장려

교육수단으로서의 영화정책은, 위의 이탈리아나 독일의 예에서 본 것처럼 위원회의 지도정신에 의해 뉴스영화라든가 교화영화, 해외선전영화를 국고로 제작하고 그 배급·상영에 대하여는 독일이나 이탈리아 둘 중 하나의 조령(條令)에 기대는 것도 좋을 것입니다. 그러나 이상적으로, 이탈리아의 조령에 독일식 면세제도를 덧붙인다면 철저한 방법을 취할 수 있을 것이라고 생각합니다.

영화 검열은, 현재 내무성 경보국 안(案)에 다소의 규준(規準) 개량을 더하여 계승할 수 있을 것입니다.

세 번째 국산영화 장려에 대해, 정부에서 이미, 영화가 단순한 오락으로 민중생활과 긴밀한 관계를 가질 뿐 아니라 교화·선전에 중대한 역할을 한다는 것을 이해한다면, 국내문화 발양을 위해 민간영화산업을 더욱 크게 보호·장려하는 것이 간요(肝

要)합니다. 최근 문부성에서는 국민정신 작흥(作興)에 도움이 되는 영화에, 지나나 덴마크에서처럼, 그 제작자에게 장려금을 하사하는 안을 세우고 있다고 합니다만, 이 문제는 나아가 구라파 제국(諸國)에서 행해진 바와 같은 쿼터제도를 통한 외국영화 수입 제한, 일본영화의 해외 개척으로까지 진전될 가능성이 있다고 할 수 있습니다.

전 영화 국영(全映畵國營)은 불가능

이러한 기관이 내각 직속하에 신설된 영화국 혹은 영화과로 종합되고, 나아가 이들을 통괄하는 위원회가 있어 지도해간다, 이런 식으로 나아가는 것이 일본의 영화국책입니다. 소비에트처럼 또한 독일이 그리 하려는 것과 같은 영화국책, 즉 전(全) 영화사업의 국영화는 현재 일본의 사회·정치 상태로 보아 즉각 실현되기 어려울 것입니다.

영화국책으로의 길

요(要)는, 우리 일본의 광휘(光輝)로운 국체를 해외에 선양하고, 세계무이(世界無二)의 우수한 일본민족정신을 더 깊고 강하게 국민 신념에 심어주기 위해서, 관민 제휴로 순일무잡(純一無雜)한 영화보국의 결실을 맺는다는 것입니다. 이것이, 최근 세계적 사조가 되어온 국토 및 국가 관념의 강조에 수반되는 현상 중 하나인 영화국책 정신이라고 생각합니다.

다나카 준이치로(田中純一郎)

1933년 9월 1일 | 제169호 | 8쪽

조선에서도 영화정책 실시

철저한 영화교육을 도모하기 위해 내무성에서는 내년부터 국책영화를 대대적으로 제작하기로 했다. 조선총독부 경무국에서도 영화교육의 필요를 통감하고 내무성에 호응하여 내년도부터 조선에서도 국책영화 제작을 결정, 가까운 시일 내에 영화 전문가 외 관계자들을 초대하여 간담회를 개최하고 구체적인 실행 방법에 대한 의견을 청취하기로 했다.

　　총독부에서는 종래에도 국책영화를 제작하고 있었는데, 일반적으로 흔해빠진 미담물이라든가 실사에 지나지 않았고 그것도 극히 미온적인 것이어서 그다지 큰 효과가 없었다. 따라서 내년부터는 내용의 충실성을 꾀하는 동시에 범위도 확대해서 산업영화를 포함하여 각 방면에 걸쳐 실익과 흥미를 겸비한 이상적 영화를 제작하고 은막을 통해서 사상 선도는 물론 국민교육을 대대적으로 도모할 계획이라고 전했다.

1933년 10월 13일 | 제174호 | 9쪽

영화국책에 관한 경보국 안(案)의
제시 요강을 검토하다(1)

민간기부금으로 조직되는 대일본영화협회에 대해서

　　전호(前號) 보도와 같이 영화의 국가통제에 대해서는 내무성 경보국과 문부성 사회교육국이 주(主)가 되어 여러 가지를 입안 중인바, 다음과 같은 안이 성립되어 근일 각 성(省) 협의회에서 심의하게 되었다.

영화통제위원회관제안(映畵統制委員會官制案)

　　제1조 영화통제위원회는 내각총리대신의 감독에 속하며, 법률과 칙령에 의해 그 권한에 속하는 사항 및 기타 영화에 관하여 필요한 사항을 조사·심의, 영화통제위원회는 앞항의 사항에 대해 내각총리대신 및 관계 각 성(省) 대신에게 건의할 수 있음.

　　제2조 [생략]

　　제3조 회장은 내각서기관장으로, 위원은 다음에 언급하는 이들로 충당함.
　　1. 내무성 경보국장
　　2. 문부성 사회교육국장

3. 사회국장관

4. 대징성 주세(主稅)국장

5. 법제국 고등관 1명

6. 학식경험이 있는 자 1명. 임시위원은 내각서기관장 주청에 의해 관계 각 청 고등관 및 학식경험이 있는 자 중에서 내각이 임명함.

제4조 위원의 임기 [생략]

제5, 6, 7, 8조 [생략]

부칙

본령은 영화통제법 시행일로부터 시행함.

통제위원회 심의사항안(案)

위원회는 다음의 각 항을 심의함.

1. 각 관청 영화행정 연락통제

2. 각 관청 영화 제작·배급·상영 관련 사업의 연락통제

3. 국산영화산업의 지도통제 및 보호장려

  1) 외국영화 수입 제한

  2) 영화제작업자 장려·조성, 특히 우량영화 제작자에 대한 장려금 및 상금 수여

  3) 영화제작자 지도

  4) 영화제작업자 감독

  5) 국산영화의 해외 판로 개척[영화를 통한 우리 나라 정치경제 등 문화 일반 선전소개]

  6) 국산필름 제조공업 확립

4. 교화영화

  1) 국가 공공단체 등의 교화영화 제작·배급·상영

  2) 교화영화 제작자 및 배급자 지도통제 조성

3) 영화관에서의 교화영화 강제상영

4) 교화영화 상영 시 관람세·흥행세 감면

5. 영화연구기관

6. 영화 검열

7. 그 외 영화국책

영화통제법 및 성령(省令)

교화영화 강제상영, 교화영화 상영 시 관람세·흥행세의 감면, 연소자의 영화관람 제한, 수출입 영화 검열 등에 대해 규정함.

재단법인 대일본영화협회 기부행위안[요지 발췌]

제1조 본회는 재단법인 대일본영화협회라고 칭함.

제2장 목적 및 사업

제2조 본회는 영화사업 전반에 걸쳐 영화 조사를 시행, 국가의 영화행정과 함께 (영화)사업의 통제와 진전을 도모, 우수영화 제작·배급 및 상영을 통해 국민 교화 및 학술산업 진흥, 오락 건전의 기도를 목적으로 함.

제3조 본회는 앞 조의 목적 달성을 위해 다음의 사업을 시행함.

　1. 정부 영화국책 수행 원조

　2. 내외 영화사업 조사·연구

　3. 영화 관련 도서, 잡지 그 외 출판물 간행

　4. 영화 관련 연구회, 강연회, 좌담회 등 개최

　5. 영화연구소, 영화박물관, 영화라이브러리, 영화배우학교, 영화기술학교 등 설치·경영

　6. 국산영화 제작업자 지도, 보호, 장려

7. 교화영화 보급·장려

8. 교화영화 제작·배급·상영

9. 국산영화 해외수출 장려

10. 영화에 의한 악영향 방지

11. 앞 각호 외 본회의 목적 달성상 필요하다 인정되는 사항

제6조 본회의 회원은 다음과 같이 둠.

1. 명예회원, 학식·명망 있는 자 또는 본회 사업을 익찬(翼贊)하고 그 공적이 현저하여 특별한 공로가 있는 자

2. 특별회원

3. 찬조회원, 본회의 취지에 찬조하고 금품을 기증한 자

4. 정회원, 도부현시정촌(道府縣市町村) 학교교화단체, 사회사업단체, 영화업자 외 본회의 사업에 공명하여 입회 신청서 제출, 회장의 승인을 받은 자

제6장 임원

제8조 본회의 임원은 다음과 같이 둠.

1. 회장 2. 부회장 3. 이사 4. 감사 5. 평의원

제14조 평의원은 30명 이내로 하며, 다음에 게시한 자에 더하여 회장을 촉탁함.

1. 내무차관, 경보국장, 경보국 경무과장, 사회국장관, 사회국 사회부장, 사회국 보호과장, 문부차관, 사회교육국장, 문부성 사회교육과장 직에 있는 자

2. 학식·경험이 있는 자.

제15조 임원 임기는 3년으로 함.

이상을 보면, 통제위원회는 모두 정부 측 임원들이 점하고 있으며, 그 자문기관으로 설립될 재단법인 대일본영화협회가 오직 민간 경험자 및 해당 업자로 조직된다. 문제는 이 대일본영화협회가 통제위원회에 미치는 영향·효과로, 이 점에서 조금

고려해야 할 것이 있으리라고 생각한다. [계속]

1933년 10월 13일 | 제174호 | 10쪽

대일본, 국산 양(兩) 협회 영화국책에 건의

내무성에서는 영화국책 수립을 기하고 있는바, 이미 보도한 것처럼 29일 내무성에서 문부성과 제1회 협의회를 열고 각종 요강의 심의를 거행했다. 나아가 근일 제2회 심의회를 개최하기로 했는데, 이에 대해 대일본, 국산 양 활동사진회에서는 10월 7일 도쿄에서 연합협의회를 개최,

'국산영화사업의 지도통제 및 보호장려, 교화영화, 영화 검열'

그 외 사안에 대하여 진중하게 협의하고 내무성 당국에 건의하기로 했다.

또한 이에 앞서 교토 측의 10일 회의에서는 4일 밤의 예회(例會)에서 주로 조선에 대하여 다음과 같은 요강을 협의했다.

△ 조선의 상설관은 반드시 한 편 이상의 국산영화를 프로그램에 넣어야 한다는 부령(府令)을 발포했으면 하는 점.

△ 총독부의 국산영화 검열 수수료는 외국영화의 반액으로 했으면 하는 점.

△ 내선융화의 국산 교화영화에는 촬영상·흥행상 여러 가지 물질적 편리[경비(經費), 보조, 철도 무임승차, 흥행세 및 관람세 면제, 필름 수매(買上)]를 부여했으면 하는 점.

△ 내지영화는 경우에 따라 내선 양 언어의 타이틀을 붙였으면 하는 것.

1933년 10월 27일 | 제176호 | 9쪽

영화국책에 관한 경보국 안의
제시 요강을 검토하다(2)

민간기부금으로 조직되는 대일본영화협회에 대해서

현재 각국의 영화국책 개황을 보니, 민간단체에 의한 자문기관은 영·독·불·미·러 등을 주로 들 수 있다.

영국의 자문위원회는 그 관할 관청인 상무성(商務省) 부설이며, 영화제작업자 2인, 배급업자 2인, 흥행자 4인, 영화사업에 전혀 무관계한 자[이 중 부인이 1인] 총 13인으로 이루어졌는데, 위원장에는 영화업자가 취임하는 것으로 되어 있다.

독일에서는 중앙영화국이라는 것이 1919년 중앙교육협회의 분신으로 창설되었다. 이는 일면 관청 시설처럼 여겨지나, 공공단체로 공인되었던 것으로 그 사명 및 권능이 상당히 중요한 지위를 차지하고 있었다. 그러나 나치가 정권을 획득한 이래, 선전성(宣傳省) 내에 신문국과 나란히 신설된 영화국이 모든 방면에서 독재적으로 행동하게 되고 나서는, 그저 나치를 추종하는 것이 능사라고 생각하게 된 듯하다.

프랑스에서는 예의 외국영화 수입 제한 문제로 떠들썩했던 1931년 9월, 법령에 따라 최고영화회의가 설치되었다. 이는 영화사업 일반에 관한 자문헌책(諮問獻策)기관으로서, 관청 방면과 민간 방면 대표자 87명을 위원으로 둔 조직이다. 이 최고영화회의는 영화 검열 문제에 대한 심의권을 특권으로 가진다.

미국에는 유명한 헤이즈협회(Hays Organization)라는 것이 있다. 이는 일찍이 워렌 G. 하딩(Warren G. Harding) 대통령 시기 체신대신(遞信大臣)이었던 윌 H. 헤이즈(Will H. Hays)가 회장으로 있는 미국영화 제작자 및 배급자 협회를 일컫는데, 헤이즈가 체신대신 자리를 버리고 이 협회를 설립했을 때는 미국인들조차 그 무모함에 놀랄 정도였다. 그러나 어찌 알았으랴, 이후 이 협회는 미국영화업자의 통제 지도자가 되어 크고 작은 무수한 개선과 발달에 이바지, 그 공적은 위대한 면이 있으며 각국 어느 영화계에서도 이만큼 완비된 단체는 찾아볼 수 없다고 여겨진다.

무엇보다 1928년 1월, 프랑스가 미국영화의 무제한 침입에 의한 자국영화의 위축·침체를 방지하기 위해 에리오(Herriot)위원회를 설정하여 자국영화 9편에 대한 외화 1편의 흥행 할당을 심의·결정하고, 이것이 프랑스 정부의 승인을 얻어 법령으로 발포되었을 때, 헤이즈는 자진하여 파리에 가 미국업계의 실정(實情)을 호소, 결국 9편당 1편을 4편당 1편으로 개정시켰고, 나아가 프랑스 측의 대(大)양보를 이끌어낼 정도의 적극적 행동에 성공했다.

또한 뉴욕에는 국민영화 검열소라는 사설단체가 설치되어 각 영화회사에서 제작하는 필름은 항상 자발적·신사적으로 이곳의 검열을 받는다. 이는 관청에서 필히 보는 것과 같은 강제적 검열은 아니지만, 국민의 신임은 이곳의 검열을 통과한 것이 지 않으면 안 된다는 식으로 이 사설 검열소를 중요시하고 있다. 이곳의 위원은 부인, 목사, 의사, 변호사, 사회사업가, 학교 교사 등의 직업을 가진 사람들 중에서 선정되는데 그 수는 약 3백 명에 이르며, 모두 무급으로, 자발적으로 검열에 종사하고 있다고 한다.

러시아에는 외곽협력기관으로 혁명영화협회, 소비에트영화 친구의 모임, 대외문화협회 영화부 등이 있다.

지면 관계상 더 이상의 상술은 삼가지만, 민간영화 관계는 좌우간 이해를 앞세워 자치를 어지럽힐 우려가 많다. 우리 나라에서 근일 실현된다는 대일본영화협회도, 종래의 대일본활동사진협회나 국산활동사진협회 등과 같이 관청에 진정(陳情)하는 것에만 주안을 두지 말고, 그보다 해당 업자 상호 간의 호혜 협조, 국가적 대동(大同)을 위해 봉사할 수 있는 유력기관이 될 필요가 있지 않을까.

지금 그 직제를 보니 회장, 부회장, 이사, 감사 외에 내무차관, 경보국장 등 관변으로부터 30명 내외의 평의원이 위탁되고, 주체는 민간업자로부터 구성한다고 한다. 이는 모두 위원회 조직의 공정을 기하고 사업의 공공적 발전을 목표로 하는 것이라고 생각된다. 그러나 자치적 훈련을 결여하고 있는 우리 나라의 사정상, 임원 전고(詮考)에 대해서는 충분히 숙려하고, 적어도 미국의 헤이즈에 필적할 만한 지위와 직권을 지닌 지명(指名)으로 완벽을 기할 수 있기를, 종래의 경험에 비추어 특히 바라 마지 않는다.

1933년 10월 27일 | 제176호 | 10쪽

조선총독부에서 국산영화 할당법 시행

조선의 국산영화 상영률은 외국영화 6할 2부 8리에 대하여 겨우 3할 7부 2리로, 내지의 국산 8할 5부 대 양화 1할 5부에 비해 현저하게 뒤처지는 데다가 조선인 경영자의 상설관은 모두 양화만을 상영하여 내지영화를 상영하는 곳이 전무하다. 이에 대일본 및 국산 양(兩) 활동사진협회에서는 조선총독부에 내선융화, 국산 장려의 취지에서 조선 내 상설관에서는 반드시 한 편 이상의 국산영화를 상영해야 한다는 법령의 발포를 진정하였고, 총독부는 조선 독자적 입장에서 통제법을 시행하여 가까운 시일 내에 상영영화 할당법의 발포를 보게 될 것이다.

조선의 영화관람자 수는 1년에 650만 명이다. 내지인이 총인구 50만 명에 대해 1년 350만 명, 즉 1년에 (1인) 평균 7회 관람에 비해, 조선인은 총인구 2천만 명에 대해 영화를 보는 이가 1년에 3백만 명, 즉 겨우 6인당 1회밖에 영화를 보지 않는다. 따라서 앞으로 할당법이 발포되어 2천만 명이 국책영화를 활발히 보게 된다면 내지영화는 일대 진전을 보게 될 것이다.

1933년 11월 10일 | 제178호 | 31쪽 | 광고

〈바다의 생명선〉

〈바다의 생명선〉
11월 16일 SY[53] 체인 개봉공개
올 토키 전 8권 [해군성 후원]
우리 남양 군도의 전모
도쿄, 오사카, 후쿠오카, 삿포로, 경성
산에이샤 배급

1933년 11월 17일 | 제179호 | 20쪽

조선의 영화통제에 대하여

오사카를 출발할 때, 조선의 영화통제에 대해 당국에 헌언(獻言)할 것이 있으리라는 신문기자를 만났다. 그날 야간열차로 시모노세키(下關)를 향하면서, 조선영화를 보고 나아가 사정이 허락하는 한 만주에도 가야겠다는 계획을 세운 나는 이번 소(小)여행에 매우 공을 들였다.

---

53) 쇼치쿠 양화계를 일컫는다.

단지 경성이라든가 평양의 영화거리를 보고 걷는 것뿐만 아니라 미개한 소읍(小邑)에도 들어가 영화와 조선, 일본영화와 조선이라는 문제에 대해 생각해보고 싶다고 생각했다.

○

총독부 시미즈(淸水) 도서과장의 이야기에 따르면, 현재 조선 내에는 75개의 영화관이 있고 작년 중 상영된 필름은 1억 2천만 미터에 이르며 이 중 국산 3천 9백만 미터, 조선산 5백만 미터, 외국산은 7천 570만 미터라고 한다. 이를 봐도 외국영화의 상영률은 6할 2부 6리에 달해 실로 많은데, 내지의 국산 7할 강(强) 대 외국산 3할 약(弱)에 비교하면 완전히 반대의 숫자를 보이고 있다.

총독부 입안 중인 영화통제는, 반도(半島) 독자적 입장에 입각하여 이에 관한 제령(制令)을 12월 중에 교부하고 1월경부터 실시하고 싶다는 희망을 가지고 있는 것 같다. 그 방침을 보면 우선 국산영화의 상영을 늘리고 일본정신, 동양문화의 발양(發揚)에 자원으로 삼을 만한 것을 늘리겠다고 한다.

이런 제령이 실시된다면 일본영화 제작회사단(團)에게는 참으로 좋은 상황이라고 해야 하겠지만, 오늘날 조선 내에서 국산영화가 역경에 빠지게 된 모든 책임은 영화회사단 자체가 저야 한다. 영화회사단은 반도를 너무나도 얕잡아보고 반도의 끝에 만주 시장이 있다는 것을 잊고 지내온 것 같다.

○

나는 경성, 평양 등의 도회지는 일단 견학을 끝낸 정도로 하고 바로 소읍으로 들어갔다.

황해도의 어떤 소읍에 이르러 그 지방 최고의 요정에서 술과 기생을 부탁했다. 최고라고 하더라도 소읍인 까닭에 결코 대단한 것은 없었지만 조선 정세를 맛보는 데는 오히려 충분했다.

주문한 술을 맛보고, 무슨 술인가 질문했더니 '정종(正宗)'이라고 했다. 물론 마사무네(正宗)와는 비교할 수 없는 질 나쁜 술이었다. 다시 질문하려고 하니 동행한 이가 "그만두세요. 일본주라고 하면 어떤 술이라도 마사무네라든가 사와노쓰루(澤之鶴)라고 하는 겁니다"라면서 막았던 까닭에 깜짝 놀란 한편 유쾌해졌다. 마사무네, 사와노

쓰루 같은 위명(偉名)이 멀리까지 퍼지고 있었다.

술잔을 이어가던 중 기생이 노래를 시작했는데, 놀랍게도 그것은 〈술은 눈물인 가〉와 〈언덕을 넘어서〉였다.[54]

○

이것은 웃고 넘어가면 그뿐인 사사로운 일에 지나지 않지만 생각하기에 따라 이 런저런 것을 가르쳐준다.

이렇게 '마사무네', '사와노쓰루'가 환영받고 〈술은 눈물인가〉나 〈언덕을 넘어서〉 가 환영받고 있는데 일본영화가 환영받지 못한다는 것은 정말이지 불가사의하다.

기뻐하기 전에 알아두어야 한다면, 반도인들에게 일본영화를 알리려고 하지 않 은 무엇인가가 존재하고 있다는 것이 아닐까.

이러한 무엇인가가 존재한다는 것은 반도의 영화거리를 조금이라도 견학해보 면 용이하게 발견할 수 있으리라고 생각한다.

오늘날까지 반도의 영화거리는, 마치 미국의 동해안에 수출되는 일본영화가 오 직 재류일본인을 위해서만 공개되는 것처럼, 모두 내지인만을 고객으로 하여 존재해 왔던 것 같다. 따라서 영화자본가들이 반도의 영화거리를 보는 일도 거의 없었고, 오 늘날 결국 3할이라는 가장 불명예스러운 비율을 감수하지 않으면 안 되었던 것이다.

○

반도에서 '일본의 모든 것'이 극히 강인한 것에 반해, 오직 영화만 지극히 조심스 럽고 겸손하게 살아왔다. 이에 반해, 외국영화가 극히 거침없이, 이해하든 못하든 우 선 친숙해지기 위해 노력해온 그 강한 인내는 일본영화회사단에게 교훈을 주는 점이 많다고 해야 할 것이다.

○

내지에서 과거에 일본영화가 얼마나 강력하게 외국영화와 싸워왔는지를 나는 알고 있다. 그야말로 관헌의 보호도 없고 자본의 원조조차 얻지 못한 채 오늘날의 성

---

54) 〈酒は涙か溜息か〉〈丘を越えて〉. 두 곡 모두 1931년 후지야마 이치로(藤山一郎)가 발표한 당대 유행가이다.

장을 이룩했던 것인데, 그 시장의 중요한 일부여야 할 반도영화계는 통째로 잊어왔다.

이는 영화계만 슬퍼해야 할 문제가 아니다. 일찍부터 반도영화계에서 일본영화 회사단이 내지에서 싸우던 것처럼 싸웠다면, 아직도 총독부 당국이 목소리를 높이 내야 하는 '내선융화'의 열매도 훨씬 더 많이 맺었을 것이라고 생각한다.

쇼치쿠 키네마가 〈동양의 어머니〉를 촬영하기 위해 평양, 경성 등에 온다는 신문기사가 조선 내에 얼마나 센세이션을 불러일으켰는지, 이는 실제로 조선 내를 걸어본 적이 있다면 용이하게 수긍할 수 있을 것이다.

만주는 조선에서 이어져 있다.

뭐야, 대련(大連)까지 배로 가지 뭐, 라면서 성급해하지 말기를.

'우선 조선으로'라고 나는 말하고 싶다. 와보면 조선 또한 광대하고 끝없는 대륙의 일부이다. 이 대륙의 일각에 서서 머나먼 일본 내지의 영화계를 뒤돌아볼 때, 너무나도 사소한 내지가 떠올라 대륙에 대한 사모의 마음을 멈출 수 없다.

경성에서, 시바타 요시야스(柴田良保)

1934년 1월 19일 | 제184호 | 11쪽

국책영화의 강제상영
우리 나라에서도 곧 의회에 제출되는가

사회풍교(風敎) 및 사상대책의 입장에서 영화통제에 나선 내무성 경보국은, 내무대신을 회장으로 관계 각 성의 영화통제위원회 및 민간 관계자를 종합한 대일본영화협회라는 기구를 결정, 근일 드디어 그 구체화를 위한 준비를 진행하기로 했다. 그런데 경보국에서는 영화국책의 가장 중요한 부분 중 하나로, 전부터 국책영화의 강제상영을 계획하고 있는바, 수뇌부의 방침이 결정되는 대로 단행법을 현 의회에 제출하기로 했다. 그 취지는 내무, 문부 외 관계 각 성 담당관 및 일반 학식과 경험이 있는 자로 선정·조직된 검정위원회를 설치, 이곳의 검정을 통해 교화국책영화로 결정된 영화를 반드시 한 편 각 영화관으로 하여금 프로그램에 넣어 상영하도록 하는 것을 법률로 강제한다는 것이다. 법률의 명칭은 아마 영화통제법이 될 터인데, 법률에는 각 영화관 및 순회영화흥행에서 위에서 언급한 검정위원회 검정을 거친 영화를 한 편 이상 영사해야 한다는 내용을 규정한다. 나아가 이와 관련하여 지방세, 관람세, 관흥세(觀興稅) 또는 흥행세 등을 감면할 수 있다는 규정을 부가하는데, 위원회의 조직 권한 외 상세한 사항은 칙령에 양보하는 것으로 하였다. 경보국은 이를 통해 영화국책의 법률적 기준을 확립, 대중에 대한 영화의 감화력을 이용하여 건전한 국민정신의 배양에 이바지하려는 것이다. 이러한 시도가 종래의 소위 교육영화처럼 예술 면에서도 흥미 면에서도 왕왕 가치를 결여한 무미건조한 작품이 되고 마는 경향이 있는 것에 대해서는, 교화의 의의에 강조를 두고 검정의 시야를 넓혀, 각 방면으로부터 가치가 충분한 작품을 선정하는 동시에 해당 업자로 하여금 우수한 교화영화를 제작하도록 유액(誘掖)지도에 노력할 방침이라고 한다.

1934년 3월 23일 | 제192호 | 8쪽

각 관 반드시 한 편의 교화영화를
영화국책안 드디어 각의(閣議)에서 결정

지난 13일 각의에서 영화국책 구체화의 일보로 영화통제위원회 설치가 드디어 결정, 근일 내무성에서 정식 위원을 임명하고 의회 종료 직후에 제1회 위원회를 개최하기로 했다. 영화통제위원회는 영화행정에 가장 관계가 깊은 내무, 문부, 대장(大藏) 3성을 주체로, 회장은 내무대신이 되어 연락통제를 원활히 하고, 동 위원회의 심의 결과는 각 관계 주무성에서 행한다고 한다.

영화통제위원회의 주요 심의 사항은, 각 관청 영화행정의 연락통제, 동 영화의 제작·배급·상영에 관한 통제, 교화영화, 영화 검열, 영화연구기관, 국산영화의 지도 통제 및 보호장려 등 모든 문제에 걸쳐 있다.

그중에서 가장 주목되는 것은, 각 영화관에서 반드시 추장(抽獎)의 교화영화 1편을 강제적으로 프로그램에 넣어 상영하도록 하되 이를 상영할 때에는 관람세 또는 흥행세를 감면하는 것이다. 그 밖에 연소자의 영화관람 제한, 좋은 국산영화를 보다 많이 해외에 내보내기 위한 판로를 개척, 영화를 통한 우리 나라 문화의 소개와 선전,

국산필름 제조공업 확립 등의 활동이 기대된다.

1934년 4월 27일 | 제196호 | 9쪽

민업통제 및 수출영화통제안
드디어 만들어지다

영화통제위원회 매 토요일 개최 순조롭게 진전

영화국책을 논의하는 통제위원회가 지난 7일 제1회 회의에 이어 매주 토요일을 정례일로 개최되고 있는데, 제1회에서는 내무성에서 우시오(潮) 차관, 마쓰모토(松本) 경보국장, 단바(丹波) 사회국장관, 문부성에서 구리야(栗屋) 차관, 세키야(関屋) 사회교육국장, 대장성에서 나카지마(中島) 주세(主税)국장 등 각 위원, 간사인 미야노(宮野) 내무, 오비(小尾) 문부, 다니구치(谷口) 대장, 각 서기관 이하가 출석하였다. 회장 야마모토(山本) 내상(内相)으로부터 위원회 설립 의의에 대한 인사가 있었고 그 후

1. 각 관청 영화행정의 연락통제.
1. 영화 제작·배급·상영에 관한 사업.
1. 외국영화 수입, 영화제작업자 장려·조성, 우량영화 제작자에 장려금 교부, 국산영화의 해외판로 개척, 영화를 통한 우리 나라 문화의 선전·소개, 국산필름 제조공업 확립 등의 지도통제·보호장려 사항.
1. 국가·공공단체 등의 교화영화 제작·배급·상영 및 제작 장려·조성, 영화관에 반드시 한 편의 교화영화를 강제상영시키고 그 상영주간(週間)에 관람세와 흥행세의 감면, 기타 교화영화에 대한 방책 수립.
1. 연소자 관람 제한, 수출영화 검열, 수입영화에 대한 내무성과 세관의 검열 통일, 영화 광고와 설명 등의 검열에 관한 사항.
1. 영화연구기관의 설치.

등 각 의안에 대해 협의를 거듭했다. 결과, 전기(前記)의 각 문제를 중심으로 각 성(省)

키네마주보

에서 다시 관계 사업을 연구, 각각 정리 분담한 사안을 가지고 다시 모여 14일 제2회, 21일 제3회 위원회를 개최헀으며, 나아가 24일 오후 1시부터 임시위원회를 개최하여 각 성에서 연구 중인 성안(成案)으로 기보(旣報) 민간업자 통제를 위한 영화협회 설치의 건, 수출영화 취체의 건 외 구체안을 마련, 오는 5월 9일 정례회의에서 결정에 이를 것이라고 전했다.

1934년 5월 11일 | 제198호 | 10쪽

한발 앞서 조선에서 영화통제

작년 6월 15일 레코드 취체규칙을 시행, 검열제도를 실시하여 좋은 성적을 거두고 있는 조선총독부 경무국에서는 또다시 내지에 솔선하여 지금까지 경찰 취체 범위 내에서만 행해져온 영화통제에 착수하기로 결정, 목하 이에 관한 총독부령안(總督府令案)을 심의하고 있는데, 이 령은 7월 1일 시행 예정이다. 그 요강은 다음 내용을 포함한다.

1. 국산 우량영화를 상당(相當) 보호하고, 이 보호영화는 상영을 강제할 수 있도록 함.
2. 국산영화[조선물 포함]와 외국영화의 상영비율을 규정, 외국영화 상영에 제한을 두도록 함.
3. 일본을 오해시킬 만한 불량영화의 수출을 금지함.
4. 동시에 불량 외국영화의 이출입을 금지함.

1934년 5월 18일 | 제199호 | 20쪽

실천적 영화국책 비판

영화통제위원회의 심의 사항이 미치는 범위는 꽤 광범위하나, 각 관청의 영화제작비 예산이나 그 제작 및 이용 상황 등이 가장 먼저 심의되었던 것을 고려하면, 이들 관청영화의 제작·이용에 대한 연락통제를 특히 서두르고 있는 듯하다.

관청들은 제각기 영화를 제작하고 이를 또 제각기 이용하고 있는데 그 노비(勞費)가 2, 3중으로 들어 경제적이지 못하다. 따라서 전부 통일하여 제작의 합리화를 도모하는 것이 실로 타당한 처치라 하지 않을 수 없다.

현재 영화국책에는 여러 가지 문제가 장식적으로 부가되고 있는데, 처음으로 거슬러 올라가면 (영화국책은) 통일되지 못하고 난잡한 관청영화를 어떻게 통제할 것인가의 문제에서 기인한 운동에 지나지 않는다. 이 때문에 영화행정과 직접 관계가 없는 관청까지 통제위원회에 끌려 들어가 이른바 영화국책에 대한 발언권을 가지게 되었다.

이 점은, 미국의 관청영화가 여전히 각 성(省) 분립인 채 그동안 어떠한 통일도 없는 것에 비교하면 매우 발전된 것인데, 이것만으로도 이미 국책상의 일대 수확이라 할 수 있다.

×

그러나 이렇게 관청영화를 통일하고 그 존재를 강력화할 경우, 이와 민간영화와의 관계를 어떻게 조절할 것인가.

교화영화는 관청 혼자만 독점하는 것이 아니다. 민간에 교화영화 제작자가 있고 흥행영화 제작자라 하더라도 가끔 교화영화를 제작한다. 그런데도 관청영화의 보강 공작에 급급한 나머지, 이따금 관민영화의 대립을 격화시키고 민간작품의 입장에서 조금이라도 불안을 느끼게 하는 것이 있다면 문제이다.

강제상영으로 얻어지는 편익은 관민작품 전부에 미쳐야만 한다. 만약 관청 및 그 감독하 각종 공공단체의 작품이기 때문에 특별히 편익을 주거나 더 많은 편익을 향수할 수 있다면, 결과적으로 민간작품에 공연한 억압을 가하는 것이 되어 모처럼의 영화국책이 관청영화 때문에 유린되고 만다. 이것이 단순한 기우에 지나지 않는다면 좋겠지만, 통제위원회의 교화영화 심의가 특히 국가, 공공단체 등의 작품을 중심으로 행해지고 있으므로, 이 점이 당연히 불안하지 않을 수 없다.

×

이번 영화통제가 적어도 비상시 타개라는 국책 수행을 위해 영화를 이용하려는 의도에서 나온 것이라면, 더욱 적극적으로 영화업자에게 호소하여 관민이 협력하는 것을 노릴 필요가 있지 않겠는가?

히틀러 정부는 스스로 영화를 만들지 않지만 민간업자가 자진하여 이를 지지하고 얼마든지 필요한 영화를 만들고 있다. 미국의 NRA 선전 역시 민간업자들이 루즈벨트를 향한 충근(忠勤)에 힘써 세계대전 때에도 보지 못했던 대규모 영화운동을 일으켰다. 이러한 관민의 협력이 있어야만 국책이 착착 수행되어 국운을 점점 융성하게 할 수 있을 것이다.

우리 나라처럼 정부 당국만 영화통제를 좋다고 하고 민간업자가 이에 자발적으로 공명할 수 없다면, 제작기관을 아무리 통일한다 해도 그다지 큰 기대는 할 수 없다. 소비에트 러시아 이외의 나라에서 영화통제는 소유의 문제로서가 아니라 오히려 관리상의 문제로 취급되고 있다. 독일에서도 그러하고, 미국 역시 그러하며, 이탈리아에서조차도 결코 영화 국영을 이상(理想)으로 하지 않는다[국영주의는 그 조합국가의 이상에 반(反)한다].

관청영화 만능은 공연히 관청주의의 폐에 빠져 영화문화의 발전을 오히려 저지시킬 우려가 있다.

×

교화영화란 무엇인가. 이에 대해 명확한 정의를 내리는 것은 불가능하다. 왜냐하면, 흥미 본위의 오락영화라고 해도 때로는 훌륭한 교화영화가 있기 때문이다. 편협하고 형식주의에 얽매여 있는 관리들의 머리로 만들어진 소위 교화영화보다도, 대중의 지도·계발에서 이들 민간작품이 얼마나 많은 공헌을 하고 있는지 모른다.

영화를 적극적으로 이용한다는 것은, 민간작품을 제외하면서 관청작품의 강화를 꾀하는 것도 아니며 오락영화로부터 특별히 교화영화만을 떼어놓는 것도 아니다. 적어도 영화이기만 하다면, 그 노림수 하나로 어떻게 해서든 사명을 다할 수 있다.

〈아침노을〉이나 〈히틀러 청년〉은 오락영화이지만 나치가 봤을 때 굴강(屈强)한 교화영화이며, 〈독재 대통령〉이나 〈보리밭을 어지럽히는 자〉는 오락영화이면서 동시에 NRA를 위한 선전영화로 그 사명을 충분히 다하고 있다. 이러한 사실에 비추어 보면, 오락영화와 교화영화 사이에 구별을 두는 것은 불가능하며, 이를 억지로 구별할 때는 교각살우의 우(愚)를 범하고 만다.

×

보다 효과적인 영화국책을 위해서는, 굳이 교화영화를 고집하지 말고 대국적으로 눈을 두어 국산영화 자체에 대한 지도를 적극적으로 해야 한다.

제작사업 같은 것은 오히려 민간업자에게 맡겨두고, 정부로서는 영화의 구체적 방책을 명확히 하여 그 발전방향을 적극적으로 규정, 이를 위해 모든 민간업자를 동원할 수 있도록 협력·장려·보호·육성 제(諸) 수단으로 능동적 공작을 하면 그것으로 충분하다.

이 점에서 보면, 영화통제위원회는 무엇을 목표로 하고 있는지 애매하며 일관된 지도정신이 결여된 감이 있다. 단지 막연하게 이런저런 방책을 모아 관청영화를 중심세력으로 국책수행에 이바지한다는 것은, 이미 그 근본에서 출발점이 잘못되었다.

영화국책의 근본 방침을 정하고 그 원칙으로부터 연역되었다고 보이는 방책은 유감스럽게 하나도 없다. 개별 방책을 아무리 많이 모아도 이는 단지 관청영화통제의 첨가물이며 장식에 지나지 않고, 무엇보다 실천 시에는 모순투성이가 될 것이다.

재단법인 일본영화협회도 이러한 나열주의 프로그램으로부터 태어난 것으로, 그 존립 의의가 심히 막연하다.

독일의 영화회의나 프랑스의 최고영화회의, 미국의 영화코드관리위원회 등에 주어진 것과 같은 강대한 권한이 이 협회에 있을 리가 없다. 그렇다고 해서 영국의 영화고문위원회와 같은 순연한 자문기관도 아니다. 미력하고 애매한 중간적 존재가 이 협회다.

목적 사항은 많이 나열하고 있지만, 이것이 그 성질을 한층 막연하게 하고 적극적인 활동을 결여하게 만든다.

통제기관이라면 통제기관답게 좀 더 중대한 권한을 부여해야만 한다. 미주알고주알 그 목적 사항을 헤아리는 것보다는 어떻게 해서 강력한 결합을 만들 것인지, 그 방법에 머리를 쓰는 것이 오늘날 급선무가 아니겠는가. 외관만은 훌륭하게 보이더라도 적극적으로 활동할 수 없는 협회 따위는 백 개가 있어도 영화계 발전에 아무런 공헌을 할 수 없다.

무엇보다도, 이 협회에 참가하는 것은 교화영화 관계자만인가 영화업자 전부를 아우르는가. 그리고 그 참가는 강제적인가 아닌가. 이것이 가장 간요(肝要)한 점이다. 당국의 결정방식 하나가 협회를 살릴 수도 죽일 수도 있다. 운영상의 조직 문제를 불문에 부치고 그저 형식만 가지고 일관해서는 통제의 열매를 맺을 수 없다는 것을 잘 알아야 할 것이다.

이시마키 요시오(石巻良夫)

1934년 8월 17일 | 제209호 | 6쪽

국산영화 장려의 조선영화 통제
9월 1일부터 실시

조선에서 일본영화가 줄곧 외국영화에 눌려 있는 현상을 고려, 보호·장려의 의미를 포함하여 교화영화를 강제상영하는 통제안은 이전부터 시미즈(淸水) 도서과장 수하로 입안 심의에 회부되었는데 드디어 9월 1일부터 실시하게 되었다. 7일 부령 제82호로 공포되며, 내용은 전 13조로 되어 있다. 그 주안(主眼)인 '우량영화의 장려 및 강제상영'은 주로 총독부 검열에서 민중 교화상 유익하다고 인정되어 수수료를 면제받은 작품을 강제상영하는 것으로, 그 결과 자연히 한 편 이상의 국산영화를 강제상영하게 된다. 또한 '이수출입(移輸出入) 영화의 제한'에서는 조선 내의 뉴스를 비롯하여 통치상 국제적으로 악용되는 것을 검열하여 수이출(輸移出)하는 동시에 수이입(輸移入) 영화에 대해서도 민족 통치에 악영향을 미치는 종류의 작품을 절대로 배제하려는 것이다. 이 신부령(新府令)에 의해 조선의 영화통제가 내지보다 한발 앞서 구체화된 까닭에 국산영화산업에게는 기쁜 일이라고 말하지 않을 수 없다.

1935년 1월 4일 | 제224호 | 55~68쪽

일본 전국 영화흥행 조사
전국 영화흥행 조사에 나타난 제 현상

어떤 것의 마지막까지 꿰뚫어본다는 것은 우리가 항상 마음을 기울여야 하는 것 중 하나라고 생각한다. 사회적인 현상의 움직임, 사상의 흐름, 또는 짧은 인생의 귀추 등은 끝까지 보면 볼수록 재미있는 것으로 여기에 또 무한의 맛이 있다.

우리 영화에서도 그러하다. 우리는 현재 관련되어 있는 일의 성질상 영화제작소에서의 새로운 사건이나 신영화의 소개·비평 등에는 확실하게 터치하지만 과연 그들 영화가 어떤 식으로 흘러 어떤 식으로 영향을 미치는가를 아는 것, 이것은 더욱 더 중요한 일일 것이다. 올해 신년특대호에서 본 호가 이 통계를 발표한 것은 이러한 의미로 보아 결코 쓸데없지는 않았다고 생각한다.

처음에 회답을 요구하기 위해 전국 주요 상설관에 발송한 왕복엽서는 1천 2백 장에 이르지만, 신년 준비로 바빴던 까닭인지 답장은 결코 양호한 성적이라고는 할 수 없었다. 그러나 전국 각 지방에서 한 관 이상은 대체로 회답을 주었으므로, 이로써 전국적인 흥행영화의 개략적 분포, 소장(消長)을 알 수 있을 것이다.

각지 영화관에 보낸 질문은 다음 각 항목이다[나중에 게재하는 영화관 회답 참조].

1. 귀 관에서 쇼와 9년에 가장 흥행가치가 있었던 영화는 무엇인가?

(가) 전체 (나) 시대극 (다) 현대극

(라) 외국영화 (마) 부인(婦人)관객 대상

(바) 아동관객 대상

2. 귀 관의 최근 흥행 경험으로 보아 내년에는 누가 활약했으면 좋겠다고 생각하는가[또는 수입·제작을 희망하는가]?

(가) 감독: 시대영화/현대영화 (나) 남자배우: 시대영화/현대영화

(다) 여자배우: 시대영화/현대영화 (라) 외국영화: 미국물/유럽물/정글물

(마) 일본물: 대중소설 영화화/신문 3면 종류의 시국물/국책·기록영화

3. 귀 관 최고의 프로그램 조합은 무엇인가?

(A) 처음 (B) 중간 (C) 끝

4.귀 관은 무엇을 표준으로 하여 영화를 선정하는가?

(1) 회사의 선전 (2) 신문잡지의 비평 (3) 시사(試寫)를 보고 나서

항목은 이상의 4항 16목, 더 상세히 구별하면 총 22개조에 이르지만 이를 그대로 지면에 발표하는 것은 스페이스 관계상 도저히 불가능하였으므로 여기에는 제1항 (가)에서 (바)까지, 제2항 (가)에서 (다)까지를 발표하기로 하고, 제2항 (라) 이하는 총 득표수로 발표하기로 했다. 각 회답에 대하여 더욱 조사할 의향이 있다면, 본사에 신청하기 바란다. 적당한 분에 대하여는 언제든 열람을 제공할 것이다[또한 제1항은 모두 제3위까지를 모집했는데 여건상 제1위만을 표시하기로 했다].[55]

1. 쇼와 9년에 가장 흥행가치가 있었던 영화

(가) 전체

21표 〈달에서 온 사자〉 **18표** 〈단게 사젠〉 **11표** 시대영화 일반 **10표** 가마타 현대영화, 〈동양의 어머니〉 **7표** 〈사도정담〉〈킹콩〉〈타잔의 복수〉 **6표** 〈지상의 성좌〉 **5표** 〈경찰관〉

(나) 시대극

34표 〈단게 사젠〉 **13표** 〈사도정담〉 **11표** 〈우몬 체포 수첩〉

(다) 현대극

26표 〈달에서 온 사자〉 **19표** 〈애증의 고개〉 **13표** 〈지상의 성좌〉〈동양의 어머니〉 **6표** 〈심정화〉 **5표** 〈경찰관〉

(라) 외국영화

26표 〈타잔의 복수〉 **16표** 〈킹콩〉 **7표** 〈시티라이트〉 **5표** 〈홍당무〉〈무적 타잔〉

(마) 부인관객 대상

37표 〈달에서 온 사자〉 **17표** 〈지상의 성좌〉 **15표** 〈애증의 고개〉 **7표** 〈마음의 태양〉 **5표** 〈동양의 어머니〉

(바) 아동관객 대상

14표 〈우몬 체포 수첩〉, 토키 만화 **11표** 〈킹콩〉〈단게 사젠〉 **10표** 〈타잔의 복수〉 **6표** 〈사루토비 사스케〉 **5표** 〈무적 타잔〉

2. 귀 관의 최근 흥행 경험으로 보아 내년에는 누가 활약했으면 좋겠다고 생각하는가

---

55) 이하 랭크는 원문 중 강조되어 있는 작품 및 인명으로 국한하며, 소수 득표에 관하여는 생략하기로 한다.

(가) 감독

◇ 시대영화

 27표 야마나카 사다오(山中貞雄) **21표** 기누가사 데이노스케(衣笠貞之助) **14표** 이토 다이스케(伊藤大輔) **11표** 나미키 교타로(並木鏡太郎) **6표** 이타미 만사쿠(伊丹万作), 오소네 다쓰오(大曾根辰夫)

◇ 현대영화

 21표 아베 유타카(阿部豊) **12표** 시미즈 히로시(清水宏) **11표** 시마즈 야스지로(島津保次郎) **8표** 미조구치 겐지(溝口建二), 무라타 미노루(村田實), 노무라 히로마사(野村浩將), 우시하라 키요히코(牛原虚彦) **7표** 요시무라 미사오(吉村操) **5표** 고쇼 헤이노스케(五所平之助), 구마가이 히사토라(熊谷久虎)

(나) 남자배우

◇ 시대영화

 30표 오코치 덴지로(大河內傳次郎) **23표** 하야시 조지로(林長二郎) **13표** 아라시 간쥬로(嵐寬壽郎) **10표** 가타오카 치에조(片岡千惠藏), 반도 쓰마사부로 **9표** 오타니 히데오(大谷日出夫) **6표** 아베 구스오(阿部九州男) **5표** 이치카와 우타에몬(市川右太衛門), 반도 고타로(坂東好太郎)

◇ 현대영화

 29표 다카다 미노루(高田稔) **19표** 후지이 미쓰구(藤井貢) **16표** 오카 조지(岡讓二)[56] **9표** 스기 교지(杉狂兒) **8표** 고스기 이사무(小杉勇) **6표** 나카다 코지(中田弘二), 하야부사 히데토(隼秀人) **5표** 오비나타 덴(大日方傳)

(다) 여자배우

◇ 시대영화

 25표 이즈카 토시코(飯塚敏子) **12표** 스즈키 스미코(鈴木澄子) **11표** 야마다 이스즈(山田五十鈴) **8표** 모리 시즈코(森靜子) **7표** 스즈무라 교코(鈴村京子) **6표** 미쓰가와 교코(光川京子), 요시노 아사코(吉野朝子), 기노시타 후타바(木下双葉) **5표** 하나이 란코(花井蘭子), 모리 미네코(毛利峯子), 이스즈 게이코(五十鈴桂子), 다카쓰 아이코(高津愛子)

---

56) 岡讓司로 표기하는 경우가 더 많다.

◇ 현대영화

28표 이리에 다카코(入江たか子) **17표** 야마지 후미코(山路ふみ子) **16표** 다나카 기누요(田中絹代) **10표** 구로다 기요(黑田記代) **9표** 미즈쿠보 스미코(水久保澄子) **6표** 아이조메 유메코(逢初夢子), 가와사키 히로코(川崎弘子) **5표** 시가 아키코(志賀曉子), 구와노 미치코(桑野通子)

(라) 외국영화로는 무엇의 수입을 가장 환영하는가

56표 정글물 **43표** 미국물 **14표** 유럽물

(마) 일본물로는 어떤 작품을 가장 환영하는가

111표 대중소설의 영화화 **23표** 신문 3면 종류의 시국물 **22표** 국책·기록영화

3. 귀 관 최고의 프로그램 조합은 무엇인가?

37표 시대-현대-시대 **10표** 희극-현대-시대 **7표** 희극-시대-현재 **6표** 현대-시대-현대 **2표** 단편-특작물, 희극-활극-연속 **1표** 시대-시대, 재상(再上)-현대-시대

4. 귀 관은 무엇을 표준으로 하여 영화를 선정하는가

53표 신문잡지의 비평 **41표** 회사의 선전 **36표** 시사를 보고 나서 **12표** 이상을 종합하여

이상의 표시에 나타난 의견을 여기에서 설명하는 것은 자못 흥미로운 일이지만, 그보다도 이를 통해 각 사 각 표, 각인 각 표의 견해·사고방식을 연구하여 앞으로의 제작·수입 방침의 자원으로 삼는 것을 희망한다.

단, 이것은 흥행관을 중심으로 한 통계이기 때문에 영화의 진보적·유도적(誘導的) 의지와는 물론 별개임을 말해두고 싶다. 우리에게 중요한 것은 '이러한 사실' 그 자체이다. 가능하다면 내년 이후에도 본지는 신년호의 항례 특집으로 이러한 시도를 이어가고 싶다고 생각한다.

끝으로, 바쁘신 중에 번거로운 회답을 기분 좋게 보내주신 각지 영화관에 깊은 감사를 표한다. [쇼와 9.12.20]

(이상 원문 57-68쪽 내지 및 대만 각지 상영관의 구체적 회답에 관하여는 중략한다. 68쪽에 실린 조선 영화관의 회답은 다음과 같다.)

◇ 경성 쇼치쿠자[경성] 쇼치쿠, 양화

　1. (가) 〈시티라이트〉 (라) 〈시티라이트〉 (마) 〈지상의 성좌〉 (바) 〈킹콩〉

　2. (가) 시마즈, 기누가사 (나) 하야시 조지로, 후지 미쓰구 (다) 미야케 구니코(宮宅邦子)

◇ 제일관[평양부] 서양물

　1. (가) 〈타잔〉 (라) 〈유원인 타잔〉 (마) 〈챔프〉 (바) 〈나의 무용담〉

◇호라이칸[부산부] 닛카쓰물

　1. (가) 〈마수 타이거〉 (나) 〈단게 사젠〉 (다) 〈애증의 고개〉 (라) 〈마수 타이거〉 (마) 〈애증의 고개〉 (바) 〈타잔〉

　2. (가) 아베 유타카, 이나가키 히로시(稻垣浩) (나) 오코치 덴지로, 오카 조지 (다) 야마다 이스즈, 야마지 후미코

다나카 준이치로

1935년 2월 22일 | 제230호 | 28쪽

영화인 국기(國記)(121) 대만, 조선의 권

　항상 여름인 나라 대만, 여기에는 내지 영화연구회에 지지 않을 훌륭한 영화연구 그룹이 있다. 타이페이의 '타이페이 시네마리그'가 그것으로, 매달 정기적으로 『영화생활』을 발행하고 회원의 연구 발표나 명화감상회 등을 가끔 개최하고 있다.

　회원은 주로 다케무라 가쓰미(武村克巳), 야마시타 마사타카(山下政孝) 등을 비롯한 저널리스트와 신진 회사원으로 이루어졌으며, 내외 걸작영화의 소개 및 연구에 노력하고 있다.

　이곳 출신 영화인으로는 이전 마키노나 신코에 있던 쓰무라 히로시(津村博)가 있다. 그는 도쿄 고이시카와(小石川)에서 태어났는데, 타이페이 제1중학을 졸업하고 타이페이상업에 있을 무렵, 다나카 가네유키(田中欽之) 프로덕션이 대만에 로케이션 온 것을 알고 다나카를 따라 처음 이 길에 들어서 영화배우가 되었다고 한다.

　내지에 오고 나서는 네즈 신(根津新) 문하에 들어가 도아키네마나 마키노 등에서

미남배우로 인기를 얻었고, 쇼와 6년에 데이키네에 들어갔다. 이 데이키네 시대에 모리 시즈코를 유혹했다든가 유혹당했다든가 하여 당시의 촬영소장 다치바나 료스케(立花良介)의 분노를 사서 어쩔 수 없이 퇴사했다는 소문이 있다. 게다가 이런 식이어서 모리 시즈코와는 실현되지 않았지만 지금 무대에 나오는 미즈하라 레이코(水原玲子)와는 서로 크게 공명하고 있다고 한다.

그 후에 아마 (쇼와) 7년 가을인지에 대만으로 돌아가서 데이키네 시절의 동지와 대만 프로덕션을 만들었고, 대만의 지사(志士)를 다룬 〈의인 오봉〉이라는 영화를 제작했는데 잘되지 않았다. 얼마 후에는 다시 상경[57]하여 PCL이나 우즈마사(太秦) 발성 작품에 프리랜서로 가끔 나오고 있다. 올해 서른두 살, 고풍스러운 미남형 인물이다.

조선에서는 쇼치쿠 각 본부 야나이 다카오(柳井隆雄), 닛카쓰 배우 오시마 돈(大島屯), 이사와 이치로(伊澤一郎), 가마타의 오야마 겐지(大山健二), 고이즈미 야스코(小泉泰子), 닛카쓰 감독 다구치 사토루(田口哲), 거기에 오래된 마키노의 여배우 마쓰우라 쓰키에(松浦築枝), 〈키네마주보〉의 오쿠보 류이치(大久保龍一) 등의 얼굴이 나온다.

야나이 다카오는 메이지 35년 2월생, 경성중학 졸업 후 히나타(日向)의 새로운 곳을 동경하여 규슈로 건너와 무샤노코지 사네아쓰(武者小路實篤)에게 사사하고 상경 후 국민영학회(國民英學會) 영문과에서 배웠는데, 쇼와 3년에 인연이 되어 쇼치쿠 각 본부에 입사, 가마타 특유의 유머물을 다수 각색, 특히 노무라 히로마사 감독과 팀을 이루어 〈아가씨와 바보〉를 쓴 이후, 소위 '바보 시리즈'로 큰 인기를 얻었다. 무샤노코지에게 가르침을 받은 만큼 심심풀이로 유화 등을 취미로 한다.

오시마 돈은 메이지 40년 4월 인천에서 태어났다. 본명은 닛타 미노루(新田稔). 경성중학을 중도 퇴학한 채 상경, 고스기 이사오나 시마 고지(島耕二) 등을 배출한 일본영화배우학교에 들어가, 쇼와 2년 10월에 닛카쓰 촬영소에 들어갔다. 그러나 그것도 겨우 두 달, 다음 해 1월에 징병당해 치바현 나라시노(習志野) 기병 제16연대에 입영, 쇼와 5년 1월 닛카쓰에 복귀할 때까지 2년 동안 병영 생활을 했다. 〈영광스럽게 우리들이 간다〉라든가 〈하늘 맑음 삼단뛰기〉 등의 스포츠영화에 많이 출연했고, 〈땅땅 벌레는 노래한다〉와 같은 걸작에서도 주연을 맡았다.

이사와 이치로는 본명 간노 히데오(菅野秀男), 쇼와 5년 닛카쓰에 들어가 〈땅땅

---

57) 이때의 '경'은 도쿄를 일컫는다. 이후 본문의 "상경"은 모두 도쿄를 향하는 것을 의미한다.

벌레는 노래한다〉로 데뷔, 바이플레이어(byplayer)로서 많은 영화에 출연했다. 학생 시절에는 단거리선수로서 활약한 적이 있다. 작고한 오카다 도키히코(岡田時彦)와 닮은 그의 얼굴은 새로운 미남배우로서 인기를 얻을 가능성이 충분하다고 보이는데, 안타깝게도 아직 찬스가 돌아오지 않은 것 같다.

오야마 겐이치는 원래는 후쿠시마현 미하루마치(福島県 三春町)에서 태어났지만 소학교 시절에 부모님과 함께 경성에 왔기 때문에 철이 들면서부터는 조선 쪽 생활이 길었다. 다이쇼 13년에 조선약학전수학교(朝鮮藥學專修學校)를 졸업하고 상경, 약국 서생 등을 하다가, 다음 해인 14년에 가마타 촬영소에서 설립한 배우연구소에 들어갔고 졸업 후 채용되었다. 처음에는 있는지 없는지 모르는 존재였는데 뚱뚱하게 살찐 몸이 왠지 모르게 눈에 띄게 되었고 점점 인정을 받아 지금은 가마타에서 없어서는 안 될 중요한 보석과 같은 바이플레이어가 되었다. 겐이치는 몸이 자본이라고 말하는데, 그야말로 살찐 몸에 기인한 출세였다고도 할 수 있다. 올해 서른두 살. 큰 덩치와 반대로 작은 새를 키우는 것이 좋다고 하니 귀여운 구석도 있다.

고이즈미 야스코는 경성부 혼마치 2초메에서 태어난 순수 조선 태생. 한 번 도쿄에 나와 부립제1여고(府立第1高女)에 들어갔지만 가정 형편으로 퇴학, 열여섯 살 여름에는 남만주의 백모 밑에서 살았고 쇼와 7년에 큰 결심을 하여 가마타에 입사했다고 한다. 첫 출연은 〈연애금지회사〉. 그 후 그녀가 실생활에서도 연애 금지인지 어떤지, 거기까지는 필자가 듣지 못했다.

다쿠치 사토루는 오랫동안 다사카 도모다카(田坂具隆)의 조감독을 했다.

마쓰우라 쓰키에는 부산 출생, 야나기 사쿠코(柳咲子)의 제자로 쇼치쿠 시모가모(下賀茂)에 들어갔고 나중에 마키노 도지인(等持院)으로 옮겨 여기에서 대단한 인기를 얻었다. 그중 〈그림자 법사〉〈수라팔황〉 등은 큰 반향을 일으켰다. 마키노가 해산하고 나서는 신코나 간주로 프로덕션에 있었지만 지금은 은퇴했다. 감독 마쓰다 사다쓰구(松田定次)의 아내이다.

오쿠보 류이치는 경성 아사히마치(旭町)출신이다. 전 대의사(大義士)이자 유명한 변호사인 아버지 밑에 태어나, 용산중학에 입학했지만 상경하여 메지로(目白)중학에서 수학했다. 호세이(法政)대학 영문과를 졸업하고 쇼와 7년 키네마주보사(社)에 들어가 오늘에 이른다. 작년 겨울 시코쿠(四國)의 인척 중에서 앳된 아내를 얻어 현재 봄날이 충만하다. [이 항은 끝]

다음은 할리우드의 권.

규칸초(九官鳥)

1935년 5월 31일 | 제241호 | 15쪽

경성영화계
도와가 최고 순위

영화통제가 실시되고 벌써 1년이 되는 경성시는 신록 시즌을 맞이하여 활발한 움직임을 보이고 있다. 특히 최근에 외국영화의 움직임이 방화를 눈에 띄게 압도하는 상태에 있다. 특히 도와상사 지사(支社)는 다음과 같이 경성시 5월 영화계 최고 순위를 목표로 활약하고 있다.

△〈FP1호 응답 없음〉[기라쿠칸, 1일 개봉] △〈상선 테나시티〉[나니와칸(浪花館), 단성사]⁵⁸⁾ △〈흑기사〉[나니와칸] △〈지크프리드 교향악판〉⁵⁹⁾[주오칸, 11일 개봉] △〈미완성 교향악판〉[기라쿠칸, 단성사, 15일 개봉] △〈몽블랑의 왕자〉[나니와칸, 단성사, 15일 개봉] △〈최후의 억만장자〉[나니와칸, 15일 개봉]

한편, 메트로 영화〈기걸 판초〉는 조선 통치상의 견지에서 조선 내 개봉이 불허되었다.

1935년 6월 7일 | 제242호 | 11쪽

경성흥행가, 서양물 34편 소화(消化)

4, 5월에 경성부 영화관에서 상영된 서양영화 총수는 34편으로 다수 상승했으나, 특기할 만한 것은 도와상사가 파사(파라마운트사)와 같이 10편을 소화하고 있다

---

58) 원문에서 개봉일자 부재.
59) Siegfried Wagner의 〈Shymphonie in C-dur〉 연주를 일컫는 것으로 추정된다.

는 점이다.

　◇ 파사
〈클레오파트라〉[나니와칸, 단성사] 〈바람의 키스〉[나니와칸, 단성사] 〈3일 공주〉[나니와칸] 〈여난 아파트〉[나니와칸] 〈죄가 아니에요〉[나니와칸] 〈내일 없는 포옹〉[나니와칸, 단성사] 〈그녀는 나를 사랑하지 않는다〉[나니와칸] 〈못난이 6총사〉[주오칸] 〈벵갈의 창기병〉[조선극장, 나니와칸] 〈은소유선형〉[주오칸]

　◇ 도와
〈오늘밤이야말로〉[기라쿠칸] 〈상선 테나시티〉[나니와칸, 단성사] 〈흑기사〉[나니와칸] 〈FP1호 응답 없음〉[기라쿠칸] 〈지크프리드〉[주오칸] 〈미완성 교향악〉[기라쿠칸, 단성사] 〈몽블랑의 왕자〉[나니와칸, 단성사] 〈최후의 억만장자〉[나니와칸] 〈카이로의 결혼〉[단성사] 〈흑경정〉[단성사]

　◇ 폭스
〈로이드의 대승리〉[단성사, 주오칸] 〈모로코의 혈연〉[단성사] 〈건배의 노래〉[단성사] 〈공습과 독가스〉[단성사]

　◇ 유니버설
〈하루만 숙녀〉[단성사] 〈대장부〉[단성사, 쇼치쿠자] 〈사랑의 하룻밤〉[단성사, 나니와칸]

　◇ 메트로
〈새벽의 폭풍〉[나니와칸] 〈고양이와 제금〉[나니와칸]

　◇ RKO
〈치인의 사랑〉[단성사]

　◇ 유나이티드
〈로마 태평기〉[단성사] 〈공포의 성〉[나니와칸, 단성사]

　◇ 치도리(千鳥)
〈플라(プーラ)〉[기라쿠칸] 〈세계의 끝(世界の終)〉[단성사, 쇼치쿠자]

1935년 6월 28일 | 제244호 | 9쪽

경성 쇼치쿠자

경성부의 쇼치쿠자 건설 문제는 오랫동안 그대로였는데 드디어 지주 다무라 미네(田村ミネ)의 희생에 따라 현 쇼치쿠자 경영자 도쿠나가 구마이치로(德永熊一浪)가 새로운 쇼치쿠자를 건설하게 되었다. 쇼치쿠자의 신건축물은 현재의 쇼치쿠자 뒤에 있는 광무대(光武臺) 대지 및 인접지를 합해 총계 약 6백 평, 남쪽에서 북쪽을 향하는 전차가 지나는 길에 면한 건물이다. 건설비 30만 원의 영화관인데, 무대 설치를 완비하여 영화뿐만 아니라 공연을 상연하는 극장으로도 사용할 계획이다. 구조는 철근콘크리트에 동양 취미를 가미한 근대 부흥식으로, 수용인원 1천 4백 명, 쇼와 11년 벽두에는 볼 수 있을 것이라고 한다.

1935년 10월 11일 | 제254호 | 22쪽 | 광고

신코키네마 만추의 레파토리[60]

올 토키 〈반도의 무희〉
감독 곤 히데미(今日出海)
주연 최승희(崔承喜), 센다 고레야(千田是也)
반도가 낳은 미모의 무희 최승희의 파란 중첩된 반생기(半生記)를 그린 영화무용시(詩), 이것이야말로 이색의 대망 편

신코키네마 주식회사 제공
일본 제일의 신코영화

---

60)   원문에는 〈반도의 무희〉를 비롯하여 신코키네마가 제작한 열한 편의 영화광고가 실렸다.

1935년 10월 18일 | 제255호 | 11쪽

북만주영화계 방화관이 발전하고 있다

소생은 9월 13일부터 10일 동안 조선까지 출장을 왔습니다. 둘러본 곳은 치치하루, 하얼빈, 신경(新京), 사평가(四平街), 봉천, 평양 등입니다.

신경에서는 예전에 신코키네마에 있었던 호조 다마코(北條たま子)가 이와이초(祝町) 2초메 다이헤이도(太平堂) 앞에 카페 '요람(ゆりかご)'이라는 것을 9월 7일부터 개점했습니다. 여급 세 명은 혼고(本鄕)제국대학 앞의 '도리얀(ドリヤン)'에서 데리고 왔다고 합니다. 반쓰마와 모리 시즈코가 축하를 보내왔습니다. 또 신경의 데이토(帝都)키네마는 데이키네 아파트를 짓고 있었습니다.

평양 기생학교에는 『영화시대』 포스터가 있었습니다.

치치하루에는 교라쿠칸(共樂館)과 키네마회관 두 관이 방화(邦畫)를 전문으로 하고 있습니다. 일본인 인구는 7천 명 남짓입니다.

이곳도 발전하고 있습니다. 빌딩이 점점 생기고 있습니다. 하이라얼에서는 일본인이 2천 명에 미치지 못하는데 일본영화 상영관이 두 곳에 있습니다. 최근 상영영화는 〈경찰관〉〈폭포의 한 줄기〉〈마루노우치 다섯 여자〉〈신풍 삼척검〉 등입니다.

또 만주국협화회에서는 영화를 이용하여 선무공작(宣撫工作)을 하고 있습니다. 몽고인이 가장 놀라워하는 것 같습니다.

구와타 생(桑田 生)

1935년 11월 1일 | 제256호 | 8쪽

최승희를 출연시키고 나서
키네마팔레스 들끓다

〈반도의 무희〉 최승희 양이 오사카에 들어와 가장 먼저 당 관에서 인사를— 전단지에, 입간판에 시끄러운 선전으로 인기를 부채질하던 나니와구(浪速區) 다이코쿠마치(大國町) 영화상설관 키네마팔레스에서는 지난달 24일 저녁 무렵부터 그녀의 팬들인 관객들이 밀려들어 만원……. 그런데 예고한 8시가 지나도 당사자인 그녀는 조금도 모습을 보이지 않았다. 시간이 지나면서 관객들은 점점 격앙되어 '최승희를 내놓아라!'라며 소동을 일으키기 시작했다. 이에 당황한 팔레스 측에서는 히라노(平野) 지배인이 9시가 지나 나카노시마(中之島) 아사히(朝日)회관으로 달려가 만찬회에 출석 중이던 그녀와 직접 담판을 지었는데, 최승희 쪽에서는 '그런 약속을 한 기억이 전혀 없습니다'라며 요령부득. 관객단은 영화 프로그램이 끝나도 누구 하나 돌아가지 않은 채 각각 떠들다가 결국은 무대 위까지 올라가는 등 관내 소란은 커져가기만 했다. 그러자 11시 반경 팔레스 관주 시오타니(塩谷) 씨가 다시 그녀의 숙소인 도지마(堂島) 아라이소(荒磯)여관을 방문하여 교섭, 25일 오전 0시 반경 자동차로 그녀를 팔레스에 보냈다. 이리하여 최승희가 스테이지에 모습을 드러내자 분개했던 관객들도 진정, 몇 분의 간단한 인사로 이 소란도 막을 내렸다.

가타야마 지배인의 이야기

최승희의 지배인 가타야마 가즈오(片山和雄) 씨는 아라이소 여관에서 말했다. "24일 오후 5시 오사카 역에 도착하니 박 모라는 남자가 십여 명의 남자를 데리고 키네마팔레스에 인사하러 가달라고 이야기했습니다. 갑작스러운 부탁이라 거절해버렸습니다만, 같은 날 밤 12시 가까워 팔레스 관주가 찾아와 제발 도와준다 생각하고 나와달라고 애원하는지라 어쩔 수 없이 25일 오전 0시 반에 이르러 무대에 선 것입니다. 정말 이러지도 저러지도 못하는 상황이었습니다."

팔레스 측의 이야기-히라노 팔레스 지배인의 이야기

"내 쪽은 조선민보(朝鮮民報) 오사카 남지국(南支局)에 있는 분을 통해 교섭을 진행했으므로 최 양 쪽에서도 충분히 양해했다고 안심하고 있었는데 이런 소동이 일어나 정말 당황했습니다."

붉은 잉크(24쪽)[61]

반도의 무희 최승희의 제2회 신작발표회를 보러 갔는데, 전 회보다도 증가한 그

---

61) 편집 후기로 추정되는 기사로, 원문에 제목이 없다.

녀의 엄청난 인기에 일단 혀를 내두르고 말았다. 그녀의 진정 좋은 점은 역시 조선풍 무용에 있다는 것을 알았다. 이것은 명확히 민족의 피의 승리라고 생각했다.

1936년 2월 7일 | 제262호 | 27쪽

신코키네마 초봄의 레퍼토리[62]

〈반도의 무희〉
원작 유아사 가쓰에이(湯浅克衛)
감독 곤 히데미
최승희, 센다 고레야, 에가와 나호미(江川なほみ)

가장 재미있는 신코영화
신코키네마주식회사 제공

1936년 8월 14일 | 제273호 | 13쪽

조선영화주식회사 만들어지다

조선영화의 내지 진출이 주목되고 있는 요즘, 이번에 더 나아가 자본금 50만 원의 조선영화주식회사가 경성부 하세가와초(長谷川町) 112, 테일러빌딩에 창설되어 경인선 오류(梧柳)저수지 부근에 스튜디오 건설을 준비하고 있다. 제작 스태프는 도아키네마 등에서 10년 동안 실지연구를 수행한 감독 박기채(朴基采), 카메라맨 양세웅(梁世雄)을 중심으로 하며, 내지로부터 우수한 기술자를 초빙할 의향이라고 한다.

---

62) 원문에는 〈반도의 무희〉를 비롯하여 신코키네마가 제작한 아홉 편의 영화광고가 실렸다.

1936년 10월 2일 | 277호 | 8~9쪽

상영 금지 명령에 위협받는 영화계

검열 점점 준엄함이 극에 달해

내무성의 영화 검열방침은 아연할 만큼 준엄해져 현재 다수의 내외영화가 가위질의 화를 입고 보류되어 영화계를 잠식하고 있다. 나아가 기대했던 내외 3대 명화가 같은 시기 검열 각하되어 업계에 큰 충격을 주었다.

이는 스턴버그 감독, 그레이스 무어·프랜초트 톤 주연의 콜롬비아 영화 〈세실리아〉, 조 E. 브라운 주연의 워너영화 〈브라운의 신병님〉, 무라야마 도모요시 감독의 PCL작품 〈입맞춤의 책임〉[63] 세 작품인데, 그 때문에 22일 외국영화업자 10개사 연맹에서는 RKO의 니시모토(西本) 이하 세 명의 대표자가 영화 검열 당국인 내무성을 방문, 검열 당국의 방침에 대해 질문을 했다. 이에 '군대를 조롱하는 테마, 일본인을 모욕하는 듯한 작품'은 절대 배격하므로 이러한 영화들은 배급사 측도 검열을 신청하지 않도록 주의가 필요하다는 다테바야시(館林) 사무관의 의중을 확인하고 물러났다고 한다.

〈세실리아〉[64]는 9월 23일에 히비야영화극장에서 개봉할 예정이었다. 내용이 황궁 내의 연애 이야기이고 특히 연애 이야기에서는 금구(禁句)로 되어 있는 'Emperor'나 'Empress'라는 말이 자못 외설스럽게 사용되는 까닭에, 수입회사로서도 개정판을 만들거나 타이틀을 바꾸려 고심했는데 결국 상영 금지가 되고 말았다. 황궁의 사적인 일을 다룬 작품은 지금까지도 많이 기각되어왔기에 이것이 새삼스레 희귀한 일은 아니지만 〈브라운의 신병님〉 금지는 최근의 검열방침을 현저하게 반영하고 있는 것으로 흥미롭다.

일찍이 소비에트영화 〈포템킨〉이 절대적으로 상륙 거부된 적 있는데, 그 영화는 군함 내 병사들의 반란 봉기를 그린 것으로 일본의 군 규칙에 상반되는 점이 많았다.

---

63) 〈接吻の責任〉. 이후 〈연애의 책임(恋愛の責任)〉으로 개제(改題)했다.

64) 원문에서 단락을 구분하기 위하여 본문 중 몇 단어를 뽑아 제목처럼 사용하고 있다. 본문에서는 볼드체로 표기했다.

그러나 〈브라운의 신병님〉은

　'미국이 세계대전에 참가했을 때, 브로드웨이 희극배우 지미는 전쟁이 싫어 약혼자인 네리나 그 아버지 하퍼 대좌의 권유에도 불구하고 좀처럼 의용군에 참가하려고 하지 않았다. 그러나 극단 여배우 바니스가 그를 쫓아다녀 도망 다니다가 출정군인의 대열에 휩쓸려 결국 프랑스에 출정한다. 전선 가까운 어떤 마을에서 그는 숙소의 딸과 친해진다. 전쟁이 끝나고 두 사람은 결혼한다.'

라는 줄거리. 국민개병주의의 제국(일본)군인과 의용군인인 미국군인 사이에는 정신적으로 근본적인 거리가 있다. 영화에서도 브라운의 불성실함이 상당한 강도로 그려져 있다. 그러나 종래에는 이러한 종류의 영화도 희극작품으로서 관대하게 봐주었다. 그것이 시국[65] 이래, 관계(官界) 각 방면이 비상시(非常時) 의식에 심하게 반응하여, 이를 계기로 해서 정당의 몰락, 관료의 대두 같은 비상시 현상을 노출하고, 나아가 이 여세를 몰아 각 관계 취체(取締) 방면이 계엄령에 그 강도와 심도를 더욱 늘려온 것이다. 그 여파가 오늘날에 이르러서도 비상시 의식으로서 이런 종류의 취체방침에 여전히 강조되고 있다. 특히 시국 이래, 군사적 방면에 대한 관심이 대단히 준엄해지고 있어 〈브라운의 신병님〉과 같이 단순 희극영화라고 해도 검열 당국으로서는 중대시할 수밖에 없다는 것이다. 여기에 이번 검열 준엄 방침의 **특수 현상**이 있다. 다테바야시 사무관이 특히 '군대를 비웃는 테마'를 들어 문제로 삼는 이유이다.

　이외에 파라마운트의 〈공주님 바다를 건너다〉라는 영화 역시 검열에서 보류, 9월 16일 개봉이 연기되어 일주일 늦추어졌다. 영화는 황궁도 군 규칙도 아닌 전혀 예상외의 문제 때문에 검열을 유보당했다.

　'뉴욕의 가난한 아가씨가 영화 출연을 위해 공주님으로 가장한다. 스웨덴에서 뉴욕으로 향하는 증기선 안에 파리에서 온 살인범이 뛰어들어 수색해달라는 전보가 온다. 일본, 영국, 프랑스, 독일, 러시아의 명탐정이 이를 위해 활약한다.'

라는 줄거리. 이 중에서 일본인 탐정으로는 고마이 데쓰(駒井哲)가 출연하는데 언제나 다른 나라 사람 뒤만 쫓고 바보스러운 데다가 얼빠진 짓만 한다. 이것이 '일본인을 모욕하는 듯한 작품'이라고 하여 전부 절제(切除)되었다.

　이와세 료(岩瀬亮) 대의사가 제네바 국제연맹회의에 출석했던 어느 날 밤, 심심

---

65)　만주사변을 일컫는 것으로 추정된다.

하여 입장했던 어떤 영화관에서 모 외국 영화사의 뉴스를 봤다. 그중 일본 예기(藝妓)의 나체 춤, 기타를 고치는 사람 등이 나와서 이와세 대의사는 좌석에서 심하게 얼굴을 붉혔다. 영화는 단순한 오락이 아니다. 사용 방법에 따라서는 중대한 국제 문제까지 얽히게 된다. 이렇게 된 바에야 정부는 영화 활용을 적극 시작하여 소위 **영화국책**을 시행하지 않으면 안 된다.

'이런 선물을 가지고 돌아온 어느 날 저녁, 신바시(新橋) 소고기집에서 3, 4명의 저널리스트와 함께 이야기한 것을 계기로, 취체에 의한 영화통제는 2, 3년 사이에 급격히 구체화되었다.'

수출영화에 대한 취체와 동시에 수입영화에 대한 취체방침이 그 발로이며, 단체행동으로서 관민 합동의 대일본영화협회 조직도 그러하다. 관민융화를 목표로 했던 이 협회가 단계적으로 관계(官界) 측에 눌려온 것은 앞에서 이야기한 것 같은 시국 이후의 관료 대두가 직간접적 원인이 되고 있다.

이야기가 조금 샜지만, 이러한 이유로 지금까지 웃어넘겼던 장면이라도 지금은 꽤 엄중하게 되었다. 특히 외국영화의 경우, 국제관계 기미(機微)에 당국이 얼마나 신경과민인지를 알 수 있다.

이는 단순히 극영화에 그치지 않는다. 뉴스영화 등에서는 인상(印象)이 보다 현실적인 까닭에 극영화 이상으로 엄중한 경우가 있다. 예를 들어 스페인동란 뉴스, 만주나 지나를 배경으로 하는 뉴스, 소비에트의 움직임 등은 그것이 현저하다. 또한 같은 인민전선이어도 프랑스와 스페인은 그 행동성에서 서로 큰 차이가 있으므로 보는 방법을 바꿔가야 한다는 것도 그 한 예이다.

상술한 바와 같이, 이런저런 이유에서 영화 검열방침이 각 방면으로 준엄하게 되었다. 이것은 일본뿐만이 아니다. 독일, 이탈리아 등은 더욱 준열하며 미국, 프랑스, 영국에서조차 국제영화에 대한 관심은 농후해지고 있다. 특히 소비에트에서는 가장 강력한 통제기관이 수행하고 있다. 모두 세계 열강관계의 각종 긴박한 실정을 뒷받침하는 것으로 어쩔 수 없다.

실제로 요즘 일본에 수입된 외국영화를 보더라도 **전쟁영화**가 눈에 띄게 증가했다. 예를 들면

[유럽영화] 〈최후의 전투기〉 〈땅끝을 가다〉 〈대장 불바〉 〈세계를 적으로〉

[미국영화] 〈다시 만나는 날〉 〈상어섬 탈옥〉 〈와야 하는 세계〉 〈가르시아의 전령〉

〈진군하라 용의 기병〉〈탄환인가 투표인가〉〈두 국기 밑에서〉〈폭풍의 삼색기〉〈전함 바운티호〉〈장군 새벽에 죽다〉〈텍사스 결사대〉〈붉은 태양의 절벽〉〈조국을 지키는 자〉

등을 근래에 당도한 영화들 중에서 들 수 있다.

이는 갱영화가 전쟁영화로 주제를 전환했다고도 할 수 있는데 외국의 영화업자가 시국에 몰두하기 위해 이런 종류의 제재를 열심히 취급하고 있는 것도 명백하다. 이것 또한 험악한 각국 정세의 발로이다.

해외영화는 이 정도로 하고 일본물은 어떠한가. 시국 당시에는 치에프로의 〈불타는 에도성〉이나 다이토(大都)의 〈미토낭사〉 등이 제일 처음으로 도마 위에 올랐고 각 촬영소에

'단체행동을 다룬 작품, 국체를 논의하는 작품'

등은 시대 여하를 막론하고 일절 절대로 영화화할 수 없다는 엄달(嚴達)이 있어, 유신물(維新物)을 유일한 테마로 하던 시대극 촬영소에 대공황을 초래했는데, 계엄령 철거(撤去)와 더불어 이 방면의 취체는 점차 완화되었다. 〈미토낭사〉도 결국 이번 10월 첫째 주부터 개봉하게 되었으며, 최근에는 〈번개소리〉〈방랑 천 하룻밤〉〈그녀의 경우〉〈입맞춤의 책임〉 등이 화제가 되었다.

〈방랑 천 하룻밤〉〈그녀의 경우〉〈번개소리〉 등에는 각각 세세한 이유는 있지만 삭제도 부분적이었고 전체적으로 문제로 삼을 정도는 아니었다. 하지만 〈입맞춤의 책임〉에는 **현대생활을 거부하는** 의미의 강한 제한이 주어졌다는 것에 주목할 필요가 있다. 사실 제목에서 '입맞춤' 운운하는 것은 좋지 않았다. 과거 기쿠치 간(菊地寬) 원작의 〈제2의 입맞춤〉이 개제한 예도 있고, 우리 나라에서 입맞춤은 고래(古來)의 풍속습관을 귀납하여 보더라도 육체적·직접적인 것이지, 즉 친애우의(親愛友誼)를 거의 의미하지 않기에 그 제목은 어쩔 수 없다고 할 수 있다. 그런데 아파트 생활이 가족제도의 파괴를 의미하기 때문이라는 식의 이유가 만약 소문이 아니라 사실이라면, 이는 근대 생활의 가장 당연한 사실조차도 제작자 측에서 신중하게 고려해야만 한다는 것이 된다. 이 모든 것들이 앞으로 검열방침이 얼마나 특수한 것일지를 이야기하고 있다.

그러나 다행히 〈입맞춤의 책임〉은 〈연애의 책임〉이라 개제, 내용의 어떤 부분을 개정하여 재신청 중이었는데, 25일 검열을 통과했다. 이로써 회사 측도 안심했을 것

이다. 다른 관점에서, 검열방침 자체의 근본문제로 일반 민중에게 좋은 오락, 좋은 예술을 전하기 위해 현재 모든 영화 검열관들의 이른바 사이에 낀 상태가 종래보다도 더 힘든 입장이리라는 것도 상상이 된다. 그 고뇌는 알겠지만, 위압적 태도의 시어머니 근성은 그만두고 하루라도 빨리 '문화의 암흑시대를 불러오는' 현상을 일소하고 떠나주기 바라는 바이다.

오모리 히코로쿠(大森彦六)

1937년 3월 11일 | 제287호 | 5쪽

〈나그네〉[66]나 〈벌거벗은 거리〉도 SY상영인가

영화업계의 신분야
쇼치쿠 블록의 새로운 개조안

국제영화[67] 〈새로운 땅〉 상영을 계기로 영화계에서는 양화흥행에 대한 재검토, 방화의 해외 진출에 대한 목소리가 팽배하게 일어나고 있다. 4월 첫째 주에는 합병 기념[68] 흥행으로 백만 원 영화 〈오사카 여름의 진〉을 SY와 공동 개봉하는 등 최근 4, 5년간의 슬럼프에서 탈피하여 점차 궤도에 올랐다는 생각이 드는데, 이것은 소위 인텔리 팬의 양화(洋畵)편중주의 시정, 국산영화에 대한 당국의 조성·보호책의 발로로 주목할 만한 가치가 있다. 나아가 신코 오이즈미(大泉), 조선 성봉(聖峰)영화원 공동작품인 스즈키 시게요시(鈴木重吉)·이규환 감독의 조선어 토키 〈나그네〉를 SY상영

---

66) 일본 제명은 〈旅路〉. 본 자료집 '일본어 잡지로 본 조선영화' 시리즈 2권에서 5권까지는 〈다비지〉로 표기되었다.

67) 일본영화사에서 국제영화를 정의하는 것은 매우 곤란하다. 수출영화, 합작영화와의 구분이 어려운 데다가 일본이 표상되는 외국영화와도 결부되어 국책영화로까지 발전되기도 했다. 더 자세한 내용은 『일본어 잡지로 본 조선영화 2』(한국영상자료원 한국영화사연구소 엮음, 현실문화연구, 2011), 258쪽 각주 6번을 참조할 것.

68) 1920년 설립된 제국활동사진주식회사는 1921년 4월 '쇼치쿠키네마주식회사'로 개칭하여 쇼치쿠키네마합명사(松竹キネマ合名社)를 흡수합병하고, 1937년에는 쇼치쿠흥행주식회사를 흡수합병하여 사명을 '쇼치쿠주식회사'로 정한다. 본문의 '합병'은 이 1937년 쇼치쿠흥행주식회사의 흡수합병을 의미한다.

으로 하자는 논의가 있어 오타니(大谷) 쇼치쿠 사장, 기도(城戶) 신코 부사장 사이에 교섭이 진행되고 있다. 또한 신코 외에 닛카쓰 다마카와(多摩川)의 문예영화〈벌거벗은 거리〉도 마찬가지로 데이코쿠극장 상영 이야기가 나오고 있는데 스카우트 소동의 음울한 영화계에 밝은 화제를 제공하여 업계로부터 매우 주목받고 있다.

1937년 4월 11일 | 제289호 | 88~92쪽

문화영화 배급제작소 일람표[69]
[쇼와 12년 4월]

[대] 대표자명 [영] 영업부 [선] 선전부 [업] 영업과목[70]

ㄱ

▼ **가쓰라(桂)상사 합명회사** 오사카시 니시구 에도보리미나미도오리(江戶堀南通) 1-44 에도바시(江戶橋)빌딩 ☎ 도사보리 7880-5 [대] 가쓰라 사부로(桂三郎) [지] 미하시 겐이치로(三橋源一郎)

▼ **가쓰야마(勝山)상회 활동사진부** 센다이(仙台)시 하가시(東) 2반초(番町) 24 ☎ 41 [대] 가쓰야마 지로(勝山二郎) [지] 다마타 사카에(玉田栄) [영] 쇼지 사카에(庄子栄) [업] 교육영화 제작·판매

▼ **가와카미(カワカミ) 교재영화 제작사** 오사카시 소토코사카마치(外小阪町) 나카고사카(中小阪) 480-1 ☎ 고사카 623 [대] 가와카미 유키(河上勇喜) [지] 나카가와 요시에(中川好衛) [**주요 제작품명(製作品名)**]〈나루토〉[71]〈이삭(稲)〉〈모심기(田植)〉〈종이(紙)〉〈조수(汐)〉〈주고쿠(中国)〉〈시코쿠(四国)〉〈유리(硝子)〉등

▼ **가지(加治)상회** 도쿄시 고지마치구(麴町區) 기오이초(紀尾井町) 3 ☎ 구단(九段) 3518 [대] 가지 센지(加治専治) [지] 센다 교지(仙田恭二) [영] 다카스 간사쿠(高須岩作)

---

69) 원문은 일본어 アエイオウ 순으로 정리되어 있으나 본 자료집에서는 가나다 순으로 조정했다.

70) 원문 중 설명 없이 "[지]"로 표기되는 부분은 지배인 명을 일컫는 것으로 추정된다.

71) 〈鳴門〉. 일본영화정보시스템에는 제작회사가 오쿠상회 교육영화부(奧商会教育映画部)로 나와 있다.

[선] 하시모토 후미(橋本文) [주요 제작품명] 〈쳐라 혼(打てよ魂)〉〈빛나는 대지(輝る大地)〉〈초토에 붇디는 풀(焦土に崩ゆる草)〉

▼ 고니시로쿠(小西六) 도쿄시 니혼바시구(日本橋區) 무로마치(室町) 3-1 ☎ 1660~5, 2656~7, 723~4 [대] 스기우라 로쿠에몬(杉浦六右衛門) [지] 스기우라 치노스케(杉浦千之助) [활동부장] 나카무라 마사토시(中村正俊) [선] 고이시 가메지로(小石亀次郎) [주요 제작품명] 〈조오야마(蔵王山)〉〈숲의 신비〉[72] 등 35밀리·16밀리 영화 제작

▼ 고바야시 데스지(小林鐵二)상점 도쿄시 교바시구(京橋區) 긴자(銀座) 6-3 ☎ 3665 [주요 재고품(在庫品)] 〈대해의 괴물고기(大海の怪魚)〉등

▼ 곤코쿄(金光敎)영화배급소 아마가사키(尼ヶ崎)시 히가시사쿠라기초(東櫻木町) [대] 다케다 지텐(武田智天) [업] 곤코(金光)영화 배급

▼ 교쿠토(極東)영화사 도쿄시 아자부구(麻布區) 모리모토초(森元町) 1-27 [대] 야마다 덴사부로(山田傳三郎) [주요 제작품명] 〈수산일본〉[73] 〈어업의 항구(漁の港)〉

▼ 교쿠토(極東)영화주식회사 오사카시 히가시구 하쿠로마치(博勞町) 2-61 ☎ 후나바(船場) 3094 [지] 아라키 슌자부로(荒木俊三郎) [선] 미타 무라토요(三田村豊) [업] 영화 제작·판매

▼ 교쿠토(極東)위생교육협회 오사카시 스미요시구(住吉區) 쇼와마치 히가시 3-33 [대] 다나카 기운(田中義運) [업] 의학영화 배급

▼ 교토의과(醫科)학생영화제작소 교토시 사쿄구(佐京區) 시모가모시바혼마치(下鴨芝本町) 45 [대] 시마다 신키치(島田晋吉) [업] 의학영화 제작·판매

▼ 교토음향연구소 교토시 우쿄구(右京區) 우즈마사고쇼우치마치(太秦御所内町) ☎ 사가(嵯峨) 378 [대] 다나카 마사아키(田中將堯) [업] 문화영화 제작

ㄴ

▼ 나이가이(内外)영화사 삿포로시 미나미이치조(南一条) 니시 1초메 4 ☎ 4267 [대] 오자사 마사토(小笹正人) [지] 아라이 시로(新井史朗) [영] 오자사 유지(小笹雄治) [선] 이토 시게히로(伊東重弘) [업] 각 사 영화 배급

---

72) 〈森の神秘〉. 일본영화정보시스템에는 제작회사/자가 도쿄 쓰카모토 가쿠지(塚本閣治)로 나와 있다.

73) 〈水産日本〉. 일본영화정보시스템에는 제작회사가 일본수산주식회사로 나와 있다.

▼ **나카무라**(中村)**영화사** 도쿄시 아사쿠사구(浅草區) 구라마에(蔵前) 2초메 8 ☎ 아사쿠사 5616 [대] 나카무라 요시아키(中村義明) [지] 나카무라 다쓰지(中村辰二) [업] 교육영화 제작·판매

▼ **남만주철도영화제작소** 대련시 [제작 책임자] 아쿠타가와 고조(芥川光蔵) [주요 제작] 만주 선전·소개에 관한 기록영화

▼ **니시카와**(西川)**발성영화연구소** 도쿄시 오모리구(大森區) 유키가야초(雪々谷町) 606 ☎ 에바라 5208 [대] 니시카와 유타카(西川豊) [지] 니시카와 도요지로(西川豊次郎) [영] 고지 다마카즈(小路玉一) [선] 치바 쓰네타케(千葉常威) [주요 제작] 〈은반에 그리다〉〈모내기〉[74) 〈여학교 체조(女学校体操)〉〈소중한 상자(玉手箱)〉〈백마는 부른다〉[75) 등

ㄷ

▼ **다나카 요시토**(田中義人)**영화사** 오사카시 니시나리구 마쓰토리(松通) 1-2 ☎ 덴카차야(天下茶屋) 4390 [대] 다나카 요시토 [영] 호시자키 신이치로(星崎信一郎) [주요 제작] 〈밀링머신 사용법(ミーリングマシン使用法)〉〈기계선반 사용법(機械旋盤使用法)〉〈대자연의 경이(大自然の驚異)〉〈고호다이시 일대기(弘法大師一代記)〉

▼ **다이니혼**(大日本)**천연색영화제작소** 교토시 사쿄구 시모가모 다카기마치(高木町) 82 ☎ 가미(上) 605 [대] 모리시게 나오스케(杜重直輔) [영] 모치쓰키 고이치(望月孝一) [영] 사사마 가즈오(佐々間一雄) [주요 제작] 〈쓰키카타 한페타〉등 천연색영화 제작

▼ **다이도**(大同)**상사 영화주식회사** 도쿄시 고지마치구 우치사이와이초(内幸町) 오사카빌딩 ☎ 긴자 2378, 5181~9 [대] 바바 요시야(馬場義也) [주요 재고품] 〈북극의 맹수사냥(北極の猛獣狩)〉등

▼ **다이슈**(大衆)**영화사** 도쿄시 아사쿠사구 다하라마치(田原町) 2-6 ☎ 아사쿠사 2726 [대] 가타야나기 다카시(片柳登司) [주요 제작] 〈다이리쿠마루 생환(大陸丸生還)〉

---

74) 〈さなで〉. 일본영화정보시스템에는 제작자/사가 이마이즈미 마사미치(今泉正路)로 나와 있다.
75) 〈白魔は招く〉. 일본영화정보시스템에는 동명의 작품이 세 편 존재하는데, 이 중 두 편이 〈모내기〉와 같이 이마이즈미 마사미치 제작으로 되어 있다.

▼ 다이요(大洋)영화사 도쿄시 시모타니구(下谷區) 류센지초(龍泉寺町) 351 ☎ 아사쿠사 4161 [대] 미즈노 가즈오(水野一男) [업] 단편, 만화 제작

▼ 다이요(太陽)영화사 도쿄시 시모타니구 가미구루마자카마치(上車坂町) 35 ☎ 네기시(根岸) 2997 [대] 가쓰지마 기이치(勝島儀一) [업] 각 사 영화 배급

▼ 다이초(大朝)키네마사 조선 함경북도 청진 [대] 쓰모리 슈이치(津守秀一) [지] 쓰모리 세이(津守靜) [업] 조선활동사진 배급

▼ 다이토(大都)영화주식회사 도쿄시 교바시구 긴자 1초메 2 ☎ 교바시 3515, 3540, 7252 [대] 가와이 도쿠사부로(河合德三郎) [소장] 가와이 류사이(河合龍齋) [총무] 쓰루타 마고헤이(鶴田孫兵衛) [선] 시바타 유타카(柴田豊) [업] 영화 제작·배급

▼ 다이헤이(大平)상사 시네마부 오사카시 기타구(北區) 기누가사마치(絹笠町) 5번지 ☎ 1531 [대] 아시자와 히데카(芦澤秀佳) [지] 고스게 미쓰스케(小菅満甫) [영] 고스게 만조(小菅万造) [선] 호사카 마사오(保坂政雄) [주요 제작] 〈바다의 신비(海の神祕)〉 〈정글(ジャングル)〉 등

▼ 다카마사(タカマサ)영화사 요코하마시 이소고구(磯子區) 이소고마치야마다(磯子町山田) 644 ☎ 조자(長者) 1648 [대] 아이하라 다카마사(相原隆昌) [주요 제작] 〈일본제일의 모모타로(日本一の桃太郎)〉 〈다로 씨의 모험촬영(太郎さん冒險撮影)〉 〈토끼와 거북이(兎と亀)〉 등

▼ 다카마쓰아사히(高松朝日)교육영화사 다카마쓰시 니시우치마치(西内町) 19 ☎ 니시 624 [대] 나가세 잇신(長瀬一信) [지] 아사히 쇼호(朝日昇峰) [영] 나가세 다카시(長瀬隆) [주요 제작] 〈세토나이카이 풍경(瀬戸内海風景)〉 〈애국부인회총회(愛国婦人會總會)〉 〈산업조합 11회 대회(産業組合十一會大會)〉 등

▼ 다카오카(高岡)상회 오사카시 스미요시구 아사히마치 2-53 ☎ 에비스 4210 [대] 다카오카 한지(高岡半治) [지] 니시모토 헤키요(西本碧伴) [선] 다카오카 나라마쓰(高岡楢松) [업] 16밀리영화 제작

▼ 다케모토(竹本)상회 나고야시 주구(中區) 몬젠마치(門前町) 5-38 ☎ 2885 [대] 다케모토 다케오(竹本武夫) [지] 다케모토 다쓰오(竹本達生) [영] 모리카미 데이타로(森上貞太郎) [선] 나카야마 기이치(中山喜市)

▼ 덴마(天馬)영화사 타이베이시 태평정(大平町) 5-64 ☎ 1953 [대] 첨천마(詹天馬) [지] 진천린(陳天麟) [영] 진사정(陳賜定) [주요 제작] 〈매화락(梅花落)〉 등

▼ **도아(東亜)문화영화상회** 도쿄시 교바시구 긴자니시(銀座西) 8-5 히요시(日吉)빌딩 ☎ 4675 [대] 구보타 겐(窪田愿) [주요 재고품] 〈밝은 선거(明るい選挙)〉[76] 〈니노미야 긴지로(二宮金次郎)〉〈청년일본〉〈일어나라 농촌(起てよ農村)〉〈인류애를 향하여(人類愛を目ざして)〉〈건국보고(建国報告)〉 등

▼ **도아발성뉴스영화제작소** 도쿄시 고지마치구 우치야마시타마치(内山下町) 1 도요(東洋) 빌딩 ☎ 긴자 5365 [대] 야스이 하루헤이(安井春兵衛) [제작부장] 기무라 하루히코(木村春彦) [주요 제작] 〈현대일본〉〈헌정 새로워지다(憲政新たなり)〉〈글라이더 독본(グライダー讀本)〉〈후지는 부른다(富士は招く)〉〈가까워지는 두 그림자(歩みよる二つの影)〉 등

▼ **도와상사 영화부** 도쿄시 고지마치구 마루노우치(丸の内) 가이조(海上)빌딩 신관 1층 ☎ 마루노우치 3047, 2855 [대] 가와기타 나가마사(川喜多長政) [지] 핫토리 조시치로(服部錠七郎) [선] 하즈미 쓰네오(筈見恒夫) [문화] 요네야마 고로(米山五郎) [주요 재고품] 독일 우파(UFA) 교육영화, 만철(滿鐵), 독일·러시아, DV,[77] 노르웨이 초기 영사물, 이탈리아 루체, 오스트리아 삿샤(Sascha-Film) 작품 등

▼ **도쿄(東京)시네마상회** 도쿄시 고이시카와구 고히나타스이도마치(小日向水道町) 104 ☎ 오쓰카(大塚) 4695 [대] 세리카와 이치로(芹川一郎) [지] 가네코 유지(金子勇二) [영] 세리카와 야스시(芹川靖) [주요 제작] 〈일본의 계절 화제〉〈진주의 나라[영어판]〉

▼ **도쿄니치니치(東京日日)신문사 영화과** 도쿄시 고지마치구 유라쿠초(有楽町) 1-11 ☎ 마루노우치 321-31 [과장] 이토 야스오(伊東恭雄) [주요 제작] 오사카마이니치영화과와 같음

▼ **도쿄발성영화제작소** 도쿄시 교바시구 긴자 4초메 세이쇼칸(聖書舘)빌딩 ☎ 교바시 8653, 3966 [대] 시게무네 쓰토무(重宗務) [지] 나가하시 다쓰오(永橋達夫) [선] 후카야마 슌(深山峻) [주요 제작품] 〈일본지리대계(日本地理大系)〉, 여행 시리즈

▼ **도쿄아사히신문영화반** 도쿄시 고지마치구 유라쿠초 2초메 ☎ 마루노우치

---

76) 일본영화정보시스템에는 동명의 〈明るい選挙〉(1941)라는 애니메이션이 존재하나 제작연도가 다르며 제작회사가 다이잔토영화사(泰山堂映画社)로 기재되어 있어 다른 작품으로 추정된다.

77) Deutsch Vitaskop의 약자로 추정된다.

131, 141 [대] 마나코 헤이타(眞名子平太) [주요 제작] 아사히 세계뉴스, 〈검은 태양〉 〈동 사 항공진의 변천사((同社航空陣の變遷史)〉 등

□

▼ 마사(マサ)상회 오사카시 미나미구(南區) 니기와이바시히가시즈메(賑橋東詰) ☎ 에비스 16192 [대] 다카기 마사하루(高木正温) [지] 신카이 에이이치로(新開栄一郎) [업] 영화 제작 · 배급

▼ 마스우라(松浦)흥행사 야마가타현(山形縣) 사카타시(酒田市) 우에우치다쿠미초(上打匠町) 81 ☎ 사카타 398 [대] 마쓰우라 우루나미(松浦麗波) [지] 쓰치타 스에하루(土田末治) [영] 스도 마사카즈(須藤政一) [업] 영화배급

▼ 모리모토(モリモト)영화 본사 도쿄시 아사쿠사구 다하라마치 2초메 27 ☎ 아사쿠사 1647 [대] 모리모토 도요키치(森本豊吉) [지] 미야지마 료키치(宮島良吉) [주요 제작] 〈맑은 하늘 가르스케〉 〈봄은 들뜨고(春は浮れて)〉 등

▼ 문화기업주식회사 영화부 도쿄시 시바구(芝區) 신사쿠라다마치(新櫻田町) 12 [대] 난리 세이타로(南里清太郎) [지] 니에다 다카시(仁戸田隆) [선] 무라코시 쇼스케(村越照介) [주요 제작] 〈여성〉[78] 〈수병의 어머니(水兵の母)〉 〈기미가요(君が代)〉 〈대자연을 그리다〉 〈대 도쿄 구경(大東京見物)〉 등

▼ 미스미(三済)상행 도쿄시 아카사카구(赤坂區) 신사카마치(新坂町) 64 [대] 시미즈 데이사부로(清水貞三郎) [업] 교육영화 취급

▼ 미쓰바(ミッバ)무역상회 영화부 도쿄시 고지마치구 마루노우치 오테마치(大手町) 닛신(日清)빌딩 ☎ 2000 [대] 고마쓰 요시모토(小松良基) [영화 주임] 다케다 산신(武田三信) [주요 재고품] 〈고릴라 습격(ゴリラ襲来)〉 〈충견 할로(忠犬ハロウ)〉 등

▼ 미야코(都)상회 도쿄시 고지마치구 마루노우치 미쓰비시(三菱) 11호관 ☎ 마루노우치 1936 [대] 가나이 기이치로(金井喜一郎) [지] 와타나베 노보루(渡邊昇) [주요 제작] 〈청춘(青春)〉 〈새벽(あかつき)〉 〈1936년(1936年)〉 〈결핵예방〉 〈화류병〉 등

▼ 미쿠니(ミクニ)영화사 후쿠오카시(福岡市) 요시즈카(吉塚)역 앞 ☎ 3891 [대] 오타니 요시료(大谷美亮) [지] 시미즈 고이치(清水幸一) [업] 영화배급

---

78) 〈女性〉. 일본영화정보시스템에는 제작회사가 다이니혼교육영화사(大日本教育映書社)로 나와 있다.

▼ **미키**(三木)**상사주식회사** 고베시(神戸市) 가노마치(加納町) 6초메 다키미치(瀧道) 빌딩 ☎ 1432, 2475 **[대]** 미키 사부로(三木三郎) **[지]** 이누카이 요시오(犬養芳雄) **[업]** 유럽·미국 제작 영화 배급

ㅂ

▼ **보건위생키네마협회** 도쿄시 니혼바시구 가야바초(茅場町) 오다(織田)빌딩 **[대]** 오카다 미치카즈(岡田道一) **[지]** 이와노 미사부로(岩野彌三郎) **[주요 재고품]** 〈피의 적(血の敵)〉

ㅅ

▼ **사와타**(サワタ)**영화제작소** 오사카시 소토미토무라고와카에(外彌刀村小若江) 400 ☎ 고사카 260 **[대]** 사와다 준스케(澤田順介) **[주요 제작품명]** 〈공의 행방〉〈언덕〉 〈사람의 자식(人の子)〉〈벚꽃의 봄(さくらの春)〉〈봄의 일본 알프스(春の日本アルプス)〉 〈난바의 2천 년(難波の二千年)〉〈긴키 지방〉 등

▼ **사이토**(斎藤)**상회** 후쿠오카시 가미히야마치(上樋屋町) 28 ☎ 3633 **[대]** 사이토 마사유키(斎藤誠之) **[지]** 후쿠시마 야스토모(福島康友) **[주요 제작품명]** 〈군신 다치바나 중좌〉[79] 등

▼ **사토**(佐藤)**영화제작소** 도쿄시 도요시마구(豊島區) 고마고메(駒込) 3-366 ☎ 오쓰카(大塚) 6619 **[대]** 사토 긴지로(佐藤吟次郎) **[주요 제작품명]** 〈마 도령의 도쿄올림픽 대회〉 등

▼ **사회교화영화협회** 오미치시(尾道市) 시오타마치(塩田町) 고(甲) 323-9 **[대]** 구보타 히사카즈(久保田久一) **[업]** 교육영화 제작

▼ **산에이샤**(三映社) 도쿄시 니혼바시구 가야바초 오다(織田)신탁빌딩 ☎ 가야바초 2653, 3898 **[대]** 오쓰 준키치(大津淳吉), 야마자키 우사부로(山崎宇三郎) **[영]** 사이토 고지로(斎藤光二郎) **[선]** 가루베 세이코(輕部清子) **[주요 재고품]** 〈남십자성은 부른다〉 등

▼ **세이코**(精巧)**키네마상회** 도쿄시 시모타니구 다니나카하쓰네초(谷中初音町) 3

---

79) 〈軍神橘中佐〉. 일본영화정보시스템에는 제작회사가 닛카쓰로 나와 있다.

키네마주보

초메 15 ☎ 시모타니 1436 [대] 엔도 주타로(遠藤鈕太郎) [지] 마쓰무라 야스하루(松村康治) [주요 제작] 〈요지방공(要地の防空)〉〈군견 훈련(軍犬の訓練)〉〈전기진동과 전파의 전파(電氣振動と電波の傳播)〉〈소총사격의 요령(小銃射擊の要領)〉등

▼ 세이토쿠도(正德堂) 오카야마시(岡山市) 조카덴(城下電) 정류소 앞 [대] 니시자키 도쿠지(西崎德次) [지] 나카니와 히데오(中庭秀雄)

▼ 세카이필름(セカイフィルム)사 도쿄시 시모타니구 우에노(上野) 하나조노마치(花園町) 16 ☎ 시모타니 2500 [대] 고마타 마사(駒田まさ) [지] 가토 도시카즈(加藤敏一) [영] 오니시 마사스케(大西政輔) [주요 제작] 〈불멸의 나무〉등

▼ 세키네(関根)상회 영화부 도쿄시 무카이지마구(向島區) 데라지마초(寺島町) 6-146 ☎ 스미다(墨田) 908, 5413 [대] 다카바나 이치로(高花一郎) [지] 요시다 고조(吉田耕蔵) [영] 마쓰네 사카에(松根栄) [선] 와타나베 가즈(渡邊一) [업] 영화제작

▼ 쇼에이(商映)연구소 도쿄시 고지마치구 유라쿠초 2-2 이시카와(石川)빌딩 ☎ 긴자 4710, 4824 [대] 다케이 데이조(武井貞三) [지] 사콘 요시치카(左近義愛) [영] 아미지마 다케시(網島武) [선] 다케이 시로(武井四郎) [주요 제작] 단편영화 제작

▼ 쇼치쿠주식회사[방화부] 도쿄시 교바시구 신도미마치(新富町) 3-5 ☎ 교바시 131-4238 [대] 시라이 마쓰지로(白井松次郎) [사장] 오타니 다케지로(大谷竹次郎), 기도 시로(城戶四郎) [부장] 사이토 다메노스케(斎藤爲之助) [영] 후루카와 신고(古川信吾) [기(企)] 오타 겐유(太田賢雄) [선] 야마다 도시로(山田敏朗) [쇼치쿠 오후나(大船) 문화영화계] 이마무라 사다오(今村貞夫) [주요 제작] 〈담배(たばこ)〉〈얼음(氷)〉〈무가치로부터 가치로(無價値から價値へ)〉〈신비한 나라 시암(神祕の国シャム)〉〈줄넘기 운동(繩跳運動)〉등

▼ 슌슈(春秋)영화사 교토시 가미교구(上京區) 고야마하쓰네마치(小山初音町) 45 ☎ 니시진(西陣) 8077 [대] 야마구치 아사타로(山口朝太郎) [지] 가쿠타 고히로(角田光比郎) [주요 제작품명] 〈일본의 마음(日本の心)〉〈훈풍 기쁨을 실고(薰風喜びを乗せて)〉〈광명의 생활(光明の生活)〉〈비단업 보국(絹業報國)〉등

▼ 스기야마(杉山)영화제작소 도쿄시 아사쿠사구 다지마초(田島町) 29 ☎ 아사쿠사 6161 [대] 스기야마 다이키치(杉山大吉) [업] 교육영화 제작·판매

▼ 신민영업공사(新民影業公司) 신경(新京)특별시 영창로(永昌路) 302 ☎ 본국 3784 [대] 가가무라 류키치(加々村留吉) [업] 교육영화

▼ 신신(振進)키네마사 도쿄시 아라카와구(荒川區) 닛포리마치(日暮里町) 2-85 ☎

시모타니 6374 [대] 이노우에 레이키치(井上麗吉) [지] 세라 쇼이치(世羅昌一) [업] 교육 영화 제작

 ▼ 신코키네마주식회사 도쿄시 교바시구 핫초보리(八丁堀) 2초메 3-3 ☎ 교바시 5171-5 [대] 이시이 신타로(石井信太郎), 기도 시로(城戸四郎) [영] 류조지 미에(龍造寺三枝) [선] 미즈타니 몬도(水谷主水) [신코 교토 문화영화 부주임] 시미즈 류노스케(淸水龍之介) [주요 제작품] 〈적도를 넘어서〉[80] 〈적기공습(敵機空襲)〉〈맥주가 만들어지기까지(ビールの出來るまで)〉〈눈과 인생〉 등

 ▼ 쓰나지마(綱島)상점 대련시 서통(西通) 17 ☎ 1325 [대] 쓰나지마 신이치(綱島信一) [업] 각종 영화 배급

 ▼ 쓰지 기요시(辻淸) 영화주식회사 다카마쓰시 후쿠다마치(福田町) ☎ 2793, 3530 [대] 쓰지 기요시(辻淸) [지] 오카모토 다다요시(岡本周芳) [영] 쓰지 다케시(辻武) [선] 이부키 도요나오(伊吹豊直) [업] 각종 영화 배급

 ▼ 쓰치이데 에이키치(土出英吉)상점 영화부 오사카시 히가시나리구(東成區) 기타 나카하마초(北中濱町) 1-41 ☎ 히가시 6691-3 [대] 쓰치이데 시게루(土出滋) [지] 나쓰이 에이지(夏井英地) [주요 제작] 〈빛나는 히노마루(輝く日の丸)〉〈스테이플 파이버(ステープルファイバー)〉〈동백(椿)〉〈새의 해부방법(鳥のさばき方)〉〈잉어 회(鯉の生き作り)〉 등

 ▼ 쓰치타(土田)상회 도쿄시 교바시구 교바시 1-3 교이치(京一)빌딩 ☎ 교바시 8565 [대] 쓰치타 이사무(土田勇) [업] 오쿠상회 도쿄 지사

 ㅇ

 ▼ 아사카(アサカ)토키연구소 도쿄시 교바시구 긴자니시 2-33 미키(三木)빌딩 ☎ 교바시 3796 [대] 아사카 고지(安積幸二) [지] 후지 이치로(藤井一郎) [제작] 음악단편영화

 ▼ 아사히(旭)영화배급회사 오사카시 미나미구 스에요시바시도오리(末吉橋通) 1-17 나가호리(長堀)빌딩 ☎ 1687, 4529, 4579 [대] 오키타 세이이치(起田靜一) [업] 영화배급

---

80) 〈赤道越えて〉. 일본영화정보시스템에는 닛카쓰 우즈마사 제작으로 나와 있다.

▼ **아사히(朝日)키네마 합명(合名)회사** 도쿄시 에도카와구(江戸川區) 고이와마치(小岩町) 2-269 **[대]** 하세가와 기요시(長谷川淸) **[주요 제작품명]** 〈만주사화〉[81]

▼ **아카사와(赤澤)키네마 도쿄 본사** 도쿄시 혼고구(本鄕區) 유시마덴진마치(湯島天神町) 1-5 ☎ 시모타니 1640 **[대]** 아카사와 다이스케(赤澤大介) **[지]** 우에다 마사오(植田政雄) **[영]** 마쓰모토 간시로(松本寬四郎) **[주요 제작품명]** 〈군국의 어머니〉[82] 〈어머니의 마음〉

▼ **야마구치(山口)시네마** 도쿄시 무코지마구(向島區) 데라지마초(寺島町) 1-144 ☎ 스미다(墨田) 126 **[대]** 야마구치 료키치(山口良吉) **[업]** 교육영화 제작

▼ **야마니(ヤマニ)양행** 도쿄시 교바시구 긴자니시 8-48 슈(州)빌딩 ☎ 긴자 2339~4 **[대]** 가타야마 산시조(片山三四造) **[업]** 영화 수입·배급

▼ **에다마사(エダマサ)영화제작소** 도쿄시 교바시구 긴자 4초메 5 긴자회관빌딩 ☎ 교바시 6137~9 **[대]** 에다마사 요시로(枝正義郎) **[업]** 문화영화 제작

▼ **에이온(映音)상점** 도쿄시 우시코메구(牛込區) 쓰쿠토마치(津久戸町) 11 ☎ 우시코메 3914 **[대]** 오타 신이치(太田進一) **[지]** 다무라 사부로(田村三郎) **[영]** 히로카와 겐이치(廣川憲一) **[주요 제작품명]** 〈처녀지대(處女地帶)〉, 주보 발성뉴스, 관광·선전영화 제작

▼ **에이와(永和)상행** 도쿄시 고지마치구 마루노우치 쇼와빌딩 ☎ 마루노우치 5335 **[대]** 가타키리 세이고(片桐盛吾)

▼ **엔 사타케(エヌ·サタケ)** 교토시 록카쿠구(六角區) 가라스마히가시(烏丸東) ☎ 본국 4138, 6193 **[대]** 사다케 요시타카(佐竹宣孝) **[업]** 교토 교육영화연구회 제작 영화 배급

▼ **엠파이어상사 합명회사** 도쿄시 고지마치구 우치사이와이초 오사카빌딩 ☎ 긴자 5181~9, 5881~5 **[대]** 나가에 아즈사(永江梓) **[선]** 다케노부 미노루(武信實).

▼ **영화문화연구소** 도쿄시 간다이와모토초(神田岩本町) 교에이(共榮)빌딩 ☎ 나니와(浪花) 2117~9 **[대]** 후지타 하레야스(藤田晴康) **[선]** 구와타 히로시(桑田弘) **[주요 제작품명]** 〈자연과 음악(自然と音樂)〉, 문화·교육·선전 영화 제작

---

81) 〈曼珠沙華〉. 일본영화정보시스템에서 아사히키네마 제작 및 하세가와 기요시 공통으로 검색되는 〈虛榮は地獄〉으로 추정된다.

82) 〈軍国の母〉. 아카사와키네마의 필모그래피에는 〈군국의 어머니〉가 부재하여 〈군국을 위하여(君国のたのに)〉 (1934)의 오기가 아닐까 추정된다.

▼ **예술영화사** 도쿄시 교바시구 긴자니시 3초메 1 기쿠세이(菊生)빌딩 ☎ 교바시 3151 **[대]** 오무라 에이노스케(大村英之助) **[영]** 요코미치 긴이치로(横道金一郎) **[선]** 소메야 가쿠(染谷格) **[주요 제작품명]** 〈조선 여행(朝鮮の旅)〉〈조선의 인상〉〈면양(緬羊)〉〈건강은 라디오로부터(健康はラデオから)〉 등

▼ **오기노(オギノ)상점** 고베시 고베구 가노마치(加納町) 5초메 3 산노미야에키마에(三宮駅前)빌딩 324호 ☎ 산노미야 3677, 1996 **[대]** 오기노 나오지로(荻野直次郎) **[영]** 와타나베 쓰루마쓰(渡邊鶴松) **[선]** 나베시마 하루오(鍋島治雄) **[주요 제작품명]** 〈타이거 시그(タイガーシーグ)〉 등

▼ **오사카마이니치히가시니치(大毎東日)신문 영화과** 오사카시 기타구 도지마우에(堂島上) 2초메 36 ☎ 기타 5500 **[대]** 이토 야스오(伊東恭雄) **[주요 제작품명]** 〈오키나와〉〈라사(羅紗)가 되기까지〉[83] 〈미국의 경마(アメリカの競馬)〉〈검은 파도를 타고(黒潮に乗って)〉〈구름과 태양(雲と太陽)〉〈면양 이야기(緬羊の話)〉 등, 히가시니치오사카마이니치(東日大毎) 국제뉴스 제작

▼ **오카모토(岡本)양행** 도쿄시 교바시구 긴자 2-3 ☎ 교바시 5746, 7294 **[대]** 오카모토 요네조(岡本米蔵) **[지]** 나가사와 신키치(長澤信吉) **[영]** 누노타니 세이지(布谷誠二) **[업]** 교육영화 제작

▼ **오코(黄光)영화사** 도쿄시 요도바시구(淀橋區) 도쓰카마치(戸塚町) 2-166 ☎ 우시코메(牛込) 1792 **[대]** 나가이 란코(永井藍湖) **[주요 제작품명]** 〈절경에서 낚다(絶景に釣る)〉〈도쿄 방공 연습(東京防空演習)〉〈시멘트가 만들어지기까지(セメントの出來る迄)〉〈가을색(秋色)〉〈아버지의 틀린 계산(父の違算)〉 등

▼ **오쿠(奥)상회** 오사카시 미나미호리에토오리(南堀江通) 1-2 ☎ 사쿠라카와(櫻川) 3558 **[대]** 오쿠 미요마쓰(奥三代松) **[지]** 요시카와 도사부로(吉川東三郎) **[영]** 우에다 센노스케(上田千之助) **[선]** 요시다 신타로(吉田進太郎) **[주요 제작품명]** 〈한 알의 보리〉[84] 〈흰 쥐 이야기〉, 교육영화 제작

▼ **오쿠다(奥田)상회** 도쿄시 교바시구 교바시 3-4 후쿠토쿠(福德)빌딩 3층 ☎ 교바시 450, 2748 **[대]** 오쿠다 시게노리(奥田重德) **[주요 제작품명]** 〈소아를 위해서〉〈더럽히

---

83) 〈羅紗になるまで〉. 일본영화정보시스템에는 제작회사가 예술영화사(藝術映画社)로 나와 있다.

84) 〈一粒の麦〉. 일본영화정보시스템에는 다이슈분예영화사 제작, 닛카쓰 배급으로 나와 있다.

지 마 한 표(汚すな一票)〉〈멈춰라 들어라 보아라(止れ聞け見よ)〉〈공장 소방(工場消防)〉
〈도와디 호수(十和田湖) 〉 등

▼ 올키네마(オールキネマ)사 도쿄시 간다구(神田區) 아사히마치 5 ☎ 간다 4010,
4170 [대] 나가이 유키치(永井勇吉) [업] 교육영화 제작

▼ 요미우리신문 영화반 도쿄시 교바시구 긴자니시 3초메 1 ☎ 교바시 1111~9
[대] 쇼다 료(庄田良), 사쿠라이 도시오(櫻井利雄) [뉴스부 기사(技師)] 히구치 데쓰오(樋口
哲雄) [주요 제작] 요미우리 단편뉴스영화 제작

▼ 요코타(橫田)상회 후쿠오카시 하루키치다카하타신마치(春吉高畑新町) 61 ☎
6983 [대] 요코다 가즈오(橫田一雄) [지] 요코다 다케오(橫田武夫) [업] 교육영화 제작

▼ 요코하마(橫浜)시네마상회 요코하마시 가나가와구(神奈川區) 구리타타니(栗田
谷) 22 ☎ 본국 5228 [대] 사에키 나가스케(佐伯永輔) [지] 이다 미쓰하루(飯田光治) [업]
영화제작

▼ 유나이티드 아티스트사 도쿄시 고지마치구 우치사이와이초 오사카빌딩 ☎ 긴
자 1033, 5181 [대] E. 로우(ロウ) [지] 히라타 게이이치(平田啓一) [선] 요헤나 기요시(饒
平名紀芳) [업] 동 사 영화 배급

▼ 유니버설사 도쿄시 고지마치구 우치사이와이초 1-3 다카치호(高千穂)빌딩 ☎
긴자 5023 [대] A. 다프(ダフ) [지] 나카타니 요시이치로(中谷義一郎) [선] 오카무라 아키
라(岡村章) [업] 동 사 영화 배급

▼ 이와마쓰(岩松)양행 도쿄시 시바구 신사쿠라다마치(新櫻田町) 111 ☎ 긴자
5348, 6341 [대] 도이 다케오(土肥武雄)

▼ 이토(イトウ)영화제작소 나고야시 주구 마쓰모토마치(松元町) 3-7 ☎ 주국(中
局) 3489 [대] 이토 히데오(伊藤秀雄)

▼ 일본관광영화사 미토시(水戸市) 헤이에이마에(兵営前) ☎ 587 [대] 고쿠보 진잔
(小久保珍山) [지] 오카노 나가히데(岡野長英) [영] 고쿠보 히데오(小久保秀夫) [업] 종교·
교육영화 제작

▼ 일본교육영화사 도쿄시 오모리구 유키가야 1334 ☎ 에바라(荏原)2414 [대] 이
다 이치로(飯田一郎) [주요 제작] 〈남양의 고무(南洋のゴム)〉〈마닐라 마의 재배(マニラ麻
の栽培)〉〈조선 이야기(造船の話)〉〈항해 이야기(航海の話)〉〈브라질(ブラジル)〉〈상해(上
海)〉 등

▼ **일본교육영화주식회사** 가나자와시(金澤市) 도키와초(常盤町) 49 ☎ 2767 **[대]** 구보타 데쓰오(窪田哲夫) **[지]** 나카야 히사노리(中谷久憲), 나카야 다다토(中谷忠人) **[업]** 교육영화 제작·판매

▼ **일본교육영화협회** 오사카시 덴노지구(天王寺區) 레이진마치(伶人町) 71 **[대]** 핫타 구마지로(八田熊次郎) **[영]** 가메이 겐지로(龜井源次郎) **[선]** 야마나카 기요히데(山中淸秀) **[업]** 종교영화 제작

▼ **일본만화필름(日本マンガフィルム)연구소** 도쿄시 시부야구 나카도오리(中通) 2초메 36 ☎ 아오야마(靑山) 5248, 긴자 4675 **[대]** 다카하시 고지로(高橋幸次郎) **[주요 제작]** 〈오사루 산키치 시리즈〉〈히노마루 타로〉 등

▼ **일본문화영화사** 도쿄시 시바구 신바시 1초메 쓰쓰미다이이치(堤第一)빌딩 **[대]** 와코 시게요시(若生茂吉) **[업]** 문화영화 제작

▼ **일본시각연구소** 오사카시 니시구 이다치보리미나미도리(立賣堀南通) 1초메 나가세(長瀨)상점 내 ☎ 신마치 1720 **[업]** 문화·교육영화 제작

▼ **일본영화연구소** 오사카시 스미요시메마스무시도오리(住吉目松虫通) 1-23 **[대]** 니부타니 미노루(丹生谷實) **[주요 제작]** 〈신란 성인 일대기(親鸞聖人一代記)〉[85] 〈신슈 유적 순행〉(眞宗舊跡巡行) 〈하나미오카 유래기(花見岡由來記) 〉 등

▼ **일본천연색발성영화사** 효고현(兵庫縣) 니시노미야시(西宮市) 모리구미야우에(森具宮上) ☎ 니시노미야 1841 **[대]** 가메이 가쓰지로(龜井勝次郎) **[영]** 야노 슈이치(矢野秀一) **[선]** 이무라 다스지(飯村辰二) **[업]** 천연색 문화영화 제작

▼ **일본필름(日本フ井ルム)협회** 도쿄시 아카사카구 다마치 1-15 ☎ 아오야마 6390 **[대]** 스기타 가메타로(杉田龜太郎) **[업]** 교육영화 제작

▼ **일본활동사진주식회사** 도쿄시 교바시구 교바시 3초메 ☎ 2122~9 **[대]** 아이사카 와타루(逢阪彌) **[사장]** 모리타 사키치(森田佐吉) **[영]** 야마자키 도쿠지로(山崎德次郎) **[선]** 사쿠마 우메오(佐久間梅雄) **[닛카쓰 다카마와(多摩川) 문화영화부장]** 나카타 하레야스(中田晴康) **[주임]** 후루바야시 데이지(古林貞二) **[주요 제작]** 〈물(水)〉〈소금(塩)〉〈영양 이야기(營養の話)〉〈육군사관학교(陸軍士官學校)〉〈대만의 설탕(臺湾の砂糖)〉〈박애일본

---

85) 일본영화정보시스템에는 〈親鸞聖人伝〉(1926)라는 제목의 시대극이 존재하나 세카이필름(セカイフィルム)상회 제작으로 동명의 다른 작품으로 추정된다.

(博愛日本)〉등

ㅈ

　▼ **JO토키스튜디오** 도쿄시[86] 우쿄구 우즈마사 가이코노모리(蠶ノ社) ☎ 니시진 7179, 사가 172 **[대]** 오사와 요시오(大澤善夫) **[지]** 우에노 케이지(上野圭司) **[선]** 야마구치 이사오(山口勳) **[문화영화과 주임]** 기무라 후몬(木村普門) **[주요 제작품명]** 〈대 오사카 관광〉〈타이호는 빛난다(太湖は輝く)〉〈일본의 바다(日本の海)〉〈일본의 꽃꽂이(日本の生花)〉〈효고현 관광(兵庫縣觀光)〉〈참새의 둥지〉[87] 등

　▼ **주오(中央)영화사** 도쿄시 교바시구 긴자 6-6 스기야칸(数奇屋舘) ☎ 긴자 2778 **[대]** 이치하시 가즈하루(市橋一治) **[영]** 이시야마 이노스케(石山伊之助) **[선]** 와타나베 나오유키(渡邊直之) **[업]** 도쿄아사히(東朝)뉴스 단편 배급

　▼ **주지야(十字屋)영화부** 도쿄시 교바시구 긴자 3-5 ☎ 교바시 4528~9, 5717, 9022 **[대]** 구라타 시게타로(倉田繁太郎) **[지]** 다카베 에이키치(高部永吉) **[영]** 하이지마 에이지(配島英二) **[선]** 우스이 사다부미(碓氷貞文) **[주요 제작품명]** 〈이과대계(理科大系)〉〈석유 이야기(石油の話)〉〈소금 이야기(塩の話)〉〈혈액순환(血液の循環)〉〈중력 이야기(重力の話)〉〈벌의 일생(蜂の一生)〉〈도쿄의 모습(東京の姿)〉등

　▼ **G.S.영화연구소** 교토시 나카교구(中京區) 가와라마치(河原町) 록카쿠사가루(六角下ル)쇼와빌딩 ☎ 본국 4597 **[대]** 사쿠라이 겐타로(櫻井源太郎) **[기획·선전]** 니시 다케루(西建) **[주요 제작품명]** 〈꽃꽂이와 작법(挿花の作法)〉〈어머니의 종〉등

ㅊ

　▼ **천일(天一)영화사** 경성부 종로 3초메 27 ☎ 광화문 2146 **[대]** 이종완(李鐘琬) **[영]** 홍찬(洪燦) **[업]** 유니버설 조선 대리점

　▼ **치바(千葉)영화제작소** 도쿄시 후카카와구(深川區) 이시지마초(石島町) 123 ☎ 혼조(本所) 6366 **[대]** 치바 이치로(千葉一郎) **[업]** 교육영화 제작

---

86) '교토시'의 오기로 추정된다.
87) 〈雀のお宿〉. 일본영화시스템에는 오쿠상회 제작, 도와상사 영업부 배급으로 나와 있다.

128 일본어 잡지로 본 조선영화 6

ㅋ

▼ **K.B시네마사** 히로시마시 하루시마쿠켄초(白島九軒町) 117 ☎ 8 **[대]** 다카바 호가쿠(高場芳岳) **[업]** 교육영화 제작

ㅌ

▼ **테일러(テイラー)상회** 조선 경성부 하세가초(長谷川町) 112-9 **[대]** A.W. 테일러(Albert Wilder Taylor) **[지]** 이기동(李基東) **[업]** 폭스 조선 대리점

▼ **토키시네 보드빌(トーキー・シネ・ボードビル)사** 도쿄시 시모타니구 오카치마치(御徒町) 3-7 ☎ 시모타니 7376 **[대]** 도이 헤이타로(土井平太郎) **[영]** 호소카와 요시노부(細川義信) **[선]** 기무라 마사아키(木村正明) **[주요 제작]** 〈토키 시네 보드빌〉〈보드빌 콤비네이션 난센스〉 등

ㅍ

▼ **파라마운트영화회사** 도쿄시 고지마치구 우치사이와이초 오사카빌딩 ☎ 긴자 2931~2 **[대]** T. D. 코크렌(Tom D. Cochrane) **[지]** J. W. 파이퍼[88] **[부(副)지]** 다무라 유키히코(田村幸彦) **[영]** 고우치 히데오(幸内秀夫) **[선]** 이세 히사오(伊勢壽雄) **[주요 제작]** 파라마운트 뉴스, 스포츠 실사(實寫) 등

▼ **폭스영화주식회사** 도쿄시 교바시구 긴자 8-2 ☎ 긴자 3747 **[대]** 굿맨(グッドマン) **[총(總)지]** 시 헤이크(シー・ヘイク) **[영]** 이가 료(伊賀了) **[선]** 가타노 아카시(片野曉詩) **[주요 제작]** 폭스 뉴스, 〈보르네오(ボルネオ)〉 등

▼ **P.C.L영화제작소** 도쿄시 세타가야구(世田谷區) 기타미(喜多見) 100 ☎ 아오야마 7430, 세타가야 3921~5 **[소장]** 우에무라 야스지(上村泰二) **[상무]** 오하시 다케오(大橋武雄) **[지]** 모리 이와오(森岩雄) **[선]** 고지마 히로시(小島浩) **[주요 제작]** 〈일본건축(日本建築)〉〈도기 이야기(陶器の話)〉〈일본 엿보기(日本瞥見)〉〈여성과 호르몬(女性とホルモン)〉 등

---

88)　William Piper로 추정된다.

ㅎ

▼ 하나부사양행(英洋行) 교육영화부 도쿄시 고지마치구 히라카와마치(平河町) 2
초메 니시 ☎ 구단 4691 [대] 다카하시 긴자부로(高橋銀三郎) [업] 교육영화 제작

▼ 합동영화 도쿄 본사 도쿄시 아사쿠사구 구라마에 2-8 ☎ 아사쿠사 5618 [대] 나
카무라 요시아키(中村義明) [지] 요시모토 마스노스케(葭本松之助) [영] 오자키 코지로
(大崎幸二郎) [선] 나카무라 다쓰지(中村辰二) [주요 제작품명] 〈야스쿠니신사의 여신〉〈나
는 소년항공병(僕は少年航空兵)〉 등

▼ 홋카이도영화배급사 삿포로시 미나미하치조(南八條) 니시 3초메 ☎ 464 [대] 오
가와 이치로(小川一郎) [영] 미즈노 안돈(水野翠洋) [영] 이노우에 반코(井上晩幸) [업] 나
이가이(内外)영화 배급

▼ 홋카이도영화배급주식회사 삿포로시 미나미이치조 니시 13초메 야부(薮)빌딩
☎ 1620-1 [대] 소에타 다케모토(添田武源) [지] 다키자와 구마지로(瀧澤熊次郎) [업] 나
이가이(内外)영화 배급

▼ 홋카이도출판사 교육영화부 삿포로시 미나미이치조 니시 6초메 8 ☎ 1272 [대]
나카야마 다케시(中山猛) [업] 교육영화 배급

▼ 후카다(深田)상회 영화부 오사카시 히가시구 미나미혼마치 2초메 ☎ 후나바
(船場) 4441-3 [대] 후카다 세이자부로(深田清三郎) [지] 가토 유타카(加藤豊) [영] 야마
다 스에이치로(山田末一郎) [선] 니시무라 마사미(西村正美) [주요 제작] 〈대오사카(大大
阪)〉〈푸른 하늘의 노래(靑空の歌)〉〈수상일본(水上ニッポン)〉〈큰 하늘을 가다(大空を行
く)〉〈급장의 걱정(級長の心配)〉 등

키네마주보 편집부

1937년 4월 11일 | 제289호 | 92~93쪽

문화교육영화 관계 단체 일람표
[쇼와 12년 4월]

▼ 간사이학교영화협회 오사카시 니시구 교마치바시덴(京町橋電) 정류장 앞 쇼코

(商工)빌딩 ☎ 도사보리 3266

[창립] 다이쇼 13년 4월 [주지(主旨)] 영화보국 [조직] 대표자 시오타니 도시오(鹽谷俊雄) [사업] 월간『학교영화』발행, 교육영화 제작·상영 등

▼ **간이보험국 사업과** 도쿄시 시바구 아카바마치(赤羽町) ☎ 시바 1111-31, 마루노우치 3700-9

▼ **공업조합중앙회** 도쿄시 교바시구 고비키마치(木挽町) 6-7-1 상공성 내 ☎ 긴자 5951-60

[창립] 쇼와 7년 7월 7일 [주지] 공업조합과 공업조합연합회의 보급·발달 및 연락을 도모하는 것을 목적으로 한다 [조직] 법인, 회장 가지하라 나카지(梶原仲治) [사업] 공업조합의 설립 장려 및 알선에 관한 회합, 출판 등

▼ **교육총감부 제1과** 도쿄시 고지마치구 다이칸마치(代官町) ☎ 마루노우치 2201, 1770

▼ **국제영화협회** 도쿄시 교바시구 니시긴자 5-2 교도다테모노(共同建物)빌딩

[창립] 쇼와 9년 9월 [주지] 영화를 통해 일본문화의 해외 소개 및 영화사업의 국제적 발전을 도모한다 [조직] 회장 자작(子爵) 소가 시게쿠니(曾我祐邦) 상무이사 자작 구로다 기요시(黒田清), 남작 미쓰이 다카하루(三井高陽) 주사 곤도 하루오(近藤春雄) 서무 세키자와 히데타카(関澤秀隆) [사업] 국제영화 제작, 해외에서의 일본영화 상영 알선, 영문 일본영화연감 간행

▼ **내무성 위생국 보건과** 도쿄시 고지마치구 소토사쿠라다마치(外櫻田町) 1 ☎ 긴자 5611-31

▼ **농림성 농무국 농산과** 도쿄시 고지마치구 오테마치 ☎ 마루노우치 2289

[창립] 영화 이용 개시 다이쇼 10년 [주지] 농사의 개량 및 보급·선전을 목적으로 한다 [사업] 필요 목적 사상(事象)을 영화화하여 각 부, 현 및 단체 등에서의 이용을 계속적으로 장려한다

▼ **다마카와(玉川)학원** 가나가와현 하라마치타마치(原町田町)

▼ **대만경찰서**

▼ **대만교육회 사진부** 타이페이시 다쓰구치마치(龍口町) 1-1 ☎ 2917, 3097

[창립] 메이지 34년, 사진부는 다이쇼 6년 4월 창설 [주지] 대만영화 교육진흥을 위해 [조직] 부장 이노우에 시게토(井上重人), 인원 8명 [사업] 전 대만 각 주, 청(廳)에 영화

무료대여·순회, 매해 1회 영화교육강습회, 영화교육연구회, 영화제작, 매해 5종 이상 20권 정도, 실시(實寫)를 중심으로 각 방면 위탁에 응함

▼ 대만총독부

▼ **대일본 산림회** 도쿄시 아카사카구 다메이케마치(溜池町) 1 ☎ 아카사카 167

[창립] 메이지 15년 1월 **[주지]** 임업의 진보·발달을 도모할 것 **[조직]** 사단법인, 회원 4천 명, 대표자 와다 구니지로(和田国次郎) **[사업]** 월간 『삼림』 간행, 임업에 관한 영화 제작, 영사회 개최

▼ **대일본 소년단연맹** 도쿄시 고지마치구 산넨마치(三年町) 문부성 내 ☎ 긴자 1979

[창립] 다이쇼 11년 4월 13일 **[주지]** 남녀 청소년 대상 사회교육 **[조직]** 사단법인, 이사장 백작 후타라 요시노리(二荒芳德) **[사업]** 가맹단 지도, 월간 『소년단연구』 발행

▼ **대일본영화협회** 도쿄시 고지마치구 우치야마시타마치 1-7 도요타쿠쇼쿠(東洋拓殖)빌딩 311호 ☎ 긴자 6601

[창립] 본방(本邦) 영화사업 제반의 개선·발달을 도모함 **[조직]** 사단법인, 회장 야마모토 다쓰오(山本達雄) 상무이사 오무라 세이이치(大村清一) 이하 5명 **[사업]** 문화영화 모집·제작·영사회 등, 『일본영화』 매달 간행

▼ **대일본잠사(蠶糸)회** 도쿄시 고지마치구 유라쿠초 1-7 ☎ 마루노우치 836

[창립] 메이지 25년 4월 17일 **[주지]** 잠사업 개량발달 **[조직]** 대표자 백작 마쓰히라 요리나가(松平頼壽), 회원 약 3만 명 **[사업]** 출판물 『잠사회보(蠶糸會報)』 발행, 영화제작·대출

▼ **대장성 전매국 관리과** 도쿄시 고지마치구 오테마치 ☎ 마루노우치 241-6

▼ **도시미(都市美)협회** 도쿄시 고지마치구 마루노우치 도쿄시 토목국 내 ☎ 마루노우치 511, 521, 361

▼ **도쿄니치니치신문사 영화과** 도쿄시 고지마치구 유라쿠초 1초메 ☎ 마루노우치 321, 331

[대표자] 이토 야스오(伊東恭雄) **[사업]** 오사카 마이니치, 도쿄니치니치 국제뉴스 외 단편 기록·문화영화 제작

▼ **도쿄시 교육국 사회교육과** 도쿄시 시바구 시바고엔(芝公園) ☎ 시바 1155-9

▼ **도쿄시 수도국 업무과 서무** 도쿄시 고지마치구 마루노우치 3초메 ☎ 마루노우

치 511, 521

▼ **도쿄아사히신문사 영화반** 도쿄시 고지마치구 유라쿠초 2초메 ☎ 마루노우치 131, 141

[**대표자**] 마나코 헤이타(眞名子兵太) [**사업**] 아사히 세계뉴스 외 단편 기록·문화영화 제작

▼ **만철(滿鐵)영화제작소** 대련시 만철 본사 내

[**창립**] 쇼와 2년 [**구 총무부 정보계**] 쇼와 11년 10월 분리 독립 [**주지**] 사업 기록 및 만주소개 영화 제작 [**조직**] 만철총재실 관리, 종업원 30명 [**사업**] 영화작(作) 쇼와 11년 제작 영화 41종

▼ **산업조합중앙회** 도쿄시 고지마치구 유라쿠초 1초메 9-2 ☎ 마루노우치 2551

[**창립**] 메이지 43년 1월 9일 [**주지**] 산업조합 및 동 연합회의 보급·발달, 연락을 도모한다 [**조직**] 회원 1만 3천 명 [**사업**] 월간『이에노히카리(家の光)』발행 외

▼ **16밀리영화 교육보급회** 도쿄시 교바시구 긴자 3초메 2 ☎ 교바시 4528~9, 5717, 9011

[**대표**] 구라타 시게타로(倉田繁太郎) [**주지**] 교육영화 보급을 도모.

▼ **아동교육영화협회** 우쓰노미야시(宇都宮市) 니시하나와다마치(西塙田町) 366

[**창립**] 쇼와 6년 2월 [**주간**] 노나카이치 도미이치로(野中一富一郎) [**사업**] 교육영화 포교촬영

▼ **애국부인회** 도쿄시 고지마치구 구단 1초메 ☎ 구단 25번

[**창립**] 메이지 34년 3월 2일 [**주지**] 군사후원, 부인보국 [**조직**] 회원 약 270만 명, 회장 모토노 히사코(本野久子) 부회장 미즈노 마스코(水野万壽子) [**사업**] 월간『애국부인』, 영화제작, 영사회 등

▼ **영화교육중앙회** 도쿄시 고지마치구 산넨마치 문부성 내

▼ **영화교육집단** 도쿄시 시부야구 요요기니시하라마치(代々木西原町) 853, 다니카와(谷川) 방향

[**창립**] 쇼와 11년 10월 [**주지**] 영화교육의 이론·실천을 목적으로 한다 [**조직**] 아오야마 사범[89] 출신 다니카와 기요시(谷川淸) 이하 7명 [**사업**] 위의 주지를 위해 격주 월

---

89) 아오야마(靑山)사범학교를 일컫는다.

요일 연구회를 열어 교육교재영화를 작성한다

▼ **오사가마이니치신문사 영화과** 오사카시 기타구 도지마 2초메 ☎ 5500, 5600.

▼ **요미우리신문사 영화과** 도쿄시 교바시구 긴자니시 3-1 ☎ 교바시 1111~9

[창립] 쇼와 6년 1월 **[주지]** 뉴스영화, 일반오락판 **[조직]** 대표 쇼타 료(庄田良) 영업 사쿠라이 도시오(櫻井利雄) 기사(技師) 히구치 데쓰오(樋口哲雄) **[사업]** 단편영화 제작

▼ **육군성신문반** 도쿄시 고지마치구 나가타마치 ☎ 긴자 173

▼ **일독(日獨)영화협회 일본 사무소** 도쿄시 교바시구 긴자니시 4초메 3 스키야바 시(数寄屋橋)빌딩 ☎ 교바시 8505 **독일 사무소** 베를린 프라이헤어 폼 스타인(Freiherr vom Stein) 16

[창립] 쇼와 11년 9월 1일 **[주지]** 일독 양국 간 문화영화를 통해 서로 친선·이해· 제휴·발전에 기여 **[조직]** 회장 자작 도이 도시다카(土井利孝) 상임이사 나카무라 노지(中村能二) 이사 마쓰이 야스아키(松井康昭) 자작 이하 7명 **[사업]** 일독 문화적 영화의 상호 교환, 일독 문화영화 제작·편집 외 공개, 강연회, 출판 등

▼ **일본광산협회** 도쿄시 교바시구 고비키마치 7 상공성(商工省) 지질 조사소 내(內)

▼ **일본사회영화협회** 도쿄시 교바시구 긴자 8-2 이즈모(出雲)빌딩 ☎ 1819

[창립] 쇼와 12년 1월 **[주지]** 각 부, 현의 사회사업 자금 증성(增成)을 목적으로 한 다 **[조직]** 이사장 시게무네 쓰토무(重宗務) 이사 나가하시 다쓰오(長橋達夫), 오가와 마스 오(小川増雄) 서기장 나카지마 신(中島信) **[사업]** 위 목적을 위함. 영화제작은 도쿄발성영 화제작소에서 〈순정의 일로(純情の一路)〉 등을 제작, 어트랙션은 오로지 가이드 뷰로 (guide bureau)에서 행한다.

▼ **일본산업협회** 도쿄시 고지마치구 우치야마시타마치 1-1 ☎ 긴자 2456.

▼ **일본소형영화작가연맹 본부** 도쿄시 도요시마구 스가모(巣鴨) 1-23 간게쓰소(觀月莊) ☎ 오쓰카 2167 **지부** 오사카시 기타구 쓰나지마초 49 모리베니(森紅) 앞 ☎ 호리 카와(堀川) 5009

[창립] 쇼와 11년 12월 **[주지]** 순정(純正)한 아마추어영화의 독자적 경지를 개척하 고 확립한다 **[조직]** 오기노 시게지(荻野茂二) 외 19명 **[사업]** 예회(例會)연구회, 작품 발 표회 등

▼ **일본영화감독협회** 도쿄시 교바시구 긴자 45-5 히데요시(秀吉)빌딩 ☎ 긴자 1210, 3652~3

[**창립**] 쇼와 11년 5월 3일 [**주지**] 영화예술의 순화향상을 도모함으로써 일본문화에 기여한다 [**조직**] 이사 시마즈 야스지로(島津保次郎), 우시하라 기요히코(牛原虛彦), 기누가사 데이노스케(衣笠貞之助), 이토 다이스케(伊東大輔) 간사 시미즈 히로시(淸水宏), 미조구치 겐지(溝口健二), 평의원 15명, 회원 75명 [**사업**] 영화기업의 조사·연구, 각 영화 기술자와의 제휴, 회보 발행 등

▼ **일본영화기술협회** 도쿄시 교바시구 긴자 45-3 다이카쿠칸(對鶴舘) ☎ 1390~2

[**창립**] 쇼와 10년 1월 1일 [**주지**] 영화 기술 연구 및 지도 [**조직**] 고문 아리가 테루(有賀輝), 후쿠시마 신노스케(福島信之介), 기도 시로(成戶四郎), 마스타니 우로코(增谷鱗), 네기시 간이치(根岸寛一), 아라키 주조(新木壽藏), 다치바나 다카히로(橘高廣), 우에무라 교지(上村恭二) 이사 후쿠이 게이치(福井桂一), 시마자키 기요히코(島崎淸彦), 데지마 마스지(手島增次), 쓰치야 마사유키(土屋精之) 출판부 진보 히로시(神保寬), 사와이 료(澤井良) [**사업**] 월간 『영화와 기술』 발행 외

▼ **임시 산업합리국 제2부** 도쿄시 교바시구 고비기마치 상공성 공업관 내 ☎ 긴자 5951~8

▼ **전일본영화교육연구회** 오사카마이니치, 도쿄니치니치신문사 내

[**창립**] 쇼와 3년 1월 [**주지**] 영화교육의 연구·보급·진흥 [**조직**] 회장 남작 기 도시히데(紀俊秀) [**사업**] 월간 『영화교육』 발행, 필름라이브러리 경영, 교육영화 제작·지도 등

▼ **제국마필(馬匹)협회** 도쿄도 고지마치구 우치야마시타마치 1-1 도요(東洋)빌딩 ☎ 긴자 3792

[**창립**] 다이쇼 15년 9월 13일 [**주지**] 말의 개량·발달 및 이용 증진을 도모하고 아울러 이들 사업을 통일·진흥하는 것을 목적으로 한다 [**조직**] 회원 467명, 회두(會頭) 백작 마쓰히라 요리나가 [**사업**] 출판물, 영화 제작·구입

▼ **조선총독부 문서과 영화반** 조선 경성 총독부 내

[**창립**] 다이쇼 9년 4월 1일 [**조직**] 쓰무라(津村) 이하 7명 [**주지**] 조선총독부키네마로 내지를 조선에, 조선 사정을 내지에 소개한다 [**사업**] 영화 제작·상영 등

▼ **중앙사회사업협회** 도쿄시 고지마치구 우치사이와이초 2-2 도준카이(同潤會) 내 ☎ 긴자 1652, 1796

▼ **중앙융화사업협회** 도쿄시 고지마치구 우치사이와이초 2-2 도준카이 내 ☎ 긴

자 1184

　▼ **철도성 국제관광국 사업과** 도쿄시 고지마치구 마루노우치 1초메 ☎ 마루노우치 2621

　[창립] 쇼와 5년 4월 **[주지]** 본방 국정의 해외 소개·선전 **[영화부 조직]** 인원 4명, 대표·사업과장 다카다 히로시(高田寛) **[제작 영화]** 〈곰(熊)〉〈일본의 노래〉〈일본 엿보기〉〈3주간의 여행(三週間の旅)〉 등

　▼ **철도성 운수국 여객과** 도쿄시 고지마치구 마루노우치 1초메 ☎ 마루노우치 1551

　[창립] 다이쇼 11년경부터 영화제작 **[주지]** 전국 명승지 소개, 철도 지식의 보급, 교통 도덕의 선전 **[조직]** 선전계 내에 둔다 **[사업]** 전국 안내기, 영화 제작

　▼ **해군성 군사보급부** 도쿄시 고지마치구 가스미가세키(霞が関) ☎ 긴자 3111, 3121, 2124

　▼ **협조회(協調會) 산업복리부** 도쿄시 시바고엔 ☎ 시바 1131~6

키네마주보 편집부

1937년 5월 21일 | 제290호 | 26~33쪽 | 칼리지 시네마

〈나그네〉 합평

출석자[순서 부동] 정진영(鄭進永)[니혼대학교], 모리 사카아키(森榮晃)[다이쇼(大正)대학교], 하타노 스미오(波多野純雄)[쇼카(商科)대학교], 마쓰나가 로쿠로(松永六郎)[와세다대학교], 도노우치 요시키(殿内芳樹)[도요(東洋)대학교], 이코마 요시유키(生駒芳行), 하마타케 후미오(濱武文雄)[릿쿄(立敎)대학교], 교즈카 시게지(京塚重路)[호세(法政)대학교], 이타야 도오루(板谷達)[다마데이코쿠(多摩帝国)미술학교], 사토 노보루(佐藤昇)[메이지(明治)대학교], 다카하리 시게타(高張司気太)[주오(中央)대학교], 와타나베 레이조(渡邊禮三)[센슈(専修)대학교], 오바타 초조(小畑長蔵)[니혼대학교 예술과], 쓰치타 다카오(土田尚夫)[게이오(慶應)대학교], 야스다 야스오(安田泰夫)[아오야마(青山)학원], 오쿠보 류이치(大久保龍一)

장소 교바시 야에스엔(八重洲園)

오쿠보	그럼 바로 〈나그네〉 합평좌담회에 들어가도록 하겠습니다. 이는 신코키네마가 조선 성봉영화단과 협동으로 만든 본격적인 조선어 토키 제1작으로, 이 점에서 보아도 여러 가지 흥미롭다고 생각합니다. 다행히 이 자리에는 반도 출신인 분도 출석해주셨으니 우선 이 〈나그네〉에 드러나는 **시대에 대하여**[90] 정진영 씨께 한 말씀 부탁드립니다.
정진영	지금으로부터 10년 전의 시대입니다. (지금) 반도에는 오인조제도(五人組制度)라는 것이 있어서, 다섯 명이 한 조가 되어 담보도 없이 돈을 빌리는데 그중 한 사람이 도망간 경우에는 나머지 4명이 연대책임을 져야 합니다. 만약 이 영화가 지금의 시대를 다루고 있다면 당연히 오인조제도를 넣었으리라고 생각합니다.
오쿠보	다음으로 **기획에 대해서** 생각하신 점이 있다면, 이타야 씨, 어떻습니까?
이타야	나는 이 명기획을 적극 지원합니다. 자칫 우리는 동포인 내선인의 생활태도가 현실에 무기력하고 보수적이라고 느끼기 쉬운데, 이 기획은 우리로 하여금 문화적으로 새로운 눈을 뜨게 하는 데 충분한 것이라고 생각합니다. 오이즈미[91]의 적극적 지지—제작 노력에 나는 진심으로 경의를 표합니다.
야스다	제재를 조선에서 취한 것은, 결과는 별개로 하더라도 신선하다는 의미에서 성공했다고 생각합니다. 또한 흥행가치로 보더라도 조선어 토키는 희귀하기 때문에 성공한 것이 아닌가 싶습니다.
정진영	조선에서 완성된 최초의 거의 완전한 토키(라는 점), 그리고 진기함이 충분히 받아들여지지 않을까 합니다. 단순히 조선의 풍경과 풍속을 소개하는 것으로서 기획은 상당히 성공했다고 봅니다. 드라마는 이른바 메이지 시대의 장사연극,[92] 인정비극에서 한 발짝도 나가지 못했지만, 풍경의 소

---

90) 원문에서 단락 구분을 위하여 본문 중 몇 단어를 뽑아 제목처럼 사용하고 있다. 본문에서는 볼드체로 표기했다.

91) 신코키네마 도쿄촬영소(현, 도에이 도쿄촬영소). 당시 도쿄 이타바시구(板橋區) 히가시오이즈미(東大泉), 현 네리마구(練馬區)에 위치하여 통칭 '오이즈미 촬영소'로 불렸다.

92) 壯士芝居. 장사(壯士)는 1880년대 자유민권운동을 주창했던 일본의 정치활동가들을 일컫는데, 이들이 정치적 선전을 목적으로 상연한 것을 장사연극이라 한다. 전통 연희인 가부키에 반하는 것으로 연극개량운동의 의미도 겸하고 있었으며 신파(新派)연극의 뿌리로 알려져 있다. 주축은 스도 사다노리(角藤定憲).

개, 풍속의 소개로서는 정확성을 가지고 있다고 생각합니다. 아르놀트 팡크(Arnold Fanck) 박사의 〈새로운 땅〉과는 비교도 안 될 만큼의 정확성을 보이고 있다는 점을 축복해야 할 것입니다. 〈반도의 무희〉라는 영화가 있었지요? 거기에서 경성 근교의 풍경이 나왔습니다만, 큰 감동은 없었습니다. 그 작품과 이 작품 사이에는 현격한 차이가 있습니다.

쓰치타 조선어 토키라는 새로운 분야—반도에서는 새롭다고 할 수 없지만—를 본토에서 추구했다는 것은 확실히 하나의 발견입니다. 하지만 이는 조선어라는 핸디캡을 고려해야만 했던 문제 같습니다. 유럽이나 미국 영화의 슈퍼임포즈(superimpose) 세례를 받아 여기에 익숙해져 있는 인텔리겐차를 중심으로 소구해야 하지 않았을까요? 또한 동시에, 식민지로부터 본토에 노동자로 나와 있는 몇만의 반도 사람들로부터 작은 이윤을 고려해도 됐을 것입니다. 기획으로서는 새로운 것이라고 말할 수 있겠지요.

이코마 우리는 조선의 지리와 민속, 특히 예술 방면에 대해서 알 기회를 얻지 못했습니다. 그러나 조선인들이 이 방면에서 무능력하지 않다는 것은 종래에 고작 음악 방면에서만 증명되었습니다. 조선의 이러한 문화 방면을 소개하는데 영화가 가장 적당하다는 것은 새삼스레 말할 필요도 없습니다. 이 영화가 에포크 메이킹(epoch making)적으로 등장했고, 특히 일본 영화회사의 원호(援護)하에 제작되었다는 것은, 참으로 의식 있는 기획이었다고 생각합니다.

사토 주로 문학·사회과학에서의 민족론 발흥에 영합한 것도 아닙니다. 이렇게 지방색을 가진 이색 기획이 이루어졌다는 것은, 그것이 특히 조선물이라는 점에서 크게 칭찬할 수 있을 것입니다. 하나의 민족을 달리하는 것에 대하여 적극적 방침을 취한 신코키네마는, 그것이 설사 이윤 회수를 최대 목적으로 했더라도, 적극적으로 힘을 주었다는 면에서 잘했다고 하지 않을 수 없습니다.

오바타 최근 남양, 조선, 캄차카 방면 등의 제재를 다루는 경향이 먼저 문예에서 나타났던 모양입니다만, 영화에서도 나타나고 있습니다. 이것이 자주적인지 반영적인지는 모르겠지만, 아마 그중 어느 쪽이겠지요. 〈나그네〉도 그 한 발현으로서 우선 기획 가치를 인정할 수 있습니다. 진기한 제재라는 것은 자칫 나쁜 경향으로 흘러가버리기 마련입니다만, 어느 정도 성공을 보여주고 있다는 면에서 〈창맹〉〈벌거벗은 거리〉 기획과 같은 태도가 살아났다고 생각합니다.

다카하리 반도의 영화제작집단이 제작상의 곤란—경제적으로는 물론 기타 모든 의미에서—을 느껴 본토의 제작집단과 협동하여 만들었다는 점에 관해서는 두 손 들어 찬성합니다.

마쓰나가 조선영화로서 반도 특유의 것, 예컨대 민족적 특성을 집어넣은 반도 소개는, 풍물과 더불어 앞으로 반도영화에서 불가결한 요소가 되겠죠.

교즈카 기획은 굉장히 좋다고 생각합니다. 센티멘털한 스토리와 활극적인 부분을 놓고 보면 이 기획은 혹 통속적인 수준이지 않습니까?

와타나베 좋다기보다는 차라리 추천해야 할 작품입니다. 멸망해가는 민족의 '참된' 모습을 포착하여 묘사할 때, 거기에서 특이한 애트모스피어(atmosphere), 감정, 생활이 존재하게 되는 것을 보겠죠. 비교적 레벨이 낮다고 여겨지는 신코영화에서 이러한 종류의 기획을 한다는 것은 실로 모험 같습니다만, 모험의 앞날에는 성공도 쓰러지는 것도 있다는 것 또한 사실입니다.

하타노 조선 민족의 영화는 확실히 기다려집니다. 우리는 그들을 너무나도 모르기 때문입니다. 그러나 그중에서 『코샤마인기』[93]라든가 〈창맹〉과 같은 작품은 절대 기대할 수 없습니다. 역시 내선융화적인 작품이 더 많이 나와주었으면 합니다. 그 점에서, 이 기획은 내용적으로 실패했더라도 조선에서 완성된 조선어영화로서 신코에 사의(謝意)를 표할 수 있습니다.

하마타케 조선의 풍속과 습관에 대해 단지 개념적으로밖에 알지 못했던 저로서는, 이 영화에 나오는 인물들이 조선의 풍경을 백(back)으로 거동하고 동작하는 것이 재미있었던 것 같습니다. 하지만 내용의 진부함으로 흥이 깨져버리는 느낌입니다. (이것은) 앞으로 나올 조선영화에 경종을 울릴 것입니다. 모처럼 조선이라는, 지금까지 일본영화에서 볼 수 없었던 무대에서 조선인배우(출연이)라는 이점도 있었는데 애석한 일입니다. 이 영화가 종

---

93) 『コシャマイン記』. 쓰루타 토모야(鶴田知也)가 1936년에 발표한 단편 소설. 홋카이도 아이누 부족과 일본인 간의 투쟁을 그린 작품으로 제3회 아쿠타가와상을 수상했다.

	래의 신코 현대극 작품들보다 호감을 얻은 요인은 제작에 임하는 작자의 성실한 태도뿐인 것 같습니다.
오쿠보	기획은 이 정도로 하고, 다음으로 **원작에 대하여**[94] 의견을 듣고 싶습니다.
교즈카	센티멘털한 스토리라는 것이 먼저 일본인에게 딱 와 닿습니다. 스토리로 보면 꽤 정리하기 어려운 작품이 아닐까요?
사토	우리가 접하는 것으로는 특히 프로문학 방면의 조선물이 가장 적극적인 것 같습니다. 하지만 그러한 원작 방면을 영화로 제시하는 것은 여기서 처음이므로, 단순한 내용을 가지지 않으면 안 된다는 것이 한 조건입니다. 그러나 〈나그네〉는 어느 선까지의 범위에서 여러 가지 것들을 담으려 했습니다. 그것들이 요란하게 잔가지를 치지 않았던 것은 좋다고 생각합니다. 원작으로 보면 이것은 꽤나 평범한 작품입니다.
이코마	매우 소박한 내용을 담고 있습니다. 그리고 그 안에 조선의 민족성이 살아 있습니다. 그러나 어떤 면에서 그 모럴은 극히 유치한 것으로, 권선징악 사상에 대해서 아무런 지적 비판도 담지 않고 있는데 특히 운명관은 작위적입니다. 또한 조선 빈농들의 실생활, 일하러 나가지 않으면 생활이 불가능한 실상이 그려져 있지 않아 여로(旅路)라는 주제가 생생하게 다가오지 못합니다. 스즈키 시게요시 감독 밑에서 오랫동안 수련한 이규환은 웬만큼 테크닉을 습득하고 있습니다. 소박힌 스타일 때문에 내용의 고리타분함이 그다지 과장되지 않는데, 특히 자연을 적당히 담은 것이 이 영화를 구제하고 있습니다. 전체적으로는 그리 감동할 수 없지만, 어찌됐든 일단 줄거리를 납득시키고 거기에 조선에 대한 지식이 거의 없는 우리로 하여금 그 민족성을 알게 해준 점은 충분히 인정해야 할 것입니다.
아타야	원작 자체는 결국, 예컨대 우리가 신파조라고 말하는 것이 되어버렸습니다. 허나 '그것은 조선 민족의 핏속에 흐르고 있는 돈에 대한 집착과 운명

---

94)   KMDb 및 『실록 한국영화총서』에는 〈나그네〉의 원작이 따로 표기되어 있지 않으며, 『이영일의 한국영화사를 위한 증언록─성동호, 이규환, 최금동 편』(한국예술연구소 편, 소도, 2003)에서도 〈나그네〉의 원작에 대한 언급은 없다. 반면, 본문을 비롯, 『키네마순보』 등의 일본 잡지나 일본영화정보시스템에서는 〈나그네〉에 관해 '원작 이규환'이라 적고 있다. 맥락을 고려컨대, 본문 중 사용되는 '원작'이라는 용어는 별도로 출판된 〈나그네〉의 원작을 가리킨다기보다 '원안'을 의미하는 것으로 추정된다.

론일 것이다'라는 말을 생각하면, 라스트 부근에서 (돈을) 내놓으라며 공격하는 드라마틱한 시추에이션에는 우리가 그저 무시해서는 안 되는 부분이 있다고 생각합니다.

정진영 '그것은 조선 민족의 핏속에 흐르고 있는 돈에 대한 집착과 운명론이다'라는 것은 심한 편견입니다. 이는 저 혼자만의 비뚤어진 생각은 아닐 것입니다. 이런 시각은 우리 반도 사람들에게 실로 폐를 끼치는 것입니다. 돈에 대한 집착도 조선 민족의 핏속에 흐르고 있지 않을뿐더러, 그것이 운명론이라는 시각이나 생각도 현재의 반도인들에게는 그다지 농후하지 않습니다. 따라서 이런 것이 발표되는 일은 내선융화를 위해서 그다지 알맞지 않습니다.

쓰치타 원작에 관해서는 현대의 대중소설로 뒤떨어진다고 해도 과언이 아닙니다. 허나, 하나의 특색은 반도인들이 썼다는 사실입니다. 반도에서 생활했던 사람들은 거기에 사실적 모멘트(moment)가 풍부하다는 것을 알 수 있겠죠. 전통—아시아적 생산양식에 기초를 둔, 지금은 벗어나기 힘든 하나의 함정이라고까지 할 수 있는—에 지배되어 현금으로 가지겠다는 소박한 배금주의를 제시한 것은 하나의 공적이라고 할 수 있습니다.

마쓰나가 신코키네마에서 조선영화 발전을 위해 일본영화와 같은 제재만을 부여할 것이 아니라, 반도 독자적인 것을 향한 추돌(追突), 묘사에 힘을 기울여야만 합니다. 그 민족성이라든가, 특히 비참한 현재의 생활이라든가.

와타나베 이 원작이 다루고 있는 것은 망해가는 민족의 애조입니다. 그러나 여기에서 우리가 무엇보다 주의해야 하는 것은, 그들 반도인을 객관시할 경우 거기에는 고통의 비참함밖에 없다는 점입니다. 문○상(文○賞)에서 최근 이국조(異國調)가 유행하고 있는데, 그와 비교해보는 것도 흥미롭겠다 싶습니다.

다카하리 이 영화의 결함은, 좀 전에 정진영 씨가 말씀하셨듯이 자칫 신파비극의 함정에 발목을 잡힐 수 있게 되었다는 점입니다만, 이는 주로 원작·각색법의 졸렬함 때문이라고 생각합니다. 그러나 이 영화에서 명백히 좋은 점은, 일본의 자본주의 혹은 제국주의 식민정책 때문에 현저하게 차별대우를 받고 나아가 문화적 수혜에서도 항상 밀려나는 반도인의 생활감정을 여실하게 반영하고 있다는 것입니다.

고바타　여기서 다뤄지는 것이 우리와 가까운 풍습, 사회, 민족성임에는 틀림없겠지요. 그러나 우리 견지에서는 거리감이 있습니다. 소위 '늑대(ぬくて)'의 피해를 주민들이 아직도 입는다는 등의 이야기나 기다란 담뱃대가 그렇습니다.

정진영　원작은 조선의 일반 대중들 사이에서 이미 고전적인 것입니다. 이 영화에 나오는 줄거리는 이미 지방순회극단 등에 의해 누누이 상연되어 벽촌지에서조차 알고 있는 것입니다. 특히 사일런트 시대에 만들어진 조선영화 중에서 나운규가 주연한 것으로 〈아리랑〉이라는 사진이 있습니다만, 이것과 줄거리가 아주 비슷합니다. 그러므로 원작은 좀 더 수정하여 올바른 방향을 지향했어야 한다고 생각합니다.

오쿠보　포퓰러(popular)한 원작을 택한 것은, 오히려 평소 조선영화를 접할 기회가 적은 우리로 하여금 쉽게 친근감을 느끼게 하려던 것이 아닐까요? **각색에 대해서는** 어떻게 생각하십니까?

마쓰모토　극적인 것과 우리 눈에 진기하게 보이는 풍속이 혼연(渾然)을 이루는 것은 우선 시나리오의 힘일 것입니다. 반면 후반 극적 클라이맥스의 묘사가 시나리오의 약점입니다. 극(劇) 발전의 필연성이 결여되어 있습니다.

사토　영화적으로 어레인지(arrange)하는 장인적 수완은, 싱당한 능력을 가진 스즈키 시게요시가 잘 끌어내고 있습니다. 좋은 점이라는 것은 결국 그의 상식이 좋다는 것이 되겠지요.

이타야　소위 각색상의 수법에서 이는 실로 정공법에 의한 것인데, 장면은 하나하나 쌓여 힘을 얻고 최후의 고조(高潮)를 향합니다. 10년 전의 이야기가 어쨌거나 리얼하고 소박한 민족감정을 전하는 데 성공하고 있습니다. 전반은 성공으로, 후반에 잃어버린 가치가 진심으로 아쉽습니다.

쓰치타　각색은 대단하지 않습니다. 이(李)라는 사람이 어떤 사람인지는 모르겠지만, 삼류(三流)적입니다. 허나, 반도영화계에서는 그 정도의 각색자가 하나의 정점을 이루고 있는 것도 사실입니다.

야스다　스토리로서는 별로 진기한 것이 아니지만, 그 안에 담겨 있는 조선 풍속을 강조하려다 보니 매우 살아 있는 작품이 되었습니다. 영화를 통해 봤을 때, 원작보다 훨씬 더 재미있는 것들이 있지 않았나 생각합니다. 일반적인 표현을 쓰자면, 각색으로 성공한 작품으로 봐도 좋다고 생각합니다.

다카하리 　원작에 대해 말씀드렸습니다만, 이 영화에서 참으로 아쉬운 결함은 잇따라 야기되는 비극적 요소가 주로 적역(敵役)인 이발사를 통해서만 적립(積立)되어가는 점이라고 생각됩니다. (영화를) 보다가 이발사의 모습이 스크린에 나타나면 그때마다 바로 '아, 이다음에 이런런 짓을 하겠군' 하고 느끼게 만들기 때문입니다. 그것이 자잘하게 들어가 이 영화의 클라이맥스, 즉 복룡이 귀향하여 이발사를 찾아가는 부분, 격투로까지 이어지는데, 사회의 모순을 조금 더 꼬집어주었다면 하는 아쉬움이 있습니다.

교즈카 　구성 면에서 꽤 정리된 작품이라고 생각합니다. 자세하게 말씀드린다면, 소위 퍼스트 신(first scene) 부분은 매우 뛰어난 것이었습니다. 반면, 중간 정도부터 조금씩 늘어져 안타까운 생각이 들었습니다. 라스트 신도 상당히 무리해서 정리한 듯하여 마음에 들지 않았습니다. 유도(誘導) 부분을 줄여 시간을 가지고 라스트를 정리했다면 좋았을 것이라고 생각합니다.

하타노 　가장 유감스러웠던 것은 각색입니다. 아버지가 아들에게 술회(述懷)하는 장면이나 아들이 이발사를 죽이는 장면은 좀 더 타당하게 시나리오를 짰으면 했습니다.

하마다케 　조선 하층계급의 무지한 사람들, 기근의 재해로 아내를 잃은 남자가 '돈'에 대해 집착심을 갖기까지의 경과가 설명 부족인 듯 했습니다.

오쿠보 　실제적인 면에서 보면 활살흥분(活殺興奮)의 권한을 쥐고 있는 것은 전적으로 감독의 기법이라고 생각합니다만, **감독에 대해서** 어떤 인상을 받으셨습니까?

이코마 　스즈키 시게요시의 원조가 어느 정도 있었는지 모르겠지만, 이규환 감독이 원작과 각색을 겸하면서 잘 소화하고 있습니다. 특히 첫 장면에서 보이는 뒤비비에의 〈하얀 처녀지〉 비슷한 자연 묘사 등은 일본영화에서도 크게 배워야 할 부분입니다. 장면 전환에서도 솜씨 좋은 부분이 있었습니다. 우리가 보기에 조금 장황한 연출이기는 하지만, 배우를 다루는 방법이 오히려 조선의 민족성을 드러내고 있었던 것 같습니다.

사토 　연출 방면을 보면, 여기에서는 이규환의 소박한 감각이 노출되고 있습니다. 노동 장면이 가장 뛰어납니다. 여기서는 모든 인간이 인간적 선량함으로 통일되어 있기 때문입니다.

이타야 저는 전반(前半)에서의 연출 기교가 자연과 현실의 실체에 다가서고 있다고 생각합니다. 좋은 로케 신, 로케이션을 주체(主體)로 하여 아름다운 풍경으로 점철된 소박한 반도인의 모습을 볼 수 있습니다. 일전의〈곰이 나오는 개간지〉〈반사〉에서와 같이 소비에트영화에서 다소 봄 직한 사람과 자연의 아름다움은 스즈키 감독이 크게 자랑할 만한 성과로, 후반 멜로드라마조(調)는 결국 감독 자신의 것이 아니었기 때문에 성공하지 못했다고 생각합니다.

정진영 상업영화로서, 그것을 보는 대중의 질이 어떨지는 용이하게 상상할 수 있습니다. 마치 우리가 문화수준이 낮은 나라 사람의 영화나 미개척지의 영화를 볼 때 느끼는 호기심을 만족시켜주고, 또한 그것이 이른바 볼거리라면 몰라도, 그렇지 않은 한, 시골 유랑극단의 촌스러움을 느끼게 합니다. 스즈키 감독이 이렇게 무지하고 몰이해적인 척하는 것을 보고, 저는 오히려 경탄했을 정도입니다.

야스다 감독의 엘러큐션(elocution) 지도는 굉장히 좋았다고 생각합니다.

쓰치타 스즈키 씨의 지도에 관해서, 이 영화를 보면서 문득〈무엇이 그녀를 그렇게 만들었는가〉의 그를 떠올렸습니다. 이번 영화에서 어찌되었든 궤도에 오른 수완을 보게 된 것은 작은 기쁨이었습니다.

고바타 연출가가 주제와 민중 생활적 분위기로부터 멀어지지 않았던 것이 무엇보다 이 작품에 호감을 갖게 하는 부분일 것입니다. 소소한 살인이라는 시대에 뒤떨어진 부분에서 발현되어야만 하겠죠.

다카하리 대체로 무난하지만, 복룡이 아버지로부터 돈에 대한 해석을 듣는 부분은 조금 작위적이라고 생각합니다. 그리고 파출소에 자수하고 나가는 부분에서, 조금 더 박진감이 있었다면 하고 생각했습니다.

교즈카 시계요시 씨의 작품은 과거에〈뇌명〉과〈신월초〉두 편을 봤습니다만,〈뇌명〉은 센티멘털한 작품으로 구성이 뛰어났고〈신월초〉는 풍경의 아름다움에 감동을 받았습니다. 이번〈나그네〉에서는 구성 솜씨와 풍경의 아름다움을 완전히 캐치(catch)했던 모양입니다. 그리고 앞 두 작품보다도 내용에서 진보를 보이고 있습니다. 그러나 욕심을 부리자면, 내용적으로 좀 더 깊이를 가졌으면 하는 점을 지적할 수 있겠죠.

와타나베 제1회 작품인 만큼 형식적으로 상당히 조잡한 부분이 있는 것은 어쩔 수 없다 치더라도, 특히 원작에서 보였던 애조(哀調) 같은 것이 반도풍(半島風) 음악으로 겨우 환기되었을 뿐 마지막에 여운 같은 것이 나오지 않습니다. 시게요시 씨의 전작 〈무엇이 그녀를〉의 편린(片鱗)이라고도 할 수 있는, 사회에 대한 반항 같은 것을 이모저모에서 엿볼 수 있었던 것은 기뻤습니다.

오쿠보 다음으로 **촬영에 대해서** 부탁드립니다.

도노우치 옥외 촬영시의 롱(숏)은 성공적이네요. 반도 특유의 경치 같은 것을 인물의 배경으로 할 때, 인물을 포함하여 풍경 전체를 교묘하게 찍고 있습니다. 보통 자연을 충실하게 잡으려 할 경우, 화면은 유동성을 결여하기 마련입니다. 그러나 이 사진에서는 원활하게 이루어져 있습니다. 이정표 앞에서 아버지가 아들에게 고백하는 장면은, 장면으로만 보면 가장 아름답고 나아가 내용적이었습니다.

이코마 처음 혹은 전편(全篇)에 담긴 자연 묘사는 조선의 자연 소개 상(上)에서뿐만 아니라 그 황량한 카메라에 완전히 스며들어 있습니다. 소비에트영화의 모방이라는 함정에 빠지지 않아 배우들을 지저분하게 하지 않았던 것은 좋았다고 생각합니다.

이타야 감독의 목적인 자연과 인간의 모습에 반도를 유감없이 그려 성공하고 있습니다.

정진영 촬영은 칭찬해도 좋을 정도입니다. 그만큼의 효과를 화면 위로 끌어냈다는 것은 매우 높게 평가해도 된다고 생각합니다. 그러나 군데군데 밤낮이 뒤얽힌 부분이 있어서…….

다카하리 오버랩 사용법이 좋았던 것 같습니다. 나머지는 대체로 무난합니다.

야스다 세트 촬영은 좋다 치더라도, 로케 촬영은 그렇지 않았습니다. 조선의 자연미라고 하는 것에 대한 표현이 부족하지 않던가요?

쓰치타 조선의 드넓은 풍경과 어두운 방에서의 촬영은 존경할 만합니다. 키 톤(key tone)이 명료하게 드러나지 않는 것은 현상소 책임일까요?

마쓰나가	라이트 때문인지, 저는 세트 촬영이 지저분하게 여겨졌습니다. 그리고 편집 기술에도 어느 정도 미숙함을 느꼈습니다.
사토	여기서 문제가 되는 것은 원촬(遠撮), 근촬(近撮)입니다. 영화를 통해 우리가 조선을 즉물적으로 볼 수 있다는 면에서, 원촬은 전 시야에 걸친 것으로 큰 도움이 됩니다. 근촬의 경우에는 전체의 일부로서 풍경이 나옵니다만, 전체가 구체적으로 사고되지 못하기 때문에 (풍경이) 꽤나 손해를 봅니다. 일부를 통해 전체를 펼쳐보이는 것이 곤란한 까닭입니다. 촬영의 컨디션(condition)이 상당히 구구(區區)하겠죠. 화면 접속이 좋지 않은데, 두 화면의 조건이 달라 접속되는 시간적·장소적 조건에 통일성이 없습니다. 왕평(王平)[95]이 돈 있는 곳으로 가는 장면, 성팔(成八)[96]이 걸어가는 장면 등의 앙각 카메라가 가장 좋았습니다.
오쿠보	복룡의 아내로 분한 문예봉은 조선의 이리에 다카코라는 식의 평판을 얻은 여자입니다만, 문예봉 씨를 비롯하여 왕평, 박제행 등 모두 기량이 뛰어나다고 생각합니다. **배우에 대해서**, 연기에 대해서 말씀해주시죠.
이코마	왕평은 견실한 연기네요. 엘러큐션 등도 제격이었습니다. 박제행은 적잖이 오버액트에 빠질 염려가 있습니다만, 역할을 훌륭하게 소화하고 있다고 생각합니다. 문예봉은 과연 미인입니다. 자신의 얼굴에 의지하지 않는 점이 미덥게 여겨졌습니다.
이타야	모두 잘했습니다. 그중에서도 이발사 역의 독은기라는 사람은 〈상선 테나시티〉의 바스티안과 비슷해서 흥미를 불러일으켰습니다.
도노우치	소박하게 꾸미고 있겠지만, 실제로 소박할 것입니다. 연기가 능숙하지는 않았지만 호감을 가질 수 있습니다. 만들어진 정형(定型)성을 가지지 않은 연기는 오히려 고마울 정도입니다. 주인공은 나카무라 간에몬(中村龢右衛門)과 닮은 것 같습니다.
정진영	예전에 이른바 신극배우였다고 합니다. 문예봉은 좋았습니다.
다카하리	배우는 모두 잘했다고 생각합니다.

---

95) 〈나그네〉의 주인공 이복룡(李福龍) 역을 맡은 배우.

96) 〈나그네〉에서 이복룡의 아버지 역 이름. 박제행(朴齊行)이 연기했다.

교즈카	옥희로 분한 문예봉은 내외 모두 아주 잘하고 있습니다. 이발사 역의 독은기는 자신을 너무 초월한 것이 아닐까요?
야스다	왕평, 독은기, 문예봉 세 명의 열연을 인정합니다.
쓰치타	문예봉은 과하지 않고 깊은 연기인데, 현대 반도 여성의 전형적인 타입입니다.
사토	배우의 연기에 대하여 우리가 이 영화에 주목해야 하는 점은 소박한 연기라고 생각합니다. 왕평의 연기에서 가장 좋았던 부분은, 광산노동에서 운반차를 타고 있을 때의 얼굴입니다. 문예봉은 전반(全般)적으로 과하지 않은 것에 호감이 갔고, 박제행이 꽤나 단단한 연기를 보여주고 있습니다. 좋은 의미에서 연기적 연기를 하고 있어 가장 좋았다고 생각합니다.
와타나베	일반적으로 일본인과는 거리가 먼 대륙적 연기인지라 어느 정도 곤혹스럽기도 했습니다. 그러나 전체적으로 대체로 잘해주었습니다. 아버지 성팔로 분한 박제행은 칭찬받을 만하다고 생각합니다. 복룡 역의 왕평은 조금 재미있는 퍼스낼리티(personality)인데, 자연스럽게 연기했습니다.
마쓰나가	총체적으로 강렬한 연기가, 그 열정을 인정한다고 하더라도, 무언가 성에 차지 않는 것이 있었습니다. 이발사와 복룡 두 사람에게서 특히 그런 느낌이 들었습니다. 아버지와 아내, 그리고 작부 세 명의 연기는 두드러지지 않는 가운데 좋은 점이 있었습니다.
오쿠보	작부로 분한 홍영란(紅英蘭)[97]이라는 여자는 아마추어라고 합니다. 정진영 씨, 〈나그네〉에서 쓰인 말은 표준어입니까?
정진영	아니, 그것은 표준어가 아닙니다. 내지의 에도 사투리 비슷한데, 경성 사투리라는 것입니다. 여자들이 쓰는 말 같은 것은 용산(龍山)말입니다. 따라서 그 말에서 지방색을 느낀다는 둥 하는 것은 잘못입니다.
오쿠보	그럼 마지막으로 내용에 주(主)를 둔 총평 부탁드립니다.
쓰치타	우리의 예상과 반대로, 이 영화가 하나의 이데올로기를 가지고 있지 않았던 것이 호감을 줍니다. 여기서는 그저, 프롤레타리아로 살아가는 사람들

---

97) 『실록 한국영화총서』 등에서는 '홍영란(洪永蘭)'이라고 나와 있다. 출처에 따라 '고영란', 즉 高永蘭이나 高英蘭으로 표기되는 경우도 있다.

과 현실에서 돈뿐이라는 사람에 의해 구성되고 있습니다.

오쿠보　　그럼 이 즈음에서 폐회하도록 하겠습니다. 감사합니다.

1937년 6월 1일 | 제291호 | 25쪽

〈오야케 아카하치〉
도쿄발성영화 작품

기획 멀리 류큐(琉球)까지 로케를 감행한 스펙터클. 특이한 제재가 기획이 노리는 부분이기도 할 것이다. 이 영화에는 이시이 바쿠(石井漠) 무용연구소원 및 다카다 세이코(高田せい子) 무용단의 박외선(朴外仙)이 특별출연하고 있다.

원작 이바 난테쓰(伊波南哲). 450년 전 남해의 고도 류큐 야에야마(八重山)에서 벌어진 이야기로, 사랑과 정의의 성전(聖戰)에 목숨을 바친 오야케 아카하치의 초(超)인간적 열성을 묘현(描現)한 민족적 비극.

각색 핫타 나오유키(八田尚之). 정공법으로 행한 흔들림 없는 구성이지만, 이러한 스펙터클물에서는 더욱 대담한 생략 등이 발휘되었다면 좋았겠다.

감독 시게무네 쓰토무, 도요타 시로. '간격(間)'을 두는 방식이 좋지 않다. 오야케 아카하치와 아오이 아가씨(葵乙姬)의 심리를 파헤치는 것도 충분하지 않았고, 부자연스러운 연기도 여기저기에서 많이 보였다. 본편 최대의 클라이맥스라고도 할 만한 라스트의 혈전(血戰)에서도, 외국영화의 엄청난 스릴을 눈앞에 보고 있는 우리로서는, 비장함이 전혀 배어나오지 않아 안타까웠다. 모처럼 그만큼 큰 스케일이었으니, 연출법 여하에 따라서는 더욱 박진감 있는 스릴과 비장미가 느껴졌을 것이라고 생각된다.

촬영 오구라 긴야(小倉金彌). 화면이 대체로 너무 어두워 보기 힘든 것이 결점이다. 화면의 광택을 더욱 윤기 있게 담아주었으면 싶었다.

배우 후지 미쓰구의 오야케 아카하치 연기는 꽤나 열연이었으나 마지막까지 이어지지 못한 듯하다. 이치카와 하루요(市川春代)의 아름다움을 포착했다. 미쓰이 히데오(三井秀男), 야마구치 이사오(山口勇)는 특필할 만한 것이 없다.

총평 녹음이 나빠서 대사가 잘 안 들리는 부분이 있다. 게다가 이야기 진전이 장황하여, 서양물이나 PCL의 사진이 눈에 익은 니치게키(日本劇場)의 관객들은 지루해했다. 또한 화면이 어두운 것도 말썽이다. 영화가 끝나서 관객들은 겨우 한숨 돌린 듯했다. 영화제작자가 잘 생각하지 않으면 안 될 점일 것이다. 오무라 노쇼(大村能章)의 음악은 그야말로 하늘이 이 영화에 내려준 자비라고 해도 될 만큼 훌륭한 것이었다.

뭐니 뭐니 해도 이 제작소 스태프의 빈약함이 커다란 재앙이라고 말하지 않을 수 없다.

1938년 9월 5일 | 제327호 | 1쪽 | 오늘의 금언

영화 검열에 대하여

잡지 『일본영화』 좌담회 기사에 나타난 마스타니(增谷) 씨의 '말'

『일본영화』라는 종합영화잡지가 대일본영화협회에서 발행되고 있다는 것을 아는 사람은 있어도, 대일본영화협회라는 것이 영화계에서 대체 어떤 일을 하고 있는지—아니, 어떤 일을 하지 않으면 안 된다는 '의무'를 짊어지고 만들어졌는지는, 이 협회 이사라든가 평의원이라든가 하는 높으신 분들[대부분]조차 진짜 알지 못할 정도이므로, 세상 사람들이 알지 못한다고 해도 이상할 것이 없고 또한 알지 못한다고 해도 전혀 불명예는 아닐 것이다.

그러므로 잡지 『일본영화』가 대일본영화협회에서 발행되고 있는 것은, 『고단구락부(講談俱楽部)』나 『킹(キング)』이 대일본웅변회 고단샤(大日本雄辯會 講談社)에서 나오는 것과 같이 또한 『모던일본』이 문예춘추사(文藝春秋社)에서 나오는 것과 마찬가지라는 식으로 생각되는 것도 이상하지 않다고 할 수 있다.

이는 참으로 소박하고 단순한 사고방식이나, 실은 그 정도로밖에—즉, 세상 사람들이 대일본영화협회를 『일본영화』의 발행소 정도로밖에 생각하지 않고 있다는 것은 확실한 것 같다.

게다가 애석하게도 대일본영화협회 자체가 벌써 창립목적이나 사명을 잊어버리고—혹은 잊어버릴 정도로 노쇠해버려서, 잡지 하나를 발행하는 것으로 간신히 '무기력한 존재'를 유지하고 있다. 이 작태를 보면, 영화국책 수립운동의 선구자로 대일본영화협회를 '낳은 어버이'라고 할 수 있는 마쓰모토 가쿠(松本學)가 아니더라도,

필시 몇몇은 정나미가 떨어져버렸을 것이다.

오늘날 대일본영화협회에 대한 세평이 점차 높아지려 하는데, 이에 대해서는 여기서 다루지 않겠다.

우리가 문제 삼고 싶은 것은, 그야말로 반신불수인 대일본영화협회에서 나오고 있는 『일본영화』 9월 특별호에 실린 「일본영화의 혁신을 말하는 좌담회」 극히 일부분에 관해서이다. 이 좌담회 기사는 아마 해당 호의 볼거리 중 하나였을 터, 마지막 부근 '검열에 대해서'라는 부분에 이르면 마음에 조금 걸리는 문장을 발견하게 될 것이다. 이하, 그 부분만 발췌해보자.

> 하야시 [후사오](林房雄) "지금의 검열방침은 예술적·문화적으로 봐서 재미없으니까 자르는 것이다, 어떤 장면이라도 예술적으로 잘해준다면 우리는 자르지 않을 것이다"라고 말한 사람이 있었습니다만······.
> 다네(多根) 이쪽의 마스타니 씨입니다.

『일본영화』에 의하면, '마스타니 씨'는 내무성 영화 검열관 마스타니 다쓰노스케(增谷達之輔)를 말한다. 과문(寡聞)한 우리라도 마스타니 씨가 내무성 촉탁(囑託)인 것은 알고 있었는데, 현재도 검열관 사무를 맡고 있다는 것은 전혀 전해 듣지 못했다.

우리가 이미 알고 있는바 마스타니 씨가 검열관이 아니라는 것이 사실이라면, 마치 검열관처럼 행동한 그의 태도는 비난받아 충분하며, 그보다 먼저 『일본영화』 편집자의 부주의, 경솔함을 질책하지 않으면 안 될 것이다.

그러나 이는 잠시 제쳐둔다. 우리가 여기서 문제 삼고 싶은 것은, 좌담회 기사에서 마스타니 씨가 '말'이라고 하고 있는 "예술적·문화적으로 봐서 재미없으니 자른다"는 것이다. 이는 필시 마스타니 씨 개인의 말로, 검열관 선부의 태도는 이닐 것이다. 하지만 가령 그렇다고 한다면, 검열관이 그렇게까지 하는 것은 위험성이 다분하며 '도가 지나친' 것이라고 생각한다.

영화 검열의 '방향'과 '기준'은, 전 겸열관 야나이 요시오(柳井義男) 씨의 저작 『활동사진의 보호와 취체』[98]를 보아도, 나아가 내무성 이사관 다지마 타로(田島太郎) 씨

---

98) 柳井義男, 『活動写真の保護と取締』, 有斐閣: 東京, 1929.

가 설명하는 '영화 검열의 근본정신과 표준'을 봐도 알 수 있는바, 이른바 "예술적·문화적으로 봐서……"가 아니라는 것이 명백하다. 만약 여기에 사열(査閱)의 기준을 두게 된다면, 톱 타이틀(top title)과 '끝(終り)'이라는 문자밖에 남지 않을 영화가 꽤나 나오지 않겠는가.

마스타니 씨의 '말'이 영화계에 미치는 반향이 의외로 크다는 점을 생각하여 감히 우견(愚見)을 서술한 바이다.

히토미 생(人見 生)[99]

1939년 9월 5일 | 제338호 | 27쪽 | 광고

유럽영화는 도와상사
우수영화는 도와상사

전승의 봄을 축하

본사 도쿄시 고지마치구 마루노우치 가이조빌딩 신관
☎ 마루노우치 조(長) 2855번, 3045번, 1720번

오사카 지사 오사카시 기타구 도지마 도지마빌딩

홋카이도 지사 삿포로시 미나미시조 46초메

규슈 지사 후쿠오카시 시모히가시마치(下東町) 니시키(錦)빌딩

나고야 지사 나고야시 니시구 이쿠라초(伊倉町) 4초메

대만 출장소 타이페이시 하마마치(濱町) 1초메

조선 지사 경성부 서대문 1초메 67

대련 지사 대련시 산현통(山縣通) 동척(東拓)빌딩

만주국 배급 하얼빈 마가강신가(馬家講新街) 8

---

99) 『키네마주보』 편집 겸 인쇄인 히토미 나오요시(人見直善)를 일컫는다.

도와상사 영화부

가와기타 나가마사/핫토리 조시치로

1939년 3월 25일 | 제345호 | 1쪽

오락을 없앨 수 없는 생활

근로생활자의 오락비는 어느 정도인가 [하(下)]

근로생활자에게 오락비라는 것은 생활비 중에서 어떤 '위치'를 차지하고 있는가. 다시 말해, 생계비 중에서 어느 정도의 숫자를 나타내고 있는가. 내가 이 과제를 가지고 숫자를 조사하기 시작한 것은 결코 한때의 변덕이나 착상, 혹은 '우연'에서가 아니다.

본지 337호[작년 12월 15일 발행] 제1회분에서도 서술해두었듯이 무릇 우리의 생활비라는 것은, 아득히 먼 10년, 15년 전으로 거슬러 올라가 볼 필요도 없이 쇼와 7년(1932년)부터 말해보아도, 수입의 증가가 역(逆)템포이다. 무슨 말이냐 하면, 우리 근로생활자 수입은 대개가 일정치 않아 때로는 오히려 줄어들기도 하는 '무자비'한 경우를 당했다고 하더라도 어쨌든 이치상으로는, 설령 애처로울 정도라도, 해마다 늘어나야 할 터이다. 그럼에도 불구하고, 이와는 완전 역템포로 불어나고 있는데 특히 사변[100]이 시작되고 난 뒤에는 여기에 엄청난 박차가 가해지고 있다.

그리하여 우리는, 결코 '장기건설'을 위해서가 아니더라도, 생계비상 과감한 '수정'을 가하지 않으면 안 되었다. 또한 사변을 계기로 실로 상당한 수정을 가한 터라, 오락비라기보다 문화비라 불리는 것이, 아무튼 '무자비'하게 다루어지는 경향이 있는 것도 무리가 아니다.

그러니까, 몇 푼 안 되는 목욕이나 이발에 대해서조차 가능한 한 횟수를 줄여 출비(出費)를 삼가려 한다. 조금 아픈 정도라면 의사의 손을 빌리지 않고서 약국으로 달려가고, 여자의 경우는 화장비용을 조절한다든가. 애석하고 가련하지만, 참을 만큼 참아서 이제는 창피함이라든가 평판에 신경 쓸 수 없는 데까지 다다른 정도이다. 이

---

100) '지나사변', 즉 중일전쟁을 일컫는다.

는 결코 과장이 아니다.

일단 아사히신문사가 조사한 전국생계비지수를 사변 발발 전년도—쇼와 11년
(1936년)부터 13년까지만 보더라도, 문화비는 다음과 같은 엄청난 기세로 뛰어올랐
다.

쇼와 11년 183.4 쇼와 12년 189.0 쇼와 13년 198.5
[다이쇼 3년(1914년) 7월을 기수(基數) 100으로 함]

이를 보더라도 명백한 것이, 사변 발발 전년도는 별도로 하고, 12년과 13년을 비
교해보면 쉽게 알 수 있는바, 여기서만 해도 문화비는 5퍼센트의 급등을 보이고 있다.

특히 사변이 일어난 다음 달인 8월부터는 일약 전시체제에 들어가 모든 물자의
동원과 통제가 숨 쉴 틈도 없이 행해져, 이른바 '사물의 경제' 시대가 되어버렸고, 이
템포는 한층 빨라져 생계비가 순식간에 뛰어올랐다. 게다가 이것이 언제 멈추게 될
지 전혀 예측도 안 되었던바, 그저 부들부들 떨 수밖에 없었던 기억은 필시 아직도 우
리에게 생생할 것이다.

이야기가 나온 김에 우리 오락비는 대체 어느 정도인지를 아사히신문 조사 전국
생계비지수[다이쇼 3년 7월 기수 100]를 통해 보도록 하자.

쇼와 13년 2월 336 3월 336 4월 338 5월 338 6월 342
[7, 8월 동수(同數)] 9월 344 [10월~12월 동수]

사변이 일어난 (쇼와) 12년 7월분이 없으므로 대조해볼 수 없지만, 지수(指數)는
물론 계속 증가하고 있을 터이다. 한편, 9월부터는 보합(保合)을 보이고 있는데 이것
이 무슨 까닭에서였는지는 확실한 사유를 찾을 수 없다. 다만 이 전후(前後)에 정부가
필사적으로 행한 생활필수품 가격 억제라는 것이 여기에 역시 반영되어 있지 않은지
일단 상상해볼 수 있는데, 그리 상상하지 못할 이유도 없을 듯하다.

그런데 앞에서 언급했듯이, 그렇게나 허리띠를 졸라매어 숨 쉬기조차 힘든 생활
을 계속하면서도, 더군다나 급등하는 생활비에 수반되어 오락비도 함께 올라가는데
도, 특별히 우는 소리를 내거나 불평을 하지 않는 것은 대체 무슨 이유인가. 우리를

달래고 위로하며 또한 격려까지 해주는 것—오락과 휴양이 있기 때문이라는 것은 지난번에 서술한 대로이다.

즉, 이발비나 화장비는 어느 정도 조절하더라도, 또한 설령 오락비가 고(高)물가를 반영하여 아무리 오른다고 하더라도, 이를 조절하거나 없애버리지 못하는 것은, 꼭 오락에 익숙해지거나 거기에 기대기 때문이 아닌 것이다.

우리의 생활은 결코 오락에 익숙해지거나 거기에 기댈 수 있지 않다. 그만큼 힘들고 절박한 것이다. 그럼에도 불구하고 휴양을 추구하고 오락에, 무엇보다 종종 영화관에 가는 것은, 영화가 다른 어떤 오락보다도 (생활을) 이겨내고 있기 때문이다. 뿐만 아니라, 게르첸세프(ゲルチェンシェフ)가 말하듯, 그곳이 어느 곳보다도 마음 편하고 매력적인 '휴양 장소'이기 때문이다.

원래 우리에게 오락비라는 것은 생활비 구석에서 겨우 그 지위를 찾을 수 있는 정도의 것이다. 1순위 음식비나 이를 잇는 주거비, 광열비, 피복비와 비교하여, 아니, 얼마 되지 않는 교통비에 비교하더라도 실로 사소한 것으로, 그 비중을 표시할 만큼도 되지 않을 정도이다.

아마도 누구나, 이 사변하에서는 경제적 저하에는 얼마든지 견딜 수 있다고 해도, 문화적 저하—오락을 없앤 생활에는 도저히 견딜 수 없을 것이다. 오락이 없고서는 내일의 국가 번영을, 생명을 창조하는 '신화'도 없다고 생각할 것이다.

기회가 있다면 다시 이 과제에 대해서 한 번 더 자세히 고찰해보고 싶다.

히토미 나오요시(人見直善)

영화평론

1932년 12월 | 113~114쪽 | 평론

〈임자 없는 나룻배〉[101] 유신(流新)키네마

이규환 군[스즈키 시게요시 씨 문하]의 〈임자 없는 나룻배〉는 여러 가지 의미에서 흥미롭게 볼 수 있었다.

원래 제목은 im-ja ub-num na-ru-be, 즉 조선어로 〈임자 없는 나룻배〉라는 의미이다.

원제로부터 상상할 수 있는바, 영화 후반은 나룻배 사공인 노인을 중심으로 한다. 전반에는 그 노인이 강가에 초가집을 짓고 살기 전, 세상의 모든 쓴맛을 보고 세상을 등지게 되기까지의 청년시대를 이야기한다. 다시 말해, 특별히 알려주는 것은 없지만, 전체는 전편과 후편이라는 식으로 확연히 이분(二分)된다.

영화를 이분하고 만 경계가, 전반과 후반을 연결하기 위해 어떠한 필연적 부분도 없이 약간 느슨한 이음매를 형성하고 있는 것을 비난할 수 있을지 모르겠다. 그러나 너무나 성실한 제작 태도가 편집에 일종의 답답함을 줄 만큼 긴밀함을 다지고 있는 이 영화에서는, 그 정도의, 줄거리 구성 곳곳에서 보이는 느슨함은 오히려 애교이기도 하다.

(이 영화가) 그리려는 대상은 빈농으로부터 도회노동자로 전환하여 생활의 승격

을 노렸던 한 청년. 그가 결국 사회에 희생되고 끝내는 세상으로부터 도피하여 나룻배 사공이 되는 경로가 묘사된다. 그러나 그 사이에 부부의 문제, 아버지와 딸의 애정 문제를 집어넣었으며, 도피처인 강가의 한적한 에덴에도 머지않아 철교가 만들어지게 되어 결국 실업의 폭풍이 기다리고 있었다. 이렇게 기계문명이, 이 조직하에서는 아무래도 실업의 대량생산에 도움이 되고 만다는 진리도 암시하려 했다.

의도하는 부분이 정당한 점을 높이 평가한다. 동시에 표현수단에서 실로 성실한 것, 진실한 것을 보여주어, 그것이 비록 미숙한 표현이라고 해도 나는 고맙게 생각했다.

조선반도의 풍토가 익숙하지 않은 탓인지 구름의 움직임까지 특이하게 느껴졌고, 만든 이가 의도하지 않은 부분에서조차 생각지도 못한 흥미를 느꼈다.

이렇게 독자적인 자연과 역사가 있는 조선반도에서 지금 새로운 예술의 새로운 싹이 쑥쑥 머리를 들고 나오는 것을 기쁘게 생각한다. 동시에, 특이한 감정, 특이한 수재(手材), 특이한 배경 등이, 세계영화의 수법과 구성에 새로운 것을 도입해줄 처방약으로 기여할 수 있는 날이 빨리 오기를 희망한다.

무엇보다 이규환과 그로 하여금 영화를 만들 수 있게 해준 주위 사람들의 노력에 경의를 표하고 싶다.

이다 히데요(飯田秀世)

〈임자 없는 나룻배〉 강정원(姜鼎遠) 제공 **원작** 박효린(朴曉麟) **각색·감독** 이규환 **촬영** 이명우 **현상** 손용진(孫勇進) **프린트** 김재룡(金在龍) **배우** 나운규, 김연실, 문예봉, 임운학

1937년 5월 | 제135호 | 광고

〈나그네〉

〈나그네〉
이것은 반도의 개가이다! 젊은 반도 예술가들의 피와 땀의 숭고한 결정이다.

본방 최초의 순수조선영화

지도 스즈키 시게요시
원작·각색·감독 이규환
촬영 오쿠보 다쓰이치(大久保辰一)
출연 문예봉, 왕평, 박제행, 독은기, 박무명(朴舞鳴), 홍영란(紅永蘭)

신코 오이즈미 촬영소, 조선 성봉영화원 공동 작품

〈나그네〉에 대한 포부를 말한다

일본영화의 제작 범위를 내지로부터 개방하고 싶다는 희망이 오래전부터 있었
다. 일전에 오쿠라(小倉) 의학박사와 함께 기록영화 보르네오의 〈반사〉를 만들었는
데, 이번에는 극영화로까지 진전시킬 수 있었다. 그것이 조선영화 〈나그네〉이다. 다
행히 다카하시(高橋) 소장의 전례 없는 원조를 얻어, 대규모 계획하에 작년 10월 이래
조선으로 건너가 각지를 로케이션하며 약 4천 미터를 촬영한 후, 도쿄로 돌아와 출연
자 일동을 초대하여 2개월 동안의 세트 촬영을 마쳤다. 그리하여 순수한 조선영화의
완성을 보게 되었다. 내지인은 한 사람도 출연하지 않으며 내지어는 한마디도 말하
지 않는, 진정한 조선을 볼 수 있는 것이다. 이 작업을 시작으로, 영화제작 범위는 점
차 개방되어 남양 위임 통치권으로, 만주로 확대될 것이다. 그리고 관객은 훨씬 더 넓
은 배경으로 엮어내는 영화를 많이 즐길 수 있을 것임에 틀림없다. 이 작업은 바로 그
런 것을 희망하면서 시도한 것이다.

감독 스즈키 시게요시

1937년 6월 ǀ 제136호 ǀ 112~114쪽 ǀ 평론

〈나그네〉

이 영화는 검극에 굶주린 사람들이나 오락만을 갈망하는 사람들에게는 맞지 않

는 작품이다. 차분하게 애정 어린 기분으로 정관(靜觀)하지 않고서는 장점을 음미할 수 없는 작품이다. 나무 하나, 풀 한 포기로부터 풀어진 실 한 가닥에 이르기까지, 끝없는 애착을 느끼며 바라보지 않고서는 만족스러운 감상이 불가능할 것이라고 생각한다.

　　이 영화를 본 사람들은 필시 조선인 출연자에게 애착을 느꼈으리라고 생각한다. 흐뭇한 마음으로 바라보았을 것이다. 어딘가 래프카디오 헌(Lafcadio Hearn)이 일본에 관해 썼던 이야기와 비슷하다. 하카타(博多) 정차장(停車場)에서 용수(編笠)를 쓴 남편이 순사에 끌려 개찰구로 들어간다. 가난한 아내는 젖먹이를 업고 자장자장하면서 배웅하러 와 있다. 아내는 남편의 죄를 책망하지 않고 오히려 애틋한 마음으로 이별을 아쉬워한다. 남편이 지금 한 번 더 아기를 어루만지기 위해 몸을 내밀었다. 헌은 이를 일본인의 아름다운 인정(人情)이라 파악하며 그 정경을 농도 짙게 그리고 있다. 그 정경을 일본인이 본다면, 불쌍하다고는 여겨도 아름답다고는 그다지 생각하지 않을 것 같다. 그러나 헌은 이를 아름답다고 했다. 이 영화의 라스트 신은 헌의 스케치와 똑같은 정경이다. 내지인 관객은, 적어도 지식층 사람들은 아름다운 정경이라고 생각했을 것이다. 그러나 조선인은 그저 가련하다 여기는 데 지나지 않을 것이다. 여기에 이 영화의 비밀이 있다고 생각한다.

　　반도의 작가 장혁주(張赫宙)가 제국대학 신문에 기고한바, 이 영화에 제시된 조선인의 생활은 조선의 현실과 너무도 동떨어져 있다, 탐욕이 미개인에게서만 자주 볼 수 있는 현상이라는 식으로 그려져 있다, 조선인은 고추만으로 생활하고 있는 것처럼 보인다, 조선인이 사상적으로도 문화적으로 저급하여 아직도 원시적인 생활을 하고 있다고 여기게 한다, 조선인의 물질문명이 낮은 것은 본질적인 것이 아니라 다른 이유에 의해서다, 그는 이렇게 말하고 싶은 듯했다. 사실 그 신문이 지금 수중에 없기 때문에 기억이 확실하지는 않다. 단, 조선에서 이런 생활을 볼 수 있을지 모르지만 이는 경멸할 만한 것이며, 조금 더 적극적으로 내면을 들여다보아서 사상이 풍부한 부분을 끌어내 영화화해주었으면 한다는 의미였다고 생각한다. 그러나 나는 이 영화 〈나그네〉를 말할 경우에는 장혁주의 항의가 불필요한 듯 여겨진다. 조선영화 〈나그네〉는 결코 조선인의 수치는 되지 않을 것이다. 할아버지의 탐욕이라 해도, 고추만 먹는 신(scene)이라 해도, 그것은 조선인 스스로가 감추어야만 하는 성질의 것이라고는 생각되지 않는다. 우리 내지인이 〈나그네〉를 보고, 조선인은 은행에 예금하는 것도 몰라서 구멍을 파고 항아리에 돈을 숨기지 않으면 안심하지 못할 정도로 경제사상이 발달하지 않은 사람들이라 여기거나, 일 년 내내 영양소가 적은 고추만 먹는다고 여기지는 않을 것이다. 조선 및 조선인의 현실에 관해서는 별도로 생각한다. 〈나그네〉에 나타난 조선인의 생활 단편은 우리에게 하나의 정경으로 비춰졌을 뿐, 경멸할 만하다고는 결코 생각되지 않을 것이다. 실례지만, 장혁주가 너무나도 내지화되어버려서 고향의 아름다움에 대해 오히려 눈을 더 감으려 하고 있는 것은 아닌지 의심해보았다.

조선예술로서 자랑해도 될 아름다운 정경은 도처에서 볼 수 있다. 사랑하는 아내에게 머릿기름을 사주는 신, 아이에게 모자를 씌워주는 신, 지붕을 이는 신, 아리랑을 부르는 주막 신, 천하대장군과 지하여장군의 토템이 서 있는 신, 밀양 강의 나루터 등은 참으로 아름답다고 생각한다. 그리고 이러한 것들을 끝없이 사랑하고 싶어졌다. 이런 아름다운 고향을 부끄럽다고 하고 사랑하지 않는 것은 진정한 조선인이라 할 수 없다고 생각하는데, 어떨까? 다음으로, 배우들이 훌륭하다. 남편 왕평, 아버지 박제행, 아내 문예봉은 전부 마음에 든다. 칭찬할 만한 연기이다. 장혁주가 말하는 것처럼, 내지 영화배우들의 싸구려 연기에 비교하면 주옥같은 빛을 발하고 있다. 본격적인 극영화에 출연한다면 찬연한 빛을 내리라 예상된다.

확실히 결점은 너무 길다는 것이다. 그리고 편집이 서투르다고도 할 수 있다. 원래 스케치풍의 작품이므로 스토리는 이걸로 충분하다. 신진 냄새 정도는 우선 참을 수 있다고 생각한다. 추천할 만한 예술영화이다. 단지 신코영화 같은 허접한 작품들과 병행상영한 탓에 실패했다고 할 수 있을 뿐이다. 원작·각색·감독의 이규환이라는 이름은 기억하지 않으면 안 될 것이다.

기지마 유키오(来島雪夫)

〈나그네〉 스태프

신코 오이즈미, 조선 성봉 합동영화

지도 스즈키 시게요시 **원작·각색·감독** 이규환 **촬영** 오쿠보 다쓰이치

배역

김복룡[102] 왕평 **그의 아버지 성팔** 박제행 **복룡의 아내 옥희** 문예봉 **박삼수(朴三壽)** 독은기

작부 홍(紅) 고영란(高英蘭)

---

102) 『실록 한국영화총서』를 비롯, 이복룡으로 나오는 경우가 많다.

시나리오 연구(シナリオ研究)

1938년 5월 | 111~115쪽

조선영화와 그 시나리오

조선영화가 태어난 지 20년밖에 지나지 않았다. 다이쇼 중기부터 영화에 손을 대기 시작하여 그동안 백여 편의 무성영화와 토키를 제작·상영했다. 그러나 그나마 정돈된 영화적 면모를 드러내기 시작한 것은 <나그네> 이후로, 진정한 의미의 영화 역사는 극히 짧다.

결코 길다고는 할 수 없는 40년 역사에도 영화예술은 실로 눈부신 발전을 이루었다. 이에 비해 조선영화가 너무나도 느릿느릿한 발전밖에 보여주지 않은 채 거의 정체(停滯)의 영역을 벗어날 수 없었던 원인에는 단지 시간적 불이익뿐만 아니라 여러 가지 요소가 포함되어 있다. 우선 첫 번째로, 지금까지의 과정에서 가장 큰 장애이자 곤란함으로 드러난 것은 시장성이다. 영화와 같이 기업성(企業性)이 있는 예술에서 시장성을 가지는지 아닌지는 그 성장에 미치는 영향이 심대할 수밖에 없다. 시장성의 부족은 조선영화에서도 역시 결정적인 역할을 했다. 영화의 신장과 발전을 저해하고 순조로운 보조(步調)를 가로막았다. 일부 영화인들이 온갖 곤란을 극복하여 만들어낸 작품은, 언제나 관객의 몰이해와 결손(缺損)을 대가로 얻을 뿐이었다. 관객이 영화를 향수하기에 유치하고 경제적 여유를 가지지 못했던 까닭이다. 게다가 수요에서 초래된 상품성의 무가치함 때문에, 자본가들은 영화기업을 위험한 것으로 보았고 감히 영화사업에 진출하지 못했다. 이는 일부 영화인들만이 그야말로 일시적으로 자본의 원조를 탐구하여 간헐적으로 영화를 생산하는 식의 현상을 야기, 양적 부진을 초래했다.

1년에 두세 편, 다작인 해가 기껏 네다섯 편이래서야 정말이지 조선영화가 존재하고 있는지 어떤지도 의심스러울 만큼 참담한 상황이었다.

시장성이 불러온 빈곤은 동시에 질적 저하도 수반했다. 즉, 위와 같은 상황에서 일반적으로 다량 생산을 통해 발생하는 질적 향상을 기대할 수 없음은 물론이거니와 여기에 특수한 불행이 가해져 더욱더 부진하게 되었다. 그것은 영화에 관계하는 사람들의 소질 문제인데, 당시(當時)의 영화인들은 영화에 대한 확고한 신념을 가지지 않았다. 영화를 믿고 영화를 관철하고자 하는 굳은 결의가 부족했던 것이다. 그보다는 차라리 부잣집 아들이 향락하는 하나의 수단에 불과했다. 부자가 한 명 나타나면 부화뇌동식으로 야합, 일천한 경험의 감독이 등장하여 연극배우들을 그러모아 임시변통한 대본을 가지고 후딱 영화를 만들어내었다. 그들은 애초 영화에서 예술 부분의 중요성을 인식하지 않았다. 외국으로부터 수입된 영화의 물결을 타고 자위적인 만족을 얻는 데만 급급했다. 확고한 신념과 열정을 가지지 않은 그들이 조선영화에 공헌한 것이라고는 암중모색과 정체(停滯)라는 실로 슬픈 사실뿐이었다.

영화와 마찬가지로 먼 길을 돌아가며 머뭇거리고 있던 것이 시나리오다.

발생 당시 영화는 그 무엇보다 관객의 호기심을 자아내는 참신한 볼거리로서, 관객에게 가장 일상적인 것으로서 등장하지 않으면 안 되었다. '자신들이 움직이고 말하고 울고 웃는 모습이 필름을 통해 재현된다'는 간단한 이유로 엄청난 관심을 모았는데, 그 경이와 매력으로 관객들의 눈을 사로잡고자 했던 것이다. 관념적 작의(作意)를 다루는 것은 위험했다. 그보다는 관객들이 항상 입에 담고 동경하며 친숙해져 있는 사실을 전개해나가는 것이 간요(肝要)했고 쉽기도 했다. 영화 자체의 움직임이나 얼개조차도 납득하지 못했던 관객들을 대상으로 창조적인 이야기를 강요하는 것은 영화를 소원(疏遠)하게 만들고 나아가 자멸로 인도하는 것이었지, (영화에) 결코 득이 되지 않았다. 이때에 영화인들에게 떠오른 생각은 오랜 전통을 가진 스토리, 민중의 성격에 꼭 맞는 스토리, 그리고 널리 알려진 스토리를 발견하는 것이었다. 이쪽이, 대중의 감정이나 심리를 창작하고 묘사하는 쪽보다 영화를 어필하는 데 용이했고 위험도 적었기 때문이다. 그러한 이야기들은 이미 잘 알려져 있는 만큼, 영화의 노벨티(novelty)와 더불어 그저 스펙터클로 보여주는 것만으로도 관객들을 매료시켰다.

〈아리랑〉『춘향전』『심청전』『장화홍련전』등은 오랜 전통을 가지고 전래되었는데, 민족성을 정확하게 표현할 뿐만 아니라 민중들이 항상 품고 있는 제도나 사회를 향한 불만 내지 반역의 정신이 내포되어 관객을 획득하는 데 적합한 이야기였다. 게다가 모든 계급에서 읽혀지고 회자되었기 때문에, 영화 주제로 취해질 수밖에 없는 운명이었다.

　이들 작품은 조선영화 초기는 물론이거니와 20년 동안 몇 번이고 비슷한 줄거리로 촬영되었다. 현재까지도 같은 내용의 영화가 기획·제작되는데, 이는 그것이 민중 속에 얼마나 깊이 파고들어 있는지를 말해주는 동시에, 극소수 예외를 제외하고 시나리오 대부분이 어떠한 창조적 가치도 가지지 않았다는 점을 잘 보여주는 예이기도 하다. 당시에는 창조적인 의욕을 가지고 영화를 만들지 않았다. 영화적인 것이 앞장서고 내용이 끌려가는 듯한 형편이었다. 시나리오를 돌이켜볼 여유는 없었다.

　그러나 쇼와로 연대가 바뀌어 프롤레타리아 예술이 새로이 주창되면서 영화 시나리오도 진지하게 탐구되기 시작했다. 이는 서광제, 이효석, 안석영, 김유영 등에 의해 전면적으로 추진되었다. 그들의 공동 제작 시나리오『화륜』은 영화에서 시나리오가 차지하는 위치의 중요성을 착목(着目)했다는 점에서 조선영화 시나리오의 효시라 할 만하다. 그 시비(是非)가 어찌 되었든, 시나리오에 대한 (그들의) 노력과 개발은 대단한 것이었다. 하지만 그들이 시나리오에서 의도한 것들은 끝내 결실을 거두지 못하고 그대로 매장되어버렸다. 그들이 시나리오를 철저히 탐구하기 위하여『화륜』을 쓴 것이 아니라, 주관을 강조하는 데에 더 큰 노력을 기울였기 때문이다. 여하튼 종래 하찮게 다루어졌던 시나리오의 지위가 높아졌다는 것은 부정할 수 없는 사실이다. 그들은 지금도 건실하고 부단한 노력을 시나리오에 바치며 영화에 직접 관여하고 있다.

　이상에서 살펴본 바와 같이, 극히 최근까지 이렇다 하게 뛰어난 작품이 출현하지 않은 채 시나리오도 영화와 더불어 지지부진, 진보의 흔적을 찾아볼 수 없었다. 영화와 시나리오를 확연하게 분리하는 것이 어려운 문제니 만큼, 영화 혼돈의 시대에 시나리오 하나만 계속 진보한다는 것은 생각할 수 없다.

　그러나 영화〈나그네〉를 기점으로 조선에서도 영화열이 팽배하게 끓어 조선영화를 더더욱 촉진시키는 한편, 시나리오도 여러 방면에서 다루어졌다. 영화 기사나 시나리오의 게재도 종래에는 영화잡지만으로 한정되었으나, 점차 종합잡지·문예

잡지·오락잡지·신문에까지 실리게 되었다.

특히 신문『동아일보』가 시나리오를 현상 모집하고『조선일보』와『중앙일보』가 앞뒤를 다투어 현역 시나리오 라이터를 동원, 삽화를 넣어 학예 면을 화려하게 장식하고 나서부터, 시나리오[대부분 영화소설이라 불린다]에 대한 신문 독자들의 인식이 한층 깊어졌다.

이러한 작품들은 직접적인 영화제작을 기도(企圖)하고 쓰인 것이 아니다[영화화된 것도 있기는 있지만]. 오히려 영화소설이라는 말뜻 그대로 읽히게 하려고 쓰인 것이다. 동아일보 당선작『애련송(愛戀頌)』─최금동(崔琴桐) 작─은 그 한 전형으로 신문 독자를 열광시키며 감상(感傷)의 눈물을 짜내었다.

『화륜』과 비교해서 확실히 많은 사람들이『애련송』시나리오를 읽었다. 그러나 명확한 목표[영화]를 가지지 못한 채, 종래의 설계도 비슷한 대본에 가지를 치고 색을 칠하여 영화에 대해서는 아직 미숙한 두뇌밖에 가지지 못한 대다수 독자의 관심을 사기 위해 장식한 것에 지나지 않았다. 형식적으로도 내용적으로도 신(新)경지를 개척하지 못했다. 아주 소박한 서정을 운문조로 이어 썼을 뿐이다.

그 후, 즉 〈나그네〉 이후, 자본가들이 영화기업화를 계획하여 체계를 정비한 영화회사가 하나둘 확립되었다. 내지 시장의 거대 수요가 인정되면서 경쟁적으로 영화를 기획·제작하여 지난 1, 2년간 조선영화계는 일찍이 볼 수 없었던 활기가 돌았다. 이제는 종래와 같이 한두 명의 개인이 소자본으로 토키를 제작하는 깃이 불가능하다. 가령 가능하다고 해도 영속되지 못한다. 거대자본을 필요로 하는 상태에 도달했고, 아직 한참 빈약하다고는 해도 일단 선진영화계와 같은 조직의 모양새를 갖추게 되었다.

시나리오 부문도 일보 진전, 영화계 이외의 사람들도 직접 관여하고 논의하게 되어, 단지 영화인들만의 놀이터 같던 성질이 바뀌게 되었다. (그들은) 수동적인 입장에서 시나리오를 읽기만 하는 것이 아니라 적극적으로 행동에 나섰으며, 종래의 시나리오 라이터들도 시나리오 작가답게 정면으로 맞붙고자 진지함을 보이며 행동하게 되었다.

예컨대 올해 6월 극작가 유치진(柳致眞)이 첫 시나리오『도생록(圖生錄)』을 발표하자 문단에서도 주목,『도생록』의 시비를 논하며 물의를 일으켰다. 반면 지난 5월 일찍이 시나리오 라이터이자 연출가였던 박기채는 조선 현대문학을 개척한 이광수의 걸작『무정(無情)』을 많은 시간과 노력을 들여 각색하여 발표하기에 이르렀다.

　『도생록』『무정』이 종래의 시나리오에 비하여 어느 정도 진보했으며, 나아가 우수한 영화를 산출할지는 한꺼번에 다 말하기 어려운 문제이다. 그러나 보다 좋은 시나리오를, 동시에 영화를 제작하고자 하는 태도를 시나리오 이전 단계에서 갖게 된 것이 조선 시나리오계에 신기축이 될 것이라고 말할 수 있을 것이다.

최동일(崔東一)

1938년 5월 | 광고

〈군용열차〉

〈군용열차〉
대륙의 시정과 대륙의 진심으로 일관한 본격 반도영화 드디어 출현!
풍운의 대륙으로!
반도를 종주하는 군용열차의 맥진(驀進)!
위대한 사명을 지닌 철로(鐵路) 사람들의 열성이 달린다!

공개 임박

명작 〈나그네〉의 주연자들
왕평, 문예봉, 독은기
도호 도쿄
고바야시 주시로(小林重四郎), 사사키 노부코(佐々木伸子)

원작 〈나그네〉의 공동 감독 이규환 씨
각색 기쿠치 모리오(菊地盛央) 씨, 조영필(趙英弼) 씨
연출 서광제 씨
촬영 양세웅 씨

조선어 전 발성 국어판
도호영화·성봉영화원 제휴 제1회 작품

도호

시나리오 행동(シナリオ行動)

1939년 10월 | 18~20쪽

조선영화와 그 시나리오

『비의 거리(雨の街)』

[이성표(李性杓) 작, 『조선일보』 당선 가작]

조선영화에는 현실이 없었다. 이는 조선영화가 현실을 관찰하지 않았다는 것을 말한다. 예술적 표현형식으로 나타난 현실이 현실에서 투과된 창조라는 정도는 누구나 알고 있을 것이다. 그러나 이 현실이 영화에 나타나지 않았다. 과장된 신파비극조 작품이나 비판 없는 시대물뿐이었다. 이는 의식적으로 게다가 공리적으로, 수준 낮은 관중을 향해 영화를 어필할 생각으로 현실을 피해온 결과일 것이다. 또한 현실 그 자체를 파악하지 못하고 영화적 수법이 거기까지 도달하지 못한 탓이라고도 할 수 있다.

다시 말해, 영화는 현실과 유리된 유희에 지나지 않았다. 조선의 다른 예술 부문으로부터 경멸받는 원인 중 하나도 여기에 있었다.

그런데 『비의 거리』는 현실과 손을 잡은 면에서 진실함이 있었다.

바에서 여급을 하는 여자와 공장에 다니는 남자의 연애가 테마이다. 같은 집을 빌려 옆방에 사는 여자와 남자, 그리고 그의 어머니. 마침내 두 사람은 연인 사이가 되지만, 폐병에 걸린 여자는 결국 남자의 사랑을 뿌리치고 경성을 떠나려 한다.

극히 평범하고 단순한 제재이다. 그러나 이 평범단순함을 살리려는 태도가 현실을 잡으려는 작가의 마음가짐이며, 현실이 없는 조선영화에 시사하는 바가 크다.

그러나 시나리오에는 현실이 보이지 않는다. 현실에 대한 작가의 태도가 나타나고 있을 뿐, 시나리오 그 자체는 비현실적인 것으로 끝나고 만다. 머리로만 급조한 답답한 스토리인 것이다.

두 사람을 연결하는 초반의 사랑도 관념적이어서 이해할 수 없었다. 이런 사랑이 있다고 하면 그뿐이지만, 그 있다는 것을 파헤쳐야 한다. 어머니가 여급이라 비웃는데도 불구하고, 꽃을 가지고 가거나 책을 빌려주면서 의지하는 남자의 기분을 납득할 수 없다. 변덕이라고 하기에는 남자가 너무 진지하다.

다른 부분에서, 남자는 신경질적이고 현대적 초조와 불안을 짊어진 공장 사무원이고, 여자는 인생에도 생활에도 지친 듯한 사람이라는 문장이 나오는데, 그런 것이 시나리오적으로는 전혀 제시되지 않는다.

여자는 끊임없이 자신이 불행하다고 한다. 남자는 그저 여자를 불쌍하게만 생각한다. 그 불행을 조금도 보여주려 하지 않은 채.

불행하다든가 결혼하자든가 하는 것은 현실의 모든 부분에서도 중요한 것이 아니다. 요컨대 왜 불행한지, 왜 정열을 쏟아내야 하는지가 문제인데, 그런 점을 파고드는 묘사가 없다. 만들어진 이야기이다. 어디까지나 사실적인 영화에서 쓸데없는 설명은 필요 없을 터이다.

그러나 이 대부분은 현실을 응시하지 못했기 때문이라기보다 오히려 시나리오 구성의 문제였다.

클라이맥스라고 할 만한, 여자가 자포자기하여 술을 마시고 난폭해지는 장면이 있다. 입을 열어 뱉는 말에는 뒷골목에 사는 남자의 비장한 감개(感慨)가 담겨 있다. 그러나 이 어두운 인생관은 마음에 다가오지 않고, 지레짐작으로 가득 차 있다. 마지막에 맹세까지 하면서 남자 어머니로부터 허락을 받아낸 여자가, 남자가 공장에 가 있는 동안 몰래 빠져나가 역으로 달려가는 부분은 전혀 예측할 수 없었다. 그렇게 하지 않으면 안 되는 동기, 클라이맥스까지의 과정이 없다. 상황을 파악하여 몰아넣지 않았기 때문이다.

극적 구성을 머리로 명확하게 짜야 하는데, 이런 초보적인 부분이 결여되어 있다. 시나리오에 이렇게 써야 한다는 규정은 없겠지만, 이런 말은 시나리오의 제일 기초 단계를 거친 다음에나 할 수 있는 말이다.

현실에 관심을 가지는 것은 좋지만 현실을 살리는 힘이, 다시 말해 시나리오 기술이 거기에 미치지 못하고 있다. 시나리오 이전, 하나의 줄거리에 지나지 않는 작품이다.

『내가 가는 길(わたしの行く道)』
[양기철(梁基哲) 작, 『매일신보』 입선작]

이 시나리오는 통속적이다. 통속적이라는 것은, 물론 나쁜 의미에서 특히 줄거리를 중요시하는 부분을 말한다.

그러고 보니 이 작품에는 실로 불필요한 줄거리가 많다. 처음 인물 소개부터 그러한데, 질질 끌고 있다.

상해에서 댄서였다는 여자가 조선에 돌아와 고향 부여의 해수욕장을 돌아다니다가 이윽고 광산을 경영하는 남자를 알게 되는데, 느리고 질질 끌며 장면 전환도 없고 갈등을 희석시키는 일도 없이 지속된다.

광산경영자 남자는 문란하고, 신문기자는 연애에도 정의를 들이대는 남자이다. 여자는 술에 취해 광산경영자에게 끌려가는데, 여자가 아무리 변명해도, 신문기자는 자신과 사랑의 약속까지 한 여자를 차버린다. 결국 광산경영자는 신문기자와 결투를 한다. 여자는 숨기고 있던 피스톨로 광산경영자를 쏘고는 당당하게 끌려간다.

여자는 바에서 여급을 하던 사람이다. 머리에 일단 줄거리는 많이 남아 있지만, 대체 소설을 읽었는지 시나리오를 읽었는지, 다시 생각해봐도 시나리오 느낌은 없다.

그저 한 줄로 계속 써도 되는 문장을 줄을 바꾸어 써서 시나리오처럼 보이는 것뿐이다. 신문 모두(冒頭)에도 '영화소설'이라 쓰여 있지만, 만약 이런 작품을 시나리오라고 한다면 곤란하다.

하나하나 지적할 여유도 없지만, 시나리오에는 템포와 리듬이 있을 것이다. 불필요한 것을 버리고 장면 장면을 흐르는 것처럼 유기적으로 연결하는 것이 시나리오의 템포와 리듬이다.

이런 템포와 리듬이 처음부터 무시되어 있고, 단지 멜로드라마적 과장이 여기저기 흩어져 있다. 아무리 상해에서 온 여자라고 해도, 피스톨 같은 것은 이상하다. 게다가 살해에 이르기까지의 충동이 없다.

이 작가는 시나리오를 나쁜 의미에서 통속적인 것이라고 생각하는 듯하다. 이렇게 말하는 까닭은, 남자나 여자의 대사가 명확하고, 행동이 빈축을 살 만한 것뿐이기 때문이다. 시나리오가 통속적이면 안 된다는 법은 없겠지만, 시나리오니까 추악한 것만 보여주라는 법도 없을 것이다. 독자를 만만하게 보는 대중소설이라는 것이, 이 작품에 가장 걸맞은 평(評)일 것이다.

74회가 연재된 3백 매 내외의 작품인데, 내용은 대충대충이다. 이렇게 보면, 이 시나리오가 영화를 목적으로 한 것이 아님을 알 수 있다. 그렇다면 왜 영화소설을 모집하고 이런 식의 영화소설을 쓰는 것인가. 문제는 영화인데, 아직 조선에서는 영화에 대한 일반의 인식이 겉돌고 있을 뿐이라는 사실을 알 수 있을 것이다.

한편에 피투성이가 되어 영화에 붙어 있는 이들이 있는 반면, 그 바로 옆에 이런 무사태평한 부류도 있다. 새로 일어나려는 조선영화는, 이런 환경에 대해 어떤 식으로든 고찰해야 할 것이다.

최동일(崔東一)

영화의 친구(映画之友)

1939년 1월 | 제17-1호 | 97쪽

조선에서

5월에 조선에 갔다. 당시 조선에서 가장 큰 스튜디오라는 것이 경성의 왕궁 돌담과 전찻길을 사이에 두고 마주하고 있었는데, 조선영화주식회사 스튜디오라 했다. 창고 하나를 조금 손본 것으로, 토키 스튜디오라고 하는데도 전부 함석 골판이 붙어 있었다. 70평 정도의 건물 내부에, 술통 거적이 한 면에 늘어뜨려져 있었고 흙바닥이었다. 그 한구석에 영사실이 구분되어, 수제라고는 하나 그래도 꽤 본격적인 부스가 있었다. 그리고 수십 대의 스포트(라이트), 금방 만들어진 대도구, 마이크로폰이나 파르보(Parvo)카메라, 이동차 등이 어지럽게 놓여 있었다.

이 허름한 스튜디오에서 지금까지 조선영화 절반 이상이 만들어졌다고 한다.

그런데 조선영화주식회사는 〈춘향전〉[103] 영화화 기획을 세우자마자, 경성에서 기차로 30분 정도 떨어진 의정부라는 작은 마을 교외의 산속에 대규모 스튜디오 건설 플랜을 세워, 곧바로 공사에 착수했다.

원래 이곳은, 일전에 도호(東寶)와 타이업(tie up)으로 〈군용열차〉를 만들었던 성봉(聖峰)영화라는 회사가 스튜디오 건설을 계획, 만 원을 투자하여 백 킬로의 동력선을 끌어오는 데 겨우 성공해 녹음실을 만들기 시작했다고 한다. 그러나 조선영화주

---

103) 『실록 한국영화총서』에 따르면, 본문에 언급되는 〈춘향전〉은 본문 필자인 무라야마 토모요시 연출로 제작되었으나, 작품 완성 및 공개 여부가 불명확하다고 한다.

식회사가 문예봉 및 기타 배우들과 함께 이 성봉영화를 합병, 이곳에 조선 최초의 완비된 토키 스튜디오를 세우기로 한 것이다. 5개월이 지나 10월에 방문했을 때, 이 스튜디오에 녹음실과 스테이지가 완성되었다고 들었다.

반도 특유의 투명할 정도로 맑은 하늘 밑으로 오랫동안 비바람에 시달려 울퉁불퉁 닳은 북한산의 바위가 보이는 만추의 아침, 흔들리는 자동차로 50분 정도를 달려 의정부에 도착했다.

정차장(停車場)으로부터 과수원 안 시냇물을 따라 난 길을 가면, 작은 언덕들 사이로 자연 정원이 된 곳에 170평, 높이 30척의 콘크리트 스테이지와 오케스트라 백 명이 들어가도 충분할 녹음실이 완성되고 있었다.

현상장, 대도구실, 제조장, 소도구실, 배우실, 사원 사택, 기타 흙을 돋는 작업이 진행 중이었다.

자연에 바위가 아름답게 배치되어 있는 시냇물이 예쁘고, 바위와 소나무 언덕과 과수원으로 둘러싸인 사방은 정숙하다. 공사 규모는 아직 충분히 크다고 할 수 없지만, 이만큼의 스튜디오가 조선에 생긴다는 것은, 조선영화의 현 단계에서 하나의 경이이기조차 하다.

조선영화주식회사는 이 스튜디오를 개방한다고 하니, 이 스튜디오의 완성은 조선영화를 위한 하나의 에포크 메이킹이기도 할 것이다.

의정부 정차장으로부터 걸어서 35분은 걸리는 것이 단점인데, 회사에서는 부러 자동차가 아닌 마차를 구비할 것이라며 기대하고 있다.

내년 2월에는 전부 완성된다니, 나의 〈춘향전〉도 여기서 착수될 것이다. 그리고 조선영화가 생긴 이래의 거액을 투자하여 내년 일 년에 걸쳐 제작될 것이다.

조선에서는 제작비로 만 원을 투자하면, 그 영화가 아무리 히트하더라도 회수가 안 된다고 한다. 그러나 조선영화의 레벨을 확 올리기 위해서, 회사에서는 그 열 배 이상의 비용을 투자할 것이며 큰 손실은 이미 각오했다고 한다.

나는 오랜만에 자유롭게 일할 수 있어서 아주 힘이 넘치고 있다.

무라야마 도모요시(村山知義)

1939년 11월 | 제17-11호

〈오쿠무라 이오코〉 조선 로케이션 스냅(snap)
소다(早田) 본지 특파원 촬영

사진(상단 오른쪽) | "잠깐 화면을 봐주시겠습니까. 여기는 이렇게 좀 변경했으면 하는데……."
"이게 교실이고, 이게 사무소인가?" "그렇습니다."라고 하면서 오쿠무라(奧村)실업학교 설계도를
살펴보는 세 사람은 왼쪽부터 오쿠무라 이오코 역의 스기무라 하루코(杉村春子), 가와라이(河原井)
역의 마루야마 사다오(丸山定夫), 야마다(山田) 역의 기타자와 효(北澤彪)이다.

사진(상단 왼쪽) | 조선인 엑스트라의 업(up)을 찍는 도요타 시로.

사진(하단 왼쪽) | 조선인의 무지와 박해를 참을 수 없게 된 미쓰코(光子), 다구치(田口), 구사바
(草場) 세 사람은 포교소를 빠져나왔다. 이것은 그 장면을 촬영 중인 스냅이다. 왼쪽부터 연출 도요
타 시로, 미쓰코로 분한 아카기 란코(赤木蘭子), 구사바로 분한 하라 세이시로(原聖四郎), 다구치로
분한 우노 주키치(宇野重吉).

사진(하단 오른쪽) | 조선 아가씨와 함께 있는 기타자와 효와 후지와 긴지(藤輪欣司) 두 사람

[다음 페이지]
사진(상단) | 송이버섯 군생을 연상시키는 초가집 부락. 활처럼 뻗은 기와집. 조선인 엑스트라를
고용해 만든 롱숏이다. 지방색이 풍부하게 약동하고 있다.

사진(하단 왼쪽) | 강가에서 잠깐 쉬고 있는 배우들. 왼쪽으로부터 우노, 사카우치(坂内), 마루야
마, 아카기, 하라, 이시카와(石川).

사진(하단 오른쪽) | 조선 가마에 오른, 오쿠무라 이오코 역의 스기무라 하루코와 연출에 관한
이야기를 나누는 도요타 시로.

영
화
의
친
구

[다음 페이지]

사진(상단 오른쪽) ｜ 유구한 풍경이다. 내지인이 상상하는 가장 조선적인 풍경일지도 모르겠다. 〈오쿠무라 이오코〉가 어느 정도 조선의 로컬 컬러를 살릴지를 기대하게 한다.

사진(상단 왼쪽) ｜ 경주의 고적(古蹟) 무열왕 비석을 둘러싸고, 왼쪽으로부터 우노, 후지와, 기타자와, 하라, 이시카와, 마루야마, 스기무라.

사진(가운데) ｜ "후지와 씨, 잘 어울리네요."라며 놀리고 있는 스기무라 하루코. 그 오른쪽에서 "그럼 나도 써볼까?"라고 말하는 도요타 시로. 스기무라 하루코 왼쪽은 사카우치 에이자부로(坂内栄三郎)이다. 조선의 실크 햇(silk hat, 갓)은 애교덩어리이다.

사진(하단 오른쪽) ｜ 왼쪽부터 스기무라, 아카기, 우노 세 사람. 배가 고파서 저녁을 기다리고 있는 중이다. "아, 대단해요. 밥이 왔네요!" 흥분한 목소리는 아카기 란코.

1939년 11월 ｜ 제17-11호 ｜ 66~68쪽 ｜ 선만 현지 로케 통신

남선(南鮮)에서의 20일간
〈오쿠무라 이오코〉 로케이션 현장으로부터

사진 ｜ 경주 부근의 도요타 시로.

우리가 영화〈오쿠무라 이오코〉를 조선에서 로케이션한 의도는, 종래 내가 내지에서 행했던 로케이션과는 약간 목적이 다른데, 일찍이 오쿠무라 이오코(奧村五百子)의 발자취가 새겨진 조선이 당시 어떤 상태였는지를 영화로 재현하는 것이었다. 반도의 자연과 풍토로부터 조선 민족의 생활과 인정(人情)이 어떻게 배양되어 영위되고 있는지 카메라로 담고, 오래된 제도와 미개한 자연하에 있던 그 민족의 특수한 생활양식과 환경에 일본여성 최초로 돌입한 오쿠무라 이오코가 그것과 어떻게 싸우고 또 그것을 어떻게 극복했는지, 현재 있는 그대로의 반도 생활을 통해 파악하고 영화로 표현하는 것이 목적이었다. 말하자면 이번 조선 로케이션은 영화의 극 진행을 위

한 배경으로 반도의 풍물을 넣기 위함이 아니었다. 촬영한 컷들을 쌓아올려 상호 길항시키고 거기에 영화의 강한 주제를 빚어내기 위한, 주요 구성요소를 끌어내려는 목적으로 행한 것이었다.

8월 17일 아침, 우리는 부산에 상륙하자마자 즉시 남선(南鮮) 제일의 근대도시 대구로 향하여, 영화 속에 등장할 관찰시(觀察視)의 집을 알아보려고 우선 대표적인 양반 저택을 견학했다.

양반이란 반도의 사회계급 명칭으로, 문무 대관이나 덕식 높은 학자를 배출한 집안을 말하는데, 중인, 상민, 천민 세 계급보다 상위 명문이다. 우리는 저택의 바깥채, 안방, 정원 등을 자세히 참관했는데, 장치를 담당하는 요시다 겐키치(吉田謙吉)는 연신 라이카(Leica) 셔터를 눌러댔다. 우리는 집주인의 정중한 환대에 감사하면서 그 저택을 떠났다.

8월 중순의 반도 기후는 내지 기후보다 한 달 늦은 감이었다. 마침 장마가 끝나고 한여름의 태양이 피부를 찌를 듯 강렬한 빛을 내리쏘았는데, 드넓고 하얀 땅이 이를 눈부시게 반사시켜 우리는 현기증이 날 정도였다. 단, 태양광만이 눈부신 조선남부의 일반 풍경은 우리가 상상하던 것 같은 대륙적인 광막한 경색(景色)도 아니었다. 반도 풍토의 특색이라 일컬어지는 벌거숭이산도 적었다. 가끔 그러한 풍경을 발견하려 해도 총독부의 식림(殖林)정책으로 우뚝 솟은 포플러들이 바람에 날리는 것이, 지금은 내지의 자연과 거의 다르지 않다.

그러니까 우리는 인공이 가해지지 않은 자연적인 반도의 풍토를 찾아내고, 거기서 메이지 중기 무렵 조선의 생활양식을 얻고자 했다. 이를 위해서는 위의 풍경이나 근대적 시설의 새로운 풍속을 절대로 피해야 했는데, 어쩔 수 없이 우리는 오래된 건축물이나 고적(古蹟)의 화면을 영화 일부에 넣어야만 했다.

그리하여 메이지 20년대의 조선 풍물을 담기 위해, 우리는 신라 흥망 천년의 역사 고적이 남아 있는 경주를 필두로 밀양, 진주, 광주 등 남선 일대의 주요 도읍을 도는 한편, 나아가 읍외 부근의 부락 화원(花園), 불국사, 삼량진, 낙동강 상류, 안강평야, 아화(阿火) 등을 각각 로케이션지로 삼았다.

〈오쿠무라 이오코〉 조선 로케이션은 경주에서 개시되었다. 반도는 내지보다 일찍 동이 트는데, 오전 4시만 되어도 태양이 비스듬히 빛을 비춰 먼 산들과 가까운 언덕이 아름다운 주름을 겹겹으로 만들어낸다.

동이 트자, 이오코로 분한 스기무라 하루코 씨를 비롯하여 마루야마 사다오, 기타자와 효, 후지와 긴지, 하라 세이시로, 사카우치 에이사부로, 이시카와 레이, 우노 주키치, 아카기 란코 외 배우 제(諸)씨는 잠자리를 벗어나 서둘러 준비를 마치고 경주 읍외의 반월성지(半月城地)로 나간다. 그곳에서 십여 명의 반도인 엑스트라와 군집촬영 테스트가 개시된다.

나와 카메라맨 오구라(小倉) 군은 조금 높은 구릉 일각에 카메라를 세우고, 가뭄으로 벼도 풀도 완전히 시들어버린 낮은 밭 너머 멀리 최(崔)씨 부락의 하얀 길을 촬영한다.

S#114 광주부(光州府) 마을 풍경, 걸어가는 남녀, 가마가 두 대 지나간다.

시나리오에 이렇게 적혀 있는 장면이다. 이 신은 우선 당시 광주부의 롱(숏). 이어서 거리를 걸어가는 남녀, 이오코를 실은 가마가 다가올 거리, 거리에서 시장의 잡답(雜沓)에 근접하는 이오코의 가마, 이렇게 네 컷으로 촬영된 다음, S#115 관찰시(觀察視) 저택 문 앞으로 넘어간다.

반월성지 언덕에서 부감으로 촬영한 경주 부락은 시나리오에 나와 있는 광주부의 원경(遠景)이 되는데, 부락 어귀 하얀 길 저편으로 이어지는 낮은 초가집들이 예로부터의 반도 생활을 생각나게 한다. 이 장면이 끝나고, 우리는 최씨 부락 일각, 원시적 물물교환을 행하고 있는 시장으로 가서 시장 장면을 찍고, 다수의 엑스트라를 동원하여 이오코의 가마가 시장으로 다가오는 다음 컷을 촬영했다.

이 장면을 이틀에 걸쳐 촬영하고, 우리는 경주로부터 북으로 수 마일(mile) 위에 있는 안강평야로 들어가, 아화 부근의 논밭을 중심으로 시나리오의 S#121~123까지를 촬영했다. 이것은 이오코가 조선의 토지를 개발하는 실습지(實習地) 장면이다.

뒤돌아보건대, 아화의 황막한 수전은 90년 동안의 대가뭄으로 물이 말라 그 어디고 폭 1촌이 넘는 큰 균열이 하얗게 마른 대지를 종횡하고 있었다. 이 비참한 현실 풍경은 우리 마음에 강한 비통함과 음울함을 주었다. 동시에, 이것이야말로 조선 땅의 현실감을 영화적으로 고조시킬 사실 효과라는 맹렬한 의욕이 끓어올랐다. 우리는 재빨리 높이 4칸의 발판을 설치하고 그 위에 카메라를 세워 물 없는 수전을 일망(一望)에 담았다. 그리고 논 옆에는 실제 백성들을 엑스트라로 동원하여, 슬픔에 잠겨 고개를 숙인 농민들의 모습을 촬영했다. 몇백 년인지 모를 인종(忍從)의 생활을 이어온 의지가 꺾였는데도 오히려 더 땅에 집착하여 돌처럼 묵묵히 일하는 소박한 반도 농민의 모습이, 연기가 아닌 현실감으로 카메라에 캐치(catch)되었다. 우리는 이 한 컷을 촬영한 것으로 조선에 온 보람을 느꼈다.

9월이 되자, 우리는 대구에서 서쪽으로 4리 떨어진 낙동강 상류, 유용(悠容)한 강의 흐름 일면에 대사막이 펼쳐진 광대한 대륙적 풍경의 화원으로 향했다.

이곳에서 우리는 #134 떠내려가는 오쿠무라 실업학교의 간판을 주우러 이오코가 강에 들어가는 부분을 촬영했다.

조선의 강은 흐름이 없는 것처럼 유용(悠容)하게 보이지만, 실제로는 흐름이 격하고 게다가 높낮이가 급하다.

연기 협의가 끝나고, 스기무라 군은 떠내려오는 간판을 잡기 위해 물결이 얕은 곳에서부터 강으로 뛰어들어갔다. 순간, 그 간판이 스기무라 군의 앞을 비껴가버렸다. 스기무라 군은 겁도 없이 이를 따라 나아갔는데, 순식간에 가슴까지 물에 잠겨 지켜보던 우리의 간담이 서늘해졌다. 그러면서 겨우 긴 이동 팬(pan) 한 컷을 마쳤다. 때마침 낙동강 상류의 사막 저편에서 강풍이 불어와 실루엣처럼 모래 연기가 피어났다. 석양의 사광(射光)이 비친 모래 면이 드러나면서 아름다운 계조(階調)의 줄무늬를 이루었는데, 이것으로 정말 보기 드문 미관(美觀)의 한 신을 카메라에 담을 수 있었다.

이리하여 〈오쿠무라 이오코〉 촬영을 위해 조선 로케이션에 사용한 필름이 약 6천 척, 전후 촬영일수가 약 20일간. 우리는 그 성공을 조용히 기뻐하며 9월 7일 다시 관부(関釜)연락선 고안마루(興安丸)의 손님이 되었다.

도요타 시로

1940년 9월 | 제18-9호 | 121쪽 | 시사실

단평

(……)

최근 〈지원병〉 〈수업료〉 두 편의 조선영화를 연달아 봤는데, 둘 다 흥미롭게 볼 수 있었다. 〈지원병〉보다도 〈수업료〉 쪽이 뛰어났는데, 이 작품은 조선 어느 소학생의 글짓기를 원작으로 야기 야스타로가 각색, 〈국경〉의 최인규와 〈한강〉의 방한준이

공동 감독한 작품이다. 기술적으로 아직 치졸하지만, 그래도 컷 컷의 구도 등을 꽤 공들인 작품이다. 그러나 사소한 부분에 집착하여 긴요한 전체 구성은 소홀히 하고 있다. 이 작품뿐만이 아니라, 〈지원병〉 등 조선영화를 보고 언제나 느끼는 것인데, 이는 조선영화 공통의 폐(弊)가 아닌가 싶다. 기술적으로 도움을 받을 수 없는 현상(現狀)인 만큼, 적어도 대강이라도 좋으니 확실히 정리된 구성력을 보여주었으면 좋겠다.

솔직히 말해서 나는 기술적으로는 이 영화를 부정하지만, 제작 관계자의 일관된 열의가 전해져 왠지 마음이 풍요로워지는 것을 느꼈다. 기술은 치졸해도, 그들의 진실하고 정직한 영화정신은 숭고하다.

오쿠로 도요시(大黒東洋士)

1940년 10월 | 제18-10호 | 78~79쪽

반도영화에 대하여

이것은 반도영화를 본 그대로의 기록이다. 악조건과 싸우며 영화제작에 매진하는 반도의 영회인들을, 우리는 지금이야말로 친히 주목해야 한다!

조선영화

반도영화도 지금까지 네댓 편은 봐왔다. 문예봉의 〈나그네〉를 비롯, 〈한강〉〈수업료〉〈친구〉, 그 외에도 본 것 같은데 생각이 나지 않는다. 그중에서도 〈한강〉과 〈수업료〉가 인상에 남아 있다. 왜인가.

시미즈 히로시의 〈친구〉는 반도영화라기보다는 내지영화의 연장에 지나지 않았다. 반도인 아역을 쓰는 법도 종래의 시미즈 히로시 지도로부터 한 발도 나아가지 못했는데, 이 영화를 보는 동안 나는 문득 위험을 느꼈다. 〈수업료〉는 감독도 반도인이었다고 기억한다. 그중에 스스키다 겐지가 오직 혼자 등장하는데, 이 등장 방법이 앞으로의 반도영화에서 하나의 시사가 될 것이라고 생각했다.

일본인 감독은 설령 어떠한 사정이 있다고 해도 결코 반도영화를 감독하지 말아야 한다. 나는 이렇게까지 극언하고 싶다. 일본인의 협력은 〈수업료〉에서 스스키다 겐지가 등장한 정도의 겸허한 것에 그쳐야 한다. 예컨대 시미즈 히로시라고 해도 〈친구〉에서는 구경하기 좋아하는 일본인의 성격이 노골적으로 나타나 있다. 사실 이런 성격이 나타나는 것은 당연하며, 이를 부정해버리면 감독이 열의를 빼앗긴다는 것도 인지상정으로 이해할 수 있다. 그러나 이 때문에 반도인의 생활이 과장되고 생활의 진상이 왜곡되어 우리 눈에 비춰질 위험이 있다. 이래서는 모처럼 반도를 배경으로 인간생활을 찍으면서도, 그저 흥미로운 로케이션으로 끝날 뿐이다.

〈수업료〉와 〈친구〉를 비교해보면, 겨우 두 권인 〈친구〉 쪽이 조선 명소를 충분히 안내하고 있다고 느끼게 한다. 극영화란 그런 것이 아닐 터이다. 한편 〈수업료〉는 심심한 조선 풍경을 배경으로 하고 있지만, 오히려 반도인의 생활은 심심한 배경에 스며들어 있는 편이 훨씬 자연스럽다는 이해를 우리에게 준다. 반면 〈한강〉이나 〈나그네〉는 순연한 반도영화이면서도, 막상 우리가 그것을 이해하려 할 때에는, 설사 서툰 일본어가 삽입되어 있다고 하더라도, 충분히 이해할 수 없었다. 단지 보기 드문 풍습과 인정을 과시한 것에 그쳐버렸다.

이래서도 안 된다고 생각한다. 물론 외국영화인 셈이라 그 정도로 눈감아줄 수는 있다. 그러나 일본인으로부터 보다 잘 이해받고자 생각했다면, 〈수업료〉와 같이 그 안에 한 명의 일본인을 등장시켜 우리의 이해를 돕는 것이 중요하다. 좋은 영화였음에도 불구하고 〈나그네〉나 〈한강〉에 대한 내지의 지지가 부족했던 이유는, 이해하기 어려웠던 데 원인이 있던 것은 아닐까. 물론 이러한 내 생각도 반도영화를 하는 한 방법에 불과하다. 하지만 이런 방법을 통해서 반도영화의 선전, 이해를 널리 퍼뜨리는 것이 흥행적으로도 당면의 문제이지 않을까.

니와 후미오(丹羽文雄)

작가, 『은어(鮎)』『다이소지 부근(太宗寺附近)』

『남국초(南国抄)』『돌아오지 않는 중대(還らぬ中隊)』 등.

〈수업료〉 시사를 보고

최근에 이 영화의 원작인 우(禹) 군의 글을 읽었다. 평소에 쓰지 않는 일본어로 잘도 이만큼 썼다며 감동했다.

영화에서는 조선 가옥이나 옷차림, 식기 등이 내지와 조금 다른 것이 신기했다.

손잡이가 부채처럼 가는 '주걱'으로 밥을 푸거나 가느다란 부지깽이 같은 젓가락을 써서 밥을 먹는다. 시종[밥을 먹을 때도 아닐 때도] 배선(盃洗)같이 생긴 것을 옆에 두고 그 안의 물인지 뭔지를 마신다. 또, 쌀통이 가늘고 긴 항아리라든가, 쌀을 푸는 그릇이 어떤 나무 열매 속을 도려낸 둥글둥글한 물건이라는 것도 신기했다. 학교는 내지의 교사(校舍) 느낌이었다. 수업료를 잊어버린 아이들이 잇달아 일어서 선생님께 이유를 댈 때는, '모처럼 선생님께 칭찬을 받았는데……'라고 작문에 쓰여 있던 기분이 잘 나타나 있었다. 수업료를 체납하여 결석한 우 군이, 할머니 병문안을 온 선생님으로부터 돈을 받아 이걸로 수업료를 낼 수 있겠다며, 밤중에 데굴데굴 구르거나 몸을 빙빙 돌리거나 하면서 기뻐하는 모습은 눈물겨웠다. 그러나 그다음 날, 기쁘게 등교하려던 중 집주인과 마주치고, 아픈 할머니를 걱정시킬 수 없다며 모처럼의 수업료를 밀린 집세의 일부로 건네버린 뒤 터덜터덜 집으로 돌아오는 장면에서는 나도 울었다.

우 군은 6리나 떨어진 숙모 집으로 돈을 빌리러 나선다. 하얗게 메마른 자갈길이나 풀이 우거진 들판을 걸어갔다. 도착하기 전에 날이 저물고 힘도 들어서 〈애마진군가(愛馬進軍歌)〉를 부르며 스스로 기운을 북돋으려 하지만, 결국에 얼굴이 점점 일그러져 울기 시작하는 곳은 너무 가여웠다. 다음 날 숙모 집에서 쌀과 돈을 받아 버스를 타고 돌아오니 부모님으로부터 기쁜 소식이 와 있다. 돈도 들어 있었다. 우 군과 할머니는 기뻐서 눈물을 흘렸다. 그러고는 먼저 수업료를 내기 위해 학교를 향해 달려간다. 땀범벅이 되어 달려가는 장면이 내 머릿속에는 가장 또렷하게 남아 있다. 그때 교실에서 선생님이 '우정 상자'를 꺼내 보여준다. 같은 반 친구들이 조금씩 돈을 모아 수업료를 내주자고 한 것이다. 원작에는 "이 이야기를 듣고 나는 정말 어떻게 해야 할지를 몰랐습니다. 단지 내 눈앞에 친구들의 얼굴이 부처님처럼 귀하게 비쳐 보였습니다"라고 되어 있는데, 이 장면을 보고 문득 내가 쓴 『서지』[104]라는 작품이 떠올랐다. 이것은 옷이 없어서 여행을 갈 수 없던 나에게 공장의 친구들이 돈을 모아 서지를 사준 일을 적은 것이었다.

나의 『글짓기 교실(綴方教室)』도 우 군과 같은 4학년경의 작품이 주를 이루고 있다. 나도 수업료를 내지 못해 곤란했던 추억이 있다. 그러나 내 경우에는 선생님께서

---

104) 원문은 『セル』. 'セル'는 서지(serge), 즉 소모사(梳毛絲)로 짠 모직물을 일컫는다.

금방 면제 수속을 취해주셨다. 그렇지 않았다면 나도 우 군처럼 '수업료'라는 글을 썼을지 모른다.

선생님은 쓰키지(築地)의 스스키다 씨이다. 뵌 적이 있어 반가웠다. 큰 키에 목까지 깃을 여민 차분한 느낌의 선생님이 되어 있었다. 우 군을 비롯하여 다른 사람들은 모두 반도인이다. 우 군도 다른 어린이들도,『글짓기 교실』의 미노루(稔)나 미쓰오(光男)처럼 어린이의 생활과 성격을 그대로 드러내고 있어 좋았다. 솔직히 말해서 나는 영화의 만듦새가 어떻고 하는 것은 모르겠다. 내 작품과 마찬가지로 글짓기한 것이 영화가 되어, 또한 똑같이 가난한 사람들의 이야기라서 특히 내 마음을 울렸던 것인지도 모른다. 어찌 됐든, 나는 좋은 작품이다 싶었다.

도요다 마사코(豊田正子)

『글짓기 교실』 저자

1940년 11월 | 제18-11호 | 72~73쪽 | 광고

〈복지만리〉〈집 없는 천사〉

강력한 약진이 빛나는 고려영화의 2대 거편(巨篇) 공개 다가오다!!

〈복지만리〉
내지에서 반도의 벽지로, 나아가 만주의 광야로 개척을 이어가는 조선창맹(蒼氓)의 눈물겨운 생활시(詩)

고려영화, 만영 협동제작의 야심 찬 대륙영화!
전창근(全昌根) 시나리오 · 감독, 이명우 촬영, 이토 센지 작곡

고려 측 진훈, 심영, 주인규, 박창환, 이규설, 송옥(宋玉),[105] 유계선, 김동규, 전택이

---

105) '전옥(全玉)'의 오기로 추정된다.

공연

만영 측 진진중, 왕근파, 이영, 장상, 장혁, 훈파

고려영화협회 · 만영협회 협동 작품

〈집 없는 천사〉

'부랑아'라는 이름으로 불리는, 거리의 빛없는 아이들을 어떻게 선도할 것인가?
반도영화는 또 새로운 사회문제를 이 한 편에서 제기한다.

〈국경〉〈수업료〉의 신예 최인규 감독 작품

조선총독부촉탁 니시키 모토사다(西龜元貞) 각색

반도 출신의 명 카메라맨 가나이 세이치(金井成一)[106] 촬영

조선영화 시작 이래의 올스타 캐스트

문예봉, 김일해(金一海)

김신재, 윤봉춘, 전택이, 홍은순(洪銀順), 곽도식(郭道植), 진훈, 이상하(李相夏), 김
유호(金裕虎), 남경치(南慶治), 황상돈(黃常敦), 복혜숙, 이금룡

공연

고려영화협회 작품

[내지 도와상사 영화부 배급]

1940년 12월 | 제 18-12호 | 78~79쪽 | 담화실

반도영화계에 보내는 말

〈수업료〉 시사를 보고 나서, 그 감상을 물어보기에 나는 〈바람 속의 아이들〉에

---

106) 본명은 金學成(김학성).

필적하는 작품이라고 추천해두었다.

솔직히 말해서, 지금까지 나는 반도영화를 보고 무언가 낯간지러운 듯 창피한 듯하지 않을 때가 없었다. 이는 자기 집안의 비밀을 타인에게 들켰을 때와 같은 그런 수치심인데, 지금까지 반도영화들은 내지 시장을 노렸든 노리지 않았든 상관없이, 하나같이 무언가 꼭 그런 결점이 있었다.

그런데 〈수업료〉를 보면서, 지금까지의 반도영화를 볼 때처럼 잡념에 사로잡히지 않고, 참으로 순수하게 화면에 흡수되고 작품 속으로 끌려들어갔다. 그리고 두 번 정도 아무리 해도 울지 않을 수 없었다. 나는 〈바람 속의 아이들〉을 볼 때도 눈물이 나서 어쩌지 못했는데, 그것도 이것도 근본이 같은 작품이다. [나라고 그렇게 싸구려 눈물은 흘리지 않는다. 이것은 조금도 창피한 일이 아니라고 생각한다.]

그러니까 〈수업료〉를 내가 새삼 〈바람 속의 아이들〉과 비교한 까닭은 양쪽 모두 아이들의 세계를 그렸기 때문만은 아니다. 작품 내용의 순수성[이렇게 말하는 것으로 충분치 않다면 타당성]이 공통된다는 점에서 더욱 크게 기인하고 있다.

연기 면에서 볼 때 〈수업료〉는 아직 〈바람 속의 아이들〉에 미치지 못한다. 먼저 아마추어 같고 치졸하다. 마루야마 가오루(丸山薰) 씨는 나에게 문화영화를 보는 것 같다고 했는데, 그렇게 말할 수 있는 부분이 다분히 있다. 기용된 배우들이 완전 아마추어였다는 것이 그렇게 생각하게 만드는 주요 원인이라고 생각한다.

그러나 소년 배우가 전무한 반도영화의 실정을 고려하면, 그 이상의 연기를 바라는 것이 무리였으리라.

그런 것보다, 이 영화 기획의 선량함과 순수성을 나는 추상(抽賞)하고 싶다. 그러니까 종래의 영화들이 굳이 로컬 컬러를 내는 것에 주력하여 일부러 엑조티즘(exotism)을 겨냥, 오히려 실패하고 있는 것을 감안하면, 이 〈수업료〉는 그러한 잘못된 기획자들이 귀감으로 삼아야만 하지 않겠느냐는 생각이다. 연출도 카메라도 좋지만 시나리오가 훨씬 뛰어난데, 성공에 태반의 공적을 담당하고도 남는다 싶다[물론 원작이 좋은 것이었으나].

이 순수성이라는 것을, 반도에서 반도영화를 만들 경우에는 물론이거니와 내지 측에서 만드는 경우에도 유의해주었으면 한다. 예컨대 수년 전 〈아리가또 상〉에서는 이즈(伊豆)의 반도인 노동자들에게 그저 동정의 눈물을 흘릴 뿐이던 시미즈 히로시 씨가 〈친구〉의 순수성으로까지 반도 인식을 높인 것에 대하여, 반도영화를 만들고 있는 다른 많은 내지 측 제작자들의 주의를 환기시키고 싶다.

〈여인전심〉은 아직 못 봤지만, 기획 중이라는 '아리랑'이나 '문예봉' 영화가, 엑조티즘이나 로컬 컬러에 주력하는 단계는 졸업했다고 하더라도, 단지 달달한 수준에 머물러 있을 때는 역시 초보적 단계를 완전히 벗어나지 못할 것이라고 지적하고 싶다.

이러한 결함을 없애기 위해서도, 반도영화 자체가 전체적으로 더 순수성을 유지하고 기르지 않으면 안 된다. 이 〈수업료〉 정도의 리얼리즘에서 출발해야 하지 않을까.

아무튼 반도영화는 지금 궤도에 올랐다. 이 기회를 놓치고 나중에 후회하는 일이 없도록, 당사자들의 필사적인 노력과 그 성과를 기대한다.

장혁주(張赫宙)

작가, 『권이라는 사나이(權という男)』

『가토 기요마사(加藤清正)』 『춘향전』 등.

스타(スタア)

1940년 10월 초순 | 제8-18호 | 광고

〈복지만리〉〈집 없는 천사〉

고려영화협회가 선물하는 2대 걸작!

〈복지만리〉
만선일체! 양쪽이 손을 잡은 대륙영화의 새로운 여명!
여기에 진실한 개척자의 생명이 흐르고 있다!
고려영화협회·만주영화협회 협동작

이창용 감제(監製), 전창근 시나리오·연출, 이명우 촬영
고려 측 진훈, 심영, 주인규, 박창환, 이규설, 이창관(李創冠),[107] 전옥, 유계선, 김동규, 전택이 공연
만영 측 진진중, 왕근파, 이영, 왕미운, 장상, 장혁, 훈파 공연

〈집 없는 천사〉
불행한 소년군(群)! 집 없는 천사를 어떻게 구할 것인가?
생생하게 사회문제에 대답하는 조선영화의 늠름한 진전!!

___
107) '송창관(宋創冠)'의 오기로 추정된다.

고려영화협회 작품

최인규 감독, 니시키 모토사다 오리지널 시나리오
가나이 세이치 촬영, 이토 센지 · 김준영(金駿泳) 음악

문예봉, 김신재, 김일해, 홍은순, 곽도식
진훈, 이상하, 윤봉춘, 김유호, 남여치[108]
황상돈, 시라카와 에이사쿠(白川栄作), 방준모(方俊模), 전택이, 유현(柳玄)
박창혁(朴昌赫), 김한(金漢), 이금룡, 안복록(安福祿), 고기봉(高奇峰)
복혜숙, 백란(白蘭), 박춘자(朴春子), 난조 하쿠비(南條白美),[109] 기타미 아이코(北見
愛子)
공연

1940년 11월 하순 | 제18-20호 | 14~15쪽

반도영화와 그 근황

반도영화라고 하면 많은 사람들이 수년 전 스즈키 시게요시가 신코에 있을 때
만든 작품 〈나그네〉 정도만 기억한다. 그 전후로 〈춘향전〉[110] 외 산에이샤가 소개한
수 편을 필두로, 쇼치쿠에서 편집과 녹음을 진행한 〈어화〉, 근래에는 〈한강〉〈국경〉
〈지원병〉 등 1년에 두세 편의 반도영화가 (상영되지만) 모두 극도의 냉대를 받고 있
다. 〈한강〉이나 〈국경〉 등은 평단으로부터 따뜻한 반응을 얻었으나, 흥행적으로는
여전히 의붓자식 취급을 받으며 무시당했다. 이들 작품은 그래도 불완전하게나마 햇
빛을 본 것이다. 최근 2, 3년 사이에는 미공개인 채로 남아 있는 작품도 수 편 있다.
〈도생록〉〈성황당〉〈무정〉〈심청전〉[111] 등이 그렇다. 〈무정〉은 보지 못했으나, 다른

---

108) 크레디트에는 "남경치(南慶治)"로 나온다. 오기로 추정된다.
109) 크레디트에는 "난조 유미(南條由美)"로 나온다. 오기로 추정된다.
110) 이명우 연출의 1935년작을 일컫는 것으로 추정된다.
111) 안석영 연출의 1937년작을 일컫는 것으로 추정된다.

세 편도 차마 보지 못할 정도의 작품은 결코 아니다. 〈도생록〉이나 〈심청전〉은 쉽게 잊기 힘든 감각을 보여주는 몇 장면이 있었을 정도다. 올해 들어서도 〈수업료〉 등은 그 소박한 제재와 전혀 꾸밈없는 작풍이 많은 지식인들의 마음을 움직였다. 그럼에도 불구하고 오히려 흥행자들은 이 영화에 대해서 지금까지의 냉혹한 태도를 버리려 하지 않는다.

만약 이후로도 이런 상태가 계속된다면, 모처럼 성장해가려 하는 반도영화의 전도(前途)가 심히 불행하다고 말하지 않을 수 없다. 그리고 그 불행에 대한 책임 일단(一端)은 우리 나라 흥행자들이 짊어지지 않으면 안 될 것이다.

×

원래 지금까지 소개된 모든 조선영화가 가지는 흥행영화로서의 약점—스타 밸류(value)가 떨어진다든가 내용이 소소하다든가 하는 점이, 전속 스타 제일주의의 방화나 스케일이 큰 외국영화를 선호하는 내지 상영관에서 우대받지 못하는 첫 번째 이유임에는 틀림없다. 그러나 이런 이유만으로 조선영화를 냉대해도 된다고는 할 수 없다. 조선영화는 아무래도 좋은 외국영화와 다르다. '반도영화는 반도영화인의 손으로 반도영화적인 것을……' 필시 이것이 반도영화인의 소원일 것이며, 우리도 이를 바라는 바이다. 하지만 반도영화의 향상은 단지 소원을 빌고 빌어주는 것만으로는 도저히 이루어질 수 없다. 무엇보다, 영화기업이라는 것은 그 수가 백에도 미치지 못하는 토키 상영관만을 대상으로 성립되는 것이 아니다. 조선에서는 현재에도 영화를 위해 투여되는 고정자본이 극히 적다. 바로 최근까지도 영화기업을 위해 자본을 내놓는 것은 결코 안전한 것이 아니었다. 때문에 좋은 영화가 만들어질 수 없었다고도 할 수 있는데, 이러한 기업형태, 즉 제작조건을 정비하지 않는 한, 양심적인 작가나 뛰어난 연출가가 아무리 있어 봤자 어떻게 할 수 없는 노릇이다.

그래서 필요한 것이 내지 영화인의 노력이다. 자본가의 협력, 각본가의 협력, 감독의 협력이 다 필요하지만 그 무엇보다 필요한 것은 내지 흥행자의 이해와 협력이다. 설사 기술적으로 변변치 않더라도, 스케일이 작더라도 〈수업료〉는 현재 조선영화 최고의 작품이다. 그렇게 빈약하면서도 우리의 마음에 와 닿는 무언가가 있는 작품이다. 비록 언어 문제가 있다고 하더라도, 그 내용은 어린 관객들이라도 이해할 수 있을 것이다. 신흥 만주영화를, 또한 갱생하는 중화영화를 선도하려는 일본영화계가 반도영화에 무관심하여 좋을 리가 없다. 이것을 내지의 흥행자들이 생각해주었으면 한다.

×

그런 한편, 내지의 영화회사보다 수 배의 악조건에 있는 조선영화계에서 나오는 작품이라 해서 지금 이상의 것을 바랄 수 없다고는 생각하지 않는다. 이 점을 생각해보아야 하는데, 다시 말해 지금까지의 반도영화들은 영화적인 결점도 결코 적지 않았다. 기술 문제가 아니라, 그중에는 지금이라도 고쳐야만 하는 부분이 많다고 생각한다. 컷이 긴 것[이것은 일본영화의 최대 결점이기도 한다], 굳이 어두운 주제를 어둡게 다루는 것[이것도 일본영화에서 적지 않다] 등이 공통의 폐해였다고 할 수 있다. 그러나 이렇게 템포가 늦다는 것은 하나의 향토적 특색이기도 하다. 연극이나 기타 전통의 영향이 있어 이를 외부로부터 바꾸는 것이 불가능하리라는 것은 일본영화의 경우와 마찬가지라고 생각할 수 있다. 어두운 제재에 대해서도 같은 말을 할 수 있을지 모른다.

앞에서 내지영화계로부터의 협력이 필요하다고 했는데, 반도에 유능한 영화인이 없다는 말은 아니다. 일과 관련해 가끔 만날 기회가 있었던 〈국경〉〈수업료〉의 최인규나 〈한강〉의 방한준은 매우 야심 찬 작가이다. 최 군 등은 우리도 필적할 수 없는 열렬한 영화 팬이기도 하지만, 감독으로 보더라도 내지의 평범한 직업 감독이 따라갈 수 없는 진지한 무언가가 있다. 그러나 많은 경우 그들의 양심적 노력은 작품을 통해 열매 맺지 못하고 있다. 왜일까. 영화는 문학이나 회화 같은 개인적 예술이 아니기 때문이다. 영화는 누가 뭐래도 흥행해야 하며 어떠한 형태로든 대중을 즐겁게 하지 않으면 안 되기 때문이다. 어떻게 더 순수할 수 있을지 하는 것보다, 현재의 반도영화는 어떻게 내지 시장에 더 받아들여질지를 고민해야 한다. 이것이 현실의 문제이다. 예컨대 내지 영화인의 노력을 더 적극적으로 요구해야 한다. 예를 들어 내지 각본가에게 시나리오를 요청하고, 내지 배우들을 출연시킴으로써 작품의 흥행가치 강화를 꾀해야 한다. 그것이 반도영화인이나 반도영화에게 불명예일 리 없다. 〈나그네〉가 스즈키 시게요시의 이름으로 내지에서 흥행영화로서 성공했다는 것을 생각해내야 한다. 물론 내지의 영화회사들도, 일류 작가를 반도에 부임시켜 시간을 가지고 반도적인 제재를 만들어내게 하는 의기가 없어서는 안 된다. 결국, 자본력을 통한 협력이 무엇보다도 급선무이다.

×

〈수업료〉에 이은 최인규의 작품 〈집 없는 천사〉 및 전창근의 신작 〈복지만리〉가 최근 완성되었다고 보도된바, 이제는 두 편의 작품에 대해 조금 소개해두도록 하자.

〈복지만리〉는 지금껏 〈국경〉 〈수업료〉를 제작한 고려영화의 작품으로, 만영과 제휴한 첫 번째 작품이기도 하다. 제작을 준비하기 시작한 것이 쇼와 13년 봄, 같은 해 5월부터 올해 봄까지 실제 촬영을 계속하고[중간에 쉰 적은 있지만, 영화에 필요한 계절을 기다리기 위해서였다], 올 여름에 완성되었다. 지금까지의 반도영화에서 볼 수 없던 규모의 로케이션으로, 무산(茂山)에서 만주국에 이른다. 내용을 말하자면, 내지에 건너갔던 일단(一團)의 반도인이 내지에서 생계가 막막해져 반도로 돌아온다. 무산에서 벌목노동자가 되어 일하였으나, 결국 봄이 오자 이 일도 없어서 만주의 신천지로 한 사람씩 떠나간다. 여름이 되어 만주 일각에서 일동 합류하는데, 사소한 일로 만주인과의 사이에 위험한 공기가 흐른다. 자칫하면 충돌인 상황을 동료 중 하나인 강(姜)의 노력으로 무사히 넘긴다. 일동은 수확의 가을을 맞이한다. 이런 이야기인데, 주연 강에는 일찍이 닛카쓰 전속으로 활약했던 이시이 데루오(石井輝夫), 즉 진훈이 분하여 강한 연기를 보여준다. 그의 동료 노동자들을 연기한 것은 심영, 주인규, 박창환, 송창관, 유현 등 지금까지의 조선영화에서는 낯선 배우들인데, 모두 극단 출신으로 확실한 연기를 보여준다. 여주인공 전옥[작부 역]도 무대 출신답게 인상적인 것을 지니고 있다.

스스로 시나리오를 쓰고 감독에 임한 전창근은, 지금까지의 조선영화들과는 다른 스타일을 보여준다. 시나리오와 감독을 겸한 경우의 결점으로서 혼자만 납득하고 넘어가는 부분이 있기는 하나, 시원시원한 화면 처리를 보여주고 있다. 촬영의 이명우는 반도영화계의 에이스. 기술적으로 매우 고심하고 노력한 흔적이 보인다. 단지 크레인(crane)으로 찍은 팬(pan) 등, 아름답지만 의미 없는 부분도 있었다. 하지만 전체적으로 선만일체(鮮滿一體), 만주낙토(樂土) 건설이라는 강한 테마가 한 편을 관통하는 작품으로, 특필할 만한 반도영화이다. 게다가 만주 장면에서는 훈파 외 6, 7명의 만영 배우들도 출연하고 있다.

〈집 없는 천사〉 쪽도 마찬가지로 고려영화 프로듀서 이창용이 야심 차게 기획한

신작이다. 조선총독부 촉탁으로 반도영화에서 선구적 협력자인 니시키 모토사다[
〈수업료〉영화화에도 이런저런 애를 썼다]가 시나리오를 썼다. 부랑아 교화를 테마
로 하는 영화인데, 감독은 〈수업료〉의 최인규, 카메라는 반도 출신의 신예로 신코영
화 전속인 가나이 세이치라는 호(好)스태프. 배역도 그야말로 올스타 캐스트인데, 문
예봉, 진훈, 윤봉춘, 김신재, 이금룡, 전택이, 복혜숙의 대(大)캐스트. 여러 가지 의미
에서 기대할 만한 작품이다. 〈집 없는 천사〉에 대해서는 다시금 소개의 글을 쓰는 것
으로 하고 싶다.

노구치 히사미쓰(野口久光)

2부

일본영화사업총람(日本映画事業總覽)[1]

1926년 | 다이쇼 15년판 | 102~103쪽

본방 각 지방 영화계의 현 정세
조선의 부(部)

조선의 구역 두말할 나위도 없이 조선 및 그 부근을 가리킨다.

발흥하는 영화의 신인기(新人氣) 전도(前途) 극도로 부진한 대만에 비해 여기는 또 불가사의. 조선에서는 목하 영화열(熱)이 발효하여 지금 바야흐로 발발(勃發)하려 하고 있다.

조선의 상설관 수는 총 35여 개가 넘는다. 그중 수부(首府) 경성에는 방인관(邦人館)인 기라쿠칸[닛카쓰], 다이쇼칸[쇼치쿠], 고가네칸[데이키네], 주오칸[마키노 및 데이키네] 4개관과 단성사[쇼치쿠, 유나이티드], 조선극장[   ][2] 두 선인관(鮮人館)을 합하여 6개관이 있다.

그 밖에 부산 2개관, 대련(大連) 2개관, 인천 1개관, 용산 1개관, 평양 2개관이 있는데, 이 모두 꽤 성행하는 영화관이다. 올해 들어서도 〈바그다드의 도적〉〈노틀담의

---

1) 쇼와 5년판(1930년)까지, 국제영화통신사(國際映畫通信社)가 발행하던 기간 중의 정식 명칭은 '일본영화사업총람(日本映画事業總覽)'이었으나, 통칭 '영화연감'으로 불리는 까닭에 본 자료집에서도 '영화연감'으로 포괄한다.
    한편, 본 2부에 수록된 기사 중 '일본영화계' 전반을 다룬 통계 일람 등에서는 기사 전체가 아닌 조선 관련 부분만을 발췌하였다.
2) 원문에서 괄호 안 표기가 누락된 채 "( )"라고만 표기되어 있다.

곱추〉〈쓰키카타 한페타(月形半平太)〉[3] 등 대특(大特)작품이 연달아 들어와 모두 대성적(大成績)을 점했다.

특히 골계(滑稽)적인 것은, 6월 중순 반도 쓰마사부로(阪東妻三郎)가 마키노 쇼조(牧野省三) 인솔로 인사차 왔을 때이다. 그의 인기가 미증유의 소동을 일으켜 주오칸이 만원사례, 입추의 여지가 없었다. 반면 같은 시기 가와이 다케오(河合武雄) 일파가 신파거두(新派巨頭)와 동행하여 조선에 도착한 것은 안중에도 없었다.

조선에는 지금 격렬한 힘으로 영화가 침입하고 있는바, 앞으로 2, 3년 정도 지나면 더욱 흥미로운 시대가 연출될 것이다. 한편, 각 사(社)의 세력을 비교해보면 닛카쓰가 여전히 1위를 점하고 있다. 이어 도아[마키노 포함], 데이키네 순이다. 쇼치쿠키네마가 약간 열세를 보이고 있는데, 마키노 탈퇴로 도아는 예전의 면모를 잃고 아마 쇼치쿠에 뒤지는 결과를 낼 것 같다.

조선에서 조금 재미있는 것은, 경성 정동거리에서 그리스도교 학교를 경영하는 모리스(James H. Morris)가 유니버설을 비롯하여 파라마운트사와 폭스사의 대리점을 인수, 그의 인격이 신용을 얻어 사업이 꽤 순조롭게 진행되고 있다는 점이다. 학교를 경영하는 한편, 영화사업을 운영하는 것은 확실히 좋은 착안이다. 콘트라스트(contrast)로서 일본인으로 하여금 배우게 하고 싶지 않은가.

본 지방에서 스타트(start)는 대부분 부산 호라이샤(寶來社)의 요시무라(吉村) 씨나 고토부키칸(壽館) 사쿠라바 후지오(櫻庭藤夫) 씨가 파일럿을 맡는다고 한다.

이치카와 사이(市川彩)

1927년 | 쇼와 2년판 | 588~589쪽

전국 영화 및 연예 회사 흥신록
[다이쇼 15년 9월 조사]

---

3)　'쓰키카타 한페이타'는 일본영화사에서 수차례 영화화된 인기 레퍼토리로, 본문 중 언급되는 작품을 확정하기 어려우나, 기누가사 데이노스케(衣笠貞之助)의 1925년작, 혹은 닛카쓰 제작(감독명 미상)의 1926년작 중 하나로 추정된다.

▼ **주식회사 헤이조(平壤)키네마** 평양정 사쿠라마치(平壤町 櫻町) 53

자본금 100,000[불입액 21,500]

중역 [대표이사] 나카히라 간조(中平岩蔵) [이사] 이나바 기노스케(稲場喜之助), 야나기무라 고로(柳村五郎), 아마시마 류조(天島龍蔵) [감사] 야나기무라 고로, 후쿠이 다케지로(福井武次郎), 하시모토 쇼조(橋本庄蔵)

▼ **조선활동사진주식회사** 경성부, 에이라쿠초(永樂町) 1의 48

설립 다이쇼 10년 4월[총 주식 수 1만 주]

자본금 500,000[불입액 125,000]

중역 [이사] 마쓰모토 다미스케(松本民介), 이와모토 요시후미(岩本善文), 후지토미 구니타로(藤富國太郎), 나리키요 다케마쓰(成淸竹松), 사노 히코조(佐野彦蔵), 미나미 겐베(南源兵衛) [감사] ○시노 한스케(○篠伴助),[4] 잇시키 요시타로(一色善太郎), 마스다 미호(増田三穂)

▼ **주식회사 간코(咸興)극장** 함경남도 함흥군 함흥면 종각리(鐘閣里)

설립 다이쇼 12년 7월[총 주식 수 3천 주]

자본금 150,000[불입액 45,000]

중역 [이사] 사가와 도라지로(佐川寅次郎) [이사] 하세가와 조조(長谷川長蔵), 가와치 히코키치(河内彦吉), 도요시마 류케이(豊島柳慶), 구누기 마사히토(九貫正仁) [감사] 곤고 나오이치(金光直市), 다카쿠라 에이타(高倉栄太), 나카하라 쇼사쿠(中原正作)

▼ **주식회사 고쿠사이칸(国際舘)** 부산부 기시모토초(岸本町) 5

목적 활동사진 경영 및 극극(劇劇)

설립 다이쇼 10년 8월[총 주식 수 4천 주] 결산기 9월 자본금[불입 끝냄] 100,000

중역 [사장] 기노시타 겐지로(木下元次郎) [이사] 야마무라 마사오(山村正夫), 시게토미 이하치(重富伊八), 야마모토 에이키치(山村栄吉), 요시오카 시게미(吉岡重實), 시마스에 게이타(島末慶太) [감사] 요시카와 요시하루(吉川義治), 다와라 다다오(俵忠男)

---

4) 원문에서 글자 판독 불가.

1927년 | 쇼와 2년판 | 605~609쪽

영화 관계 사업 조사록

[다이쇼 15년 11월 조사]

업종	명칭	소재지	전화	사장 또는 대표자	지배인	영업 부장
흥행·배급 및 제작업	마키노(マキノ) 조선 대리점	부산 미나미하마초 (南浜町) 2초메	760	–	사쿠라바 후지오	–
프로덕션	조선키네마 프로덕션	경성부 아사히마치 (旭町) 3초메 9	혼마치 (本町) 811	요도 도라조 (淀虎蔵)	쓰모리 슈이치 (津守秀一)	–
일본영화 배급업	사쿠라바 (桜庭)상회	부산부 미나미하마초 2초메	760	사쿠라바 후지오	–	–
외국영화 배급업	모리스상회	경성 정동가(貞洞街) 22	광화문 242	제임스 모리스 (James Morris)	오가타 슌사쿠 (小形俊作)	–
흥행 및 배급업	올키네마협회 영화부	조선 평양부 사쿠라마치 9	926	요코야마 신 (横山新)	–	–

1928~1929년 | 쇼와 3, 4년판 | 69쪽

주요 상설관 월별 입장인원 통계

경성부(府)의 부[쇼와 2년 국제영화통신사 조사부]

관명	기라쿠칸(喜楽舘)	다이쇼칸(大正舘)	고가네칸(黃金舘)	주오칸(中夫舘)
1월	20,220	18,040	23,805	15,952
2월	10,830	11,538	8,126	11,471
3월	15,937	13,462	13,007	15,824
4월	13,533	12,216	14,397	21,695
5월	17,978	14,166	12,631	19,064
6월	16,074	12,858	8,101	17,950
7월	13,736	11,923	7,719	24,848

8월	18,288	11,644	12,791	18,054
9월	17,972	15,240	14,296	19,997
10월	16,123	11,729	10,318	26,404
11월	16,810	15,982	13,241	18,097
12월	11,164	9,297	9,069	14,308
합계	188,763[5]	158,095	147,501	223,664

1928~1929년 | 쇼와 3, 4년판 | 161~168쪽

전국 영화 및 연예 사업 회사 흥신록

본 조사는 쇼와 2년 초에 실시되었으므로 (현재와) 다소 상이를 면하기 어려운데, 조사의 곤란함에 대한 관용과 사업 통계 조합(照合)을 바람.

사명	소재지	설립연월	자본금	주식수	대표자	상무 또는 지배인
주식회사 헤이조키네마	조선 평양정 사쿠라마치 53	다이쇼 12년 1월	100,000	5,000	나카히라 간조	이나바 기노스케
조선활동사진 주식회사	조선 경성부 에이라쿠초 1-48	다이쇼 10년 4월	500,000	10,000	마쓰모토 다미스케	이와모토 요시후미
주식회사 고쿠사이칸	조선 부산부 기시모토초 5	다이쇼 10년 8월	100,000	4,000	기노시타 겐지로	야마무라 마사오

---

5) 월별 입장객의 실질 총합과 합계치가 다르다. 이하, 통계표들에서 세목의 실질 합과 합계치가 다른 경우가 적지 않게 발견됨을 밝혀둔다.

1928~1929년 | 쇼와 3, 4년판 | 181쪽~191쪽

일본 영화사업자명록

업종	명칭	소재지	전화	시장 또는 대표자	지배인	영업부장
흥행배급 및 제작업	마키노 조선 대리점	부산 미나미하마초 2초메	760	–	사쿠라바 후지오	–
프로덕션	조선키네마 프로덕션	경성부 혼마치 1초메 21	혼마치 811	요도 도라조	쓰모리 슈이치	–
일본영화 배급업	사쿠라바상회	부산부 미나미하마초 3초메	760	사쿠라바 후지오	사쿠라바 미키오 (桜庭幹夫)	–
흥행 및 배급업	올키네마협회 영화부	조선 평양부 사쿠라마치 9	926	요코야마 신	–	–

1928~1929년 | 쇼와 3, 4년판 | 302~303쪽

일본 영화관명록

관명	정원	소재지	계통	전화	경영자	지배인
주오칸	933	경성부 에이라쿠초 1초메	마키노	본국 3014	후지모토 쇼조 (藤本省三)	–
기라쿠칸	950	동(同) 혼마치 1초메	닛카쓰	동 597	마쓰다 마사오	–
고가네칸	1,000	동 고가네마치 4초메	도아	동 2637	도아키네마 직영	–
다이쇼칸	1,040	동 사쿠라이초 1초메	쇼치쿠	동 837	후쿠자키 하마노스케	나카미즈 도모노스케
조선극장	800	동 인사동	양화(자유)	광화문 2050	시미즈 만지로 (清水万次郎)	–
단성사	960	동 종로 4초메	양화(자유)	동 959	박승필	박정현
우미관	520	동 관철동	양화(자유)	동 359	시바타 미요하루	–

게이류칸	–	동 용산 간조도오리 (漢壯通)[6]	닛카쓰, 마키노	용산 31	이시하라 이소사부로 (石原磯三郎)	다나카 조지로 (田中助次郎)
히사고칸	700	인천부 신마치	마키노	410	아라쿠니 마타히라 (新国又平)[7]	–
애관	–	동	유니버설 (양화 자유)	–	–	–
아이오이칸	808	부산부 혼마치	쇼치쿠	535	아라이 유키요시 (新井幸吉)	미쓰오 미네지로
호라이칸	700	동 사이와이초 1초메	닛카쓰	485	이케다 기사쿠 (池田喜作)	니시지마 덴민 (西島天眠)
사이와이칸	1,000	동 미나미하마초 2초메	마키노	조(長) 760	사쿠라바 미키오 (櫻庭幹雄)	야마다 에이지 (山田永治)
다이에이칸	824	대구부 무라카미마치 (村上町)	닛카쓰	234	오에 우메 (大江うめ)	쓰카모토 하루토 (塚本春人)
다이마쓰칸 (大松館)	–	동 다마치	마키노	804	오카모토 나오 (岡本なお)	–
만경관	600	동 교마치	유니버설 (자유)	483	이제필 (李濟弼)	현영건 (玄泳健)
도키와칸	400	경상북도 울산군 방어진	마키노	120	오리키 쇼조 (大力章三)	–
헤이와칸	377	목포부 무안(務安) 도오리	쇼치쿠	–	미하라 기미토 (三原公人)	–
기라쿠칸	950	전라남도 목포부 무안도오리	닛카쓰	–	마쓰다 마사오	–
기쇼칸	–	군산부 개복동	마키노, 도아, 유니버설	344	가와카미 고조 (河上好蔵)	가와카미 마스이치
가네치요자	–	평양부 고토부키초	쇼치쿠	–	오쿠다 노비타로 (奥田延太郎)	[휴관 중]
헤이조 키네마	–	동 사쿠라마치	쇼치쿠	926	나카히라 간조 (中平岩蔵)	–

가이라쿠칸	676	동 고토부키초	닛카쓰, 마키노	1177	구보 헤이지로 (久保兵次郎)	마쓰다 미쓰테루
제일관	560	동 수옥리	유니버설 (자유)	–	박경석 (朴經錫)	–
미나토칸	–	진남포 다쓰이초	닛카쓰	610	아베 마사도모	–
원산극장	–	원산부 고토부키초	닛카쓰	–	마쓰다 에이타로 (松田栄太郎)	–
동명극장	535	동 동 1초메	양화(자유)	253	최상학 (崔相鶴)	최명파 (崔明波)
간코(咸興) 극장	500	함흥부 하나사키초	마키노	242	나카무라 도시조 (中村利蔵)	[휴관 중]
고메이칸 (光明舘)	–	전라남도 광주 미나미도오리	닛카쓰	201	구로세 도요쿠라 (黒瀬豊蔵)	–
세카이칸	700	신의주부 혼마치	파라마운트	32	이시하라 게이조 (石原慶造)	기노시타 야사부로 (木下彌三郎)

---

6) '간코도리(漢江通)'의 오기로 추정된다.
7) '닛타 마타히라(新田又平)'로 표기되는 경우도 있다.

국제영화연감(國制映畫年監)

1934년 | 쇼와 9년판 | 126쪽

영화 및 연예 광고 통계

매체명	부산일보 (부산)	경성일보 (경성)	조선신문 (경성)	매일신보 (경성)	동아일보 (경성)	조선일보 (경성)
행수	53,403	129,034	108,994	34,542	41,855	30,179

비고 본 표는 연예 신문광고 행(行)수를 총괄적으로 조사한 것으로, 여기에는 영화 신문광고 행수도 포함되어 있다. 오늘날이 영화 전성기이므로, 연예광고라 해도 영화광고가 그 90%에 이르는 것을 상상하기 어렵지 않을 것이다. 이러한 영화광고 광고주는 모두 상설관인데, 왕왕 다른 상품과 타이업(tie-up)하여 보통 광고보다 긴 행수를 소비한 이채로운 신문광고란도 있다. 신문광고는 영화 선전방식의 주요 한 축으로, 각 관은 매주 1회 프로그램을 바꾸는 날이면 반드시 신(新)프로그램을 신문에 광고한다. 이 때문에, 1년을 통틀어 보면 영화 신문광고가 상당한 행수를 이루는 것으로 보인다.

(……)

1934년 | 쇼와 9년판 | 127~131쪽

조선영화 검열·제작·흥행 통계

[조선총독부 경무국 도서과 조사]

조선총독부 최근 3년간 영화 검열 통계

쇼와 5년				
종별	국산영화		외국영화	
	권(卷)수	미터(meter) 수	권수	미터 수
극 (劇) 오락	6,128	1,486,994	3,038	768,080
선전	283	64,013	7	1,624
교화	161	38,612	4	1,001
계	6,662	1,589,619	3,049	770,705
실사 (實寫) 오락	249	55,443	67	14,506
선전	65	13,560	20	5,098
교화	313	72,501	–	–
계	627	141,504	87	19,604
총계	7,289	1,731,123	3,136	790,309
쇼와 6년				
종별	국산영화		외국영화	
	권수	미터 수	권수	미터 수
극 오락	6,536	1,589,530	3,585	895,007
선전	486	110,722	25	4,533
교화	111	14,715	31	5,017
계	7,133	1,724,967	3,643	904,557
실사 오락	305	61,717	40	10,336
선전	229	52,090	6	14,470
교화	212	45,528	22	5,073
계	746	159,335	68	29,879
총계	7,879	1,884,302	3,710	934,436

쇼와 7년				
종별	국산영화		외국영화	
	권수	미터 수	권수	미터 수
극 오락	7,414	1,626,908	3,602	878,686
극 선전	317	71,448	1	77
극 교화	117	23,244	–	–
극 계	7,848	1,721,600	3,603	878,763
실사 오락	593	101,970	152	33,716
실사 선전	95	20,132	18	4,413
실사 교화	117	25,970	4	939
실사 계	805	15,807	174	39,068
총계	8,653	1,733,407	3,777	917,830

부기 검열 효력이 끝나는 유효기간은 만 3년으로 한다. 위 유효기간 내의 선전용 및 교화용 영화는, 쇼와 8년 9월말 현재의 조사에 의한바, 극은 국산영화 364종, 외국영화 89종, 합계 453종, 실사는 국산영화 926종, 외국영화 50종, 합계 976종으로, 이들 영화는 관공서, 학교, 신문사, 공공단체 등의 공익 시설에서 선전·교화 목적으로 상영되고 있다.

조선 내 재주(在住) 영화배급업자 수 및 배급 상세(狀勢)

조선에서는 내외영화를 통틀어 영화회사가 작품을 직접 흥행자에게 배급하는 경우가 드물고, 대체로 별개의 내선인 배급업자가 영화회사와 특약을 맺어 배급에 종사하고 있다. 근래에는 토키가 전성인 반면, 군부(郡府)에서 무성영화 수요가 많아서 외국물 무성영화가 동이 났다. 이에 편승하여 내지로부터 오래된 영화를 구입해 와 적당히 다시 편집한 뒤 배급하는 소위 브로커(broker)가 갑자기 증가했다. 또한 유명한 영화만을 특별히 구입하거나 빌려서 배급하는 곳도 있다. 외국영화는 내지인 경영 흥행장과의 거래가 그다지 활발하지 않으며, 주로 조선인 지향 흥행장을 대상으로 배급된다. 조선영화는 신작이 없기 때문에 어쩔 수 없이 오래된 영화만을 취급할 수밖에 없는 상황이다.

본 표는 검열 신청 수를 기준으로 조선총독부 경무국에서 조사한 것이다. 동일한 영화를 여러 번 배급할 경우에는 이를 1편으로 계상(計上)했으며, 동명의 복사물의 경우도 마찬가지다.

계통별	업자별	업자 수	쇼와 7년 중 배급 영화			
			건수	권수	미터 수	
외국영화 계통	외국인 직접 경영	1	42	243	60,278	대체로 내선인 배급업자와 거래하는 것이 보통임
	내지인 사원 파견	1	47	389	94,710	점차 배급 지반을 잃어가고 있음
	내지인 배급업자와 특약	2	75	578	143,012	수요 부진
	조선인 배급업자와 특약	1	104	821	207,537	주로 지방 조선인 대상 흥행장에 배급, 업적 성행
	소계	5	268	1,931	505,537	
일본영화 계통	회사직영	1	172	1,412	27,315	목하 닛카쓰가 유일
	내지인 배급업자와 특약	4	423	2,812	781,630	쇼치쿠, 신코, 다이토, 다카라즈카(寶塚) 등의 제(諸) 작품
	조선인 배급업자와 특약	1	68	349	74,139	주로 조선물만 취급
	계	6	663	4,573	863,084	
무(無)계통 브로커	내지인	5	347	1,644	386,353	
	조선인	1	23	158	35,844	
	내선인 공동	1	13	89	22,364	
	계	7	383	1,891	444,,561	
총계		18	1,313	8,497	1,833,182	

다이쇼 12년 이후 조선 영화제작자 조사 통계

다이쇼 12년 이후 조선 내 영화제작 종사 관계를 보면, 내지인 경영 10건, 조선인 경영 16건을 헤아린다. 작품 수로 보면, 전자로부터 내지극(劇) 22편, 순(純)조선극 23

편으로 합계 45편, 후자는 순조선극 31편이나 그 대부분이 이미 문을 닫았고, 현존하는 것도 겨우 여섯 곳에 그친다. 그러나 단지 명의(名義)만 있고 실제로는 망했거나 제작을 완전히 중지하는 현상(現狀)으로, 사업을 계속하는 곳은 전무하다. 배우, 감독, 촬영기사로 일하는 조선인은 각 제작소의 개폐에 따라 갑에서 을로 이동하며, 어쩌다 영화 한 편이 제작된다는 소문이 있을 때는 마치 개미가 단물에 모이듯 무리를 짓고 그 영화의 제작이 끝나면 즉시 사방으로 흩어진다. 영화배우는 평소에 거의 실연(實演)에 종사하고 있다. 다음 표는 조선총독부경무국 도서과가 조사한 것이다.

	명칭	작품 수		감독		촬영기사		배우				현상 (現狀)
		내지극	조선극	내지인	조선인	내지인	조선인	내지인 남	내지인 여	조선인 남	조선인 여	
내지인 경영	오카자키(岡崎) 프로덕션	2	1	1	–	1	–	–	–	7	2	폐멸 (廢滅)
	고니시(小西) 영화제작소	–	1	1	–	1	–	2	1	4	1	동
	조선키네마 프로덕션	1	8	1	2	1	2	2	–	5	3	동
	도쿠나가(德永) 활동사진상회	2	–	–	1	–	1	–	1	8	4	현존하나 제작 없음
	선만(鮮滿) 활동사진상회	1	–	–	1	–	1	–	1	3	2	동
	도아 문화협회	2	1	–	1	–	1	–	–	4	기생	폐멸
	도야마 미쓰루 프로덕션	5	4	1	2	1	1	1	2	3	2	명의만 존재
	나카가와(中川) 프로덕션	3	–	1	–	1	–	2	–	–	–	동
	오타(オホタ) 영화제작소	2	2	1	2	1	2	–	–	5	3	폐멸
	반도(半島) 키네마사	4	2	1	1	1	1	1	–	6	4	동
	고려영화제작소	–	5	–	3	–	2	1	–	12	4	동
	나운규 프로덕션	–	6	–	–	–	3	1	–	7	3	동

조선인 경영	금강키네마사	–	2	–	2	–	2	–	–	4	2	동
	계림(鷄林)영화협회	–	4	–	2	–	2	–	–	8	4	동
	대륙키네마 프로덕션	–	2	–	1	–	1	–	–	5	2	동
	백남(白南) 프로덕션	–	1	–	1	–	1	–	–	3	1	동
	단성사 촬영소 [원방각사]	–	3	–	1	–	2	–	–	6	3	사업 휴지 중
	조선영화사	–	1	–	1	–	1	–	–	3	1	폐멸
	아성키네마사	–	1	–	1	–	1	–	–	7	3	동
	동양영화사	–	1	–	1	–	1	–	–	4	2	동
	정기탁(鄭基鐸) 프로덕션	–	1	–	1	–	1	–	–	3	1	동
	극동키네마사	–	2	–	1	–	1	–	–	8	3	동
	평양키네마사	–	2	–	1	–	1	–	–	10	4	동
	금강서광 (金剛曙光) 합동 프로덕션	–	1	–	2	–	2	–	–	12	3	동
	서선(西鮮) 시네마 프로덕션	–	1	–	1	–	1	–	–	4	1	동
	김학택(金涸澤) 프로덕션	–	1	–	1	–	1	–	–	5	2	폐멸
	강정원(姜鼎遠) 프로덕션	–	2	–	1	–	1	–	–	6	2	동

비고 본 표에 집계된 배우는 어느 정도 유명한 이들만을 계상(計上), 소위 엑스트라는 계산에 넣지 않았다. 또한 표 중의 모든 인원이 이곳저곳 이동하는지라 이들의 숫자가 중복 계산되기도 했던 바, 실제 숫자는 심히 극소하다.

쇼와 7년 조선 흥행장 수 및 상영영화 수 통계

	흥행장 수						
	내지인 대상		조선인 대상		내선인 대상		계
	영화 전문	기타	영화 전문	기타	영화 전문	기타	
내지인 경영	27	27	5	3	6	11	79
조선인 경영	3	–	8	4	–	–	15
내지인[8] 경영	–	–	–	–	–	2	2
계	30	27	13	7	6	13	96

	쇼와 7년 상영영화 수					
	조선영화		내지영화		외국영화	
	권수	미터 수	권수	미터 수	권수	미터 수
내지인 경영	–	–	115,485	39,091,122	25,754	55,003,876
조선인 경영	7,149	5,210,075	3,287	755,290	21,326	20,497,043
내선인 경영	557	167,100	200	2,400	2,070	261,000
계	7,706	5,377,175	118,972	39,848,812	49,150	75,761,918

비고 조선인 경영 내지인 대상 흥행장이 3으로 되어 있는데, 여기는 자본관계에 따라 경영 명의만 조선인으로 되어 있는 곳으로, 실제 업무는 내지인이 담당하고 있으며 상영영화도 주로 내지물로 한정되어 있다. 내선인 공동경영 흥행장에서 내지물을 상영할 경우에는 내지인이 주체가 된다.

쇼와 7년 조선 각 도별 유료영화 관람인원 통계

	흥행장 수			내지인			[9]		
	영화 부문	기타	합계	관람인원	인구	1인당 비율	관람인원	인구	비율
경기도	11	6	17	1,139,711	134,639	8회 초과	1,203,313	1,981,971	2인/3인
충청북도	–	2	2	22,663	7,916	3회 미만	23,961	858,111	1인/35인
충청남도	1	6	7	95,389	23,983	4회 미만	47,664	1,349,622	1인/29인

---

8) '내선인 경영'의 오식으로 추정된다.

전라북도	1	6	7	117,839	33,558	4회 미만	67,327	1,410,108	1인/21인
전라남도	4	3	7	144,482	41,558	3회 미만	141,195	2,293,346	1인/16인
경상북도	4	5	9	411,351	48,319	4회 초과	286,976	2,299,668	1인/8인
경상남도	6	11	17	528,805	86,067	6회 초과	237,829	2,015,817	1인/8인
황해도	–	6	6	29,836	18,147	2회 미만	45,618	1,474,576	1인/32인
평안남도	5	3	8	254,471	32,960	8회 미만	142,635	1,278,736	1인/9인
평안북도	–	3	3	81,527	19,971	4회	143,878	1,511,215	1인/11인
강원도	–	2	2	19,496	11,660	2회 미만	11,939	1,421,860	1인/111인
함경남도	2	6	8	256,524	35,928	7회	302,082	1,499,598	1인/5인
함경북도	–	6	6	107,808	28,750	4회 미만	16,414	696,645	1인/42인
계	33	65	98	3,209,909	523,452	6회 미만	2,725,454	20,037,273	1인/23인

비고 이 관람인원을 흥행장 계통으로 구별하면, 내지인 대상 흥행장은 내지인 3,035,662명(66%) 대 조선인 1,505,299명(34%)이며, 조선인 대상 흥행장은 내지인 169,119명(13%) 대 조선인 1,299,585명(87%), 내선인 공동 경영흥행장은 내지인 5,128명(5%) 대 조선인 94,817명(95%)으로, 그 전체를 총괄하면 내지인 54% 대 조선인 46%의 비율이 된다. 그러나 조선인 대상 흥행장의 내지인 관객 수 중 56,640명은 특정 영화 한 편의 관람을 위해 입장한 것이며, 34,709명은 내지인 내상 흥행장이 소실되어 어쩔 수 없이 입장한 이들이다. 다시 말해 두 경우 모두 일시적 현상으로, 이것을 통해 일반을 정할 수 없다. 한편, 내지인 대상 흥행장에서 내지물이 상영될 경우, 저명한 작품일 때에 조선인 청년 남녀 간, 소위 지식계급자의 관람이 근래 현저하게 증가하고 있어서 주목을 요한다.

곧 조선에서도 영화통제를 실시하게 되어, (쇼와) 8년 11월 30일에 활동사진흥행령 발포에 이르렀는데, 내외영화 상영비율의 결정 등도 문제가 되고 있다. 내지와 보조를 맞추어, 통제는 근간 한 층 더 진전을 볼 것이다.

---

9)   본문 중에 항목에 대한 설명이 없으나 "조선인"이 삭제된 것으로 추정된다.

1934년 | 쇼와 9년판 | 353~367쪽

중앙관공청·단체 문화영화 이용 상황

(……)

영화 이용 관청, 자치체, 공공단체

회답을 받은 67건에 대해 이를 계통별로 제시하면, 외무성 1건, 내무성 및 그 관계 6건, 문부성 및 그 관계 3건, 대장성 및 그 관계 2건, 육군성 및 그 관계 8건, 해군성 및 그 관계 2건, 농림성 및 그 관계 14건, 상공성 및 그 관계 2건, 철도성 및 그 관계 5건, 체신성(遞信省) 및 그 관계 3건, 사법성 및 그 관계 1건, 척무성(拓務省) 및 그 관계 4건, 경시청 및 그 관계 4건, 도쿄부(府) 1건, 도쿄시 1건, 조선총독부 1건.

이를 보면, 영화 이용이 가장 활발하게 이루어지고 있는 것은 농림성 계통이다. 미국, 프랑스, 러시아, 캐나다 등에서도 동일 경향이 있는데, 그중 미국 농림성의 영화 이용은 굉장히 큰 규모이다. 또 역사적으로 봐도 이 계통에 속하는 것은 비교적 오래되었다. 농림성 계통에 이어 영화를 왕성하게 이용하고 있는 곳은 육군성 계통인데, 농림성 계통과 함께 이용 영화의 대부분이 기술적인 지도영화라는 것도 주목할 필요가 있다

영화 이용 방법

영화 이용 방법은 이용 목적에 따라 저절로 결정된다. 이를 총괄적으로 말하자면, 일반 공개와 공개 범위를 한정시키는 것이 있다. 공개 범위를 한정시키는 것은 육군성 관계에서 많고, 전매국 역시 이용 성질상 국내로만 한정되며, 외무성 정보부나 국제관광국 등의 영화는 원칙적으로 국내에 대출되지 않는다.

영화 공개는 순회영사나 대출을 통하는 방법이 보통인데, 관청영화는 도부현(道府縣)을 대상으로 하거나 도부현을 경유하여 이루어진다. 육군성 신문반이 육군 군인 기관지 『강한 군인(つはもの)』 편집부에 명하여 출장영사를 하게 하고, 도쿄시 전기국이 청년단에 영사를 위촉(委囑)하는 등의 방법이 가장 안전하고 편리하다.

관청영화의 출장영사 또는 대출은 그 신청에 근거하여 필요하다고 인정된 방면에만 허용하는데, 영화 성질상 영리 목적 제공을 피하기 위해서다. 그러나 될 수 있는

한 다수가 관람하도록 하려면, 사정이 허락하는 한 상설관에도 대출해야 한다. 철도 성 운수국 여객과에서는 쇼와 3년 이후 방침을 개정하여 현재 상설관 대상의 대출을 개시했고, 체신성 간이보험국에서도 현재 상설관 대출을 행하고 있다. 영화국책 수 립의 시작은 이러한 종류의 문화영화 상영을 오히려 상설관에 강제하는 것이 되어야 하지 않을까.

관청·공공기관 등의 영화 출장영사 또는 대출은 당연히 무료로 이루어져야 하 지만, 드물게 실비를 징수하거나 일정 요금을 받는 곳도 있다. 영화반 유지비가 윤택하 지 못할 경우에는 이 정도도 어쩔 수 없지만, 하루빨리 무료로 개정되어야 할 것이다. 현재 실비 또는 요금을 징수한 것은 겨우 공공단체 8건이며 관청에서는 거의 없다.

다른 이용 방법 중 하나인 반포(頒布)는, 특별히 외무성 정보부와 육군성 관계[부 내(部內)로 한함] 등이 무료로, 일반적으로는 실비를 징수하고 있으며 국제관광국, 조 선총독부, 대일본잠사회 등은 그 가격을 명확하게 규정하고 있다. 또 제작 담당자에 게 복사 권리를 부여, 특별 인가를 받은 것에 대해서만 복사를 통해 반포하게 하는 경우도 있다. 육군성 기술 본부, 일본광산협회, 간이보험국 등이 그 보기이다.

(……)

중앙관공청·공공단체 영화 이용 시설 내용·목적 예산 일람

명칭	대표자, 부장	주임	이용 목적	재고영화 권수	촬영기	영사기	(쇼와) 8년 예산
조선총독부 관방문서과	–	마쓰무라 이사무 (松村勇)	내외사정 소개	358	–	2	10,4○10)0

중앙관공청·공공단체 영화 이용 시설 재고 목록

영화를 이용하는 모든 관청 및 단체의 재고 영화 중, 제작 영화, 소유관청, 단체 등 이 특유한 작품만을 고른 것이 여기에 예로 든 표이다. 최근의 재고 목록에 의거한다.

---

10)　원문에서 숫자가 지워져 있다.

40. 조선총독부[11]

제목	연도	권수	벌수
조선은행	다이쇼 9년	4	4
조선의 무악(朝鮮の舞樂)	다이쇼 10년	1	3
기생의 춤(妓生の踊)	동	1	15
신라의 춤(新羅の踊)	동	1	15
고등상업학교	동	1	–
간도(間島)사정	동	1	2
금강산	동	2	22
금강산 부감(俯瞰)	동	1	2
눈의 비원(雪の秘苑)	동	1	4
연중행사	동	2	20
상류가정	동	1	5
교육	다이쇼 11년	1	9
황후폐하 평양박람회 방문(皇后陛下平博御成)	동	1	1
동궁 전하 귀조봉축(東宮殿下御帰朝奉祝)	다이쇼 10년	1	1
동 성혼봉축(御成婚奉祝)	다이쇼 13년	1	1
치치부노미야 전하 조선 방문(秩父宮殿下朝鮮御成)	쇼와 5년	2	1
추운 경성(愁雲の京城)	다이쇼 15년	1	1
다카마쓰미야 전하 금강산에(高松宮殿下金剛山へ)	동	1	1
동 경주 방문(慶州御成)	–	1	1
동 경성 방문(京城御成)	쇼와 3년	1	1
동 수원·평양 방면 방문(水原平壤方面御成)	쇼와 4년	1	1
간인노미야 전하 경성 방문(閑院宮殿下京城御成)	다이쇼 11년	1	1
동 경주 방문(慶州御成)	동	2	1
동 조선박람회 방문(朝博御成)	동	1	1
동 적십자사총회 참석(赤十字社総会台臨)	동	1	1

---

11) 이상의 작품들은 부록의 '영화 정보'에 포함시키지 않았으며, 원어 추정에 혼란이 있을 것으로 생각되는 제목 및 단어들만 일본어를 병기하였다.

동 친열식(御親閲式)	쇼와 4년	1	1
동 평양 방면 시찰(平壤方面御視察)	동	1	1
동 금강산 탐승(金剛山御探勝)	동	2	1
고 이왕 전하 국장(故李王殿下国葬)	다이쇼 15년	2	1
조선여행[내지](朝鮮の旅[内地より])	다이쇼 14년	7	1
동[만주](満州より)	다이쇼 15년	5	1
동[간도](間島より)	동	6	–
은화의 조선 이야기(銀貨の朝鮮物語)	쇼와 2년	5	–
사계절 행사(四季の行事)	동	2	1
백제사적(百濟事跡)	다이쇼 15년	1	1
조선팔경	쇼와 4년	1	2
조선십육승(十六勝)	동	1	4
꽃의 창경원(花の昌慶苑)	동	1	5
조선의 농업(朝鮮の農業)	동	2	9
영광의 농촌(栄ある農村)	쇼와 5년	2	9
농촌구가의 교육(農村謳歌の教育)	동	2	3
농촌 지도(農村指導)	동	1	3
밀짚 끈의 제조(麥稈眞田の製造)	쇼와 2년	1	2
조선의 수산(朝鮮の水産)	동	2	4
천일제염	다이쇼 12년	1	3
천연 얼음 채취(天然氷採取)	동	1	4
청어 어업(鰊漁業)	쇼와 6년	1	2
벚꽃새우(桜蝦)	동	1	2
전남의 김(全南の海苔)	동	2	3
해상생활	쇼와 5년	1	3
사화사업 대회	쇼와 3년	1	–
구호시설	동	1	–
아동 보호	동	1	–
특종교육	동	1	–
직업 소개	동	1	–

수산(授産)사업	동	1	–
복리시설	동	1	–
교화시설	동	1	–
감화원	동	2	2
아동 애호(愛護)	동	1	21
동[조선문 타이틀]	동	1	8
조선의 노동(朝鮮の勞働)	동	4	3
영문(英文) 연중행사	다이쇼 15년	2	–
동 병원(病院)	다이쇼 12년	1	–
동 금강산	동	2	–
동 영광의 농촌	쇼와 5년	3	–
동 농촌구가의 교육	동	2	–
다이쇼 14년 수해(大正十四年の水害)	동	1	3
쇼와 5년 풍수해(昭和五年の風水害)	동	2	3
동	동	1	3
압록강 벌목(鴨綠江の伐)	동	1	21
기념식수(植樹)	다이쇼 12년	1	1
압록강 상류사정(上流事情)	동	1	2
수양단(修養團) 대회	동	1	3
육군기념일	다이쇼 14년	1	1
대례봉축(御大禮奉祝)	쇼와 3년	4	1
천장절(天長節) 축하회	쇼와 6년	1	1
대혼 25년 봉축(大婚二十五年奉祝)	다이쇼 14년	1	1
히나인형(雛人形) 증정식	쇼와 6년	1	1
동 환영회	동	1	1
경성신사대제(京城神社大祭)	쇼와 5년	2	1
사단대항(師團對抗)연습	동	1	1
청년단 훈련 연습회(靑訓演習會)	동	2	2
특명 검열사 친열(特命檢閱使親閱)	쇼와 6년	2	1
승마 대회	동	2	1

조선박람회	쇼와 4년	2	2
동 개장식	동	1	1
연날리기 대회(凧揚げ大會)	쇼와 6년	1	–
석왕사(釋王寺)	쇼와 3년	1	–
제주도	쇼와 4년	2	1
경성부회의원선거(京城府會議員選擧)	쇼와 6년	1	1
은율광산(殷栗鑛山)	다이쇼 15년	1	1
수력전기공사(工事)	쇼와 3년	1	1
제2회 조선신궁경기(神宮競技)	다이쇼 15년	2	1
제3회 동	쇼와 2년	5	1
선만 스케이트 대회(鮮滿スケート大會)	쇼와 3년	2	2
동	쇼와 4년	2	2
동	쇼와 5년	1	2
삼방스키대회(三防スキー大會)	쇼와 6년	1	1
원산스키(元山スキー)	다이쇼 11년	1	1
일독(日獨) 육상경기 대회	쇼와 5년	2	1
학생 유럽방문비행(學生訪歐飛行)	쇼와 6년	1	–
제2회 체육데이(體育デー)	다이쇼 15년	1	2
근육위축증	다이쇼 11년	1	–
권업공사(勸業公司)	다이쇼 15년	1	–
내지사정	다이쇼 9년	4	11
메이지신궁(明治神宮)	다이쇼 12년	1	1
이왕가 고전무악(李王家古傳舞樂)	쇼와 6년	1	3
조선신궁예제(神宮例祭)	쇼와 6년	1	1
일어나라 청년(起てよ青年)	쇼와 7년	1	1
향사는 빛난다(郷士輝く)	동	2	2
대구 향토인형제(大丘の地人形祭)	동	1	–
만주파견군대 환송(滿洲派遣軍隊の歡送)	동	1	–
헌납기명명식(獻納機命名式)	동	1	–
만주사변 전몰자 초혼제(滿洲事變戰沒者招魂祭)	동	1	–

천장절 축하회	동	1	–
충북 및 황연임야(忠北及荒演林野)	동	1	1
함남 화전민(咸南の火田民)	동	2	–
함북은 빛난다(咸北は輝く)	동	5	–
산림 대회	동	1	–
박문사 상동식(博文寺上棟式)	동	1	1
동 낙성식(落成式)	동	1	1
조선의 전망(朝鮮の展望)	동	2	–
국제연맹지부조사단 경성 구경(國際聯盟支部調査團京城見物)	동	1	–
우의천녀 이야기(羽衣天女物語)[극(劇)]	다이쇼 15년	2	10
바위를 가르는 소나무(岩裂く松)[동]	쇼와 5년	4	4
세금의 권(税金の巻)[동]	다이쇼 10년	2	4
부활의 길(復活の道)[동]	다이쇼 11년	3	3
젊은 친구(若い友達)[동]	동	4	2
우리의 경찰(我等の警察)[동]	쇼와 6년	1	2
단백질(タンパクヤ)[동]	쇼와 7년	6	1

1934년 | 쇼와 9년판 | 454~456쪽

전국 영화관명록

해외 각 식민지 지방—조선

영화관명	정원	소재지	전화	상영계통	경영자	지배인	토키
다이쇼칸	1,040	경성부 사쿠라이초	혼마치 72	쇼치쿠	후쿠자키 하마노스케	나카미즈 도모노스케	스플렌더 톤 (スプレンダ ートン)[12]
기라쿠칸	1,050	동 혼마치	동 597	닛카쓰	마지마 우메요시 (間島梅吉)	–	S.A.S
주오칸	900	동 에이라쿠초	동 3014	신코, 양화	오다 유키치 (小田勇吉)	오다 하루카즈 (小田治一)	스트롱 (ストロング)

도아구락부	1,036	고가네마치	동 2637	다카라즈카, 양화	도쿠나가 구마이치로 (德永熊一郎)	–	닙톤 (Nipptone)
게이류칸	750	동 용산 간코도리	용산 31	다카라즈카, 양화	우에다 도모타로 (上田友太郎)	나카무라 시게오 (中村重雄)	닙톤
우미관	500	동 관철동	광화문 395	양화	시바타 미요하루	이와무로 소고로 (岩室惣五郎)	R.C.A
단성사	965	경성부 수은동	동 959	양화	박정현	동	R.C.A
조선극장	800	동 인사동	동 1281	양화	김영(金永)	박응면 (朴應免)	스트롱
용산(龍山) 극장	–	동 용산 간코도리	–	쇼치쿠	미쓰오 미네지로 (滿生峰次郎)	–	–
가이라쿠칸	720	평양부 고토부키초	1134	닛카쓰	마루야마 리헤이 (丸山理平)	사카타니 쇼노스케 (坂谷章之助)	토비스 (Tobis)
가네치요자	739	동 동	739	양화	모리 고지로 (森幸次郎)	사카이 히로시 (酒井弘)	–
헤이조 키네마	538	동 사쿠라마치	926	쇼치쿠	사와다 후쿠노스케 (澤田福之助)	사와다 사다오 (澤田定雄)	롤라(Rola)
제일관	900	동 수옥리	484, 420	양화	박순옥	–	R.C.A
아이오이칸	900	부산부 혼마치	535	쇼치쿠	미쓰오 미네지로	후지키 쇼조 (藤木省三)	오사폰 (オサフォン)
호라이칸	700	동 사이와이초	485	닛카쓰, 양화	이와사키 다케카즈 (岩崎武一)		토비스
쇼와칸	1,000	동 동	276, 2159	신코, 다이토, 양화	사쿠라바 상사 (サクラバ商事)	사쿠라바 후지오	닙톤
히사고칸	700	인천부 신마치	410	쇼치쿠	닛타 마타히라 (新田又平)	요시무라 요이치 (吉村與一)	스플렌더톤
애관	500	동 외리	954 [호출]	양화	홍사헌 (洪思憲)	동	닙톤
가부키칸 (歌舞伎館)	800	동 하마마치	176	닛카쓰, 양화	홍사헌	요시무라 덴쇼 (吉村天肖)	닙톤

신코칸 (新興館)	–	대구부 다마치	234	쇼치쿠	미쓰오 미네지로	–	스플렌더 톤
만경관	1,000	동 교마치	1000	양화	이제필	–	–
에이라쿠자 (永樂座)	800	동 다마치	1376	닛카쓰, 신코, 양화	나가오 기주로 (長尾喜重郎)	–	오자폰 (オーザーフ ォン)
군산극장	–	군산부 가이후쿠초 (開福町)	34	닛카쓰	마쓰오 진페이 (松尾仁平)	–	–
기쇼칸	–	동 동	344	쇼치쿠, 신코	가와카미 고조	아라미 에이로 (荒見映郎)	스플렌더 톤
간코극장	500	함흥부 야마토마치	605	닛카쓰	쓰지 헤이조 (辻平三)	고바야시 긴조 (小林銀城)	–
동명극장	850	동 데라마치	634, 610	양화	김영선 (金英善)	차윤호 (車潤鎬)	–
마사고칸 (真砂館)	900	동 혼마치	368	쇼치쿠, 닛카쓰, 양화	구니이 가쓰히데 (国井勝英)	스에하라 도오루 (末原達)	스플렌더 톤
고토부키 자(寿座)	–	원산부 고토부키초	844	각 사	니시오카 기로쿠 (西岡喜六)	–	–
유라쿠칸 (遊樂館)	660	동 이즈미초	125	닛카쓰	고지마 모리하루 (小島守治)	–	–
헤이와칸	357	목포부 역전(驛前)	757	쇼치쿠, 닛카쓰	모리모토 쇼지로 (森本正次郎)	모리모토 기요시 (森本清)	나시아 판 (ナシアーパ ン)
데이코쿠칸 (帝國館)	–	광주읍 혼마치	710	쇼치쿠, 신코	구로세 도요요시 (黒瀬豊吉)	–	–
신극장 (新劇場)	–	신의주부 아사히마치 (旭町)	–	각 사	하기야마 고지로 (萩山幸次郎)	–	–
세카이칸	700	동 도키와초	32	쇼치쿠, 닛카쓰	노다 하쿠스이 (野田白水)	하야시타 요시미즈 (林田吉水)	스플렌더 톤
마루니시자 (丸西座)	500	마산부 야나기초	261	쇼치쿠, 신코	나가마쓰 하지메 (永松肇)	오쿠보 다케오 (大久保武雄)	–
세이신자 (清津座)	–	청진부 고토부키초	671	각 사	이와타 도게루 (岩田遂)	–	–

쇼와자	–	동 신시가 (新市街)	201	각 사	가사하라 미우에몬 (笠原三右衛門)	마키타 미노루 (牧田稔)	–
쇼치쿠칸	–	동 호쿠세이초 (北星町)	550	쇼치쿠	나베시마 겐타 (鍋島健太)	–	스플렌더 톤
오타자 (太田座)	–	대전부 혼마치	166	쇼치쿠	고마쓰 쇼조 (小松省三)	나카니시 마사하루 (中西政治)	스플렌더 톤
전주극장	–	전주부 다이쇼마치	444	닛카쓰, 쇼치쿠	하야시 기타로 (林来太郎)	하야시 노보루 (林登)	–
리코쿠자 (裡黒座)13)	–	전라북도 이리 사카에마치 (栄町)	117	쇼치쿠, 신코	가토 히사키치 (加藤久吉)	–	–
도키와칸	400	울산군 방어진 사카에마치 (栄町)	–	닛카쓰	하시즈메 에이타 (橋詰永太)	–	–
사쿠라자	–	충청북도 청주면 혼마치	147	각 사	나카오카 구니고로 (中岡国五郎)	–	–
미나토칸	450	진남포 다쓰이초	610	신코	아베 기요타카 (阿部清孝)	아베 다케사부로 (阿部武三郎)	–
엔게이칸 (演藝館)	–	나남(羅南) 하쓰세초 (初瀬町)	419	닛카쓰, 쇼치쿠	스기노 마사요시 (杉野政吉)	후쿠다 린이치 (福田林市)	–

1934년 | 쇼와 9년판 | 460~463쪽

전국 주요 일간신문사 및 영화란 기자록

지역	사명(社名)	국(局)·부(部)	담당 기자	회사 소재지
조선	경성일보	학예부	이마다 요시토(今田吉人)	경성 오테도오리(大手通) 1의 32
조선	조선신문	영화부	마쓰모토 데루카(松本輝華)	동 동 2초메

---

12) 발성기 명(名)으로 추정되나 정확한 영문 파악이 불가능하여 원문의 일어를 병기했다. 이하 영문 파악이 불
    가능한 발성기 및 영사기 명은 원문의 일어를 병기하는 것으로 한다.

13) '리리자(裡里座)'의 오기로 추정된다.

일본영화연감(日本映畫年監)

1941년 | 쇼와 16년판 | 광고

Rola

Rola

롤라 발성영사장치

롤라 광원장치

주식회사 롤라 컴퍼니

본사 오사카시 기타구 차야마치(茶屋町) 10번지 ☎ 도요자키(豊崎) [37] 1460, 1191, 1192

지사 도쿄시 시바구 다무라초 4초메 ☎ 시바 [43] 3770, 2712

북경 왕부정대가(王府井大街) 화북전영(華北電映) 내 ☎ 3763

경성부 고가네마치 2의 88 ☎ 본국 1915

후쿠오카시 하카타 나카우오마치(中魚町) 12 ☎ 후쿠오카 히가시 2223

1941년 | 쇼와 16년판 | 광고

Paramount Pictures

Paramount Pictures

파라마운트영화주식회사

도쿄 본사 도쿄시 고지마치구 우치사이와이초 오사카빌딩 7층 ☎ 긴자 [57] 2931, 2932번

오사카 지사 오사카시 기타구 소제마치(宗是町) 오사카빌딩 6층 ☎ [도사보리] 5411, 5412번

규슈 지사 후쿠오카시 가미고후쿠마치(上呉服町) 가타쿠라(片倉)빌딩 ☎ [오사(長)] 히가시 3850번

나고야 출장소 나고야시 중구 이와이도오리(岩井通り) 오스(大須)빌딩 ☎ [미나미] 4393번

조선 대리점 경성부 종로 3초메 62 기신양행(紀信洋行) ☎ [광화문] 1749번

대만 대리점 타이페이시 고토부키초 2의 4 [대만영화주식회사] ☎ 6464번

1941년 | 쇼와 16년판 | 광고

RKO RADIO PICTURES

RKO RADIO PICTURES

명화제일주의

일본 RKO 라디오영화 주식회사

도쿄 본사 도쿄시 교바시구 긴자 4초메 세이쇼칸(聖書館) ☎ [56] 6781 [선전, 회계용], 교바시 3866 [영업부용]

오사카 지사 오사카시 기타구 나카노시마(中之島) 3초메 아사히(朝日)빌딩 ☎ [기타하마(北濱)] 4501

규슈 지사 후쿠오카시 가미히가시마치(上東町) 27번지 ☎ 4105

홋카이도 대리점 오타루시(小樽市) 하나조노마치(花園町) 히가시 3초메 13번지 하라(原)상점 ☎ 3866

조선 배급소 경성부 메이지마치 2초메 82번지 ☎ [본국] 2364

대만 대리점 타이페이시 미나토마치(港町) 3초메 진청분(陳淸汾) ☎ 1953

COLUMBIA PICTURES

COLUMBIA PICTURES

쇼와 15년 베스트텐 입선 영화

〈콘돌〉〈골든보이〉〈환상의 마차〉

쇼와 16년 제공 3대 초대작(超大作)

〈내일에의 싸움〉〈스미스 씨 도시로 가다〉〈애리조나〉

콜롬비아영화회사

도쿄 본사 도쿄시 고지마치구 우치사이와이초 오사카빌딩 8층 ☎ 긴자[57] 5181,5881

오사카 지사 오사카시 기타구 4초메 63번지 ☎ 기타 1550번

규슈 지사 후쿠오카시 시모히가시마치(下東町) 니시키(錦)빌딩 2층 ☎ 히가시 404번

조선 배급소 경성부 메이지마치 2초메 82번지 ☎ 본국❷2364번

홋카이도 대리점 삿포로시 기타 4조 니시 7초메 3번지 ☎ 니시 579번

나고야 대리점 나고야시 주구 몬젠마치 3초메 18번지 ☎ 나카❸3280번

METRO–GOLDWYN–MAYER PICTURES

METRO–GOLDWYN–MAYER PICTURES

업계 NO.1

도쿄 본사 도쿄시 고지마치구 우치사이와이초 1의 3 [오사카빌딩] ☎ 긴자 3666, 3667번, 전략(電略) 토우케이.엠.지.엠[14]

오사카 지사 오사카시 기타구 히가시우메다초(東梅田町) 28 [프리미어하우스] ☎

기타 487, 1628번, 전략 오사카.엠.지.엠

규슈 지사 후쿠오카시 기타도이마치(北土井町) 주고(十五)빌딩 ☎ 니시 112번, 전략 후쿠오카.엠.지.엠

나고야 출장소 나고야시 나카구 신야나기초(新柳町) 2의 6 [진주(仁壽)생명빌딩] ☎ 본국 2314번

전(全) 조선 배급소 경성부 메이지마치 메이지자 ☎ 본국 2888번

홋카이도 대리점 홋카이도 오타루시 하나조노마치 3초메 13 ☎ 3866번

대만 대리점 타이페이시 고토부키초 2의 4 대만영화배급주식회사

1941년 | 쇼와 16년판 | 86~91쪽

전국 영화관명록
[쇼와 15년 12월 조사]

●정기(定期) 혹은 부정기 상영관, ▲ 가설관

관명	소재지	전화	경영자 성명	지배인 성명	영화계통	영사기명	발성기명	수용인원	종업원수
기라쿠칸	경성부[15] 혼마치 1의 38	본국 597, 2629	마지마 우메요시	다카다 사키오 (高田先雄)	닛카쓰, 양화	로얄	WE (Western Electric)	1150	29
경일(京日)문화영화극장	동 동 마치 1의 45	동 7810	경성일보사	사노 주사부로 (佐野重三郎)	단편	로얄	RCA	240	16
게이조 (京城)극장	동 동 마치 3의 94	동 1415	신코	가와무라 세이신 (川村正新)	신코	롤라	롤라	750	40
와카쿠사 (若草)도호 (東寶) 영화극장	동 와카쿠사초 (若草町) 41	동 5254, 6471	도호	이데 도시로 (井手俊郎)	도호, 양화	–	RCA	–	–

---

14) 원문에는 가타카나로 トウケイ라 적혀 있는데, 문맥상 도쿄를 의미하는 것으로 추정된다.

15) 지역, 즉 부(府)별 구분을 위해 원문에서는 부가 바뀔 때마다 굵은 글씨로 표시하고 있다.

경성 다카라즈카 극장	동 고가네마치 4의 310	동 7073, 2637	주식회사 기(其)극장	우메미야 사부로 (梅宮三郎)	닛카쓰, 양화	WE	–	1300	55
메이지자	동 메이지마치 1의 54	동 1484, 2888	이시바시 료스케 (石橋良介)	다나카 히로시 (田中博)	쇼치쿠, 양화	심프 (Simplex)	WE	–	–
나니와칸 (浪花館)	동 초 1의 65	동 260	소노다 미오 (園田實生)	니시다 노보루 (西田昇)	도호, 양화	로얄	롤라		
도호 문화극장	동 에이라쿠초 1의 48	동 3014, 7567	오이시 사다시치 (大石貞七)	하야시 게이타로 (林敬太郎)	–	미쿠니 (ミクニ)	RCA	850	24
도카(桃花) 극장	동 도카초 1	용산 1333	도미 지쓰타로 (富井實太郎)	스가와라 사다하루 (菅原貞治)	각 사	롤라	롤라	800	15
다이리쿠 (大陸)극장	동 수은정 56	광화문 4185	이시바시 유타카 (石橋豊)	준타 고이치 (順田光一)	쇼치쿠, 양화	미쿠니	RCA		
우미관	동 관철정 89	동 395	하야시다 긴지로 (林田金次郎)	호리구치 히사토 (堀口久登)	신코, 젠쇼(全勝), 양화	로얄	RCA		
신도미자 (新富座)	동 신도초 (新堂町) 302	본국 5677	도미 지쓰타로	고군 유사쿠 (古郡勇作)	각 사	롤라	롤라		
제일극장	동 종로 4초메	광화문 1755	긴카이 히데나오 (金海英直)	동일인	도호, 젠쇼, 양화	미쿠니	RCA	858	30
⦿동양극장	동 명륜정 4의 72	동 2154	고세형 (高世衡)	–	도호, 신코, 양화	롤라	롤라		
광무(光武) 극장	동 상왕십리정 780의 2	–	소노다 미오	이토 준후쿠 (伊藤順福)	다이토, 교쿠토 (極東), 닛카쓰	미쿠니	로얄	900	14
게이류칸	동 렌페이초 (練兵町)	용산 31	우에다 도모타로	모리 아쓰시 (森篤)	쇼치쿠, 신코, 다이토	미쿠니	정전사 (精電舍)		
엔게이칸	동 영등포정 37	영등포 115	오타 히카루 (太田光)	가토 신지로 (加藤信次郎)	쇼치쿠, 신코, 다이토	미쿠니	로얄	760	16

히사고칸	인천부 신마치 (新町) 18	인천 410	닛타 마타히라	마스다 요시카즈 (松田義一)	쇼치쿠, 신코, 양화	롤라	롤라	1050	19
인천 도호 영화극장	동 동 마치 19	동 1371	도호	스시타 마사오 (須志田正夫)	도호, 양화	롤라	롤라	–	–
애관	동 교마치 238	동 399	홍사혁 (洪思爀)	동일인	닛카쓰, 젠쇼, 양화	미쿠니	롤라	850	20
수원극장	경기도 수원읍 미야마치 (宮町)	수원 42	주식회사 기극장	아키무라 오토이치 (秋村音市)	각 사	미쿠니	미쿠니	494	8
애원(愛園) 극장	동 안성읍 석정리 (石井里)	안성 29	보쿠하라 코헤이 (朴原衡秉)	나카이 가즈나리 (中井一成)	도호, 신코, 양화	롤라	롤라	750	15
가이조자 (開城座)	개성부 니시혼마치 247	개성 166	시라이시 세이이치 (白石誠一)	고바야시 사카에 (小林栄)	쇼치쿠, 신코	롤라	롤라	493	16
가이슈(海州) 극장	황해도 해주부 미나미혼마치	–	히구치 오누키 (樋口大貫)	–	닛카쓰, 신코	미쿠니	롤라	–	–
교라쿠칸 (共楽館)	동 사리원	사리원 263	야마이리 도미조 (山入富三)	이시카와 도쿠오 (石川得雄)	도호, 닛카쓰	롤라	인터 (International)	760	18
⊙아사히자 (旭座)	동 동	동 179	이마이케 쇼마쓰 (今池昇松)	사가라 다케시 (相良健)	–	로얄	야마나카 (山中)	–	–
겐지호 (兼二浦)극장	동 겸이포읍 혼마치 15	겸이포 44	후시야 데쓰지로 (伏屋鐵次郎)	기타지마 시치로 (北島七郎)	각 사	로얄	WCR	558	16
태평관 (太平館)	안악(安岳)읍 훈련(訓鍊)리	–	박봉서 (朴奉瑞)	–	신코, 도호, 양화	미쿠니	미쿠니	465	15
고토부키자	신천읍 에키도오리 (駅通り)	신천 134	고창훈 (高昌勳)	조곤 (趙坤)	도호, 쇼치쿠, 닛카쓰	롤라	야마나카	550	15
신천좌 (信川座)	동 읍	–	–	–	각 사	–	–	–	–

연안(延安)극장	연안읍 횡정(橫井)리 92	연안 111	미쓰이 히데오 (三井秀夫)	동일인	각 사	롤라	롤라	560	12
미나토자	**진남포부** 다쓰이초	진남포 610	아베 기요타카	아베 도요하루 (阿部豊治)	각 사	미쿠니	롤라	550	15
슈라쿠칸 (衆楽館)	동 후포(後浦)리	동 818	오토네 스스무 (大利根進)	동일인	각 사	심프	RCA	1065	29
가이라쿠관	**평양부** 사쿠라마치	평양 2497	구보 헤이지로 (久保兵二郎)	가지와라 요시오 (梶原義雄)	–	에르네 (Ernemann)	WE	900	35
다이슈 (大衆)극장	동 동 마치 7	동 2224, 4444	마루야마 하나 (丸山ハナ)	아사이 사다오 (浅井貞夫)	도호, 양화	로얄	RCA	–	–
헤이조 키네마	동 동 마치 53	동 2926	모리 구와이치 (森鍬一)	시게마쓰 야스노리 (重松安紀)	쇼치쿠, 신코, 양화	로얄	RCA	567	28
⊙가네치요자	동 고토부키초 94	동 3184	박원철 (朴源撤)	홍석일 (洪錫一)	각 사, 연예	로얄	로얄	–	–
제일관	동 수옥리 25	동 2420	오순옥 (小淳玉)16)	–	도호, 신코, 양화	로얄	RCA	–	–
선천(宣川)극장	평북 선천읍 혼마치	선천 30	가네미쓰 도시히토 (金光利人)	요시다 쇼헤이 (吉田正平)	각 사	코노 (Kono-Tone)	코노	–	11
강계(江界)극장	동 강해(江海)읍 서부동 (西部洞)	강계 211	영화조합 (映畵組合)	미야모토 마쓰사다 (宮本松定)	각 사	로얄	로얄	700	13
정상(定商)구락부	동 정주읍	–	이케다 도라키치 (池田寅吉)	–	–	–	–	–
신극장	**신의주부** 혼마치 8	신의주 590	임경범 (林京範)	마스바라 히로시 (松原寛)	닛카쓰, 신코, 양화	로얄	RCA	550	12
세카이칸	동 도키와초	동 32	나카노 기미코 (中野キミ子)	동일인	쇼치쿠, 도호, 양화	미쿠니	롤라	700	12

극장명	소재지	지번	경영자	대표	배급			정원	
◉회령(會寧)극장	함북 회령읍 1동	–	마스다 료쿠이치 (桝田綠一)	–	각 사	로얄	로얄	900	12
유라쿠자	동 성진(城津)읍 히가시마치	성진 207	미야타 시가키치 (宮田資嘉吉)	조봉현 (曹鳳鉉)	각 사	미쿠니	슈퍼 (スーパ グラフ)	–	–
길주(吉州)극장	동 길주읍	길주 110	이동수 (李東洙)	한윤이 (韓潤履)	도호, 양화	로얄	코노	500	7
교라쿠칸	청진부 신이와초 (新岩町)	청진 2333	장채극 (張彩極)	홍성호 (洪星湖)	도호, 신코, 양화	로얄	롤라	750	21
쇼와자	동 포항(浦項)동 73	동 3156	마키타 미노루	쓰리타니 사타로 (釣谷佐太郎)	다이토, 양화	미쿠니	코노	–	–
야마토(大和)극장	동 동	–	스기노 마사요시 (杉野政吉)	–	–	–	–	–	–
주오칸	동 수남정	동 3234	장채극	장병권 (張炳權)	다이토	미쿠니	롤라	625	9
데이코쿠칸	동 호쿠세이초	동 2955, 3024	쇼바라 히쓰겐 (祥原弼顯)	쇼바라 사이쇼 (祥原載正)	닛카쓰, 쇼치쿠	로얄	RCA	500	15
엔세이간	동 이코마초 116	동 419	나남(羅南)극징회사	우치다 후쿠지로 (内田福次郎)	도호, 양화	미쿠니	–	550	7
하쓰세자	동 하쓰세초 128	동 419	나남극장회사	우치다 후쿠지로	각 사	미쿠니	–	948	18
웅기(雄基)극장	함북 웅기항 신마치	웅기 206	이다카 헤이사에몬 (位高兵左衛門)	동일인	각 사	닛세 (ニッセ)	코노	–	–
영안(永安)극장	동 명천(明川) 서면(西面)	–	사사키 다이이치로 (佐々木大一郎)	–	닛카쓰, 도호, 신코	–	–	–	–
무산(茂山)극장	동 무산읍 남산정 (南山町)	무산 23	도요나가 야스시 (豊永保)	동일인	신코, 양화	미쿠니	롤라	703	12
나진(羅津)극장	나진부 아사히마치 1초메	나진 389	이다카 헤이사에몬	동일인	도호, 신코, 쇼치쿠	롤라	롤라	–	–

극장	주소		대표자						
다이호(大寶)극장	**함흥부** 고가네마치 1초메	함흥 1170	이성주(李成周)	–	도호, 젠쇼, 양화	롤라	롤라	600	20
명보(明寶)영화극장	동 쇼와마치 1의 18	동 1102	이기진(李基璡)	정병모(鄭秉模)	쇼치쿠, 도호, 양화	롤라	롤라	–	–
혼마치영화극장	동 혼마치	동 368	사에키 노부히로(佐伯信廣)	마스무라 시게노부(松村重信)	닛카쓰, 양화	미쿠니	RCA	800	18
간코극장	동 야마토마치 2의 25	동 605	쓰지 야스코(辻ヤス子)	고바야시 도요조(小林豊三)	신코, 다이토, 양화	미쿠니	이소노(磯野)	755	17
흥남관(興南館)	함남 흥남읍 혼마치 3	흥남 145	오이시 사다시치(大石貞七)	가메야마 시게이치(亀山繁一)	신코, 닛카쓰, 쇼치쿠	미쿠니	노무라(野村)	–	–
기라쿠칸	동 동 읍 구룡(九龍)리	동 210	마에다 조타로(前田長太郎)	홍연표(洪蓮杓)	도호, 양화	미쿠니	미쿠니	550	19
쇼와칸	동 동 읍 송상(松上)리	동 207	도와타 게이타(砥綿啓太)	다치바나 사부로(立花三郎)	도호, 신코, 다이토	미쿠니	노무라	570	18
▲홍원좌(洪原座)	동 홍원읍	–	히로무라 하루요시(洪村春善)	히로무라 쇼이쿠(洪村昇昱)	신코	신코(新饗)	신코	500	10
메이지회관	동 혜산진(惠山鎭)	–	고마쓰 구니조(小松国蔵)	–	신코	–	–	–	–
단천(端川)극장	동 단천읍내	–	최두진(崔斗鎭)	기요하라 도미(清原富)	신코, 각 사	롤라	롤라	1000	5
◉영흥(永興)극장	동 영흥	–	가나에 긴파(金江銀波)	–	신코	미쿠니	2A3	600	8
원산관	**원산부** 북촌동 75	원산 1140	박태변(朴太變)	채낙진(蔡洛鎭)	도호, 신코, 양화	–	–	–	–
다이쇼칸(大勝舘)	동 교마치 13	동 844	고이즈미 쇼조(小泉省三)	구루메 군페이(久留米軍平)	쇼치쿠, 닛카쓰, 양화	미쿠니	RCA		

16)　앞에서는 박순옥이라는 이름이었으나, 창씨한 것으로 추정된다. '소(小)'는 일본어로 '오'라고 발음된다.

유라쿠칸	동 이즈미초	동 1125	소노다 미오	시바타 스에야마 (柴田末山)	도호, 닛카쓰, 다이토	미쿠니	롤라	–	–
철원(鐵原) 극장	강원 철원읍	–	와케지마 슈지로 (分島周次郎)	–	각 사	–	–	–	–
읍애(邑愛)관	동 춘천읍 혼마치 2	춘천 105	나카지마 타로 (中島太郎)	시라하세 쇼이치 (白波瀬正一)	신코, 각 사	미쿠니	롤라	400	12
장전(長箭) 극장	동 장전읍 202	장전 104	나이토 고로 (内藤五郎)	가나모리 도쿠오 (金森徳雄)	닛카쓰, 신코, 각 사	미쿠니	페토라 (ペトラ)	–	–
강릉극장	동 강릉읍 혼마치 12	강릉 40	오야마 히로시 (大山弘)	시모야마 게이칸 (下山敬桓)	각 사	롤라	롤라	–	15
삼척극장	동 삼척읍	삼척 44	마쓰오카 간지로 (松岡貫次郎)	마루타 유조 (丸太裕三)	신코, 닛카쓰	미쿠니	롤라	800	13
청주극장	충북 청주읍 혼마치 2의 48	–	이노우에 요시오 (井上良男)	동일인	각 사	미쿠니	RCA	623	12
대전극장	대전부 가스가초 (春日) 1의 92	대전 306	도즈카 소조 (戸塚壮三)	마쓰바라 시게이치 (松原繁一)	도호, 신코, 젠쇼	롤라	롤라	801	15
게이신칸 (警心館)	동 다이코초 (大興町) 3	동 651	마스오카 도슈 (松岡東周)	이와모토 쓰네오 (岩元庸夫)	각 사	미쿠니	RCA	–	–
공주극장	충남 공주읍 혼마치 148	공주 30	모리야마 도시오 (森山稔夫)	동일인	닛카쓰, 다이토, 양화	미쿠니	미쿠니	800	12
⊙예산(禮山) 극장	동 예산읍 혼마치도리	예산 134	임필래 (林弼來)	–	신코, 도호	아반 (アーバン)	코노	–	–
쓰바메자 (燕座)	동 조치원읍	–	야마모토 세이타로 (山本晴太郎)	–	신코, 다이토, 양화	–	–	–	–
금천(金泉) 극장	경북 금천읍 조나이마치 (場内町)	금천 233	경북(慶北) 흥업회사	–	각 사	로얄	RCA	800	10

상주(尙州)극장	동 상주읍 니시마치	상주 54	다쿠쇼쿠 이소시치 (拓植磯七)	다쿠쇼쿠 고타로 (拓植光太郎)	각 사	미쿠니	미쿠니	800	12
안동극장	동 안동읍	안동 114	김귀호 (金貴鎬)	조귀숙 (趙貴淑)	각 사	미쿠니	니에이 (ニエイ)	–	–
◉강경극장	동 강경읍	–	마스야마 데루오 (増山輝夫)	–	각 사	–	–	–	–
◉천안극장	동 천안읍	–	무라야마 이치로 (村上市郎)	시미즈 모쿠타로 (清水茂久太郎)	신코, 양화	–	–	–	–
◉유라쿠자	동 장항읍	–	마스하라 후미유키 (増原文行)	–	각 사, 양화	미쿠니	–	–	–
신코칸	대구부 다마치(田町) 11	대구 234	대구영화상회	–	쇼치쿠	미쿠니	노무라	–	–
에이라쿠칸	동 다마치	–	호리코시 유지로 (堀越友次郎)	–	닛카쓰, 도호, 다이토	미쿠니	–	–	–
만경관	동 교마치 1	동 982	이제필	동일인	신코, 양화	미쿠니	RCA	1000	15
대구키네마 구락부	동 도조마치 (東城町) 2의 88	동 234	호리코시 유지로 (堀越友二郎)	아카기 센지 (赤木専治)	각 사	롤라	롤라	1500	25
키네마 구락부	동 동 마치 2의 88	동 234, 1376	호리코시 유지로 (堀越友次郎)	아카키 센지	각 사	롤라	롤라	–	–
포항극장	경북 포항읍 다이쇼마치	포항 326	야마우치 모모지로 (山内百次郎)	야마노우치 마나부 (山之内學)	각 사	미쿠니	페토라	1000	12
감포(甘浦)영화극장	동 경주읍 동부(東部)리	감포 8	후지와라 에이이치 (藤原英一)	후지와라 하쓰미 (藤原初美)	각 사	미쿠니	RCA	650	8
경주극장	동 동 읍 동 리	경주 8	기노시타 기요시 (木下清)	동일인	닛카쓰, 각 사	미쿠니	WYC	550	12
후지히라(藤平)키네마	동 동 읍 동 리	–	후지와라 에이이치	–	신코	–	–	–	–

다이진자 (大仁座)	동 구룡포	–	후지와라 에이이치	–	신코	–	–	–	–
청도(淸道) 회관	동 대성면 (大城面)	대성 13	오하라 기이치 (大原其一)	동일인	각 사	미쿠니	–	380	4
◉도키와칸	경남 방어진읍	방어진 18	–	–	각 사	나카니시 (中西)	나카니시	–	–
구포(龜浦) 극장	동 구포면	–	하라구치 겐타 (原口謙太)	–	신코, 양화	–	–	–	–
아이오이칸	**부산부** 혼마치 1의 19	부산 2535	미쓰오 미네지로	미쓰오 다다오 (滿生忠雄)	양화, 신코, 쇼치쿠	미쿠니	WE	–	–
호라이칸	동 사이와이초	동 2485, 3242	이와사키 다케지 (岩崎武二)	이와사키 모모지로 (岩崎桃二郎)	닛카쓰, 양화	미쿠니	RCA	952	20
고토부키자	동 류센초 (瀧仙町) 1954	마키시마 (牧島) 8022	도미가 시로 (富賀四郎)	동일인	양화, 다이토, 고쿠토	아반	후지타니 (藤谷)	341	12
쇼와칸	동 사이와이초 2의 47	동 2726, 3216	사쿠라바상사 회사	오카모토 가즈토 (岡本一人)	각 사	로얄	RCA	1050	24
◉다이세이자(大生座)	동 초량(草梁)	–	미쓰오 미네지로	–	각 사	노무라	노무라	–	–
마산극장	**마산부** 미야코마치 (都町) 1초메	마산 327	혼다 쓰이고로 (本田槌五郎)	혼다 무네히로 (本田宗弘)	닛카쓰	노무라	노무라	550	10
사쿠라칸	동 교마치 3초메	동 321	요리집 (料理屋)조합	다케모토 교케이 (竹本恭啓)	쇼치쿠, 신코, 양화	미쿠니	인터	790	15
호라이자 (蓬莱座)	경남 통영읍 야마토마치	통영 148	하시모토 요네키치 (橋本米吉)	다카미네 히로시 (高峰弘)	닛카쓰, 도호, 다이토	롤라	롤라	–	–
통영좌 (統營座)	동 동 읍	동 147	무라카미 요시조 (村上善蔵)	이상호 (李相浩)	각 사	미쿠니	이소노	480	14
미우라칸 (三浦館)	**진주부** 사카에마치 142	진주 144	미요시 노리오 (三吉範夫)	미우라 이사오 (三浦勲)	쇼치쿠, 닛카쓰, 다이토	롤라	롤라	600	15

진주 도호영화 극장	동 사카에마치 222	동 323	도호	사이토 이마요시 (斎藤今吉)	도호	롤라	롤라	713	12
묘라쿠자 (妙楽座)	진해 기쿠카와초 (菊河町)	진해 38	데즈카 쇼이치 (手塚松一)	데즈카 다다스케 (手塚忠祐)	신코, 닛카쓰	미쿠니	마토노 (マトノ)	450	10
◉김해극장	동 김해읍	–	김무일 (金武日)	–	신코, 양화	–	–	–	–
◉삼천포 극장	동 삼천포읍	–	김달진 (金達辰)	–	도호	아반	–	–	–
밀양영화 극장	경남 밀양성내	밀양 141	미즈카미 이타미 (水上至海)	스에히로 이치지 (末廣一二)	닛카쓰, 도호, 신코	미쿠니	후지타 니	–	–
▲울산극장	동 울산읍 성남(城南)동	울산 134	가네타니 겐쇼 (金谷顕章)	나카노 미노루 (中野實)	각 사	로얄	롤라	750	–
◉사천(泗川) 극장	동 사천면	–	고바야시 도메 (小林トメ)		각 사	미쿠니			
◉도키와칸	동 울산군 방어진	–	하시즈메 에이타	–	각 사	나카니시			
여수극장	전해(全海)[17] 여수항 사카에마치	여수 108	나카무라 가쓰미 (中村克巳)	동일인	각 사	다카야 (タカヤ)	후지타 니	–	–
◉아사히 구락부	동 송정읍		최선진 (崔善鎭)	손계환 (孫桂煥)	닛카쓰, 쇼치쿠	롤라	롤라		
◉순천극장	동 순천읍	–	요시모토 히데오 (好本英雄)	–	닛카쓰, 신코, 양화	–	–	–	–
◉광양 구락부	동 광양면	–	다카사고 히코헤이 (高砂彦平)	–	닛카쓰	–	–	–	–
데이코쿠칸	**광주부** 혼마치 1초메	광주 660	구로세 도요쿠라	전기변 (全起變)	도호, 신코, 양화	미쿠니	RCA	–	–
광주극장	동 혼마치 5의 62	동 832	최선진	최동복 (崔東馥)	닛카쓰, 쇼치쿠, 양화	미쿠니	RCA	–	–

헤이와칸	**목포부** 무안도오리 6	목포 757, 110	모리모토 쇼지로	모리모토 기요시	쇼치쿠, 신코, 양화	로얄	RCA	513	15
목포극장	동 죽동(竹洞) 23	동 718	기무라 준이치(木村淳一)	히라야마 모소(平山茂蒼)	도호, 닛카쓰, 양화	미쿠니	RCA	780	14
데이코쿠칸	**전주부** 다이쇼마치	전주 447	마쓰나가 시게루(松永茂)	마쓰나가 기요시(松永潔)	각 사	로얄	인터	800	18
리리자	전북 이리읍 다이쇼마치 8	이리 117	미무라 도쿠타로(三村德太郎)	동일인	닛카쓰, 각 사	미쿠니	미무라(三村)	–	–
군산극장	**군산부** 가이후쿠초	군산 34, 55	마쓰오 진페이	마쓰오 도요시게(松尾豊茂)	닛카쓰, 신코, 양화	미쿠니	RCA	710	15
기쇼칸	동 동초 1초메	동 344	가와카미 사카에(河上栄)	미쓰야마 요슌(光山陽春)	쇼치쿠, 도호, 양화	미쿠니	RCA	580	15
남원극장	전북 남원읍	남원 126	가와모토 히데오(川本英夫)	–	신코	미쿠니	–	–	–
◉아키야마자(秋山座)	동 정주읍	–	아키야마 사쿠지로(秋山作次郎)	–	쇼치쿠, 양화	코노	코노	–	–
▲김제좌(金提座)	동 김제읍 혼마치	김제 27	곽용훈(郭鎔勳)	이남석(李南碩)	각 사	미쿠니	미쿠니	300	13
쇼와극장	동 부령(扶寧)면 동중(東中)리 86의 1	부령 40	가네모토 고헤이(金本光平)	후지타 마사오(藤田正夫)	각 사	미쿠니	롤라	306	6

17) ‘전남(全南)’의 오식으로 추정된다.

영화연감(映畫年監)

1942년 | 쇼와 17년 | 7.1~7.25 | 제1부 기록-조선

조선영화계 일지
[쇼와 16년 1월 1일~12월 31일]

1월

1일 조선영화령에 의거하여 전선(全鮮)에 문화영화 지정상영 실시, 흥행시간 1회 3시간 이내[정오부터 오후 10시까지], 외화는 1개월 총 미터 수의 반수(半數) 이내, 학생 입장 금지 실시.

8일 조선내외영화배급업조합 첫 총회 개최, 조합장으로 와타나베(渡邊)[닛카쓰], 부조합장으로 이창용[고려] 결정.

9일 총독 이하 관계관〈미의 제전〉[독일] 시사.

10일 경기도흥행규칙 개정에 의거, 신(新)규칙으로 경기흥행협회 공인. 앞서 평양에서는 양화 상영이 금지된바, 새롭게 정원 이상 입장을 엄금.

11일 조선 내 본년도 양화 할당 51편으로 발표.

13일 경성흥행협회장에 마지마 우메요시 취임, 명예회장에 경기도 경찰부장, 고문에 경기도 경무과장, 경기도 보안과장, 부(府) 내 각 경무서장 각각 추거(推擧) 결정.

15일 총독 이하 관계관〈오쿠무라 이오코〉시사.

16일 영화향상회(向上會)[부(府) 내 관공서 영화 관계자 모임] 예회(例會) 개최.

20일 전선(全鮮) 흥행장의 영사기 구입 및 수선 등에 관한 알선책이 총독부로부터 기화원(企畫院)으로 출원(出願).〈미의 제전〉[독일] 메이지자에서 로드쇼.

21일 조선영화제작자협회 가맹 조선영화, 고려영화, 문화영화, 황국(皇國)영화, 경성영화, 경성발성, 명보영화, 한양영화, 예홍사(藝興社), 선만(鮮滿)기록의 10개사, 제작통제에 협력한다는 뜻을 당국에 의지 표시.

23일 경성학우회, 부민관(府民館)에서 1월 예회(例會) 개최, 〈민족의 제전〉 상영[4일간]. 그 결과 메이지자와 도와상사 지사(支社) 간 분규 야기.

24일 〈환상의 마차〉 경성 다카라즈카극장에서 로드쇼. 조선예홍사 제1회 작품 〈아내의 윤리(妻の倫理)〉 완성, 조선영화사에서 배급. 경성흥행협회 긴급총회 개최, 일전의 〈미의 제전〉 문제를 발단으로 2월 1일 이후 도와상사 배급 작품에 대한 불상영(不上映) 결의.

31일 조선영화령에 기초하여 종업자(從業者) 등록 발표[연출자 9명, 촬영 7명, 연기 42명].

2월

2일 평양의 양화 금지 문제에 관해 경성배급조합 및 평양흥행협회가 연서(連署), 평안남도 경찰부장 앞으로 금지 해제안을 진정(陳情). 〈오쿠무라 이오코〉 조선군보도부, 국민총력조선연맹 추천영화가 됨.

12일 고려영화협회[이창용 개인경영] 회사 개편.

14일 경성흥행협회 임시총회 개최, 〈미의 제전〉을 둘러싼 분규 문제 원만 해결. 국민총력조선연맹문화부회 지도방침 발표.

17일 〈미카에리의 탑〉 특별 공개[메이지자].

19일 〈집 없는 천사〉[조선] 유료시사회[경성 다카라즈카극장]. 경성학우영화회 창설 이래 5년간 위원장이었던 마에다(前田) 육군소장 이선(離鮮), 시즈오카 전거(轉居).

20일 조선영화제작자협회원 전원 집합, 대동단결하여 새로운 회사 창립에 의견 일치, 위원 5명 추거.

25일 조선군보도부 〈집 없는 천사〉[조선] 추장(推奬).

26일 국민총력조선연맹 선전부에서 마지마 경성흥행협회장 외 이시바시(石橋) 협회이사를 참사(參事)로 추가 임명.

27일 〈대지에 바란다〉 공개[와카쿠사극장].

3월

1일 신코 교토촬영소 히나쓰 에이타로(日夏栄太郎) 〈그대와 나〉 시나리오 집필, 총독부·조선군사령부·국민총력조선연맹 후원으로 제작 발표.

『모던니혼』 모집, 조선총독부상(賞) 영화시나리오 당선작 〈빛이여 영원히(光永遠に)〉 영화화권(權)을 고려영화가 획득, 쇼치쿠 오후나(大船)와 제휴, 연출 시미즈 히로시(清水宏), 주연 류 치슈(笠智衆)라고 발표.

2일 〈오쿠무라 이오코〉 개봉[부민관].

10일 〈구사나기 엔세키〉 개봉[우미관].

12일 조선영화인협회 총회 개최, 임원 개선(改選)[회장 야스다 다쓰오(安田辰雄), 상무이사 야스다 사카에(安田栄)].

13일 경기도 경찰부, 각 경찰서를 통해 특별흥행일의 경우 입장권 매장(賣場) 남녀별 설치 언도.

22일 총독부 문서과 영화 관계자 초치(招致), 신년도 제작 영화 관련 좌담회 개최.

26일 닛카쓰 경성배급소장·조선내외영화배급조합장 와타나베 쇼타로(渡邊庄太郎) 원만 퇴직[후임은 닛카쓰의 다무라 가나메(田村要), 조합장 야마모토 기시(山本季嗣)].

4월

1일 경성흥행협회 이하 합의.

　　1. 매달 1일 애국일에 관주, 종업원 전원 모여 신궁(神宮) 참배.

　　2. 휴식시간에 관공서 시달(示達) 사항 장내 방송 외 정오 묵도(默禱)는 영화를 중지하고 일제 실시.

　　기타.

3일 〈시호크〉[미국] 개봉[경성 다카라즈카극장].

6일 조선악극단 전(全)단원 조선영화인협회 입회(入會), 황국영화사와 계약, 〈노래의 나라로 간다(唄の国へ行く)[가제]〉 출연 발표.

11일 히나쓰 에이타로의 〈그대와 나〉, 신코 측에서 적극적 의도를 보이지 않은 것이 각 방면에서 문제화.

13일 총독부 문서과에 조선영화계발(啓發)협회[가칭] 설치 결정, 영화향상회를 중심으로 안(案) 작성 준비.

17일 조선영화제작자협회 가맹 10개사 합동 기도(企圖), 동 협회 내에 합동준비위원회 설치[위원장 히로카와 소요(廣川創用)[18]].

22일 〈말〉 조선영화령 근거 제1회 추천영화 선정. 경기도, 흥행선전광고 기준으로 1흥행당 포스터 250~500매, 전단지 8,000~12,000매 등 수 개의 항목을 결정하여 통첩.

24일 〈꺼져가는 등불〉[미국] 유료시사회[경성 다카라즈카극장]. 〈노틀담의 곱추〉[미국] 개봉[메이지자].

5월

2일 조선내외영화배급업조합, 신체제에 즉응(卽應) 재출발 합의, 매달 7일 신궁참배, 공익적 회합에서의 영화상영에 적극적 협력, 선전 자숙, 기타.

7일 국민총력조선연맹 문화부 추천위원회 신설, 문학·미술·연극·연예·영화·도서 각 항목에 걸쳐 문화상 수여의 뜻 발표.

13일 우에무라(植村) 도호영화사 사장 내성(來城).

19일 〈모래먼지〉[미국] 공개[경성 도호극장].

28일 히로카와 소요, 조선내외영화배급업조합 부조장 및 영화제작합동위원장 사퇴 후 조선영화문화연구소 개설.

29일 〈바다를 건너는 제례〉 개봉[경성 도호극장].

6월

5일 〈승리의 역사〉[독일] 특별 초대 시사회[경일문화영화극장].

8일 〈고향〉[독일] 특별관상(觀賞)회[메이지자].

11일 〈승리의 역사〉[독일], 경성일보 주최 및 총독부·조선군사령부·기계화(機械化)국방협회 조선 본부 후원으로 감상회 개최[부민관].

12일 〈아와의 무희〉 개봉[와카쿠사극장].

18일 〈잠수함 1호〉 개봉[경성 다카라즈카극장].

---

18) 이창용 창씨.

25일 검열 합격 작품이라도 내지 공개에 부적당한 조선영화의 내지(內地) 이출(移出) 금지 방침 결정, 이출 허가증이 없는 작품의 지출(持出) 금지와 더불어 내무성도 검열을 수리(受理)하지 않기로 함.

30일 총독부 도서과 검열계 오카다 준이치(岡田順一) 촉(屬), 전라북도 경제(經濟) 경찰과장으로 영전(榮轉).

7월

2일 조선내외영화배급업조합 총회 결의에 따라 조선영공상회(映工商會), 대륙영화사, 미쓰바(ミツバ)무역대리점의 세 조합원 제명[조합원 41명이 됨].

10일 조선군(朝鮮軍) 보도부 제작기획으로〈그대와 나〉, 드디어 촬영 개시에 앞서 히나쓰 에이타로[연출], 모리오 데쓰로(森尾鉄郎)[촬영], 나가타 겐지로(永田鉉二郎)[주연] 등 제작 관계자 군 촉탁으로 선서식 거행.

16일 경기도 경찰부 흥행 취체 일부 개정[애국일 입장료 할인 폐지, 특별흥행횟수 일부 완화, 특정 (상영)관에 선전 포스터 인정 등 수 항목].

18일 조선예흥사 제1회 작품〈아내의 윤리〉비일반(非一般)으로 검열 합격, 조선영화주식회사가 배급.

20일〈사랑의 일가〉개봉[경성 다카라즈카극장].

30일〈꽃〉개봉[메이지자].

8월

4일 조선내외영화배급업조합 임원회 개최, 자산동결령(資産凍結令)에 따라 검열이 끝난 미국영화는 8월 중 상영, 9월 이후로는 미국영화 불(不)상영 합의.

5일 니혼영화사(日本映畵社), 경성일보사 내에 지사(支社)사무소 개설[지사장 요시다케 데루요시(吉武輝芳)]

15일 국민총력조선연맹 문화부, 건전 오락에 관한 간담회 개최.

21일 총독부 영화령 시행규칙 중, 오는 10월 1일부터 실시하기로 한 자동식 안전개폐기의 강제 설치 및 영사기사 면허제를 실정(實情)에 입각, 1년 실시 연기.〈창공(蒼空)〉[19][조선]〈환성을 받으며〉개봉[경성 다카라즈카극장].

28일 조선내외영화배급업조합 임시총회 개최, 내지 정세에 호응하여 배급 및 제작 기구(機構) 일원화 결의, 교섭위원 5명[야마모토 기시 외] 선임, 조선영화제작자협회 측과 절충하기로 함.

30일 조선영화제작자협회 임시총회 개최, 금년 봄 이래 현안이었던 제작합동 문제 일단 백지화, 일대(一大) 제작회사 창립 합의.

9월

1일 명보영화 〈반도의 봄〉 조선영화령 (이후) 조선영화로서 최초 검열 합격.

8일 조선영화제작자협회 임시총회 개최, 상임위원 5명 선임, 조선영화문화연구소에 신(新)회사 창립 사무소를 설치, 적극적으로 구체안(具體案) 정리 시작.

9일 조선내외영화배급업조합 임시총회 개최, 신시대에 즉응할 감독 당국의 지도선처방안 구신(具申). 한양영화 〈귀착지(歸着地)〉 개봉[우미관].

14일 경성학우영화회[경성교화(敎化)단체연합회 · 경성보도연맹 합동 경영] 개편, 경성부 학무과가 사무를 계승하여 제1회 예회(例會) 주야 4회 개최.

18일 문예봉, 장세정(張世貞), 심영(沈影) 등 영화 · 연극 관계자 부내(府內) 8개소에서 콩 채권(債券) 가두(街頭) 판매 협력.

25일 〈아내의 윤리〉[조선] 개봉[와카쿠사극장].

27일 조선영화주식회사 조선어 시나리오 현상 모집[1등 150원].

10월

3일 〈프랑스령 인도차이나 진주(佛印進駐)〉[20] 개봉[성남(城南)영화극장-게이류칸 개칭].

16일 〈머리 장식핀〉 피로(披露) 공개[메이지자].

18일 〈대공의 유서〉 개봉[우미관].

22일 〈지도 이야기〉 개봉[와카쿠사극장].

---

19) 『실록 한국영화총서』에 따르면, 원제는 〈돌쇠(乭釗)〉.

20) 감독 미상. 기록영화로 추정된다.

11월

2일 〈일어서는 태국(起き上がる泰)〉[21] 특별시사회[부민관]. 〈백로〉 개봉[와카쿠사극장]. 외화상영을 금지 중인 평양흥행조합, 소할서(所轄署)와 간담(懇談) 결과, 조합에서 유럽영화에 한하여 월 1편을 계약, 가맹 5개관에서 상영하기로 함.

6일 총독부, 조선영화제작심의위원회 설정, 제1회 협의회 개최.

7일 〈반도의 봄〉[조선] 개봉[메이지자].

9일 〈흙에서 산다〉〈백조의 죽음〉[프랑스] 개봉[와카쿠사극장].

10일 조선영화주식회사 모집 조선어 시나리오 마감[응모작 102편]. 〈그대와 나〉그대와 나 보급회[대표 히로카와 소요] 손으로 배급 결정.

20일 조선군(軍)사령부에서 〈그대와 나〉 관계자 군 촉탁 해조식(解組式) 거행, 이후 내선 배우들 간 '그대와 나의 모임' 결성. 조선영화기술자협회 총회 개최, 임원 선임[회장 다카야마 아쓰후미(高山淳文), 부회장 곤도 준이치로(近藤順一郎)].

21일 〈우리 사랑의 기록〉〈트럼프담(譚)〉[프랑스] 개봉[와카쿠사극장].

24일 〈그대와 나〉 개봉[메이지자].

29일 국민총력연맹 문화상(賞) 위원회 개최.

12월

1일 입장세 개정[1인 1회, 75전 미만 100분의 15, 1원 50전 미만 100분의 25, 3원 미만 100분의 35].

2일 〈벚꽃의 나라〉 개봉[메이지자].

3일 국민총력조선연맹, 〈그대와 나〉 및 〈조선농업청년보국대(報國隊)〉[총독부 문서과 작품] 문화 추천.

11일 경기도 경찰부, 경기흥행협회에 영미영화 상영 금지 통보[다만, 이미 불상영 실시 중].

조선 독자 배급기관 설치를 위해 업자 대표, 당국 관계관과 경기도 상경. 〈가와나카지마 전투〉 개봉[와카쿠사극장].

12일 니혼뉴스 제80보(報)부터 24편이 됨[종래 8편].

---

21) 감독 미상. 기록영화로 추정된다.

13일 전선(全鮮) 통합 흥행연맹을 결성하고 각 도 단위 지부 설치를 위해 준비를 서두름.

31일 〈에도 최후의 날〉 개봉[경성 다카라즈카극장].

1942년 | 쇼와 17년판 | 7.3~7.5쪽 | 제1부 기록-조선

영화정책 동향

조선에서의 영화정책은 조선영화령의 근본정신을 실제 운영상 어떻게 구현할 것인가에 달려 있다. 때문에 그 직접적인 지도·감독 책임을 맡고 있는 총독부에서는, 정보과와 경무국 도서과, 학무국 사회교육과 3과가 각각의 입장에서 (영화정책을) 행하고 있다. 예컨대 생필름의 할당에서, 민(民)의 수요에 대하여는 직접 감독 입장상 검열을 관장하고 있는 도서과가 주체이며, 정보과는 관(官)의 수요에 대하여 합의 실시한다. 각 지방청 및 그 외 관청에 존재하는 소규모 영화반들의 지도·감독, 이들 영화 관계자들로 조직된 영화향상회의 운영, 기술원의 지도·양성도 모두 정보과 영화반의 계획하에 실시되고 있다. 조선에서는 도시와 벽지 간 문화 차이가 실로 대단한데, 대동아전쟁 발발조차 알지 못하는 극단적 벽지 민중이 있다는 것 역시 부정할 수 없다. 이에 조선인의 황국신민화야말로 바로 조선 국민총력운동의 근본이념이라 할 수 있다. 따라서 조선인의 국어(일본어) 생활과 풍속 동화 등을 도모할 최대 무기로서 영화의 사명도 한층 더 중대해지며, 순회영사반의 설치 필요성 역시 여기에 있다. 이를 위해 정보과에서는 각 도의 영사기 구입 및 수리를 주선해주는 동시에 문화의 탄환이 되는 필름도 충분히 나누어주어야 한다. 사단법인 조선영화계발(啓發)협회 역시 이 때문에 설립되었는데, 이는 지방장관인 각 도지사를 회원으로 하면서 이 회원들을 통하여 뉴스, 문화, 극(劇)의 각종 필름을 적절 구비시키고 정기적으로 순회시키도록 하여 농산어촌 벽지의 문화향상에 도움을 주려는 것이다. 여기에 필요한 적절한 (영화)제작 역시 (정보과) 영화반의 책임이다. 아울러 내지는 물론 만주와 지나 방면에서 조선의 실정(實情)을 인식할 수 있도록 〈신흥조선(新興朝鮮)〉[4권]을 제작, 조선이 약진하는 모습을 산업·교육·교통 등 모든 각도에서 1년 동안 촬영하고 이를 국어판, 조선어판, 지나어판으로 편집하여 효과를 크게 높이기 위해 힘쓰고 있다.

사회교육과에서는 영화령에 근거, 영화 추천인정(推薦認定)과 더불어 아동생도(生徒) 대상의 영화를 선정하고 있는데, 쇼와 16년의 실적은 일반 2,961, 비일반 258이며 아동생도 대상 선정 수는 329이다. 나아가 근일 학교영화 검정관 제도를 설계·운용하기로 했는데, 도시의 아동생도는 물론이고 농산어촌의 아동들에게까지 충분히 영화 교재가 도입되어야 한다는 것은 국민학교의 취지이기도 한 까닭이다. 이를 위한 과도기적 수단의 하나로 조선교육회에서는 학교 순회영사를 실시[16밀리]하고 있는데, 이와 더불어 경성학우(學友)영화회 등이 한층 강화되지 않으면 안 될 것이다.

한편, 이러한 중대한 사명을 가진 조선영화를 더 발전·향상시켜야한다는 것은 당연한 일이다. 도서과가 검열뿐인 소극적 사명으로부터 사전검열 실시와 더불어 제작심의위원회 제도를 확립, 한층 더 적절하게 적극적 지도에 나서기 시작한 것은 오히려 당연하다. 과거에 조선영화가 로컬 컬러의 감상(感傷)에 빠진 나머지 지나치게 조선적이었던 것은 큰 실수였다. 앞으로 대동아공영권 내에서 일본영화가 공유되어야만 한다면 조선영화도 물론 일본영화의 하나로서 이러한 대사명(大司命)의 일익을 동시에 담당해야 한다. 겨우 150관도 안 되는 영화관만을 조선영화의 시장으로 삼아서는 안 된다. 내선 영화신인의 교류 혹은 내지영화나 만영 등과의 제휴로 더욱 굉장한 기획의 영화가 나와야만 한다. 조선군 보도부의 〈그대와 나〉, 도호와 고려 두 회사 제휴 작품 〈망루의 결사대〉에 대한 총독부의 후원, 군부와 체신국 항공과가 후원한 조선영화사의 〈우러르라 창공(仰げ大空)〉 같은 기획이 바로 이를 뒷받침하는 것이다.

내지영화계의 새로운 태세에 호응하여 조선영화제작협회[가칭], 조선영화배급협회[가칭] 설치에 대해 조선 독자(獨自) 기구 확립을 요구하는 당국의 지도적 태도에서도 상술한 영화정책의 근본 동향을 살필 수 있다. 금년 중 실시 예정이던, 자동식 안전개폐기 장치가 없는 영사기의 사용 금지 및 영사면허 취득자 이외의 영사기 조작을 허용하지 않는다는 조항은 특별히 실정에 맞추어 1년 연기되었으며, 반면 영화 기술 향상을 도모하는 영화기술자협회의 활동 및 제1차와 2차 기능자 심사를 통해 90명의 등록을 발표한 것 모두가 바로 빈곤한 조선영화계를 구제하기 위해서였다.

또한 흥행계에 대하여도, 종래에는 각 도(道) 경찰부에서 관내(管內) 상설관 감독을 담당해왔으나, 그 위에 각 도 흥행협회를 전선(全鮮)적으로 통합하여 긴밀한 협조를 도모하는 한편, 영화 제작·배급과 표리일체시켜 흥행계의 질적 향상을 기하고 있는 상황이다.

1942년 | 쇼와 17년판 | 7.5쪽 | 제1부 기록-조선

조선총독부 추천영화 일람

[쇼와 16년 1월~12월]

〈말〉[도호]

〈잠수함 1호〉[닛카쓰]

〈사랑의 일가〉[닛카쓰]

〈지도 이야기〉[도호]

〈항공기지〉[문화-도니치(東日)다이마이(大毎)]

〈흙에서 산다〉[문화-도호]

〈그대와 나〉[조선군 보도부]

〈조선농업보국청년대〉[문화-총독부]

〈겐로쿠 주신구라〉 전편[고아(興亜)]

극영화 6편[조선 1편]

문화영화 3편[조선 1편]

계 9편[조선 2편]

1942년 | 쇼와 17년판 | 7.5~7.6쪽 | 제1부 기록-조선

조선총독부 학무국(學務局) 선정 아동생도 대상 영화 일람

[쇼와 16년 1월~12월]

제목	권수	종별	제작자	관람 지정
대장(大將)의 어머니	4	극(영화)	대일본교육	소고학, 여중등
아키요시다이[22]	2	문(화영화)	주지야(十字屋)	소전학, 중등
기생벌	1	동	동	동
가마우지 어부	3	동	쇼치쿠	동
개미의 노래(蟻の歌)	4	극	가지(加治)상회	소전학
망원경	1	문	도니치, 다이마이	동
새벽의 진발	7	극	도호	소전학, 중등

야마토	2	문	도니치, 다이마이	동
마을의 학교 도서관(村の學校図書館)	2	동	도호	동
네덜란드령 인도차이나 탐방기	8	동	도니치, 다이마이	남녀중등
대지에 바란다	8	극	도쿄발성	여중등
병원선(船)	5	문	신코	동
말(馬)	14	극	도호	남녀중등
일본식 도구의 해녀	3	문	도니치, 다이마이	동
전진훈[23]	2	동	도호	동
어느 날의 갯벌	2	동	리켄(理研)	소전학, 중등
하늘의 소년병	4	동	게이주쓰(芸術)영화	동
기관차 C57	4	동	게이주쓰영화	동
물새의 생활(水鳥の生活)[제1편]	2	동	리켄	동
백묵	3	극	도니치, 다이마이	국전학
흥아와 해군(興亜と海軍)	2	문	동	동
하늘의 소년(空の少年)	3	극	아사히	동
젊은 과학자	9	동	미국 메트로	국전학, 중등
쿠로시오 춤추는 태평양 (黒潮躍る太平洋)	2	문	해군성	동
철도보선구[24]	2	동	도호	동
잭과 콩나무	2	극	아사히	국저학
잠수함 1호	13	동	닛카쓰	국전학, 중등
소년 노구치 히데요	8	동	다이토	동
무도 일본	2	문	도아발성	동
어린이 마음(子供ごころ)	3	극	고코쿠에이가 (皇国映画)	국저학
어머니의 등불	9	동	신코	여중등
철을 깎는 아가씨들	2	문	니혼에이가 (日本映画)	동
새로운 날개	4	동	도호	국전학, 중등
꿀벌의 집단생활(密蜂[25]の集団生活)	2	동	독일 우파	동
지도 이야기	13	극	도호	남녀중등

항공기지	8	문	도니치, 다이마이	국전학, 중등
조선농업보국청년대	2	동	총독부	동
승리의 역사	12	문	독일	국전학, 중등
황국의 방패	5	극	슌주샤(春秋社)	국고학, 중등
성기(聖紀)의 체육제전[26]	6	문	후생성	국전학, 중등
동 동계(冬季) 편	2	동	동	동
사랑의 일가	11	극	닛카쓰	동
소국민[27]	6	동	다이토	국저학
스기노 병조장의 아내	6	동	동	국고학, 여중등
흙에서 산다	6	문	도호	남녀중등
우리 사랑의 기록	12	극	동	동
기계체조	2	문	아사히	국전학, 중등
그대와 나	10	극	조선군 보도부	남녀중등
여교사의 기록(女教師の記録)	11	동	도호	여중등

총 합계								
	방화							외국 합계
	노호	다이토	닛카쓰	신코	조선	기타	계	
극영화	5	3	2	1	1	8	20	121
문화영화	5	–	–	1	1	19	26	228
계	10	3	2	2	2	27	46	349

[관람 지정 ▽소전학: 소학교 전학년 ▽소고학: 소학교 고학년 ▽국전학: 국민학교 전학년 ▽국저학: 국민학교 저학년 ▽중등: 중등학교 ▽여중등: 여자중등학교]

---

22) 아키요시다이(秋吉台)는 일본 야마구치현에 있는 일본 최대의 카르스트 대지를 일컫는다.

23) 〈戰陣訓〉. 일본영화정보시스템에는 제작사가 니혼뉴스영화사로 나와 있다.

24) 〈鐵道保線區〉. 일본영화정보시스템에는 제작사가 주지야(十字屋)문화 영화부로 나와 있다.

25) '蜜蜂'의 오식으로 추정된다.

26) 일본영화정보시스템에는 동명의 〈聖紀の体育祭典〉(니치에에(日映) 제작부 구성, 1942)이 존재하나, 공개 연도에 차이가 있어 본문과 동일 작품인지는 확정할 수 없다. 아래 〈성기의 체육대전-동계 편〉도 마찬가지이다.

27) 〈小国民〉. 일본영화정보시스템에는 제작사가 신코키네마로 나와 있다.

사업계 개관

올해 업계에는 필름 부족과 자산 동결에 수반하여 외국영화 취급 등에서 상당히 곤란한 문제들이 발생했다. 시대의 추세에 대처해야만 하는 업자들의 태도는 거대한 변혁에 직면했으며, 내지영화계의 신태세(新態勢)에 호응하여 어떠한 대책을 세워야만 하는지는 결국 업자들의 사활 문제로까지 발전했다. 과거의 지칠 줄 모르던 이윤 추구가 해마다 어렵게 되면서, 이를 탈피하여 신사태(新事態)에 적응하려는 시도가 몇 번인가 반복되었다. 그리고 그때마다 당국의 지도와 더불어 한 발짝씩 새로운 태세의 궤도에 오르지 않으면 안 되었다. 그러나 한편, 다른 오락에 대한 제한이 필연적으로 관객들을 영화로 흡수시키는 결과로 이어지면서, 시대에 대처하여 어떻게 살아갈 것인지 업자 스스로 반성하고 다음으로 비약하는 시기였다고도 할 수 있다.

흥행 방면

초봄에 바로 〈미의 제전〉을 둘러싸고 벌어진 메이지자 대(對) 도와상사 간의 껄끄러운 사건은 물론 쌍방 각각의 지나친 착오였다. 그러나 (이 사건이) 흥행자 측과 배급자 측 모두로 하여금 각자의 타산(打算)적 상술을 충분히 반성하고 공익 우선의 정신으로 건전 오락을 제공해야 할 중대 사명을 자각하는 만든 도화선이 된 것도 사실이다. 경성흥행협회는 공익단체임을 자각하고 4월부터의 선전 자숙을 자발적으로 합의했다. 또한 국민총력운동 선전 부분의 제1선을 담당하여 애국일의 특별 프로그램 편성, 업자 자체 애국일 행사 실시, 장내 방송을 통한 총력 운동 선전, 프로그램 지면 제공, 공익사업을 위한 관(館) 제공, 군인 및 유가족 봉사 등, 당연히 해야 할 일이라면 그만이기는 하나, 흥행자들 스스로가 단결하여 그러한 일들을 수행하였다. (흥행관이) 단순한 유흥장이 아닌 거대 문화시설이라는 사명을 자각한 것이다. 12월 8일 대동아전(戰) 발발 전에 이미 앞장서 전국적인 적성(敵性)국가 필름 단속을 행한 것도 그 증거 중 하나라 할 수 있다. 필름 이입난(移入難)은 배급 측과 함께 타개책을 강구하지 않으면 안 되는 상황에 다다른바, 그 결과 영화관에서는 실연(實演)이 급격 발흥했다. 실연단체와의 전속계약, 실연과 연극을 한데 묶은 흥행, '니치게키(日劇) 댄싱

팀' '에노켄 이치자'[28] '히로사와 도라조'[29]를 한데 모은 흥행, 조선연극단체의 진출 등이 그것이다. 이와 더불어 영화관 관객이 격증(激增)한 결과, 특별흥행의 경우 남녀 매표소의 별도 설치, 장사진(長蛇陣) 금지 등도 이루어졌다. 방공연습 중의 관객훈련 같은 것은 흥행 측과 관객 사이에 문제가 되기도 하므로, 흥행자 측에서 수행해야 할 사명은 더욱 더 중차대해졌다. 또한 12월부터 입장세, 나아가 광고세, 배급기구 일원화에 수반된 개봉 계통의 문제, 특히 지방 상설관의 전향(轉向) 문제가 벌어지는 등 현재 다사다난한 문제가 눈앞에 놓여 있는 상황이다. 한편, 흥행장이 각 도(道)별로 흥행협회를 조직, 이를 전선(全鮮) 통일하여 영화보국에 매진하려는 기운에 있다는 것도 잊어서 안 될 것이다.

배급 방면

연초 원래 51편으로 할당된 양화는 신시태(新時態)에 대응하여 입하가 전부 곤란해졌다. 내지 프린트도 배급통제 일원화에 앞서 생필름 부족으로 제작이 제한되었던바, 1년간 어찌어찌 배급된 상황이었다. 조선내외영화배급업조합[조합원 41명]은 사실상 동업자 간 연락과 친목을 위한 기관에 지나지 않았다. 그러나 신시대에 대처, 흥행협회와 마찬가지로 회원 상호 단결을 도모하며 매달 신궁(神宮)을 단체로 참배하고, 공익적 회합에서의 영화상영 봉사, 필름의 정중한 취급 등을 합의 실행하였다. 영화령에 근거한 독자적 배급기관 설립과 내지 배급통제일원(一元)회사와의 연계를 도모하기 위해서도 이 조선내외영화배급조합이 짊어져야 할 사명은 실로 중차대했다. 그 결과 준비위원을 선출, 당국 당사자 및 업자 대표는 내지의 신(新)회사와 절충을 거듭하여 조선영화배급협회 설치가 전망되는 지점까지 어찌어찌 도달할 수 있었다. 그러나 업자들 자체가 너무 무력하고 당국으로부터의 지시를 기다리기만 하는 상태이다. 여기서는 업자들이 결국 내지 배급회사의 출장소로만 머물며 조선문화 발전의 직접적 사명을 통절하게 느끼지 않고 있는 점이 지적되기도 한다. 앞으로 설립될 배급협회는 제작자 측과 협력하여 농산어촌으로의 순회영사, 흥행장 설비 개선,

---

28) エノケン一座. '에노켄'은 제2차 세계대전을 전후로 활동하며 '일본의 희극왕'이라 불렸던 배우이자 가수, 코미디언 에노모토 켄이치(榎本健一)의 애칭. 에노켄 일좌는 그의 극단을 일컫는다.

29) 広澤虎造. 쇼와 시기를 대표하는 나니와부시사(浪花節師). 나니와부시는 메이지 시기부터 시작된 일본의 전통 서민연희로 샤미센을 연주하며 노래와 이야기를 한다.

제작 조성 등 수행해야만 할 책무가 당연히 한층 더 무거워질 것이다.

▼ **조선영화인협회** 쇼와 14년 8월 발기인회(發起人會)를 가지고 다음 해 15년 기원절(紀元節)[30]에 창립한 조선영화인협회는 같은 해 12월에 기능심사위원회를 설치하였다. 올해 기능등록자가 발표되었는데, 제1차로 연출 10명, 연기 46명, 촬영 8명, 제2차로 연출 6명, 연기 16명, 촬영 4명이다.

▼ **영화향상회** 총독부 문서과, 총독부 도서과, 체신국, 철도국, 전매국, 경기도, 경성부 각 관청 측을 비롯하여 조선군사령부, 사단(師團)사령부, 국민총력조선연맹, 적십자사 본부, 애국부인회 본부, 금융조합연합회, 압록강수전(水電), 마이니치신문사 등의 영화인으로 조직. 매달 1회 예회(例會)를 개최하여 상호 연락 협조를 도모하는데, 올해는 더 나아가 조선영화계발협회 설립을 꾀하여 농산어촌 순회영사를 실시할 수 있도록 노력했다.

▼ **경성학우영화회** 경성부 내 초등 및 중등 각 학교는 절대, 설령 일반영화가 공개되는 경우라도, 생도 아동의 상설관 단독 출입을 원칙적으로 금하고 있다. 이에, 5년 전 부민관 개관을 기회 삼아 아동생도에 한하여, 특히 남녀중등생도에게 시간을 구분하여 우수영화 공개를 실시해왔다. 그런데 올해부터는 더 나아가 조직을 변경, 경성부 학무과가 주체가 되어 경기도 보도연맹 응원으로 매달 예회를 개최, 약 2백교(校)의 가맹학교 아동생도가 기뻐하여 모여들고 있는 상황[초등학교 아동 10전, 중등 남녀생도 20전]이며, 배급업자 측도 공익 우선의 의미에서 협력적 태도를 크게 보이고 있다.

1942년 | 쇼와 17년판 | 7.8~7.9쪽 | 제1부 기록-조선

제작계 개관

제작계는 올해 다난(多難)한 해였다고 볼 수 있다. 그러나 고도(高度)국방국가 건설의 일익을 담당할 영화제작계가 몸소 이 다난한 시대를 지나온 것은 장래를 위해

---

30) 일본의 건국기념일로 2월 11일이다.

그만큼 비약했음을 말해준다고 해도 과언이 아니다.

영화제작계의 빈곤은 여전히 수공업적인 기구(機構) 밑에서 빈궁한 자본을 가지고 극히 불안정한 길을 걷고 있음을 드러낸다. 반면, 새로 걸어가야만 하는 길을 영화령이 명확하게 제시하고 있기 때문에, 오히려 나아갈 수밖에 없었다고 하는 역(逆)현상을 시사(示唆)한다고도 할 수 있다.

여기서는 결국 영화제작계의 지도성 부족, 즉 영화제작 면에서의 정치력 빈곤을 지적할 수 있다. 이는 반드시 조선만의 국한된 문제는 아니다. 그러나 격심한 시대 전회기(轉廻期) 속에서 영화라는 중요 문화 부문에 참된 문화인들이 보다 통절(痛切)하게 협력하지 않았다는 사실이 이참에 아이러니컬하게도 폭로된 것이다.

관청 및 군부 방면

조선 영화제작계를 살펴보려면 제일 먼저 총독부의 영화제작 상황을 보아야만 한다. 총독부에서는 검열 부분이 영화령을 유일 근거로 이루어져 이를 통해 영화행정의 방향을 가늠할 수 있을 뿐, 제작 부분은 매우 미력하다. 정보과 영화반에는 파르보(Parvo) 두 대, 아이모(Eyemo) 세 대, 기타 최소한도의 현상·건조·편집실 설비가 있으며, 스태프로는 아마추어 기술자뿐이다. 이는 본래 이 영화반의 사명이 생필름 할당, 영화기술원(技術員) 양성, 관청 방면에 한정된 지도·감독에 있었기 때문이다. 게다가 올 하반기에는 생필름 입수가 완전히 어려워져 관청 방면의 제작을 모두 중지, 이를 업자들에게 전용(轉用)시키지 않으면 안 되었기 때문에 올해 초의 제작계획을 변경할 수밖에 없는 상황이 되었다. 그러나 이러한 상태에서도 연출 마루노(圓野), 촬영 우루시바라(漆原)의 스태프들로 〈조선농업보국청년대〉[2권]라는 우수 작품을 낳았다. 이는 종래 연중행사를 기록하여 조선 시찰 중의 여행자에게 보여주는 정도의 영화 이외는 필요가 없다고 생각했던 제작 부분을 한층 앙양(昂揚)시켰는데, 이렇게 우수한 작품이 산출됨으로써 결과적으로 제작에 더욱 적극적인 기백(氣魄)을 표하게 되었다. 그 외 〈신흥조선(新興朝鮮) (쇼와) 16년판〉[4권], 〈개척지 소식(開拓地便り)〉[3권], 〈온돌(溫突)〉[1권] 등의 문화영화 제작 역시 조선의 문화영화 소재에 조금이나마 새로운 면을 개척했다는 의미에서 그 의의가 크다.

종래 매년 상당한 경비를 계상(計上), 다수의 우수 작품을 제작했던 철도국은 올해 활동이 주춤했다. 반면, 창업 20주년을 맞이한 전매국이, 개성[경기도] 부근에서

이루어지는 조선인삼 재배를 위한 고심과 그 품질의 우수성을 선전하는 〈영초에 산다〉(靈草に生きる)[극영화 7권]를 제작했다. 그러나 제작회사인 조선영화사는 그러한 제목으로는 장사가 되지 않는다며 같은 영화를 〈흙에서 산다(土に實る)〉라고 선전하고 있다.

경성부(府)는 〈수도(水島)〉〈애국반(愛國班)〉〈부회 개설 10주년(府會開設十周年)〉 등의 기록영화를 기획하였으나 이 중 가능했던 것은 결국 〈부회 개설 10주년〉[2권]에 머물렀다. 그 밖에 국민총력조선연맹이 미타라이(御手洗) 선전부장 해설로 만든 〈일본의 실력(日本の實力)〉[2권] 등도 있다. 그러나 뭐니 뭐니 해도 대서특필해야만 할 것은 육군성 보도부 및 총독부 후원하에 조선군 보도부가 제작한 〈그대와 나〉[11권]이다. 작품 자체는 문부성 추천사에 적혀 있는 것처럼 "극적 구성과 유리(遊離)되게 저명한 배우들을 나열하는 등 영화적 정비에서의 난점이 인정되나, 영화에 넘쳐흐르는 열의와 주제적 의의"가 높이 평가된 듯하다.

민간회사 측 방면

조선의 영화제작기구는 돈도 사람도 전혀 없이 그저 영화를 만들고 싶다는 열의만 있어, 종래에는 영화 한 편을 만들기 위해 회사 하나가 생겨나고 그것이 부작(不作)이 되면 회사가 그대로 사라져버리는 상태였다. 그리하여 조선영화제작자협회원[조선영화회사, 고려영화협회, 경성영화제작소, 한양영화사, 황국영화사, 선만(鮮滿)기록영화제작소, 도요(東洋)토키영화촬영소, 조선문화영화협회, 명보영화사, 경성발성영화제작소] 작품으로 개봉된 것은 (뒤에 나오는) 작품 총람에 별도 게재한 대로이다. 이번에야말로 반드시 제작하리라고 발표되었음에도 몇 작품은 그대로 엎어져 사라졌다. 개봉작 중 일반용 영화는 겨우 〈풍년가(豊年歌)〉[고려영화 7권]뿐이며, 〈집 없는 천사〉[10권 고려영화]는 문부성 추천영화로 선정되었음에도 실질적으로는 해소(解消)의 비운을 맞았다. 이 사건은 조선영화계가 일본영화로 소생(甦生)하는 데 시사하는 점이 큰바, 어떤 의미에서는 불행 중 다행이라고 하지 않을 수 없다.

쇼와 16년에는 영화령이 두 번째 해를 맞았다. 한편에서 내지영화계의 신체제에 호응하면서, 영화회사 통합 문제는 몇 번인가 위원회가 재조직되어 결국 10사(社)가 하나로 통합하였다. 여기서는 자본금 3백만 원을 4회로 납입하는데, 제1회 납입금 75만원 중 45만 원 정도가 기존 설비의 매수비(買收費)로 충당되었으며, 생필름 할당은 연간 극영화 6편, 문화영화 6편, 조선뉴스 12편으로 정해졌다. 결국 이 1년은 새로운 발족을 위해 시종 준비한 해였다. 사실 업자들은 어디까지고 당국의 지시·지도에만 의존했으며, 반면 당국은 내지와의 절충에 분주했다. 결국 업자들 자체가 눈치만 보려는 근성을 가졌기 때문인데, 앞으로는 영화제작자가 한층 적극적으로 진정하게 시대의 선두에 서야 한다. (쇼와 16년은) 문화인으로서 중대한 직역(職域)을 몸소 체험한 귀중한 시간이었다고도 말할 수 있을 것이다.

목하 촬영 진행 중이라 다음 해로 넘어가게 된 주요 작품으로는 조선영화회사의 〈우러르라 창공〉[원작 니시키 모토사다(西龜元貞), 연출 김영화, 촬영 황운조(黃雲祚)]인데, 군부 및 체신국 항공과 후원하에 예의(銳意) 제작 중이다. 그 외에 도호 및 고려의 제휴 작품 〈망루의 결사대〉[각본 야마가타 유사쿠(山形雄策), 연출 이마이 다다시(今井正)]는 총독부 경무국 후원으로 혹한기에 북선(北鮮) 국경 방면 로케를 진행 중이다.

1942년 | 쇼와 17년판 | 7.9~7.10쪽 | 제1부 기록-조선

작품 총람
[쇼와 16년 1월~12월]

극영화

〈집 없는 천사〉 고려영화 제작·배급, 원작 니시키 모토사다, 연출 최인규, 촬영 가나이 세이치, 배우 김일해, 문예봉, 김신재, 10권, 3월 7일 경성 다카라즈카극장.

〈지원병〉 동아영화제작소[대표 최승일(崔承一)] 제작·배급, 원작 박영희(朴英熙), 각색·연출 안석영, 촬영 이명우, 배우 최운봉(崔雲峰), 문예봉, 김일해, 7권, 3월 19일 도호 와카쿠사극장.

〈복지만리〉 고려영화협회 제작·배급, 연출 전창근, 촬영 이명우, 배우 심영, 진훈, 송인규(宋仁奎), 10권, 3월 22일 경성 다카라즈카극장.

〈창공 돌쇠〉 조선영화협단(協團) 제작, 고려영화협회 배급, 원작 노무라 유야(野村裕也), 연출 이규환, 촬영 양세웅, 배우 이화삼(李化三), 문예봉, 김한(金漢), 9권, 8월 21일 경성 다카라즈카극장.

〈귀착지〉 한양영화사 제작, 아성영화사 배급, 연출 이영춘, 촬영 이신웅(李信雄),

배우 윤봉춘, 최운봉, 전택이, 7권, 9월 9일 우미관.

〈아내의 윤리〉 조선예흥사 제작, 조선영화회사 배급, 각본 김동민(金東民), 연출 김영화, 촬영 황운조, 배우 나웅(羅雄), 전택이, 김한, 7권, 9월 25일 도호 와카쿠사영화극장 비일반.

〈그대와 나〉 총독부 추천 조선군 보도부 제작, 그대와 나 보급회 배급, 지도 다사카 도모다카(田坂具隆), 각본 이지마 다다시(飯島正), 연출 히나쓰 에이타로, 배우 고스기 이사무(小杉勇), 오비나타 덴(大日方伝), 가와즈 세이사부로(河津清三郎), 미야케 구니코(三宅邦子), 이향란(李香蘭), 나가타 겐지로(永田絃次郎), 심영, 문예봉, 서월영, 육군성 보도부·총독부 후원, 11권, 11월 24일 쇼치쿠 메이지자, 경성 다카라즈카극장.

〈풍년가〉 고려영화사 제작·배급, 각본·연출 방한준, 촬영 가나이 세이치, 배우 독은기, 최운봉, 김신재, 11월 완성, 7권.

〈반도의 봄〉 명보영화 제작, 쇼치쿠 배급, 연출 이병일, 촬영 양세웅, 배우 김일해, 서월영, 김한, 김소영(金素英), 9권, 11월 7일 쇼치쿠 메이지자.

〈흙에서 산다[일명 영초에 산다]〉 조선영화회사 제작·배급, 원작·구성 오카자키 시치로(岡崎七郎), 연출 안석영, 촬영 황운조, 배우 서월영, 김일해, 윤정란(尹貞蘭), 김령(金鈴), 12월 완성, 7권.

〈신개지(新開地)〉 한양영화사 제작, 조선문화영화협회 배급, 연출 윤봉춘, 촬영 이신웅, 배우 이금룡, 김영순(金英順), 강정애(姜貞愛), 12월 완성, 7권.

문화영화

〈일본의 실력〉 국민총력조선연맹 감수, 경성발성영화사 제작, 8월 완성, 2권.

〈조선농업보국청년대〉 총독부 문서과 제작, 구성 마루노 스스무(圓野晋), 촬영 우루시바라 데루히사(漆原輝久), 해설 후쿠나가 도시유키(福永俊之), 11월 완성, 2권, 총독부 추천.

〈개척지 소식〉 총독부 정보과 제작, 구성 마루노 스스무, 촬영 우루시바라 데루히사, 해설 후쿠나가 도시유키, 12월 완성, 3권.

주(註) 이상의 작품들 외에 단체 등에서 기록 정도로 만들어진 단편물[예: 〈경성부령 10주년(京城府令十周年)〉 〈조선의 적십자(朝鮮の赤十字)〉 등]도 있지만, 소위 일반 공개와 성격이 다르므로 생략하였다.

순회영사

순회영사에 대한 필요성과 중요성은 이미 충분히 인정되어, 이제는 어떻게 실행으로 나아갈 것인지가 문제이다. 종래의 무통제(無統制)적 순회영사 방법은 효과를 서로 깎아먹게 되므로 오히려 유해(有害)했다. 올해는 특히 수송 곤란과 필름 입수난(入手難), 기타 자재 및 인력 부족 등의 이유로 순회영사 성적이 대체로 저조했다.

작년에 이어서, 관청 측에서는 전매국, 체신국 그리고 철도국에서 35mm 순회영사반이 활동했다. 그러나 이들 모두는 지방의 계통소속소(系統所屬所)로 필름을 보내거나 관계 지방민들 사이에서만 혜택을 나누는 정도에 그쳤다. 반면, 금융조합연합회, 애국부인회 본부, 마이니치신보사(新報社) 등이 지방민들에게 건전 오락을 제공했고, 이들이 거둔 성적은 결코 무시하기 어려운 것이었다. 민간 측 혹은 영업적인 순회영화반을 가지고 있는 곳은 달리 건강문화협회, 와카모토(わかもと) 등의 선전부, 문화기업사, 황국영화사 등이 있는데 이들의 실적은 아직 미미하다. 이에 총독부 정보과에서는 통합 기관의 설치를 고구(考究), 전선(全鮮) 각 도를 네 개의 블록으로 나누고 각 도마다 금융조합이나 애국부인회 등을 하부조직으로 하는 회원제 조선영화계발협회를 설치했다. 회원들이 연액(年額) 1천 원을 납입하고 총독부 정보과에서 2만 원을 부담, 약 4만 원의 기금을 가지고 일본뉴스, 조선뉴스, 문화영화, 극영화 등을 구입하여 적당한 프로그램을 짠 뒤 A반과 B반에 필름을 발송, 일정 기간 동안 도(道) 내를 순회한 다음 (필름을) 돌려보내면, 그다음 달 C반과 D반에 발송하여 마찬가지로 일정 코스를 순회시키는 한편, 희망하는 곳에는 대출도 한다. 이러한 계획으로 실행에 착수하였는데, 불행히 올해에는 필름 할당 제한 등으로 소기의 실적을 올리지 못하고 있다. 그럼에도 불구하고, 각 도청에는 휴대용 올폰(オールフォン)[31]이 꼭 있기 때문에, 전력이 풍부한 조선에서 상당한 성적을 올릴 가능성이 있다고 생각된다. 이

---

31)   일본산 휴대용 영사기 이름.

전처럼 금융조합 영화반이 온 다음 날에 체신국 영화반이 와서 비슷한 것을 보게 되었다는 불평은 사라질 것이다. 하긴, 농산어촌에서는 똑같은 작품을 여러 번 보게 되어도 기뻐하기는 하지만……

이상은 35mm 상황인데, 16mm는 국민총력조선연맹이 16mm 토키와 그림자극을 가지고 매일같이 지방을 돌고 있다. 그러나 필름 입수난으로 결코 최상의 성적은 아니다.

그 밖에 조선교육회 영화반도 활동하고 있다. 연액 70원 정도의 회비를 납입한 학교 약 140교에 대하여 6권, 2,400척 정도의 16mm 무성필름을 연(年) 8회 송부하는 일을 한다. 그러나 기계 입수난으로 가맹학교의 급증을 바랄 수 없고 필름 입수난이 더해져 자못 정체 경향이 있다. 쇼와 12년 이래의 역사를 가지고 있다.

이상이 올해의 순회영사 개략이다. 배급기구 일원화를 도모하는 동시에 벽지까지 영화를 통한 문화 혜택이 널리 퍼지기를 열망하는 목소리는 점점 높아지고 있다.

오카자키 시치로(岡崎七郎)

1942년 | 쇼와 17년판 | 7.11쪽 | 제1부 기록-조선

조선영화인협회

쇼와 14년 10월 조선총독부는 영화법령을 공포, 영화행정 확립을 기(期)하게 되었다. 이를 기회로 총독부 지도를 따라 전(全) 영화인을 망라하는 조선영화인협회가 설립되었다. 설립 목적은 영화의 건전한 발달과 영화인의 자질 향상을 도모하여 문화 진전에 기여하고 동시에 영화를 통한 내선일체의 결실을 거두고자 함이다. 이러한 목적을 달성하기 위해 본 협회에서는 (1) 영화 관련 조사·연구 (2) 연출자, 연기자, 촬영자, 기타 영화 기술자의 양성 및 지도 (3) 회원 복리 및 상호 친목에 관한 시설 (4) 기관지 발행 (5) 기타 본회(本會) 목적 달성상 필요한 사항 등의 제(諸) 사업을 수행한다. 현재의 임원은 다음과 같다.

회장 야스다 다쓰오(安田辰雄)[안종화(安鐘和)]

상무이사 야스다 사이(安田柴)[32][안석영]

이사 이와모토 게이칸(岩元圭煥)[이규환], 서영관(徐永琯)[서월영], 세토 아키라(瀬戸明)[이명우]

상무평의회 가네하라 히로시(金原廣)[김택윤(金澤潤)]

평의원 인조 고사이(員城光齎)[서광제], 호시 인케이(星寅奎圭)[최인규], 미하라 세오(三原世雄)[양세웅], 호시무라 히로시(星村洋)[김한], 세토 다케오(瀬戸武雄)[이필우(李弼雨)], 가게사와 기요시(影澤清), 김정화(金正華)

영화령 시행규칙 제8조 제2항 제3호 규정에 의거, 영화기능심사는 본 협회장이 총독부 경무국 도서과장에 위탁하며 본 협회 등록에 기반하여 기능증명서를 발행한다. 나아가 본 협회는 연출, 연기, 촬영, 기타 영화 기술 관련 우수한 성적을 거둔 자에게 상금을 교부하고 이를 표창하기로 했다. 경성부 종로 3의 49 히카리(ヒカリ)빌딩 2층에 사무소가 있다.

1942년 | 쇼와 17년판 | 7.11~7.12쪽 | 제1부 기록-조선

사단법인 조선영화계발협회

쇼와 16년 12월 2일 총독부 관방정보과 내에 설치되었다. 기금(基金) 3만 원으로 영화를 통한 계발·선전 실시, 영화사업 개선·향상, 농촌에 대한 건전 오락 공여(供與)를 행하여 총독부 시정(施政)방침을 철저하게 주지시키는 동시에 반도문화 진전에 이바지하기로 했다. 이러한 목적 달성을 위해 본 협회가 수행하는 사업은 (1) 영화 구입·차여(借與) 및 대부(貸付) (2) 영화제작 알선 (3) 출장영화 및 순회영화 알선 (3) 각본 모집 및 연구, 강연회, 강습회 개최 (5) 영사기술자 양성 (6) 기타 필요하다고 인정되는 사항이다. 회장으로는 총독부 관방정보과장을 두고, 정보과장 및 각 도(道) 대표를 제1종 회원으로, 각 도 이외의 가입 관청 대표자, 공공단체 또는 이에 준하는 단체를 제2종 회원으로 하여 전선(全鮮) 각 도로 조직망을 확대하고 있다.

---

32) 앞에서는 야스다 사카에(安田栄)로 표기되었다.

조선총독부 영화 검열 통계

[쇼와 16년 1월~12월]

		흥행용 신청건수			비흥행용 신청건수			신청건수
		내지인	조선인	기타	내지인	조선인	기타	합계
극영화								
일본영화	(합계)	670	41	3	18	–	169	891
	쇼치쿠	151	–	–	2	–	–	153
	닛카쓰	84	–	–	–	–	3	87
	도호	83	–	–	–	–	1	84
	다이토	82	–	–	–	–	–	82
	신코	66	–	–	–	–	–	66
	기타	206	41	3	6	–	165	421
외국영화		80	69	1	1	–	4	155
합계		750	110	4	9	–	173	1,046
비극영화								
일본영화		815	64	–	46	–	931	1,896
외국영화		46	31	–	–	2	30	109
합계		851	95	–	46	2	961	2,005
총계		1,611	205	4	55	2	1,134	3,051

		검열		제한 사항		대본 제한	수수료 면제	
		권수	미터 수	검열 부분 수	미터 수		건수	미터 수
극영화								
일본 영화	(합계)	5,327	1,253,899	105	1,731.95	32	199	158,975
	쇼치쿠	1,339	316,333	32	650.40	3	2	6,262
	닛카쓰	704	170,052	1	40.00	1	10	15,434
	도호	783	171,629	12	90.30	6	9	18,178
	다이토	593	136,076	4	38.40	3	–	–

		검열		제한 사항		대본 제한	수수료 면제	
		권수	미터 수	검열 부분 수	미터 수		건수	미터 수
극영화								
	신코	480	112,282	5	147.50	3	2	2,801
	기타	1,557	349,306	49	765.30	9	176	116,300
외국영화		916	216,085	133	1,173.50	35	–	–
합계		6,243	1,469,984	177	3,227.80	53	199	158,975
비(非)극영화								
일본영화		2,492	658,033	11	247.70	7	1,683	587,283
외국영화		253	61,242	13	1,116.00	–	66	47,773
합계		2,745	719,275	24	1,363.70	7	1,749	635,056
총계		8,988	2,189,259	201	4,591.50	60	1,948	794,031

비고 신청건수의 비(非)흥행용 중 '기타'라는 것은 관공서, 학교, 공익단체 등을 말한다. 또한, 검열이 거부된 것은 외국 극영화 중 미국물 2권 452미터 정도뿐이다.

조선영화 검열표[쇼와 16년 1월~12월]

종별	건수	권수	미터 수
극영화	46	333	79,997
실사	295	361	61,750
합계	341	694	141,747

취급종별(種別) 검열 통계[쇼와 16년 1월~12월]

취급종별	건수	권수	미터 수	수수료 징수액[엔]
신검열	1,033	5,450	1,288,308	13,935
재검열	7	66	14,483	91
복본(複本)검열	72	371	92,437	493
수수료 면제	1,948	3,101	794,031	–
합계	3,060	8,988	2,189,259	14,519

영화 인정조(認定調) 통계

[쇼와 16년 1월~12월]

	내지영화	조선영화	계	외국영화	합계
일반용 영화	2,205	48	2,710	251	2,961
비일반용 영화	184	24	208	50	258
문화영화	387	40	427	31	458
비문화영화	89	2	91	15	106
영화 인정 총 건수	2,865	571	3,436	347	3,783

주 문화영화 및 비문화영화 수(數)는 일반용 영화 중에 포함되어 있다. 또한 비문화영화는 문화영화 신청을 하였으나 (문화영화가) 되지 못한 것이다. 추천영화 및 아동생도 대상 선정 영화는 별도 항목 참조.

인정 문화영화 내용별 분류[쇼와 16년 1월~12월]

	방화		외국영화	합계
	내지영화	조선영화		
교육	23	2	2	27
정치 · 경제	8	1	–	9
군사 · 국방	89	20	9	118
산업	76	6	2	84
통신 · 교통	26	–	2	28
보건 · 위생	27	–	–	27
체육운동	27	1	6	34
사회시설	11	–	2	13
학예	43	4	5	52
자연과학	27	–	4	31
기록	28	6	1	35

비일반용 영화의 분류[쇼와 16년 1월~12월]

주 ▽내: 내지영화 ▽조: 조선영화 ▽ 외: 외국영화

▼ 국사(國史)상 사실에 대해 연소자의 판단을 동요시킬 우려가 있는 작품[내1, 계(計)1].

▼ 조선총독부 편찬(編纂) 교과서 내용에 배치되는 작품[없음].

▼ 연장자에 대해 존경의 마음을 잃게 만들 우려가 있는 작품[내2, 외1, 계3].

▼ 연소자에 대해 공포·증오감을 줄 우려가 있는 작품[내10, 외6, 계16].

▼ 과도하게 감상(感傷)적인 작품[내10, 계10].

▼ 연애를 통해 연소자의 감정을 도발할 우려가 있는 작품[내5, 조2, 외10, 계17].

▼ 연소자의 공상·호기심을 과도하게 자극할 우려가 있는 작품[내7, 조3, 외2, 계12].

▼ 결혼 또는 연애에 관하여 연소자의 판단을 동요시킬 우려가 있는 작품[내23, 조4, 외4, 계31].

▼ 퇴폐적 풍기(風紀)나 이야기, 또는 변태적 연애 작품[내1, 외5, 계6].

▼ 저조(低調)·비속하여 연소자 관람이 적당하지 않은 작품[내59, 조3, 외5, 계67].

▼ 윤리적, 기타 일반적으로 연소자의 판단을 그르치게 할 우려가 있는 작품[내45, 조12, 외13, 계70].

1942년 | 쇼와 17년판 | 7.14쪽 | 제1부 기록-조선

영화제작 종사자 등록 상황

	내지인	조선인	계
연출자	남 2	남 14	16
촬영자	남 2	남 10	12
연기자	–	남 44 여 18	62
합계	남 4	남 68 여 18	남 72 여 18

1942년 | 쇼와 17년판 | 7.14쪽 | 제1부 기록—조선

영화관 수

구분 도명	300명 이하	600명 이하	1,000명 이하	1,000명 이상	합계	인구 [단위 천 명]
경기	1	10	9	4	24	2,864
충북	–	1	1	–	2	945
충남	–	6	3	–	9	1,576
전북	–	5	3	–	8	1,599
전남	1	3	4	1	9	2,639
경북	5	5	5	3	18	2,472
경남	3	12	4	1	20	2,242
황해	2	4	2	–	8	1,813
평남	1	3	4	–	8	1,662
평북	–	3	3	–	6	1,768
강원	1	4	2	–	7	1,765
함남	4	4	6	2	16	1,879
함북	1	5	6	2	14	1,102
합계	19	65	52	13	149	24,326

1942년 | 쇼와 17년판 | 7.13쪽 | 제1부 기록—조선

쇼와 15년 주요 도시 영화관 수 및 관람자 수

	영화관 수	관람자 수	인구 1인당 관람횟수
경성부	16	7,751,448	8.37
평양부	4	1,351,350	4.77
부산부	3	1,091,741	4.54
청진부	3	608,988	3.14

대구부	4	972,139	5.55
인천부	2	366,506	2.03
광주부	2	142,012	2.21
목포부	1	74,701	1.08
해주부	1	89,502	1.48
신의주부	1	145,237	2.42
전주부	1	154,394	2.77
대전부	1	392,657	7.17
군산부	2	235,976	4.44
나진부	1	118,975	3.45
마산부	1	26,988	1.01

1942년 | 쇼와 17년판 | 7.14~7.22쪽 | 제1부 기록-조선

조선영화령 및 동 시행규칙

조선영화령은 아래와 같이 내지의 영화법을 그대로 답습, 쇼와 15년 1월 4일 공포되었다. 동(同) 시행규칙은 같은 해 7월 25일 공포되었다. 둘 다 조선총독부령으로 공포되었으며, 같은 해 8월 1일부터 시행되었다.

조선영화령

영화의 제작·배급·상영 및 기타에 관하여는 영화법 제19조 규정을 제외한 동(同) 법에 의거함. 단, 동 법 중 칙령은 조선총독부령, 주무대신은 조선총독으로 함.

쇼와 15년 1월 4일
조선총독 미나미 지로(南次郎)

조선총독부령 제180호

조선영화령은 쇼와 15년 8월 1일부터 이를 시행함.

쇼와 15년 7월 25일

조선총독 미나미 지로

조선영화령 시행규칙

조선총독부령 제181호

조선영화령 시행규칙은 아래와 같이 정함.

쇼와 15년 7월 25일

조선총독 미나미 지로

조선영화령 시행규칙

제1조

조선영화령에 의거하는 것을 정한 영화법[이하 영화법이라 칭함] 제2조의 영화제작업은 기획·촬영·편집을 병행하며 영화를 제작하는 업(業)을 이름.

기획·촬영·편집 중 하나 또는 둘을 행하는 업을 영화제작업으로 간주함.

영화법 제2조의 영화배급업은 영화흥행자 및 기타 영화상영을 행하는 자에게 영화를 대부(貸付) 또는 매각하는 업을 이름.

제2조

영화법 제2조 제1항의 규정에 의거, 영화제작업 허가를 받고자 하는 자는 아래 사항을 기재한 신청서 정부(正副) 2통을 조선총독에게 제출할 것.

　　1. 주소 및 이름

　　2. 업무 범위

　　3. 영화제작소 소재지

4. 영화제작소 구조설비

　　가) 전체의 배치[도면을 첨부할 것]

　　나) 촬영·녹음·현상·인화·영사 및 저장용으로 제공된 건물의 구조 설비[도면을 첨부할 것]

　　다) 촬영기, 녹음기, 인화기 종류 및 대수

　　라) 전기 설비[도면을 첨부할 것]

5. 제작 영화의 종류

6. 연간 제작 영화의 수량

7. 업무별 종업원 수

8. 업무 개시 시기

전항(前項)의 신청서에는 사업 기업(起業)계획서[법인은 기업계획서 및 정관(定款)] 및 수지개산서(收支槪算書)를 첨부할 것.

제1항 제2호, 제3호, 제4호의 가), 동(同) 호의 나), 제5호, 제8호의 사항을 변경하고자 하는 경우에는 그 사유를 구비하고 제1항의 규정에 준하여 조선총독의 허가를 받을 것.

제1항 제1호의 사항을 변경한 경우에는 지체 없이 그 취지를 제1항의 규정에 준하여 조선총독에게 신고할 것.

제3조

영화법 제2조 제1항의 규정에 의거, 영화배급업 허가를 받고자 하는 자는 아래 사항을 기재한 신청서 정부 2통을 조선총독에게 제출할 것.

1. 주소 및 이름

2. 지소(支所) 및 기타 배급소의 소재지

3. 배급 구역

4. 배급 방법

5. 배급 영화의 종류

6. 연간 배급 영화의 수량

7. 업무 개시 시기

전항 신청서에는 사업 기업계획서[법인은 기업계획서 및 정관] 및 수지개산서를 첨부할 것.

제1항 제5호 또는 제7호의 사항을 변경하고자 하는 경우에는 그 사유를 구비하고 제1항 규정에 준하여 조선총독의 허가를 받을 것.

제1항 제1호 내지 제4호의 사항을 변경한 경우에는 지체 없이 그 취지를 제1항 규정에 준하여 조선총독에게 신고할 것.

제4조

영화제작업자 또는 영화배급업자가 그 업무를 개시 또는 폐지한 경우에는 지체 없이 그 취지를 조선총독에게 신고하고, 계속해서 6개월 이상 그 업무를 휴지하고자 하는 경우 역시 동일함.

제5조

영화제작업자 또는 영화배급업자가 사망한 경우 상속으로 인해 그 업을 승계한 자는 1개월 이내에 그 취지를 조선총독에게 신고할 것.

전항의 규정에 의거하는 서류에는 호적등본을 첨부할 것.

제6조

영화제작업자는 제1호 양식에 의거, 영화배급업자는 제2호 양식에 의거, 매년 2월 말일까지 전년 중 제작 또는 배급한 영화의 종류 및 기타 사항을 조선총독에게 신고할 것.

제7조

영화법 제5조의 규정에 의거, 업무 종류의 지정(指定)은 아래와 같음.

1. 연출
2. 연기
3. 촬영

제8조

영화법 제5조의 규정에 의거하여 등록을 하려는 자는 아래 사항을 기재한 신청서를 조선총독부에 제출할 것.

    1. 주소, 이름 및 업무상 이름과 생년월일

    2. 업무의 종류

전항의 신청서에는 아래 서류를 첨부할 것.

    1. 이력서[사진을 첨부(貼付)할 것]

    2. 기능 증명 서류

    3. 신청자가 미성년자 또는 유부녀인 경우 친권자, 남편 및 기타 보호자의 승낙을 받았음을 증명하는 서류, 재학 중인 경우에는 해당 학교장의 의견을 기재한 서류

제1호의 사항에 변경이 있는 경우에는 그 취지를 조선총독에게 신고할 것.

제9조

조선총독은 영화법 제5조의 규정에 의거하여 등록을 행하는 경우 제3호 양식의 등록증명서를 교부함.

등록서를 멸실(滅失) 혹은 훼손한 경우 그 서환(書換) 또는 재교부를 조선총독에게 신청할 수 있음.

제10조

영화법 제6조의 규정에 의거, 업무 정지 또는 등록 취소를 당한 자는 지체 없이 등록증명서를 조선총독에게 반납할 것.

업무 정지 기간이 만료된 경우에는 등록증명서를 본인에게 환부(還付)함.

제11조

영화법 제5조 규정에 의거하여 등록한 자가 업무를 폐지하거나 사망한 경우에는 등록자, 사망의 경우에는 호주 또는 가족이 지체 없이 그 취지를 조선총독에게 신고할 것.

제12조

영화제작자가 14세 미만인 자를 업(業)으로 하여 (시행규칙) 제7조에 게시된

종류의 업무에 종사시키고자 하는 경우에는 아래 사항을 구비하고 그 취지를 조선총독에게 신고할 것.

    1. 주소 및 이름

    2. 업무에 종사시키고자 하는 자의 주소, 이름 및 업무상의 이름과 생년월일

    3. 종사시키고자 하는 업무의 종류

전항의 신고서에는 아래 서류를 첨부할 것.

    1. 업무 종사에 적합함을 증명하는 의사의 건강증명서

    2. 업무에 종사시키고자 하는 자의 친권자 또는 친권자를 대신하여 그를 감독하는 자의 승낙을 받았음을 증명하는 서류, 업무에 종사시키고자 하는 자가 재학 중인 경우에는 해당 학교장의 의견을 기재한 서류.

  제13조

    영화제작업자가 영화법 제5조의 규정에 의거하여 등록하지 않은 자를 동(同)법 제7조 규정에 의거, (시행규칙) 제7조에 게시한 종류의 업무에 종사시킬 수 있는 경우는 아래와 같음.

    영화제작시 임시 업무에 종사시키고자 하는 경우

  제14조

    영화법 제9조 제1항의 규정에 의거, 영화 종류의 지정은 아래와 같음.

    극영화

  제15조

    영화제작업자가 전조(前條)의 영화를 제작하고자 하는 경우에는 촬영 개시 10일 전까지 아래 사항을 조선총독에게 신고할 것.

    1. 주소 및 이름

    2. 영화 제목

    3. 원작자 및 각색자 이름과 업무상 이름

    4. 연출자 및 주요 연기자 이름과 업무상 이름

5. 영화 내용[각본에 의거하여 표시하고 2부를 첨부할 것]

6. 촬영 개시 및 제작 종료 시기

조선총독이 필요하다고 인정한 경우에는 영화의 저작권을 증명하는 서류의 제출을 명할 수 있음

영화제작업자가 제1항 제2호, 제4호, 제5호 사항의 주요 부분을 변경한 경우 영화법 제9조 제1항 후단(後段) 규정에 의거하여 그때마다 그 취지를 조선총독에게 신고할 것.

제16조

영화법 제10조의 규정에 의거, 영화의 선장(選奬)은 아래 각 호에 의거하여 행함.

1. 추천

2. 상금 교부

전항 제2호의 상금 교부는 동 항 제1호에 의거하여 조선총독이 추천한 영화 중에서 특히 우량(優良)하다고 인정한 것에 대해 그 제작자를 대상으로 행함.

제17조

전조 제1항의 추천을 받은 영화의 소유자는 제30조의 규정에 의거, 합격 인장 날인을 받은 해당 영화대본을 조선총독에게 제출할 것. 이 경우 제4호 양식의 추천 인장 날인을 받을 수 있음.

제18조

조선총독은 특별히 필요한 경우 제16조 제1항 규정에 의거 추천을 취소할 수 있음.

전항의 규정에 의거하여 추천을 취소하는 경우에는 해당 영화대본에 날인한 추천 인장을 말소함.

제19조

조선총독이 영화법 제11조 규정에 의거, 영화 제출을 명할 경우에는 (영화) 소

유자에게 영화 제목, 제출기일, 제출기간 및 기타 필요 사항을 지시함.

전항의 영화 소유자가 전항 규정에 의거한 지시에 따라 해당 영화를 제출할 수 없는 경우 그 사유를 구비하고 지체 없이 그 취지를 조선총독에게 신고할 것.

제20조

영화법에서 외국영화라고 칭하는 것은 아래 각 호 중 하나에 해당하는 것을 말함.

1. 외국에서 제작한 영화. 단, 제국신민 또는 제국법인이 제작한 영화로 제국신민을 주(主) 연출자, 연기자, 촬영자로 하고, 따라서 자막 및 발성이 외국어를 주(主)로 하지 않는 것은 제외함.

2. 본방(本邦)에서 외국인 또는 외국법인이 제작한 영화. 단, 제국신민을 주 연출자, 연기자, 촬영자로 둔 영화로 자막 또는 발성이 외국어를 주로 하지 않는 것은 제외함.

제21조

영화배급업자는 조선총독이 할당한 수량을 초과하여 극영화인 외국영화를 배급할 수 없음.

전항의 할당은 이듬해 배급하고자 하는 극영화인 외국영화에 대하여 행함.

제22조

영화배급업자가 전조의 규정에 의거하여 할당을 받고자 하는 경우에는 매년 10월 31일까지 신청서를 조선총독에게 제출할 것.

영화배급업자가 새로 극영화인 외국영화를 배급하고자 하는 경우 또는 특별 사유가 있는 경우에는 전항 규정에 의거한 기일(期日)의 제한과 상관없이 신청서를 제출할 수 있음.

제23조

전조의 신청서에는 아래 사항을 기재할 것.

1. 주소 및 이름

2. 배급할 외국영화 수량

전항의 신청서에는 아래 서류를 첨부할 것.

1. 신청의 전월(前月) 이전(以前) 3년간 배급한 극영화인 외국영화에 대하여 제5호 양식에 의거한 조서(調書)

2. 신청의 전월 이전 1년간 수출한 영화에 대하여 제6호 양식에 의거한 조서

제24조

조선총독이 필요하다고 인정한 경우 제21조 규정에 의거하여 할당한 수량의 변경을 명할 수 있음.

제25조

영화법 제13조 제1항의 검열을 받고자 하는 자는 아래 사항을 기재한 신청서에 검열받을 영화 및 그 대본을 첨부하여 조선총독에게 제출할 것.

1. 주소 및 이름

2. 영화 제목

3. 제작자 주소 및 이름

4. 권수 및 길이

5. 수출 연월일

6. 수출 목적

7. 수출지 및 도착지

8. 하수인(荷受人) 주소 및 이름

제15조 제2항 규정은 전항의 경우에 적용함.

제26조

조선 내에서 촬영한 영화를 이출(移出)하고자 하는 자는 아래 사항을 기재한 신청서에 이출할 영화 및 그 대본을 첨부하고 조선총독의 허가를 받을 것. 아직 현상되지 못한 작품을 수출 또는 이출하고자 하는 경우 역시 동일함.

1. 주소 및 이름

2. 영화 제목

3. 제작자 주소 및 이름

4. 주요 촬영 장소

5. 권수 및 길이

6. 이출 연월일

7. 이출 목적

8. 도착지

9. 하수인(荷受人) 주소 및 이름

전항의 허가를 행한 경우에는 제7호 양식의 허가서를 교부하고 영화에는 제8호 양식의 허가 인장을 날인함.

제15조 제2항 규정은 제1항의 경우에 적용함

제27조

영화법 제14조 제1항의 검열을 받고자 하는 자는 아래 사항을 기재한 신청서에 검열받을 영화 및 그 대본 2부[검열 합격 후 3년 이내에 해당 영화의 복제에 대하여 동일 신청자가 검열을 받고자 하는 경우에는 1부] 첨부하고 이를 조선총독에게 제출할 것.

1. 주소 및 이름

2. 영화 제목[외국영화는 원제목 및 번역제목을 병기할 것]

3. 제작자 주소 및 이름

4. 권수 및 길이

5. 극영화는 제15조 제1항의 규정에 의거하여 신고를 행한 연월일

제15조 제2항의 규정은 전항의 경우에 적용함.

제28조

영화법 제13조 제1항의 규정에 의거, 검열한 영화가 아래 각 호 중 하나에 해당되는 경우에는 불합격으로 함.

1. 황실의 존엄을 모독하거나 제국의 위신을 손상시킬 우려가 있는 작품

2. 정치상, 교육상, 군사상, 외교상, 경제상, 기타 제국의 이익을 해할 우려

가 있는 작품

3. 국민문화에 대하여 오해를 발생시킬 우려가 있는 작품

4. 조선 통치상 지장을 초래할 우려가 있는 작품

5. 제작 기술이 현저하게 졸렬한 작품

6. 기타 수출에 적합하지 않은 작품

제29조

영화법 제14조 제1항의 규정에 의거, 검열한 영화로 아래 각 호 중 하나에 해당되는 경우는 불합격으로 함.

1. 황실의 존엄을 모독하거나 제국의 위신을 손상시킬 우려가 있는 작품

2. 조헌(朝憲) 문란(紊亂)의 사상을 고취할 우려가 있는 작품

3. 정치상, 교육상, 군사상, 외교상, 경제상, 기타 공익상 지장을 초래할 우려가 있는 작품

4. 선량한 풍속을 어지럽히고 국민 도의를 퇴폐하게 할 우려가 있는 작품

5. 조선 통치상 지장을 초래할 우려가 있는 작품

6. 제작 기술이 현저하게 졸렬한 작품

7. 기타 국민문화 진전을 저해할 우려가 있는 작품

제30조

검열에 합격한 경우에는, 제25조 규정에 의거하여 신청한 작품에 대해서는 제9호 양식의 검열 합격 증명서를 교부하고 영화에 제10호 양식의 합격 인장 및 기호번호를 날인함. 제 27조 규정에 의거하여 신청한 작품에 대하여는 영화에 제10호 양식의 합격 인장 및 기호번호를, 대본에 제11호 양식의 합격 인장을 날인함.

제31조

영화법 제13조 제1항의 규정에 의거, 검열 합격 유효기간은 3개월, 동 법 제14조 제1항의 규정에 의거하는 검열 합격 유효기간은 3년으로 함.

제32조

조선총독은 검열을 행한 영화에 대하여 특별 사유가 있는 경우 전조 규정과 다르게 검열 합격 유효기간을 정하거나 지역 및 기타 제한을 행할 수 있음.

전항의 제한을 행하는 경우, 제25조의 규정에 의거하여 신청한 작품에 대해서는 검열 합격 증명서에, 제27조의 규정에 의거하여 신청한 작품에 대해서는 대본에 그 취지를 기입함.

제33조

조선총독이 영화법 제13조 제2항의 규정에 의거하는 처분을 행하는 때에, 금지의 경우는 검열 합격 증명서를 반납시키고 해당 영화에 날인한 합격 인장 및 기호 번호와 더불어 해당 영화의 대본에 날인한 합격 인장을 말소함. 제한의 경우는 해당 영화의 대본에 그 취지를 기입함.

제34조

검열에 합격한 영화 또는 제26조 1항의 규정에 의거, 허가를 받은 영화에 대하여 아래 각 호 중 하나에 해당하는 경우에는 합격 인장·허가 인장 혹은 기호번호의 재날인, 또는 검열 합격 증서 혹은 허가서의 재교부를 조선총독에게 신청할 수 있음.

　　1. 영화에 날인한 합격 인장·허가 인장 또는 기호번호를 훼손한 경우
　　2. 합격 인장을 날인한 대본을 멸실 또는 훼손한 경우
　　3. 검열 합격 증명서 혹은 허가서를 분실 또는 훼손한 경우
　　전항 제2호의 경우에는 대본을 다시 제출할 것.

제35조

검열에 합격한 영화에 대해서 제25조 제1항 제2호, 제7호 또는 제27조 제1항 제2호의 사항을 변경하고자 하는 경우에는 조선총독의 허가를 받을 것. 제26조 제1항의 허가를 받은 영화 또는 아직 현상되지 않은 영화에 대하여 동 항 제2호의 사항을 변경시키고자 하는 경우 역시 동일함.

제36조

조선총독은 영화법 제14조 제1항의 검열에 대하여 아래 수수료를 징수함.

1. 1미터 또는 그 단(端)수마다 1전(錢). 단, 외국영화에 대하여는 1미터 또는 그 단수마다 1전 5리(厘)

2. 검열 후 3개월 이내 동일 신청자가 검열을 신청한 해당 영화를 복제, 혹은 검열 합격 유효기간 경과 후 6개월 이내 검열을 신청한 해당 영화에 대하여는 1미터 또는 그 단수마다 5리. 단, 외국영화에 대하여는 1미터 또는 그 단수마다 7리 5모(毛)

조선총독이 공익상 필요하다고 인정한 경우 수수료를 면제할 수 있음.

제1항의 수수료는 수입인지(收入印紙)를 용의하여 검열 신청서에 첨부할 것.

제37조

영화법 제15조 제1항의 규정에 의거하여 상영을 행하고자 하는 영화는 국민정신 함양 또는 국민지능 계배(啓培)에 이바지하는 영화[극영화 제외]라고 조선총독이 인정한 작품으로 함.

영화흥행자는 1회 흥행에 대하여 전항의 규정에 의거하여 인정받은 영화 250미터 이상을 상영할 것. 단, 영화흥행자가 영화법 제15조 제2항의 규정에 의거하여 영화를 상영하는 경우 및 제16조 제1항의 추천을 받은 영화를 상영하는 경우에는 이러한 제한을 두지 않음.

제38조

전조 제1항의 규정에 의거하여 인정을 받고자 하는 자는 제27조 제1항 제1호 내지 제4호의 사항을 기재한 신청서에 인정을 받아야 하는 영화 및 그 대본을 첨부하여 조선총독에게 제출할 것.

제39조

제37조 제1항 규정에 의거, 인정을 행한 경우에는 합격 인장을 날인한 해당 영화의 대본에 제12호 양식의 인정 인장을 날인할 것.

제40조

제37조 제1항의 규정에 의거한 인정의 유효기간은 해당 영화의 검열 합격 유

효기간으로 함.

제41조

제18조 규정은 제37조 제1항 규정에 의거한 인정의 취소에 준용(準用)함.

제42조

제37조 제1항 규정에 의거하여 인정받은 영화에 대하여 그 대본에 제34조 제1항 규정에 의거한 합격 인장 재날인을 받은 경우에는 지체 없이 해당 대본을 조선총독에게 제출하고 인정 인장의 재날인을 신청할 것.

제43조

도지사가 영화법 제15조 제2항의 규정에 의거하여 영화를 상영시키고자 하는 경우 그 기간은 1회에 대하여 1주 이내로 하고, 1년을 통산, 1개의 흥행장에서 6주간을 초과할 수 없음.

제44조

상설 영화흥행장에서 흥행을 행하는 영화흥행자는 한 영화흥행장에 대하여 1개월 통산 극영화의 총 상영 미터 수의 반을 초과하여 극영화인 외국영화를 상영할 수 없음.

전항 규정 이외의 영화흥행자는 1흥행마다 극영화의 총 상영 미터 수의 반을 초과하여 극영화인 외국영화를 상영할 수 없음.

제45조

영화흥행자는 흥행장별 매월 영사한 각 영화에 대하여 그 제목, 제작국, 제작자, 권수 및 길이를 익월 10일까지 흥행장 소재지 관할 도지사에게 신고할 것.

제46조

상설 영화흥행장에서 흥행을 행하는 영화흥행자는 1회 흥행시간이 3시간을 초과할 수 없음. 단, 영화법 제15조 제2항 규정에 의거하여 영화를 상영할 경우에는

30분을 초과하지 않는 범위 내에서 이를 연장할 수 있음.

도지사가 특별 사유로 인정하는 경우에는 30분을 초과하지 않는 범위 내에서 전항의 흥행시간을 연장시킬 수 있음.

제47조

영화상영을 행하는 자는 1분간 27미터 4의 속도를 초과하여 영사를 행할 수 없음.

제48조

영화상영을 행하는 자가 자동식 안전개폐기 장치가 있는 영사기를 사용하지 않으면 영사를 행할 수 없음.

전항의 자가 영화흥행자인 경우에는 전항의 영사기 2대 이상을 사용할 것.

제49조

영화상영을 행하는 자는 별도로 정한 바에 의거하며, 영사면허를 받은 자 이외의 자에게 영사기 조작을 시킬 수 없음. 단, 완연성(緩燃性) 영화를 상영하는 경우에는 이러한 제한을 두지 않음.

전항의 자가 영화흥행자일 때, 영사 시간이 통례(通例) 계속해서 6시간을 초과하는 경우에는 영사면허를 받은 자 2명 이상, 그 외의 경우에는 1명 이상을 사용할 것.

제50조

조선총독이 영화법 제14조 제1항의 검열에 합격한 영화가 연소자 교육상 지장이 없다고 인정한 경우에는 합격 인장을 날인한 해당 영화의 대본에 제13조 양식의 인정 인장을 날인함.

제18조, 제14조, 제42조의 규정은 전항의 경우에 준용함.

제51조

영화상영을 행하는 자가, 전조의 규정에 의거하여 인정받은 영화만 상영하는 경우를 제외하고, 14세 미만의 자를 영화상영 장소에 입장시킬 수 없음. 단, 보호자가 동반하는 6세 미만의 자는 이러한 제한을 두지 않음.

제52조

본령(本令)에 의거하여 제출하는 신청서 또는 신고서에 기재하여야 하는 주소 및 이름은 법인의 경우 주 사무소 소재지 및 명칭과 더불어 대표자 주소 및 이름으로 함.

제53조

제26조의 규정을 위반하여 이출 또는 수출을 행하거나 행하고자 하는 자는 백 원 이하의 벌금 또는 과료(科料)에 처함.

제54조

제4조, 제6조, 제12조 제1항, 제35조, 제45조의 규정을 위반하는 자는 과료에 처함.

제55조

영화제작업자, 영화배급업자, 영화흥행자, 검열에 합격한 소유자는 그 대리 인, 호주, 가족, 동거인, 고용인 및 기타 종사자가 그 업무에 관하여 전(前) 두 개 조(條)의 위반을 행한 경우 자신이 지휘하지 않았다는 사유로 그 처벌을 면할 수 없음.

제56조

제53조 및 제54조의 벌칙은, 그 자가 법인인 경우에는 이사·중역·기타 법인 업무를 집행하는 임원에게, 미성년자 또는 금치산자인 경우에는 그 법정대리인에게 적용함. 단, 영업에 관하여 성년자와 동일한 능력이 있는 미성년자에 대하여는 이러 한 제한을 두지 않음.

제57조

제15조, 제17조, 제19조 제2항, 제22조, 제25조 제1항, 제26조 제1항, 제27조

제1항, 제34조 제1항, 제35조, 제38조 및 제42조의 규정에 의거하여 조선총독에게 제출하여야 하는 서류는 메이지 43년(1910년) 조선총독부령 제5호의 규정과 상관없이 이를 직접 조선총독에게 차출(差出)할 것.

부칙

제58조

본령은 조선영화령 시행일로부터 시행함. 단, 제37조 제2항의 규정은 경성부·부산부·평양부·대구부에서는 쇼와 15년 11월 1일부터, 기타 부읍면(府邑面)에서는 쇼와 16년 1월 1일부터, 제48조 및 제49조의 규정은 쇼와 16년 10월 1일부터, 제51조의 규정은 쇼와 16년 1월 1일부터 시행함.

제59조

활동사진'필름'검열규칙 및 활동사진영화취체규칙은 폐지함.

본령 시행 전 행정관청의 검열을 거친 검열완료 '필름'의 합격 유효기간 및 검열효력에 관하여는 종전의 규정에 의거함.

본령 시행 전 조선총독부 수출 허가를 받은 영화는 본령에 의거, 영화법 제13조 제1항의 검열에 합격한 작품으로 간주함.

제60조

본령 시행 시 현재, 영화법 제2조에 규정된 영화제작업 혹은 배급업을 행하는 자, 또는 그 업을 승계한 자는 본령 시행일로부터 1년에 한하여 동 조 제1항의 규정과 상관없이 계속해서 그 업을 행할 수 있음.

전항의 자가 전항의 기간 내에 제2조 제1항의 허가를 신청한 경우 그 신청에 대한 허가 또는 불허가 처분일까지 전항과 역시 동일.

전 두 개 항의 규정에 의거하여 그 업을 행하는 자는 제2조 제1항의 허가를 받은 자로 간주함.

제61조

　　본령 시행 시 현재, 업으로서 영화법 제5조의 규정에 의거하는 해당 종류의 업무에 종사하는 자는 본령 시행일로부터 6개월에 한하여 동 조에 따른 등록을 하지 않고 계속해서 업으로서 그 업무에 종사할 수 있음.

　　전조 제3항의 규정은 전항의 경우에 준용함.

제62조

　　제60조 1항의 규정에 의거하여 영화제작업 혹은 배급업을 행하는 자 또는 그 업을 승계한 자는 본령 시행일로부터 1개월 이내에, 영화제작업을 행하는 자는 제2조 제1항 제1호, 제3호, 제5호 사항을, 영화배급업을 행하는 자는 제3조 제1항 제1호, 제3호, 제5호의 사항을 기재한 신고서 정부 2통을 조선총독에게 제출할 것. 단, 그 기간 내에 제2조 또는 제3조의 규정에 의거하여 허가 신청서를 제출한 경우에는 이러한 제한을 두지 않음.

제63조

　　본령 시행 전 영화 혹은 아직 현상되지 않은 영화의 이출 또는 수출에 대하여 조선총독의 허가를 받은 자는 본령에 의거하여 허가를 받은 것으로 간주함.

제64조

　　영화흥행자는 제37조 제2항의 규정을, (본령) 시행 후 6개월에 한하여 한 달 간 흥행일수의 반까지는 동 항 규정에 의거하는 영화상영을 행하지 않을 수 있음.

　　영화흥행자가, 본령 시행 전 행정관청의 검열을 거친 검열완료 '필름' 또는 그 복제로서 제37조 제1항의 규정에 의거한 인정을 받은 작품을 상영하는 경우에는 본령 시행 후 3년에 한하여 동 조 제2항 중 영화 길이에 관한 규정을 적용하지 않음.

기능심사위원회 위원

[쇼와 15년 12월 14일]

위원장 총독부 경무국 도서과 과장 혼다 다케오(本田武夫)

위원 총독부 사무관 야노 스스무(矢野晋), 동 이사관(理事官) 시미즈 쇼조(清水正蔵), 경성제국대학 법문학부 교수 가라시마 다케시(辛島驍), 총독부 편집관 나카무라 히데타카(中村栄孝), 조선영화인협회 이사장 야스다 다쓰오, 동 연출자 이와모토 게이칸, 동 연출자 야스다 사카에, 동 연기자 호시무라 히로시, 동 연기자 서영관, 동 촬영자 세토 아키라, 동 촬영자 미하라 세오

간사 총독부 경무국 오카다 준이치, 동 촉탁 김성균(金聲均), 조선영화인협회 서기 김정혁(金正革)

영화제작 종사자 등록 명부

주 업무상의 이름에 따라 기재 ▽[이] 이름 ▽[연] 연령 ▽[본] 본적지 ▽[학] 학력 ▽[작] 연출자의 경우는 연출작품, 촬영자 및 연기자는 각각 촬영 및 출연 작품][33]

연출자

▼ **방한준** [이] 동(同) [연] 36 [본] 강원도 [학] 소학교 [작] 〈살수차(撒水車)〉〈한강〉〈성황당〉〈수업료〉〈승리의 뜰(勝利の庭)〉〈풍년가〉

▼ **이규환** [이] 이와모토 게이칸 [연] 38 [학] 소학교 [작] 〈임자 없는 나룻배〉〈바

---

33) 본문의 등록자가 제작 참여 혹은 출연한 일본작품들은, 해당 작품의 검색 결과에서 등록자의 이름을 찾기 힘든 경우가 대부분이다. 이 경우에는 동일작으로 확정하기 곤란한바, 부록의 '영화 정보'에 포함시키지 않고 본문 중에 원문의 일본어 제목을 병기하기로 한다. 한편, 조선영화의 경우도 초출은 일본어 제목을 병기하였다.

다여 말하라(海よ語れ)〉〈밝아가는 인생(明け行く人生)〉〈그 후의 이도령(その後の李道令)〉
〈나그네〉〈새 출발(新しき出発)〉〈창공〉

　　▼ **최인규** [이] 호시 인키 [연] 31 [본] 평안북도 [학] 평양중학교 [작] 〈국경〉〈수업료〉〈집 없는 천사〉

　　▼ **야스다 다쓰오** [이] 동 [연] 40 [본] 경기도 [학] 없음 [작] 〈고향〉〈꽃장사(假花商)〉〈노래하는 시절(歌を唄ふ頃)〉〈회고(懷古)〉〈청춘의 십자로(青春十字路)〉〈은하에 흐르는 정열(銀河に流るゝ情熱)〉〈역습(逆襲)〉〈인생항로(人生航路)〉

　　▼ **박기채** 　[이] 동 [연] 35 [본] 전라남도 [학] 소학교 [작] 〈춘풍(春風)〉〈무정〉〈인삼(人蔘)〉〈정어리(鰮)〉

　　▼ **서광제** [이] 다쓰조 고사이(達城光霽) [연] 36 [본] 경기도 [학] 경성 남대문상업학교 [작] 〈군용열차〉

　　▼ **윤봉춘** [이] 동 [연] 40 [본] 함경북도 [학] 간도 명동(明東)중학교 [작] 〈도적놈(盗人)〉〈큰 무덤(大なる墓場)〉〈도생록〉〈신개지〉

　　▼ **홍개명(洪開明)** [이] 도쿠야마 ○○○(徳山○) [연] 36 [본] 경기도 [학] 소학교 [작] 〈아리랑고개(アリラン峠)〉〈장화홍련전〉

　　▼ **야마나카 유(山中祐)** [이] 야스다 사카에(安田栄) [연] 40 [본] 나가노 현(長野県) [학] 니혼대학 문학과 [작] 〈피의 인형(血の人形)〉〈눈보라를 일으켜(吹雪をついて)〉〈도기다쓰의 토벌(研辰の討れ)〉〈국기 아래서 나는 죽으리(国旗の下で我死なん)〉〈산촌의 여명(山村の黎明)〉

　　▼ **안석영** [이] 야스다 사카에(安田栄) [연] 41 [본] 경기도 [학] 경성 휘문중학교 [작] 〈심정(沈情)〉[34] 〈지원병〉

　　▼ **신경균(申敬均)** [이] 오조라 게이킨(大空敬均) [연] 30 [본] 경기도 [학] 오사카 히가시나리(東成) 자동차학교 [작] 〈순정(純情)〉〈해협(海峡)〉[35] 〈처녀도(處女圖)〉

　　▼ **김영화** [이] 동 [연] 28 [본] 경상남도 [학] 니혼대학 영화과 [작] 〈아내의 윤리〉〈수몰해가는 오고우치무라(沈み行く小河内村)〉〈손(手)〉

　　▼ **이병일** [이] 이병록(李炳祿) [연] 32 [본] 함경남도 [학] 도쿄 미사키(三崎) 영어

---

34)　‘심청(沈淸)’의 오기로 추정된다.
35)　‘순정해협’의 오기로 추정된다.

학교 [작]〈바다의 생활(海の生活)〉〈반도의 봄〉

　　▼ 구니모토 다케오(國本武夫)[36] [이] 동 [연] 34 [본] 평안남도 [학] 숭덕고등과 [작]〈돌아오는 영혼(戻る靈魂)〉〈도회의 비가(都会の悲歌)〉〈죄지은 여자(罪の女)〉〈처의 모습(妻の面影)〉

　　▼ 전창근 [이] 이즈미 마사네(泉昌根) [연] 35 [본] 함경북도 [학] 무창(武昌)대학 [작]〈복지만리〉

　　▼ 미나미 후케이(南不競) [이] 데라모토 칸(寺元寬) [연] 48 [본] 도쿄부 [학] 도쿠시마(德島) 중학교 [작]〈우편 이야기(郵便物語)〉〈국제무선전신(国際無線電信)〉〈군사우편(軍事郵便)〉〈해저의 동맥(海底の動脈)〉〈하늘의 젊은이(空の若人)〉〈체신대관(遞信大觀)〉〈종이 만드는 집(紙漉〈家)〉

촬영자

　　▼ 양세웅 [이] 미하라 세오 [연] 35 [본] 경상남도 [학] 부산상업 중퇴 [작]〈사랑(愛)〉〈두 개의 유방(二つの乳房)〉〈그 밤의 여자(その夜の女)〉〈춘풍〉〈순정해협〉〈한강〉〈애련송〉〈군용열차〉〈새 출발〉〈창공〉〈반도의 봄〉

　　▼ 손용진(孫勇進) [이] 게이손 히로유키(敬孫博行) [연] 34 [본] 경기도 [학] 소학교 [작]〈춘희(春姫)〉〈혼가(昏街)〉〈사나이(男)〉〈벙어리 삼룡(啞の三龍)〉〈젊을 무렵(若人の頃)〉[37]〈바다와 싸우는 사람들(海と戦ふ人々)〉〈수일과 순애(守一と順愛)〉〈개화당이문(開花黨異聞)〉〈강 건너 마을(河向ふの村)〉〈역습〉

　　▼ 가게사와 기요시(影澤清) [이] 동 [연] 36 [본] 야마가타현(山形縣) [학] 도쿄시 겐수가쿠칸(研数学舘)중학교 [작]〈백치의 딸(白痴の娘)〉〈아사히영화주보(朝日映画週報)〉〈붉은 동백(紅椿)〉〈수력발전공사(水力發電工事)〉

　　▼ 세토 다케오 [이] 동 [연] 46 [본] 경기도 [학] 경성 기독청년회학교 [작]〈장화홍련전〉〈은막의 이원(銀幕の梨園)〉〈홍길동전(洪吉童傳)〉

　　▼ 가와노 운조(河野雲造)[38] [이] 동 [연] 30 [본] 경기도 [학] 동성(東星) 상업 [작]

---

36)　이창근(李昌根)이 창씨개명한 것으로 추정된다.
37)　'젊은이의 노래'의 오기로 추정된다.

〈미몽(迷夢)〉〈국경〉〈수선화(水仙花)〉〈아내의 윤리〉

▼ **세토 아키라** [이] 동 [연] 40 [본] 경기도 [학] 경성 중앙중학교 중퇴 [작] 〈심청전〉〈복지만리〉〈수업료〉〈지원병〉

▼ **이신웅** [이] 이신(李信) [연] 29 [본] 경기도 [학] 경성 부기전수(簿記專修) [작] 〈종로(鐘路)〉〈아리랑 3편(アリラン三篇)〉〈무화과(無花果)〉〈그림자(影)〉〈인생항로〉〈청춘부대(青春部隊)〉〈도생록〉〈귀착지〉〈신개지〉

▼ **구니모토 다케오** [이] 동 [연] 34 [본] 평안남도 [학] 숭덕고등과 [작] 〈돌아오는 영혼〉〈도회의 비가〉〈죄지은 여자〉〈처의 모습〉

▼ **최순흥(崔順興)** [이] 동 [연] 24 [본] 경기도 [학] 진성(晋成)중학교 중퇴 [작] 〈사랑에 속고 돈에 울고(恋に破られ金に泣き)〉〈승리의 뜰〉

▼ **이병목(李丙穆)** [이] 리케 헤이보쿠(李家丙穆) [연] 26 [본] 경기도 [학] 니혼대학 영화과 [작] 〈어화(漁火)〉〈처녀도〉

▼ **유장산(柳長山)** [이] 야나가와 미노루(柳川實) [연] 27 [본] 경기도 [학] 소학교 [작] 없음

▼ **이리사와 고지(入澤宏治)** [이] 이리사와 다이지(入澤大司) [연] 29 [본] 도쿄부 [학] 도쿄시립 제4실업 중퇴 [작] 〈도니치다이마이(東日大毎)뉴스〉〈약진대만(躍進台湾)〉〈소년전사(少年戦士)〉〈일본 알프스 종주기(日本アルプス縱走記)〉〈나리타산 순례(成田山巡り)〉

연기자[남자]

▼ **주인규(朱仁奎)** [이] 야스카와 후미하루(安川文治) [연] 39 [본] 함경남도 [학] 도쿄 닛신(日進)영어학교 [작] 〈암광(闇光)〉〈심청전〉〈아리랑〉〈낙원을 찾는 무리들(楽園を探す群)〉〈풍운아(風雲兒)〉〈동트기 전에(夜明け前)〉〈뿔 없는 소(角のない牛)〉〈도적놈〉〈복지만리〉

▼ **나웅** [이] 라잔 도시오(羅山俊夫) [연] 33 [본] 경기도 [학] 경성 기독청년회학교 [작] 〈나의 친구여(吾等の友)〉〈지나가의 비밀(支那街の秘密)〉〈약혼(約婚)〉〈젊은이의

---

38) 황운조의 창씨로 추정된다.

노래(若者の歌)〉〈바다와 싸우는 사람들〉〈홍길동전 속편〉〈미몽〉〈어화〉〈아내의 윤리〉

▼ **김덕심(金德心)** [이] 김덕룡(金德龍) [연] 29 [본] 경기도 [학] 경성 고등예비학교 [작]〈강 건너 마을〉〈아리랑 3편〉〈순정해협〉〈청춘부대〉〈한강〉〈도생록〉〈국경〉〈신개지〉〈처녀도〉〈집 없는 천사〉

▼ **최성훈(崔聖薰)** [이] 최세호(崔世昊) [연] 28 [본] 경기도 [학] 도쿄 메이지(明治)상업 중퇴 [작]〈홍길동전〉〈춘향전〉〈아리랑고개〉〈홍길동전 후편〉〈미몽〉〈오몽녀(五夢女)〉

▼ **독은기** [이] 미쓰나리 다케시(光成健) [연] 31 [본] 경상북도 [학] 진성(晉成)중학교 중퇴 [작]〈애국의 어머니(愛国の母)〉〈가스미가성의 칼바람(霞ヶ城の太刀風)〉〈소는 가까이에 있다(牛は手近にあり)〉〈무지개(虹)〉〈그 후의 이도령〉〈나그네〉〈군용열차〉〈새 출발〉〈수업료〉〈처녀도〉〈창공〉

▼ **이종철(李鐘哲)** [이] 모리모토 시게루(森本茂) [연] 33 [본] 경기도 [학] 소학교 [작]〈춘향전〉〈장화홍련전〉〈홍길동전〉

▼ **이원용(李源鎔)** [이] 마쓰야마 마사오(松山正雄) [연] 37 [본] 경기도 [학] 경신(儆信)중학교 [작]〈낙화유수(落花流水)〉〈세 동무(三友人)〉[39]〈종로〉〈은하에 흐르는 정열〉〈청춘의 십자로〉〈인생항로〉

▼ **남홍일(南弘一)** [이] 도요하라 다카모토(豊原敬元) [연] 25 [본] 경기도 [학] 니혼대학 예술과 중퇴 [작]〈섬의 선장(島の船頭)〉〈웃는 얼굴(笑ひの面)〉〈신에게 바라는 명예로운 명검(神願譽れ名刀)〉

▼ **박창혁(朴昌赫)** [이] 보쿠무라 시게하쿠(朴村重伯) [연] 36 [본] 경기도 [학] 소학교 [작]〈집 없는 천사〉〈창공〉〈복지만리〉 외 19편

▼ **서월영** [이] 서영관 [연] 38 [본] 경기도 [학] 중앙중학교 중퇴 [작]〈반도의 봄〉〈처녀도〉〈새 출발〉 외 11편

▼ **김한** [이] 호시무라 히로시 [연] 33 [본] 경기도 [학] 도쿄미술학교 [작]〈반도의 봄〉〈아내의 윤리〉〈집 없는 천사〉〈처녀도〉〈수업료〉 외 14편

▼ **이해랑(李海浪)** [이] 겐바라 키라(甄原吉良) [연] 26 [본] 경기도 [학] 니혼대학

---

39)　〈삼걸인〉(김영환, 1928)으로도 알려져 있다.

예술과 [작] 없음

　　▼ **박연(朴淵)** [이] 미키 히로(三木淵) [연] 32 [본] 경기도 [학] 배재중학교 중퇴 [작] 〈청춘의 십자로〉〈인생항로〉

　　▼ **조택원(趙澤元)** [이] 후쿠카와 겐(福川元) [연] 35 [본] 경기도 [학] 휘문중학교 [작] 〈미몽〉

　　▼ **이금룡** [이] 가야마 나가하루(香山長春) [연] 36 [본] 경기도 [학] 배재중학교 중퇴 [작] 〈반도의 봄〉〈지원병〉〈신개지〉〈바다의 빛(海の光)〉〈국경〉〈도생록〉〈한강〉〈미몽〉〈역습〉〈아리랑 후편〉

　　▼ **유현(柳玄)** [이] 가네하라 류후쿠(金原龍復) [연] 30 [본] 함경남도 [학] 함흥 영생(永生)중학교 중퇴 [작] 〈집 없는 천사〉〈복지만리〉

　　▼ **최운봉** [이] 다카미네 노보루(高峰昇) [연] 28 [본] 경기도 [학] 경성실업전수 [작] 〈지원병〉〈국경〉〈성황당〉〈한강〉

　　▼ **안예호(安禮昊)** [이] 동 [연] 26 [본] 평안북도 [학] 나고야(名古屋) 교에이(享榮) 상업 중퇴 [작] 〈귀착지〉〈신개지〉〈지원병〉〈처녀도〉

　　▼ **전택이** [이] 미야타 야스아키(宮田泰彰) [연] 30 [본] 경기도 [학] 소학교 [작] 〈반도의 봄〉〈아내의 윤리〉〈집 없는 천사〉〈창공〉〈수업료〉〈복지만리〉 외 7편

　　▼ **김원광(金原廣)** [이] 동 [연] 36 [본] 경기도 [학] 보성(普成)전문 [작] 〈야마토혼(大和魂)〉〈창공〉〈쌍옥루(雙玉淚)〉〈흑과 백(黑と白)〉

　　▼ **장한(張翰)** [이] 나쓰바라 산주고(夏原三十五) [연] 36 [본] 경상남도 [학] 협성(協成)중학교 [작] 〈창공〉〈새 출발〉〈무지개〉〈그 후의 이도령〉〈바다여 말하라〉〈바다와 싸우는 사람들〉

　　▼ **심영** [이] 아오키 진게이(青木沈影) [연] 32 [본] 경기도 [학] 경복(景福) 중학교 중퇴 [작] 〈복지만리〉〈은하에 흐르는 정열〉〈바다여 말하라〉〈아름다운 희생(美しき犠牲)〉〈방아타령(芳娥打鈴)〉〈수일과 순애〉

　　▼ **손일평(孫一平)** [이] 이하라 도류(伊原東龍) [연] 33 [본] 경기도 [학] 경성 기독청년회중학교 중퇴 [작] 〈칠번통소사건(七番通小事件)〉〈미몽〉

　　▼ **최남용(崔南鏞)** [이] 오카모토 도미헤이(岡本富平) [연] 30 [본] 경기도 [학] 개성(開城)중학교 [작] 〈무정〉〈반도의 봄〉

　　▼ **송창관(宋創冠)** [이] 송인길(宋仁吉) [연] 32 [본] 함경북도 [학] 소학교 [작] 〈양

자강(揚子江)〉〈복지만리〉

　▼ 김동규(金東圭) [이] 김갑동(金甲童) [연] 29 [본] 전라북도 [학] 전주중학교 [작]
〈사랑에 속고 돈에 울고〉〈복지만리〉

　▼ 하기야마 이치로(萩山一路) [이] 하기야마 이치로(萩山一郎) [연] 33 [본] 경기도
[학] 중동(中東)중학교 [작] 〈반도의 봄〉〈복지만리〉〈춘향전〉〈홍길동전〉〈아리랑〉
〈정의는 이긴다(正義は勝つ)〉〈바위를 깨는 소나무(岩さけ松)〉

　▼ 박창환(朴昌煥) [이] 아라이 후미오(新井文雄) [연] 35 [본] 함경남도 [학] 도쿄
제일(第一)외국어 중퇴 [작] 〈복지만리〉

　▼ 박고송(朴孤松) [이] 박치용(朴峙庸) [연] 32 [본] 전라남도 [학] 광주중학교 중
퇴 [작] 〈은하에 흐르는 정열〉〈춘풍〉〈그림자〉〈술은 눈물인가(酒は涙か)〉〈세 남자가
가는 길(三人男子が行く道)〉 외 7편

　▼ 김봉화(金逢華) [이] 가네코 스스무(金子進) [연] 31 [본] 경상북도 [학] 도쿄 마
사노리(正則)중학교 [작] 〈새 출발〉〈무지개〉〈붉은 박쥐(紅かうもり)〉〈상경한 시시한
남자(京に上った退屈男)〉〈활쏘기장의 한지로(的場の半次郎)〉 외 8편

　▼ 박제행(朴齊行) [이] 아라히 사이교(新井齊行) [연] 43 [본] 경기도 [학] 경성 기
독교청년학관　[작] 〈농중조(籠中鳥)〉〈방아타령〉〈바다여 말하라〉〈춘향전〉〈나그
네〉

　▼ 이효(異曉) [이] 나가카와 겐지(永川謙次) [연] 27 [본] 경기도　[학] 한성(漢城)상
업 [작] 〈창공〉〈처녀도〉

　▼ 이수약(李水若) [이] 오야마 히데와카(大山秀若) [연] 27 [본] 함경북도 [학] 니혼
대학 예술과 [작] 없음

　▼ 김일해 [이] 가네야마 쇼샤쿠(金山正錫) [연] 36　[본] 경기도 [학] 소학교 [작]
〈집 없는 천사〉〈수선화〉〈바다의 빛〉〈국기 아래에서 나는 죽으리〉〈새 출발〉 외 10
편

　▼ 현지섭(玄芝涉) [이] 가야마 노부시게(佳山允茂) [연] 26 [본] 황해도 [학] 평양
숭인(崇仁)상업 중퇴 [작] 〈국경〉〈복지만리〉〈창공〉〈반도의 봄〉

　▼ 남승민(南承民) [이] 남태원(南泰元)　[연] 31 [본] 강원도 [학] 중동중학교 [작]
〈살수차〉〈새 출발〉〈수선화〉

　▼ 진훈 [이] 미타니 기요시(三溪清) [연] 40 [본] 평안남도 [학] 평양 2중학 중퇴

[작] 〈마을의 마술사(街の手品師)〉 〈장한몽(長恨夢)〉 〈새벽(曉)〉 〈복지만리〉 〈집 없는 천사〉

▼ **한일송(韓一松)** [이] 한계원(韓啓源) [연] 29 [본] 충청남도 [학] 남대문상업 중퇴 [작] 〈춘향전〉 〈사랑에 죽고 돈에 울고〉

▼ **강노석(姜魯石)** [이] 강명수(姜命洙) [연] 27 [본] 경기도 [학] 메이지(明治)대학 중퇴 [작] 〈어화〉

▼ **박학(朴學)** [이] 박한구(朴漢九) [연] 28 [본] 평안남도 [학] 니혼대학 예술과 [작] 〈어화〉 〈구련(舊戀)〉

▼ **이재현(李載玄)** [이] 카이조 히사마사(海城久正) [연] 26 [본] 경기도 [학] 중동중학교 [작] 〈복지만리〉

▼ **고기봉(高奇峰)** [이] 다카요세 모토미네(高奇本峰) [연] 28 [본] 함경남도 [학] 소학교 [작] 〈청춘부대〉

▼ **권영팔(權寧八)** [이] 동 [연] 25 [본] 경기도 [학] 소학교 [작] 〈반도의 봄〉

▼ **박경주(朴景柱)** [이] 오야마 이사무(大山勇) [연] 29 [본] 경상북도 [학] 고베(神戸) 상공실습(商工實習) [작] 〈낭인검법(浪人劍法)〉 〈아리랑고개〉 〈장화홍련전〉 〈홍길동전〉 〈미몽〉 〈심청전〉

연기자[여자]

▼ **김소영** [이] 김혜득(金惠得) [연] 28 [본] 경기도 [학] 소학교 [작] 〈방아타령〉 〈무지개〉 〈심청전〉 〈국경〉 〈반도의 봄〉

▼ **김신재** [이] 호시 신사이(星信哉) [연] 23 [본] 평안북도 [학] 안동현 고등여학교 중퇴 [작] 〈아내의 윤리〉 〈집 없는 천사〉 〈수선화〉 〈수업료〉 〈무정〉 〈도생록〉 〈애련송〉 〈심청전〉

▼ **강정애** [이] 바바 후쿠운(馬場福云) [연] 34 [본] 경기도 [학] 경성 실천(實踐)여학교 [작] 〈반도의 봄〉 〈집 없는 천사〉 〈창공〉 〈수선화〉 〈신개지〉 〈무정〉 〈애련송〉 〈약혼〉

▼ **복혜숙(卜惠淑)** [이] 도미가와 바리(富川馬利) [연] 38 [본] 충청남도 [학] 요코하마(橫濱) 여자기예(技藝) 중퇴 [작] 〈반도의 봄〉 〈수업료〉 〈국기 아래에서 나는 죽으

리〉〈춘풍〉〈역습〉〈지나가의 비밀〉〈장화홍련전〉 외 3편

　　▼ 문예봉 [이] 임정원(林丁元) [연] 25 [본] 충청남도 [학] 소학교 [작]〈집 없는 천사〉〈수업료〉〈지원병〉 외 14편

　　▼ 지경순(池京順) [이] 이케모토 게이준(池元京順) [연] 26 [본] 함경남도 [학] 영생(永生)고등여학교 중퇴 [작]〈장화홍련전〉〈아내의 윤리〉

　　▼ 노재신(盧載信) [이] 노갑순(盧甲順) [연] 26 [본] 경기도 [학] 소학교 [작]〈홍길동전〉〈춘향전〉〈아리랑고개〉〈오몽녀〉〈귀착지〉

　　▼ 김영순 [이] 가네이 에이준(金井永順) [연] 24 [본] 경기도 [학] 배화(培花)여학교 [작]〈신개지〉〈국경〉〈취착지〉〈도생록〉

　　▼ 한은진(韓銀珍) [이] 기요카미 긴진(淸上銀珍) [연] 24 [본] 경기도 [학] 경성 음악전문학원 중퇴 [작]〈무정〉

　　▼ 유성애(柳誠愛) [이] 유한순(柳漢順) [연] 35 [본] 전라남도 [학] 소학교 [작]〈아리랑고개〉〈복지만리〉

　　▼ 하옥주(河玉珠) [이] 가와무라 란코(河村蘭子) [연] 22 [본] 함경북도 [학] 소학교 [작]〈신개지〉

　　▼ 이준희(李俊嬉) [이] 이일춘(李日春) [연] 23 [본] 전라남도 [학] 오사카 쇼치쿠(松竹)가극단 학교 [작]〈즉흥부인(思ひつき夫人)〉

　　▼ 김연실(金蓮實) [이] 이마이 미치요(今井實千代) [연] 31 [본] 경기도 [학] 근화(槿花)여학교 중퇴 [작]〈승방비곡(僧房悲曲)〉〈청춘의 십자로〉

　　▼ 이난영(李蘭影) [이] 고바야시 교쿠준(小林玉順) [연] 25 [본] 전라남도 [학] 소학교 [작]〈노래 조선(歌ふ朝鮮)〉〈즉흥부인〉

　　▼ 홍청자(洪淸子) [이] 야마카와 기요코(山川淸子) [연] 23 [본] 함경남도 [학] 소학교 [작]〈노래의 세상, 노래의 강바람(歌の世の中, 歌の川風)〉

　　▼ 김옥(金玉) [이] 마쓰바라 레이코(松原禮子) [연] 30 [본] 함경남도 [학] 소학교 [작]〈옥녀(玉女)〉〈사랑을 찾아서〉〈복지만리〉

　　▼ 백란(白蘭) [이] 최옥선(崔玉善) [연] 20 [본] 함경북도 [학] 소학교 [작]〈아내의 윤리〉〈반도의 봄〉

　　▼ 장세정 [이] 하리타 세조(張田世貞) [연] 21 [본] 평안남도 [학] 소학교 [작]〈노래 조선〉〈즉흥부인〉

1942년 | 쇼와 17년판 | 7.26쪽 | 광고

일본빅터(ビクター)축음기주식회사

빅터 포토폰
음향기기
전기기계통제회원(電氣機械統制會員)
사단법인 영화기계협회원

포토폰과(フオトフオン科)
도쿄시 간다구 가지초(鍛冶町) 1의 2
☎ 간다 [25] 2131-9번, 4783번[직통]

본사 요코하마
영업소 및 기술원 소재지
오사카, 나고야, 후쿠오카, 삿포로, 타이페이, 경성, 신경, 대련, 상해, 북경

1942년 | 쇼와 17년판 | 10.22~10.23쪽 | 제2부 편람

촬영소·현상소·녹음소록(錄)

▼ 조선문화영화협회
설립 쇼와 14년 4월
소재지 경성부 고키마치(光熙町) 1의 25
전화 본국 6916
부지 면적 180평
연건평 240평
건축물 철근 1
스테이지 1[6간(間), 8간, 높이 18척]
녹음실 1

특수촬영실 1[3칸, 8칸], 소규모 프로세스실(室)

전기 설비 수급전력 교류 100V 40KW, 직류 100V 20KW, 한 달 소비량 4800KW

동력모터 2분의 1마력 1, 3분의 1마력 1, 6분의 1마력 4, 3마력 6

제너레이터 100V 2AH 2

축전지 6V 30A 1. 0, 6V 100AH 20,[40] 96V 1AH 20

조명기 5K 선스포트(Sunspot) 3, 3K 선스포트 5, 유잉(Ewing) 20

카메라 파테 1, 파르보 JK 2, 아이모 3, 선화용(線畵用) 1

인화기 벨(Bell & Howell) 2, 에르네만(Ernemann) 1

현상 설비 탱크식, 건조기 1, 냉수에 의한 냉각기 1

현상능력 네가 1일[8시간] 3,300m, 포지 1일 10,000m

녹음 설비 싱글 1, 더블 에리어(Wエリア) 1, 덴시티(density) 2, 플레이백레코드 취입기(吹込器) 1, 더빙 2

편집용 기구 무비올라(movieola) 1, 싱크로나이저 4

영사기 로얄 베이비 2, 파워 1

녹음현상 정기(定期) 거래처 조선총독부, 경성일보사, 조선뉴스 제작[월 2회]

역대소장 쓰무라 이사무(津村勇)

종업원 수 35

주요 종업원

[녹음소장] 하세가와 가쓰아키(長谷川勝昭) [현상소장] 야마모토 타로(山本太郎) [촬영소장] 히로타 가즈아키(廣田一明) [영사부장] 야마모토 노부하루(山本信治) [기획부장] 오노 아키라(大野晃) [영업부장] 가와스미 이쓰오(河濟逸男)

---

40) '6V 30A 10, 6V 100AH 20'의 오식으로 추정된다.

영화관록

조선(167관)

관명	소재지	전화	흥행주	지배인	정원	발성기	영사기
기라쿠칸	**경성부** 혼마치 1의 38	본국 597, 2926	마지마 우메요시	다카다 사키오	1,050	WE	로얄H
경일 문화영화극장	동 동 마치 1의 45	동 7810	경성일보사	사노 주사부로	240	RCA	로얄
아사히자 (朝日座)	동 동 마치 5초메	–	오이시 사다시치	–	–	–	–
경성극장	동 동 마치 3의 94	동 1514, 8413	가와무라 다다시 (川村正)	–	750	롤라	롤라S
도호 와카쿠사 극장	동 와카쿠사초 41	동 5254, 6471	오카모토 세이지로 (岡本淸次郎)	우라노 하지메 (浦野元)	1000	RCA	로얄
경성 다카라즈카 극장	동 고가네마치 4의 310	동 2637, 7073, 8438	도호극장	우메미야 사부로	1136	WE	로얄
메이지자	동 메이지마치 1의 54	동 1484, 2888	이시바시 료스케	다나카 히로시	1165	WE	S심프
나니와칸	동 동 초 1의 65	동 260	니시다 노보루	–	350	롤라	로얄
도호중앙극장 [도호 문화극장]	동 에이라쿠초 1의 48	동 3014	오이시 사다시치	구라나가 요시마사 (倉永義正)	800	RCA	미쿠니4
도카극장	동 도카초	동 1333	도미 지쓰타로	–	800	롤라	롤라4
다이리쿠 극장	경성부 수은정 56	광화문 4185	이시바시 료스케 (石橋良介)	스다 고이치 (須田光一)	650	RCA	미쿠니4
우미관	동 관철정 89	동 395	하야시다 긴지로	–	789	RCA	로얄

신도미자	동 신도초 302	히가시 1593	토미 요시조 (富井義三)	고토 유사쿠 (古都勇作)	758	롤라	롤라
제일극장	동 종로 4의 1	광화문 1755	히라마쓰 히데아키 (平松秀章)	–	800	RCA	미쿠니3
화신(和信) 영화관	동 동 2의 3 [화신백화점 내]	동 2800	임흥식 (林興植)	–	315	롤라	롤라4
동양극장	동 다케조에초 (竹添町) 1	–	가네다 다이준 (金田泰潤)	–	–	–	–
광무극장	동 상왕십리정	–	소노다 미오	–	400	롤라	롤라
성남(城南) 영화극장 [게이류칸]	동 렌페이초 83	용산 31	우에다 도모요시 (上田友義)	–	750	이소노	미쿠니4
엔게이칸	동 영등포정 37	영등포 115	오타 히카루	시라가미 겐이치로 (白神権一郎)	600	롤라	미쿠니3
부민관	동 다이헤이도오리(太平通) 1	–	경성부	–	–	–	–
철도국 국우회관 (局友會館)	동 간코도오리 3	–	철도국 국우회				
가이세이자 (開盛座)	동 사카에마치 (栄町) 25		사사 야마 (笹山)		–	–	–
히사고칸	**인천부** 신마치 18	인천 410	닛타 마타히라	오타 도키오 (太田時雄)	670	롤라	롤라
인천키네마 [인천도호 영화극장]	동 동 마치 19	동 1371	미쓰이 도라오 (三井寅男)	동일인	400	RCA	미쿠니4
애관	동 교마치 238	동 399	미쓰이 도라오	–	550	RCA	미쿠니4
인천영화 극장	동 다쓰오카초 (龍岡町) 22	–	아오시마 호사쿠 (青島舗作)	–	–	–	–
수원극장	경기 수원읍 미야마치	수원 42	주식회사 동(同) 극장	미야모토 히데오 (宮本日出夫)	494	미쿠니	미쿠니3

진흥관 (振興館)	동 부천(富川)군 소사(素砂)읍	–	다카야마 헤이쇼 (高山炳照)	–	–	–	–
게이키 (京軌)⁴¹⁾ 엔게이칸	동 고양(高揚)군 둑도(纛島)면	–	니시하라 도시오 (西原敏雄)	–	–	–	–
애원극장	동 안성읍 석정리	안성 29	보쿠하라 고헤이	나카이 가즈나리	650	롤라	롤라
가이조자	**개성부** 니시혼마치 247	개성 166	시라이시 세이이치	고바야시 사카에	400	롤라	롤라
가이슈극장	**해주부** 기타혼마치	–	히구치 오누키	–	450	롤라	미쿠니
교라쿠칸	황해 사리원읍 북리 58	사리원 263	야스다 시즈오 (安田静雄)	이시카와 반도쿠 (石川晚得)	500	RCA	미쿠니4
겐지호극장 [겐지호자]	동 겸이포읍 혼마치 15	겸이포 44	후시야 데쓰지로	기타지마 시치로	400	로얄	로얄
태평관	동 안악읍 훈련리	–	야마모토 호즈이 (山本奉瑞)⁴²⁾	–	456	미쿠니	미쿠니4
고토부키자	동 신천읍 교탑(校塔)리	신천 134	다카시마 이사무 (高島勇)	시라카와 후지오 (白川不二雄)	550	롤라	미쿠니4
연안극장	황해 연안읍 모정(模井)리 92	–	미쓰이 히데오	–	560	롤라	롤라4
미나토자	**진남포부** 다쓰이초 1	진남포 610	다부치 데쓰지로 (田淵哲治郎)	–	450	와다 (和田)	미쿠니4
슈라쿠칸	동 후포리 27	동 818	오토네 스스무	야모 가쓰 (八方勝)	886	RCA	로얄
가이라쿠칸	**평양부** 사쿠라마치 8	평양 2497	구보 헤이지로	오카 아야오 (岡斐男)	872	WE	에르네
오이즈미(大泉)영화극장 [평양도호 영화극장]	동 동 마치 7	동 2224, 4444	마루야마 하나	사이토 이마요시 (斎藤今吉)	904	RCA	로얄L
헤이조 키네마	동 동 마치 53	동 2926	모리 구와이치	시게마쓰 야스노리	576	RCA	로얄

가네치요자	동 고토부키초 94	동 3284	사이토 규타로 (斎藤久太郎)	나카무라 규자부로 (中村久三郎)	735	로얄	로얄
평양 영화극장	동 동 초	–	모리 미쓰지로 (森光次郎)	–	–	–	–
제일관	동 수옥리25	동 2420	기야마 아쓰시 (木山敦)	기야마 다카오 (木山高夫)	600	RCA	로얄
선천극장	평북 선천읍 혼마치 159	선천 30	야스다 류이치 (安田隆一)	가네자와 지호 (金澤二鳳)	372	노무라	노무라
의주(義州) 극장	동 의주읍 동부동 (東部洞) 307	–	가네다 다카헤이 (金田孝兵)	도요타 다케오 (豊田武男)	350	올	올
강계극장	동 강계읍 니시키초(錦町) 529	강계 211	다마가와 요시오 (玉川義雄)	니시쿠라 다카모리 (西倉高盛)	450	로얄	로얄
만포(滿浦) 극장	동 강계군 만포읍	–	가나즈 슈켄 (金津守憲)	–	–	–	–
정주(定州) 극장	동 정주읍 성외동(城外洞)	정주 103	이케다 도라오 (池田寅雄)	동일인	450	노무라	노무라
신영(新映) 극장 [신극장]	신의주부 우메가에다마치(梅ヶ枝町) 9-6	신의주 590	임경범	마스바라 히로시	522	RCA	로얄11
신센자 (新鮮座)	동 동 마치	–	와타나베 하루타로 (渡邊治太郎)	–	–	–	–
세카이칸	동 도키와초 6의 35	신의주 32, 776	나카노 기미코	이케하타 신조 (池畑晋造)	550	롤라S	다카야3
회령극장	함북 회령읍 1동	–	이와모토 미미네 (岩元三峯)	–	500	롤라	미쿠니 33
유슈자 (遊聚座)43)	성진부 혼마치120	성진특 (特) 207	미야타 시가키치	마쓰모토 도요하루 (松本豊治)	500	이소노 (イソノ)	미쿠니4

성진(城津)문화영화극장	동 동 마치	동 130	경성일보사	사노 시게사부로(佐野重三郎)	260	RCA	로얄
성진공장공회당(城津工場公會堂)	동	–	미야모토 요시오(宮本義雄)	–	–	–	–
길주극장	함북 길주읍	성진 110	수동수(秀東洙)[44]	시미즈 준리(清水潤履)[45]	400	로얄	미쿠니
주을(朱乙)극장	동 주을 에키마에도오리(駅前通り)	–	가미야 요리마사(神谷頼政)	–	900	–	미쿠니3
교라쿠칸	청진부 신암동(新岩洞)	청진 2333	다케무라 에이사쿠	–	750	롤라	로얄H
쇼와자	동 포항동 73	동 3156	마키타 미노루	–	612	코노	미쿠니
도호 야마토극장	동 동 302	동 3174	도호영화	다카시마 쓰기요시(高島次吉)	688	RCA	로얄L
주오칸	동 수남정	동 3234	다케무라 에이사쿠(竹村英作)	–	684	롤라	미쿠니4
데이코쿠칸	동 호쿠세이초 20	청진 2955, 3024	쇼바라 교겐(祥原郷顕)	쇼바라 사이쇼	490	RCA	로얄
엔게이칸	함북 나남읍 이코마초	나남 419	우치다 후쿠지로		600	롤라	롤라
하쓰세자	동 동 하쓰세초	동 419	우치다 후쿠지로	–	1000	롤라	롤라
웅기극장	동 경흥(慶興)군 웅기읍	웅기 206	이다카 다카노리(位高隆則)	–	500	코노	닛세
공장집회소(工場集會所)극장	동 아오지(阿吾地)읍 회암	회암 66	회암흥업회사	–	600	닙프(ニップ)	로얄
회암(灰岩)극장	동 동	–	사토 소고로(佐藤惣五郎)	–	–	–	–
남양(南陽)극장	동 남양읍 에키마에도오리	남양 112	긴조 헤이군(金城秉勲)	–	500	와다	미쿠니4

영안극장	동 영안읍 혼마치	영안 18	사사키 다이이치로	–	350	–	–
무산극장	동 무산읍 성천(城川)동	무산 23	도요나가 야스시	동일인	450	코노	미쿠니4
나진극장	**나진부** 아사히마치 1초메	나진 389	다니하라 노부오 (谷原信夫)	–	905	롤라	롤라
다이호극장	**함흥부** 고가네마치 1초메	함흥 3170	위전봉 (魏全鳳)	나가노 에이이치 (長野英一)	600	롤라	롤라
명보영화극장	동 쇼와마치 1의 18	동 3102	시바야마 기신 (芝山基瑾)46)	다케모토 미쓰히로 (武本光洋)	1050	–	롤라
혼마치 영화극장 [마사고칸 (真砂舘)]	동 혼마치 2의 95	동 2368	사에키 노부히로	마쓰무라 시게노부 (松村茂信)	618	RCA	미쿠니4
간코극장	동 야마토마치 2의 25	동 2605	쓰지 야스 (辻ヤス)	고바야시 도요조	761	이소노	미쿠니4
삼우(三友) 회관	함남 문천(文川)군 도보(都寶)면	–	미즈노 조이치로 (水野長一郎)	–	–	–	–
고원(高原) 극장	동 고원읍	–	치마타야 료키치 (岐谷亮吉)	–	–	–	–
흥남관	동 흥남읍 혼마치 3초메	흥남 145	오이시 사다시치	가메야마 가스케 (亀山嘉介)	560	노무라	미쿠니4
용흥(龍興) 극장 [용흥관]	동 동 읍 용흥리 134	동 528	마루야마노 도라오 (丸山野虎雄)	동일인	920	와다	미쿠니4
흥남 문화영화관	동 동 읍 호남(湖南)리	–	마쓰오 다쓰지로 (松尾辰次郎)	–	200	롤라	롤라
기라쿠칸	동 동 읍 나카마치(仲町) 3초메	흥남 210	마에다 조타로	스기무라 겐조 (杉村健三)	550	이소노	미쿠니4
쇼와칸	동 동 읍 송상리	동 특(特) 207	도와타 게이타	다치바나 사부로	500	유니버설	미쿠니

안변(安邊)극장 [안변관]	동 안변읍 수춘(水春)리	안변 18	아라이 세이린 (新井青林)	아라이 세이린	800	코노	코노
하갈(下碣)공회당	동 장진군 신남(新南)면 경하(京下)리	–	기자와 고이치 (木澤幸一)	–	–	–	–
홍원좌	동 홍원읍	홍원 67 호출	히로무라 하루요시	히로무라 쇼이쿠	400	롤라	롤라
신포(薪浦)극장	동 신포읍 신포리	신포 20 호출	가네미쓰 요시오 (金光義雄)	동일인	350	와다	미쿠니3
다카사고자 (高砂座) [북청(北青)극장]	함남 북청읍 동리	북청 163	이와구마 미쓰오 (岩隈光雄)	–	560	와다	미쿠니4
다카사고칸	동 동 읍 내리(內里) 37	동 66	마쓰무라 야스히로 (松村康弘)	아라이 도미오 (新井富雄)	700	롤라	롤라
혜산(惠山)극장 [메이지회관]	동 혜산읍 395	혜산 161	도쿠나가 도라기치 (德永虎吉)	다카야마 시게루 (高山繁)	550	2A5	미쿠니3
단천좌 (端川座)	동 단천읍 서상(西上)리 24	단천 20	오모토 사다오 (大元貞雄)	시라키 요시노부 (白木義伸)	700	투피 (ツーピ)	미쿠니4
단천극장	동 동 읍 주남(州南)리 31	–	미야모토구라 요시 (宮本倉良)	야나가와 마키히로 (柳川牧寬)	600	롤라	롤라
북평(北坪)극장	동 삼척군 북삼(北三)면 북평	북평 47	북평극장조합	마쓰무라 히코스케 (松村彦祐)	500	이소노	미쿠니4
영흥극장 [군인회관]	동 영흥읍 도정(都井)리 67	–	가나에 긴파	동일인	400	신쿄	신쿄
원산관	**원산부** 북촌동 75	원산 1140	마쓰히라 라쿠진 (松平洛鎮)[47]	–	660	RCA	미쿠니4
다이쇼칸	동 교마치 36	동 844	고이즈미 쇼조	요시오카 다마오 (吉岡玉男)	800	RCA	미쿠니4

유라쿠칸	동 이즈미초	동 1125	후지사와 마사토 (藤澤正人)	시바타 스에요시 (柴田末由)	600	RCA	미쿠니
철원극장	강원 철원읍	철원 215	나가마쓰 가즈이치 (永松和一)	–	400	–	미쿠니4
춘천(春川) 영화극장 [읍애관]	동 춘천읍 혼마치 2	춘천 105	나카지마 타로	시라하세 쇼이치	300	롤라	미쿠니3
장전극장	동 장전읍 251	장전 104	나이토 고로	동일인	478	이소노	미쿠니4
강릉극장	동 강릉읍 혼마치 12	강릉 40	오야마 히로시	시모야마 게이칸	500	롤라	롤라
삼척극장	동 삼척읍 남양(南陽)리	삼척 114	삼척극장	야마나카 기조 (山中喜造)	480	이소노	미쿠니4
고저좌 (庫底座)	동 고저읍 하고저(下庫底) 리 244	고저 55	하쿠린 우이치 (伯麟宇一)	요네하라 시치세이 (米原七星)	500	–	미쿠니3
청주극장	충북 청주읍 혼마치 2의 48	–	이노우에 요시오 (井上好雄)	동일인	623	롤라	미쿠니4
야마토극장	동 충주읍 오테마치 95	충주 69	우에다 쇼스케 (上田章輔)	동일인	340	이소노	미쿠니4
대전극장	**대전부** 가스가초 1의 92	대전 306	도즈카 소조	마쓰바라 시게카즈	700	롤라	롤라7
게이신칸	동 다이코초 3	동 651	마스오카 도키치 (松岡東吉)	마쓰오카 이즈카 (松岡泉佳)	750	나카니시 S	미쿠니4
공주극장	충남 공주읍 혼마치	–	가네이 고준 (金井甲淳)	–	470	노무라	노무라
예산극장	동 예산읍 혼마치도오리	예산 146, 38, 29	다카야마 유타카 (高山豊)	–	999	–	–
쓰바메자	동 조치원읍	조치원 134	나카노 다이고로 (中野大五郎)	야마모토 세이타로	350	노비레 (ノビレ)	노비레

논산(論山)극장	동 논산군 논산읍 아사히마치	–	이키 쇼코 (壹岐初好)	–	–	–	–
강경극장	동 강경읍	–	최동열 (崔東說)	–	–	미쿠니	미쿠니
센라쿠칸 (泉楽舘)	동 아산군 온양면 온천리	–	나스 히코시치 (那須彦七)	–	–	–	–
천안극장	충남 천안읍	–	무라야마 이치로	–	–	–	–
유라쿠자	동 장항읍	–	가와카미 사카에 (河上栄)	–	–	–	미쿠니
쇼치쿠 영화극장	**대구부** 다마치 11	대구 992	이토 간고 (伊藤勘五)	–	570	로얄	로얄L
에이라쿠칸	동 동 마치	–	호리코시 유지로 (堀越友二郎)	–	800	–	미쿠니4
만경관	동 교마치 1의 29	대구 982	이제필	–	720	이소노	미쿠니
대구키네마 구락부	동 도조마치 2의 88	동 234, 1376	호리코시 유지로	–	950	롤라	롤라
영천가흥업장 (永川假興業場)	경북 영천읍 창구동(倉邱洞) 116	–	오하라 다케오 (大原健男)	김종대 (金鐘大)	450	롤라	미쿠니3
포항극장	동 포항읍 다이쇼마치	포항 326	야마노우치 가즈요시 (山之内一義)	–	597	페트랄 (ペトラル)	미쿠니3
금천극장	동 금천읍 조나이마치 161	금천 233	다니 규헤이 (谷久平)	동일인	800	로얄	로얄
상주극장	동 상주읍 니시마치 151	상주 54	다쿠쇼쿠 고타로	–	370	미쿠니	미쿠니4
예천(醴泉)극장	동 예천군 예천읍	–	마사키 이진 (正木渭鎭)	–	–	–	–
청도회관	동 청도군 청도면	–	오하라 기이치	–	–	–	–
안동극장	동 안동읍 미나미가와초 (南川町) 3초메	안동 68	히라노 후미오 (平野文雄)	후미카와 가쓰마사 (文川勝政)	300	나카니시	미쿠니4

경주극장	동 경주읍 동부(東部)리	경주 8	기노시타 기요시	동일인	350	YRW	미쿠니4
다이진자	동 구룡포리	구룡포 25	다다 진스케 (多田仁助)	다다 마사에 (多田マサエ)	300	후지 (フジ)	미쿠니
구포극장	동 구포면	–	하라구치 기요미 (原口淸見)	–	293	–	–
아이오이칸	**부산부** 혼마치 1의 19	부산 2535	미쓰오 다다오	–	805	미쿠니	미쿠니3
호라이칸	동 사이와이초 1의 15	동 2485, 3242	이와사키 다케지	이와사키 모모지로	952	RCA	미쿠니4
쇼와칸	동 동 초 2의 47	동 3216, 2726	사쿠라바 후지오	오카모토	105○	RCA	로얄H
고토부키자	동 에이센마치 (瀛仙町) 195	–	도미가 시로	동일인	341	후지타니	아반
야마토극장	동 스이쇼마치 (水晶町)	–	시조 사다토시 (四條貞利)	–	–	–	–
다이세이자	동 소료초(草梁町)	부산 4705	스기시타 스에지로 (杉下末次郎)	–	498	노무라	노무라
마산극장	**마산부** 미야코마치 1의 8	마산 327	혼다 쓰이고로	–	600	노무라	로얄L
사쿠라칸	동 교마치 3	동 321	다케모토 교케이	–	790	노무라	미쿠니4
교라쿠칸 (共樂舘)	동 이시마치 (石町) 64	동 703	혼다 쓰이고로	–	490	노무라	미쿠니4
호라이자	경남 통영읍 다이쇼마치	통영 148	하시모토 요네키치	–	500	롤라	미쿠니4
통영좌	경남 통영읍 요시노초 (吉野町)	동 147	무라카미 요시조	동일인	480	와다	미쿠니4
미우라칸	**진주부** 니시키초(錦町)	진주 144	미요시 노리오	동일인	515	롤라	롤라

진주극장 [도호극장]	동 사카에마치 222	동 323	히라야마 무네요시 (平山宗淑)	다케무라 겐지 (武村健治)	600	롤라	미쿠니4
묘라쿠자	경남 진해읍 기쿠카와초 24	진해 38	데즈카 쇼이치	데즈카 다다스케	420	마토노	미쿠니4
김해극장	동 김해읍 야마토마치 (大和町)	–	부시 노부쓰네 (武伺信恒)	동일인	460	2A45	미쿠니3
삼천포극장	동 삼천포읍	–	시라카와 아키라 (白川晃)	–	275	RCA	아반
거창좌 (居昌座)	동 거창군 거창읍	–	가네다 헤이유 (金田秉佑)	–	–	–	–
밀양 영화극장	동 밀양읍 성내	밀양 141	미즈카미 이타미	동일인	270	후지타니	로얄7
울산극장	동 울산읍 성남동	–	시라이 가나에 (白井叶)	니시카와 야스오 (西川康男)	700	롤라	미쿠니4
사천국민극장 [사천극장]	동 사천면	–	가나오카 난케이 (金岡南桂)	–	300	–	미쿠니2
방어진 (方魚津)극장	동 울산군 방어진	–	아리요시 도메지 (有吉留治)	–	–	–	–
여수극장	전남 여수읍	여수 108	나카무라 가쓰미	아카시 기요시 (明石清)	370	롤라	롤라4
송정읍 (松汀邑) 구락부	동 송정읍 송정리	–	최선진	히노모토 게이지 (陽本桂次)	407	롤라	롤라
순천극장	동 순천읍	–	마사무네 요시토모 (正宗義智)	–	–	–	미쿠니3
데이코쿠칸	**광주부** 혼마치 1초메	광주 660	구로세 도요쿠라	–	750	RCA	미쿠니4
광주극장	동 동 마치 5의 62	동 832	최선진	–	1050	RCA	미쿠니4
헤이와칸	**목포부** 무안도오리 6	목포 110, 757	모리모토 쇼지로	모리모토 기요시	513	RCA	로얄L

목포극장	동 죽동 23	동 718	기무라 준이치	히라야마 모소	780	RCA	미쿠니4
데이코쿠칸	**전주부** 다이쇼마치 2의 27	혼 447	마쓰나가 시게루	마쓰나가 기요시	760	빅터	노무라
리리자	전북 이리읍 다이쇼마치 9	이리 117	미무라 도쿠타로	동일인	450	–	미쿠니4
군산극장	**군산부** 가이후쿠초 1의 67	군산 34	마쓰오 진페이	마쓰오 도요시게	610	RCA	미쿠니
기쇼칸	동 동 초 1의 44	동 344	가와카미 시게코 (河上重子)	–	5○5	RCA	미쿠니4
남원극장	전북 남원읍 하정(下井)리	남원 126	구니사다 유타카 (国定豊)	가나자와 히로미쓰 (金澤宏光)	428	–	–
아키야마자	동 정주읍 수성(水城)리 573	정주 146	아키야마 사쿠지로	아라이 준지로 (新井純二郎)	355	데브라이	롤라S
김제좌	동 김제읍 혼마치 1의 250	김제 23	곽용훈 (郭鎔勳)	동일인	300	미쿠니3	미쿠니3
쇼와극장	동 부안(扶安)군 부령면 동중리 86의 1	부안 40	후지타 마사오	–	305	롤라	미쿠니3

---

41)　'경기(京畿)'의 오기로 추정된다.

42)　박봉서(朴奉瑞)의 창씨로 추정된다.

43)　'유라쿠자(遊楽座)'의 오식으로 추정된다.

44)　'이동수(李東洙)'의 오식으로 추정된다.

45)　한윤이(韓潤履)의 창씨로 추정된다.

46)　이기진(李基鎭)의 창씨로 추정된다.

47)　채낙진(蔡洛鎭)의 창씨로 추정된다.

해제 및
편집 후기

해제 | 영화저널리즘과 연감의 사회사_양인실

편집 후기 | 『일본어 잡지로 본 조선영화』 시리즈의 변화_이유미

영화저널리즘과 연감의 사회사

양인실 | 이와테대학 인문사회과학부

1. 영화 팬 동인지

외국 영화잡지 중 처음으로 일본에 수입된 것은 영국의 『키네마토그래프 앤 랜턴 위클리(Kinematograph and Lantern Weekly)』와 미국의 『바이오스코프(Bioscope)』였다. 당시의 수입·배급사들은 이들 잡지를 참고로 삼아 외국영화 작품을 결정했다.[1] 이후 메이지 시기의 영화잡지는 당시 각 영화배급회사의 후원을 받아 각각의 배급 작품의 선전지로 간행되었다. 요코사와상점(横沢商店)은 『활동사진(活動写真界)』, 요코타상회(横田商会)는 『활동사진타임스(活動写真タイムス)』, M파테(M.パテー)가 『활동사진(活動写真)』 등을 후원하며 배급 작품을 선전했다.

그런데 1912년(다이쇼 2년)이 되면 이런 상황이 바뀌게 된다. 1926년 1월에는 『활동지우(活動之友)』, 그리고 9월에는 『FILM RECORD 활동비망록(活動備忘録)』, 10월에는 『필름 레코드(フィルムレコード)』, 12월에는 『키네마 레코드(キネマ・レコード)』 등의 영화 팬 동인지가 연이어 간행되었다. 이들 영화 팬들은 상설관 프로그램이나 무료 전단지, 대중잡지의 영화란 투고가였는데 이후 생겨나는 영화 전문 상업오락지의 필진으로 활약하게 된다.[2]

다이쇼(大正)기에 들어 상업적 영화 전문지로 『활동사진잡지(活動写真雑誌)』[다이쇼 4년 5월, 활동사진잡지사(活動写真雑誌社), 오카무라 마타키치(岡村又吉)] 『활동지세계(活動之世界)』[다이쇼 4년 12월, 활동지세계사(活動之世界社), 이데 마사카즈(出水正一)] 『활동화보(活動画報)』[다이쇼 5년 12월, 히코샤(飛行社), 아오키 쇼(青木将)] 『활동평론(活動評

---

1) 마키노 마모루(牧野守), 「영화서지의 탄생과 연감에 이르는 영화저널리즘의 동향(映画書誌の誕生と年鑑に到る 映画ジャーナリズムの動向)」. 이와모토 겐지·마키노 마모루(岩本憲児·牧野守) 감수, 『영화연감(映画年鑑) 쇼와 편 1 별권』, 일본도서센터(日本図書センター), 1994, 63쪽.

2) 마키노 마모루, 앞의 글, 66쪽.

論)』을 개제한『활동구락부(活動倶楽部)』[다이쇼 7년 11월, 활동평론사(活動評論社), 모리 오코(森鴎光, 본명은 모리 도미타(森富太))] 등인데, 이들은 일본영화 혹은 양화의 영화 줄거리를 주요 읽을거리로 제공하면서 투고란과 기서란을 만들어 독자들의 흥미를 끌었다.[3] 또한 정기적으로 일정 잡지에 투고하면서 독자적인 팬 층을 넓혀갔다. 영화 팬 동인지의 중심인물이던 요시야마 교코(吉山旭光)나 가에리야마 노리마사(帰山教正) 등은 일본 내 영화비평가 1세대이기도 하며, 미국영화나 유럽영화를 지향하는 등 생각의 차이는 있었지만 이후 세분화·다양화되는 영화저널에서 중심적 역할을 수행했다. 그 초기 기고자를 보면 다음과 같다.

> 『활동사진잡지』 요시야마 교코, 다치바나 다카히로(橘高広), 다치바나 고시로(立花高四郎), 가에리야마 노리마사, 호시노 다쓰오(星野辰男) 등
> 『활동화보』 나카기 데이이치(仲木貞一), 히토미 나오요시(人見直善) 등
> 『활동평론』(이후『활동구락부』로 개제) 오다 다카시(小田喬), 가네코 히로후미(金子洋文), 가타노 시게루(片野茂) 등

이 중에서 가에리야마는 영화예술의 특징에 주목한 '순영화극운동'을 전개했다. 또한 기존의 가부키 등에서 남자 배우가 여성 역할도 하는 등의 무대 구습을 타파하고 미국영화의 구조를 본받아 여배우를 적극적으로 채용해야 한다고 제창히면서 '일본영화의 근대화'를 추진하는데, 그가 창간한 잡지가『키네마 레코드』(1913년)였다. 이처럼 각 잡지 투고자들은 스스로 동인지를 간행하게 되어, 그중 단순한 활동사진의 팬이 아니라 평론가나 시나리오 라이터 등으로 이름을 날리게 되는 이들이 나오기 시작했다. 대표적인 이로는 이이다 신비(飯田心美), 사토 요시타로(佐藤芳太郎), 도모타 준이치로(友田純一郎), 다치바나 고이치로, 하즈미 쓰네오(筈見恒夫), 후루카와 롯파(古川緑波), 기시 마쓰오(岸松雄), 요도가와 나가하루(淀川長治) 등이다. 1919년 7월 1일에는『키네마순보(キネマ旬報)』가 창간되어 영화저널리즘이 정착, 다양화되었다.

명실공히 일본의 영화저널리즘을 주도해온『키네마순보』도 처음에는 영화 팬들의 동인지적 성격이 강했다. 창간호 발간사에서 다나카 사부로(田中三郎)는 "우리

---

3)   마키노 마모루, 앞의 글, 65-66쪽.

는 활동사진을 너무 좋아하"여 "의자에 앉아서 활동사진을 보고 재미있다고 생각하거나 집에 돌아가 잡지를 읽거나 보는 것만으로는 만족할 수 없게 되었"[4]다며 영화 팬의 입장에서 영화잡지를 창간하게 된 경위를 설명하고 있다.

2. '조선극'과 '조선영화'

여기서 본 자료집에 실린 조선영화 〈춘향전〉을 소개하고 있는『활동구락부』에 대해서 조금 더 자세히 살펴보도록 하겠다. 앞에서 언급했듯이, 1919년에『활동평론』을 개제한『활동구락부』는 1918년에 호치(報知)신문 기자 출신의 변사 모리 오코가 창간했는데, 모리는 아사쿠사(浅草)의 덴키칸(電気館) 근무 중에 잡지를 창간했다. 대부분 구미영화 소개가 주 내용이었는데 다른 잡지들과 달리 정기적으로 독자들의 모임을 계획[5]했다는 점이 특이하다고 할 수 있다. 독자들의 모임을 기획한 내용에 대해 모리는 다음과 같이 말했다.[6]

『활동평론』독자들은 누구나 애활가(영화 팬)임과 동시에 잡지도 사랑해주었다. 그래서 발행자 측과 독자가 교류할 필요를 느껴 '지우의 모임'을 만들었다. 그 모임은 회장을 빌려서 친하게 지우들과 이야기를 나누는 것이다. 그중 다치바나 고이치로, 후루카와 롯파 등 제군이 있었다. 잡지사 관계자들과 독자들이 가깝게 연결되기를 시도한 것은 내가 최초였다고 생각한다.

『활동구락부』는 영화를 줄거리 위주로 소개하는 기사가 많았는데, 이는 발행인 모리 오코가 변사 출신이라는 점이 크게 반영된 것으로 보인다. 그래서 조선영화 〈춘향전〉 소개도, 그 글의 필자는 알 수 없지만 영화 소개 대부분이 줄거리에 할애되어 있고 감상은 매우 짧다.

『활동구락부』가 〈춘향전〉을 소개한 것은 1924년 2월이었다. 그 5개월 뒤인 동

---

4) 『키네마순보(キネマ旬報)』1919년 7월 창간호, 1면.

5) 이마무라 미요오(今村三四夫),『일본영화문헌사(日本映画文献史)』, 가미우라서방(鏡浦書房), 1967. 184쪽.

6) 이마무라 미요오, 같은 쪽.

년 7월에『활동잡지』는 조선영화계를 소개하는 단신을 게재했다. 1917년에 창간됐을 것으로 추정되는 이 잡지는 "시대영화 내지는 구국", 다시 말하자면 일본영화보다는 "미국영화의 활극물, 인정극, 정희극"을 좋아하는 조선인들의 영화취향에 대해 언급하며 영화계에서 대두되는 "조선을 내지 일본의 완전한 세력권"으로 해야 한다고 주장한다. 이는 1930년대 중반 이후부터 조선영화와 일본내지영화의 협업에서 대두되는 논의와 상통한다고도 볼 수 있다.

또한 본 자료집에서는 1920년대 잡지인『연극과 키네마(芝居とキネマ)』의「조선키네마와 쇼치쿠의 조선극(朝鮮キネマと松竹の朝鮮劇)」을 게재하고 있다. 이는『오사카마이니치신문(大阪毎日新聞)』이 1922년부터 간행한 잡지인데, 내용은 영화 관련 기사가 전체의 35%였고 나머지는 무대 관련 기사였다. 처음에는『선데이 마이니치(サンデー毎日)』증간호『연예와 영화(演芸と映画)』특집호였는데, 호평을 받아 단독 월간지로 발행[7]하게 되었다.

이 기사에서 주목할 만한 점은 '조선키네마와 쇼치쿠의 조선극'이라는 주제이다. 조선키네마는 재조일본인들이 부산에 만든 조선 최초의 영화제작회사였으며 쇼치쿠는 일본극영화 최초로 조선인을 영화에 등장시켜 화제가 됐다. 식민지 조선에서 만들어진 영화들은 이후 내지에서 '조선'영화라는 이름으로 장르화되었고, 조선인들이 등장하는 일본영화도 1930년대에 급증하면서 조선극도 정착하게 된다. 조선극이라는 단어는 이후 잘 등장하지 않지만 적어도 '조선에서 온 영화(조선물朝鮮物)'와 '조선/인이 등장하는 내지영화(조선극朝鮮劇)'를 구분할 때 유효한 개념이다.

그런데 '조선에서 온 영화' 관련 기사에서 눈에 띄는 점은 조선영화〈나그네〉합평이다.『키네마주보(キネマ週報)』1937년 5월 21일(제290호) 기사[8]는 '칼리지 시네마(カレッジシネマ)'라는 이름으로, 도쿄 시내 각 대학생들이 모여 조선영화〈나그네〉에 대해 영화제작의 시대적 배경, 기획, 조선어 토키로서의 가치, 원안과 각색, 감독과 촬영, 배우들의 연기를 논한다. 논자들은 영화 관련 동아리나 영화잡지, 영화 관련학과에 재학 중인 대학생들로 구성되어 있는데, 조선인 유학생 정진영[9]이 같은 자리에

---

7)　이마무라 미요오, 앞의 책, 187쪽.

8)　「칼리지 시네마」〈나그네〉합평,『키네마주보』1937년 5월 21일(제290호), 26-33쪽.

9)　한국사데이터베이스의 한국근현대인물자료에 따르면 정진영(鄭進永)은 충청북도 요천 출신이며 니혼대학교 법학부를 졸업한 후 총독부 촉탁으로 근무하다가 해후 충청북도 식량과장 등을 역임하며 영화계에서 멀

있었다는 점이 흥미롭다. 이 자리에서 정진영은 '조선극' 〈반도의 무희〉에 나온 "경성 근교의 풍경"과 이 영화와의 "현격한 차이"에 대해 이야기하며 〈나그네〉의 로컬색을 호평했다.

한편 조선에서는 조선인 극장을 중심으로 할리우드와 유럽권의 토키영화가 상영되기 시작했다. 『키네마순보』1930년 5월 1일호를 보면 경성에서 내지인이 경영하는 영화관보다 먼저, 조선인이 경영하는 단성사에서 "예고조차 없이" 토키영화를 공개해 팬들이 놀란 사실을 기사화[10]하고 있다. 또한 『키네마주보』1933년 4월 7일 기사[11]를 보면 발성영사기가 조선에 얼마나 설치되어 있었는지를 알 수 있는데 일본 전역을 통틀어 "천삼백 영화관이라면 그 약 3할이 토키 설치관"이었으며 조선은 8개 관이 토키 설치관이었다. 그중 조선인 경영관은 경성의 우미관, 조선극장, 단성사였으며 내지인 경영관은 경성의 주오칸과 도아구락부, 기라쿠칸, 부산의 아이오이칸과 평양의 가이라쿠칸이었다.

토키영화의 대두와 더불어 『키네마주보』기사에서 주목할 만한 점은 영화국책과 취체, 통제에 대한 논의와 '국산'영화 강제상영에도 불구하고 여전히 조선에서는 '서양물'이 인기였다는 점이다. "조선에서 일본영화가 줄곧 외국영화에 눌려 있는 현상을 고려, 보호·장려의 의미를 포함하여 교화영화의 강제상영"을 하는 통제안이 내지보다 한발 앞서 1934년 9월 1일부터 조선에서 실시[12]되는데 그 1년 뒤인 1935년에도 경성흥행가는 여전히 도와상사를 중심으로 수입된 외국영화가 인기[13]였다.

한편 이번 자료집에서 처음 기사를 실게 된 『시나리오 행동(シナリオ行動)』은 기타가와 후유히코(北川冬彦)가 주축이 되어 만든 시나리오연구10인회(シナリオ研究十人会)가 발행하던 잡지이다. 정확한 정보는 알 수 없지만 1937년에 시나리오연구10인회가 발행하던 『시나리오 연구(シナリオ研究)』가 1939년에 『시나리오 행동』으로 이름이 바뀌게 된 것으로 보인다. 『영화의 친구(映画之友)』와 『스타(スタア)』는 둘 다 난부

어진 것으로 추정된다(http://db.history.go.kr/item/level.do?levelId=im_109_01268).

10)   다쓰야마 도시코(龍山登志子), 「지방통신」, 『키네마순보』1930년 5월 1일(제364호) 131-132쪽.

11)   「일본에서의 발성영사기 분포」, 『키네마주보』1933년 4월 7일(제150호), 37-38쪽.

12)   「국산영화 장려의 조선영화 통제 9월 1일부터 실시」, 『키네마주보』1934년 8월 17일(제209호).

13)   「경성영화계 도와가 최고 순위」, 『키네마주보』1935년 5월 31일(241호), 「경성흥행가, 서양물 34편 소화」, 『키네마주보』1935년 6월 7일(제242호).

게이노스케(南部圭之介)가 발행하던 잡지로, 전자는 1923년에 창간되어 1940년 12월 까지 영화세계사(映画世界社)에서 발행됐고 후자는 스타샤(スタア社)에서 신문 반절 크기의 대형잡지로 한 달에 두 번씩 발행되었으며 주로 서양물을 소재로 삼았다.

1941년의 잡지통합으로 '자주적으로'[14] 폐간된 잡지 이외의 열세 개사는 일곱 개 잡지로 통합, 출판사도 두 개로 통합된다. 구체적으로 살펴보면『키네마순보』는『영 화순보(映画旬報)』로,『영화와 기술(映画と技術)』과『영사기술(映写技術)』은『영화기술 (映画技術)』로,『신영화(新映画)』와『스타』는『신영화』로 합쳐졌으며, 이들은 모두 영 화출판사(映画出版社)에서 발행되었다. 그리고『영화의 친구』와『키네마(キネマ)』는 『영화의 친구』로,『영화평론』과『영화계(映画界)』, 그리고『영화와 음악(映画と音 楽)』과『시나리오 연구』는『영화평론』으로, 문화영화잡지 두 개는『문화영화(文化研 究)』로, 나머지 평론집들은 계간지『영화연구(映画研究)』로 통합되어 영화일본사(映画 日本社)에서 발행되었다.

3. 연감의 사회사

『아사히신문(朝日新聞)』발행의 영화연감 다섯 권

일본에서 처음 발행된 영화연감은 아사히그래픽(アサヒグラフ)편집국이 편집하 고 아사히신문사지점과 도쿄아사히(東京朝日)신문발행소가 간행한『일본영화연감 (日本映画年鑑)』이었다. 1925년(다이쇼 14년)에 나온 이 연감은 '다이쇼 13,4년(1924년 과 1925년)' 영화계를 망라했으며, 그 대상을 "일반과 업계로 나누어 시놉시스를 쓰 는 방법이나 촬영소의 기장 양식 등"[15]의 광범위한 내용을 실었다. 그 주요 내용을 보 면 일본배우 명감과 '다이쇼 13년' 일본영화 선집 및 개봉외국영화 선집, 외국인기배 우 명감이 도판에 실렸고, 일본과 외국의 영화계 기사와 월례 기사, 그리고 일본의 해 설자와 촬영감독, 영화배우, 악사, 영사기사 등의 명부 등도 실려 있다.

1925년에『영화연감』이 처음 나왔다는 것은, 일본 내 영화계가 질적으로도 양적

---

14) 전시체제하의 잡지통합에 대해서는 양인실,「영화신체제와『영화순보』」, 한국영상자료원 한국영화사연 구소 엮음,『일본어잡지로 본 조선영화 3』, 현실문화연구, 2012, 299-312쪽을 참조할 것.

15) 쓰지 교헤이(辻恭平),『사전 영화의 도서(事典映画の図書)』, 가이후샤(凱風社), 1989, 10쪽.

으로도 성장을 했고 그 성장 기록을 연감이라는 형식의 자료로 남기기 시작했음을 의미한다. 1923년에 전국 703개관이었던 영화관은 1924년에는 전국 1,013개관으로 급증하며 이 해에 일본영화사상 처음으로 일본영화가 서양영화를 양적으로 앞지르게 된다.[16] 영화연감 발간은 "영화계도 연감을 가지게 되면서 문화로서의 사회적인 존재가 될 수 있다고 평가받는"[17]일이지만, 동시에 통계화하고 수치화함으로써 영화 관련 사항들을 눈에 보이는 형태로 제시했다고도 할 수 있다.

　　1926년판(다이쇼 14,5년판)은 이전보다 '배우의 초상과 장면 사진' 도판 분량을 늘리고 독자층도 업계보다는 일반인을 대상으로 했으며[18] 일본을 포함한 미국, 유럽 등지의 영화 동향 및 일본 영화사업 통계 총람 등의 업계 관련 수치도 같이 게재되었다.　1925년판보다 주목할 만한 점은, 앞에서 서술한 영화 투고란과 기서란에 주로 기사를 쓰던 영화 팬 필진들이 이 시기에 대거 투고를 하고 있다는 점이다. 주요 기사와 필진을 보면 다음과 같다.

　　　　「영화 검열과 저작권 문제 문제가 된 영화」[호시노 다쓰오]
　　　　「일본의 활동사진 발달사」[다나카 준이치로・세키노 요시오(関野嘉雄)]
　　　　「도쿄 시내 상설관 조사 도표 영화회사의 해부」[이시마키 요시오(石巻良夫)]
　　　　「특수활동사진술」[가에리야마 노리마사]
　　　　「일본 영화사업 통계 총람 활동사진의 교육적 조사」[다치바나 고시로]

　　이들 기사는 일반인을 대상으로 하는 만큼 영화 전문 기술이나 역사를 알기 쉽게 해설해주는 역할을 하며 영화잡지 구독자를 확대하는 데 일조했다.

　　그리고 1927년(다이쇼 15년, 쇼와 2년)판은 이전 연감보다 훨씬 더 유럽영화 관련 기사를 많이 다루고 있다. 주요 기사를 보면 다음과 같다.

　　　　「우파 〈최후의 사람(最後の人)〉 소개」

---

16)　마키노 마모루, 앞의 글, 67쪽.
17)　마키노 마모루, 같은 쪽.
18)　쓰지 교헤이, 앞의 책, 11쪽.

「1926년 일본의 미국영화」[세키노 요시오]

「1926년 일본의 유럽영화」[우치다 기사오(内田岐三雄)]

「유럽영화도서고」[다치바나 고시로]

「감독술」[우시하라 기요히코(牛原虚彦)]

「설명술 단편」[도쿠가와 무세이(德川夢声)]

「유럽영화계의 현상」[이와사키 아키라(岩崎旭)]

「지나영화계의 현상」[아오야마 사부로(青山三郎)]

「다이쇼 15년 개봉영화 일람표」 외

이전 연감들과 비교하면 유럽영화와 지나영화에 대한 기사가 많아졌음을 알 수 있는데, 특히 유럽영화에 대해서는 개별 영화를 소개하는 코너에서 독일의 우파 영화〈최후의 사람〉[19]을 들고 있다는 점이 특징적이다.

네 번째로 나온 연감은 1928년(쇼와 2, 3년)판이었다. 그 주요 기사를 보면 다음과 같다.

「해외 방인 영화배우」[모리 이와오(森岩雄)]

「신문 영화광고의 연구, 팬레터」

「쇼와 2년 일본영화 및 일본엉화계」

「쇼와 2년 영화계의 숫자적 고찰」[야나이 요시오(柳井義男)]

「현행 영화취체규칙」[다나카 준이치로]

「쇼와 2년 일본영화 사업통계 일람 배우 주소록」 외

그리고 마지막으로 나온 다섯 권째 연감이 1930년(『일본영화연감』 쇼와 4, 5년)판이다. 주요 기사와 필진은 다음과 같다.

「토키의 메커니즘」 「토키가 만들어지기까지」 「1929년 베스트 토키영화」

「쇼와 3, 4년 우수영화집」

---

19)   〈The Last Man Der Letzte Mann〉(F.W.Murrau,UFA, 1924).

「우리 나라의 소곡영화(小唄映画)」[후루카와 롯파]

「쇼와 3, 4년 일본영화계」[나카시로 후지오(中代富士男)]

「쇼와 3, 4년 일본의 외국영화계」[이지마 다다시(飯島正)]

「토키와 1929년」[다나카 준이치로]

「마이크로폰 시대」[난부 게이스케]

「배우 명감」 외

1920년대 후반부터 할리우드영화에서 시작된 토키영화 제작과 상영, 그에 대한 관심은 1920년대 말 일본영화계를 들끓게 했다. 토키 기술의 총아 뮤지컬영화의 일본판이라고 할 수 있는 소곡영화나 마이크로폰이라는 토키 기술의 설명까지, 토키 관련 기사가 1930년판의 주요 내용이었다. 연감 외에도 본 자료집에 실린『키네마순보』1927년 5월 21일호〈국경의 노래〉관련 기사를 보면 이 소곡영화가 일본영화 장르 중 하나로 자리 잡고 있음을 알 수 있으며, 이미 영화가 토키의 시대로 이행하고 있는 과정이었다고도 볼 수 있다.

한편 아사히신문 계열에서 발행하던『일본영화연감』은 일단 5권을 끝으로 더 이상 발행되지 않았다. 참고로 초기『일본영화연감』다섯 권의 페이지 수나 규격을 보면 다음과 같다.

|표1|『일본영화연감』 규격

발행연도	규격(cm)	페이지 수(쪽)	가격(엔)
1925년	19	512	1.8
1926년	26	192	1.5
1927년	26	192	1.8
1928년	26	152	1.5
1930년	26	164	1.5

연감의 다양화와 '국제'화

그런데 본 자료집에 실린 '영화연감' 기사 중 1926년판부터 1930년판까지는 앞에서 서술한, 아사히신문사 발행의『일본영화연감』이 아니라 국제영화통신사 발행의『일본영화사업총람(日本映画事業総覧, 이하 총람)』다섯 권이다. 아사히신문사 발행연감보다 반 년 정도 늦게 발행된『총람』은『국제영화신문』발행인 이치카와 사이(市川彩)의 국제영화통신사가 간행했다. 각 호의 규격을 보면 다음과 같다.

|표2|『총람』규격

발행연도	규격(cm)	페이지 수(쪽)	가격(엔)
1926년	22	352(광고 92)	10
1927년	22	697	10
1928,9년	20	324	2,3
1930년	20	773	6
1934년	22	543	5

|표1|의 규격과 비교해보면 가장 크게 다른 점은 가격이다.『일본영화연감』이 1.5엔에서 1.8엔 사이였다면『총람』은 1928년을 제외하고 5엔에서 10엔으로 3배에서 7배에 가까운 가격 차이를 보인다. 내용에 대해서는 앞으로 자세히 살펴보겠지만,『일본영화연감』이 일반 대상이었음에 비해『총람』은 업계 대상이었음은 가격 비교에서도 알 수 있는 점이다. 그리고 "92쪽에 이르는 업계 명함사이즈 광고나 당시에 10엔이라는 정가에서도 보이듯이 업계 통신사에 의한 업계 대상 연감으로 기업이나 영업 본위의 내용"[20]으로 구성되어 있었다.

그렇다면 그 내용을 자세히 살펴보자. 본 자료집에서는 조선 관련 기사만 발췌해서 실었는데 1925년 '조선의 부' 기사는 이치카와 사이가 게재한 기사였다. 이외에도 주요 기사와 필진을 보면 다음과 같다.

「영화사업의 기초 조사에 대해서」[다치바나 고시로]

「본방 영화흥행 개관」[이시마키 요시오]

「국제적으로 본 일본영화의 위치」[다구치 오무라(田口桜村)]

「본방 각 지방 영화계의 현 정세」[이치카와 사이]

「일본 영화사업 조사록」「다이쇼 14년 월례 기사」「활동사진 관계자 명부」「전국 영화상설관 명부」「영화 관계 회사 신용 조사록」「내외영화 개봉 일람」「내외 각 사 재고 필

---

20) 쓰지 교헤이, 앞의 책, 11쪽.

름 목록」「개봉영화 흥행 성적 일람」「교육영화 제작 일람」「활동사진 관계 회사 요람」
「영화배우학교양성소규칙」 외

『일본영화연감』은 연감이라는 이름이지만 일반 대중잡지 내용으로 구성되어
있다. 그런데 『총람』은 위와 같이 영화흥행에 관련되어 있는 사람들이 알고 싶어 하
는 내용(필름 재고, 신용 조사록 등)으로 구성되어 있어, 연감이라는 이름은 사용하지
않았지만 연감 역할을 했다고도 할 수 있다.
　이어서 1926년판은 조선에 대한 내용이 더 충실해진다. 1926년판에서는 「본방
각 지방 영화계의 현 정세」로 조선영화계에 대해 소개하는 정도였지만, 1927년판이
되면 조선에 있는 영화사 및 영화 관계 사업을 조사하여 세세한 항목까지 기술하고
있다. 조선 관련 기사 외에 다른 기사를 보면 다음과 같다.

　「세계영화사업 개관」[모리 이와오 외]
　「유럽영화사회발달사」[이시마키 요시오]
　「일본영화발달사」[다나카 준이치로]
　「전국영화행각」[이치카와 사이]
　「7대 도시 개봉영화 일람표」「주요 도시 각 관 월별 입장인원표」「내외 각 사 재고영
　화 목록」
　「활동사진 도래 30년 기록」[곤다 에이노스케(権田永之助)]
　「주요 영화회사 흥신록」「주요 영화단체 요람」「영화사업 조사록」「영화인 명부」「전
　국 영화상설관 명부」

　이 외에도 1927년 전국 주요 도시 대표 상설관 및 월별 입장인원 통계 등에서
조선과 관련해서는 '경성의 부'라고 하여 각 영화관 월별 입장인원 수가 표로 제시되
는데, 이는 국제영화통신사 조사 결과에 따른다. 월별 합계인원이 제시된 각 관의 입
장인원과 맞지 않는 등 애매모호한 점도 있지만 적어도 1920년대 후반 조선의 영화
관련 산업을 조사할 때는 귀중한 자료일 것이다.
　그리고 마지막으로 1934년에 『국제영화연감』이 나오면서 『총람』은 5권으로 폐
간된다. 1934년에 『총람』에서 『국제영화연감』으로 개제했는데 편집인도 재정비되

어 이치카와 사이 외에 이시마키 요시오, 시모이시 고로(下石五郎) 등이 편집을 맡았다. 조선 관련 기사는 조선 영화 및 연예 광고 통계를 비롯하여 조선영화 검열·제작·흥행 통계, 조선총독부 최근 3년간 영화 검열 통계, 재조영화 배급업자 수 및 배급 상황, 1923년 이후의 조선 영화제작자 조사 통계(내지극/조선극, 내지인/조선인), 1932년 조선 흥행자 수 및 상영 영화 수 통계, 1932년 조선 각 도별 유료영화 관람인원 통계, 중앙관공청·단체 문화영화 이용 상황 및 재고 목록, 전국 영화관명록(조선),전국 주요 일간신문사 및 영화란 기자록 등이다. 앞의 각 총람이 숫자를 나열하는 데 그쳤다면 이『국제영화연감』에서는 통계 자료가 나타내는 게 무엇인지에 대한 해설과 부연 설명이 덧붙여졌다. 조선 관련 내용 이외에의 주요 기사를 보면 다음과 같다.

「일본영화의 신동향 및 그 사명」

「본방 영화계 회고록」「일본 영화사업 통계」「세계영화계 개관(구미, 만주국, 중화민국)」「내외 영화회사 경제 통계」「일본 주요 영화회사 흥신록」「세계 영화국책 조사 자료」「문화영화 이용 상황」「전국 민중 오락세제 조사 자료」

영화연감에 '국제'라는 단어를 사용한 만큼, 기존 연감들과 달리 '국제'와 '세계'를 의식하기 시작한 점이 특징이며, 이와 함께 식민지 조선에 대한 관심도 훨씬 높아졌음을 기사 분량에서 알 수 있다. 특히 세계영화계 개관의 구미 편에서는 미국, 독일, 영국, 이탈리아, 프랑스, 소비에트연방, 오스트리아, 포르투갈, 스페인, 체코슬로바키아, 유고슬라비아 등 각지를 망라한 조사 자료가 게재되었다.

이 외에도 1936년에는 이지마 다다시, 우치다 기사오, 기시 마쓰오(岸松雄), 하즈미 쓰네오가 책임편집하여 발간된『영화연감』이 있다. 334쪽의 1.8엔이라는 가격으로 발행된 이 연감은 기록이나 통계 자료의 가치보다는 영화 소개, 비평, 시나리오 소개 등에 중점을 둔, 연감보다는 잡지에 가까운 형태였다. 출판사는 다이이치쇼보(第一書房)였는데 영화 관련으로는『영화연감』이 처음이자 마지막 출판물이었다. 그 내용을 보면 다음과 같다.

「영화와 문화」[르네 클레르, 오쿠마 노부유키(大熊信行), 오모리 요시타로(大森義太郎,) 이와사키 아키라]

「1935년의 영화계」[하즈미 쓰네오, 우노 마사오(宇野真佐男)]

「세계영화계 동향」[시미즈 지요타(清水千代太)]

「일본 영화감독 주요 작품 일람」「영화인 주소록」「일본 주요 영화 관계 사업 일람」

「일본 영화배우 주요 주연 영화」「일본 촬영소록」

시나리오 두 편

이지마를 비롯한 편집 책임자들은 『영화연감』 편집 후기에서 "영화를 단독으로 영화로서 취급하지 않고 널리 사회적 입장, 문화적 견지에서 볼 수 있게 하는" 것이 이 연감의 목적[21]이라고 밝혔다. 기존 연감과 다른 점은 '영화와 문화'가 제1부로 편성되어 있는 점과 두 편의 시나리오가 실렸다는 점이다.

한편 1936년은 영화연감 국제판(영문판)이 발행된 해이기도 하다. 영화연감은 영어판이 세 번 발행되었는데 구체적으로는 다음과 같다.

|표3| 영화연감 국제판[22]

타이틀	발행연도	발행처	분량
Cinema Year Book of Japan 1936~1937	1937	Kokusai Eiga Kyokai	사진 62, 본문 137
Cinema Year Book of Japan 1938	1938	Kokusai Bunka Shinkokai	82
Cinema Year Book of Japan 1939	1939	Kokusai Bunka Shinkokai	104

이들 연감의 주 필진은 이지마 다다시, 이와사키 아키라, 우치다 기사오였다. 영화연감이 국제판까지 발간된 이유는 "영화를 '국제'적인 시장, 전시장, 교류의 장소로 가져감으로써 '일본' 이미지를 해외에 구체적으로 전달"[23]하려는 목적이 있었기 때문이었다.

---

21)   『영화연감』 1936년판, 다이이치쇼보(第一書房), 1936, 334쪽.

22)   쓰지 교헤이(1989)를 참조하여 필자가 작성.

23)   이와모토 겐지(岩本憲児), 「전시하의 외국어판 『일본영화연감』 간행 배경을 찾다(戦時下の外国語版『日本映画年鑑』刊行背景を探る)」, 『일본대학예술학부기요(日本大学芸術学部紀要)』, 71~84쪽.

이렇듯 1930년대는 영화연감 국제판으로 마무리되는데, 1940년대에도 출판사와 편집인을 달리하며 계속 발행된다. 1940년에는 이마무라 미요오가 편집한『신영화연감(新映画年鑑)』,[24] 그리고 1941년과 1942년에는 각각『일본영화연감(日本映画年鑑)』[25]이 발행되기도 했다. 이마무라 미요오의『신영화연감』은 '2600년판'이 말해주듯이 영화법의 시행과 전시체제 안에서 영화연감도 시국에 부응하고 있음을 알 수 있다. 그리고 다이도샤(大同社)의『영화연감』은 이마무라의『신영화연감』의 폐쇄적인 경향을 답습하는 한편, 아마카스 마사히코(甘粕正彦) 만영(満映)이사장의 권두언을 게재하는 등 시국을 한층 더 민감하게 반영하고 있다고도 할 수 있다.

마지막으로 일본영화잡지협회가 다나카 사부로를 편집인으로 하며『영화연감』을 발행했다. 일본영화잡지협회는 전시 중 마지막에 남아 있던 잡지사 통제기관인데, 이『영화연감』은 1942년과 1943년 두 차례에 걸쳐 발행된다. 이번 자료집에서는 1942년판까지만 게재되어 있으니 여기서도 1942년판 내용에 대해 잠시 언급하도록 하겠다.

1942년판은 광고 28페이지를 포함하는 967쪽 분량의 연감이었다. 그 내용을 보면 일본영화 연혁사, 일본영화 연표, 영화계 동향과 작품 기록, 교육영화 등등 다른 연감들의 내용과 상통하는 부분이 많은데, 특이한 점은 동아공영권 영화계의 동정으로 만주국, 중화민국, 남양에 대한 정보를 싣고 있다는 점이다. 또한 조선 관련 기사에서 보면 항목별로 페이지를 설정하고 있고, 조선 편만 보더라도 월별로 일지를 기록하는 등 식민지 영화 상황에 대한 기록성을 중시하고 있다는 점도 주목할 지점이다.

여기에서 잠깐 식민지 조선의 영화일지를 짚어보면 1942년 4월에 "정오 묵도(默禱)는 영화를 중지하고 일제 실시"하며 5월에는 조선내외영화배급업조합이 "매달 7일 신궁 참배"와 선전을 '자숙'하기로 결정했다. 또한 전시 중에도 여전히 상영 중이던 미국영화는 "자산동결령에 따라 검열이 끝난" 작품만 8월 중으로 상영하며, 조선영화주식회사는 '조선어 시나리오 현상 모집'을 행했으며, 미국영화는 금지되었지만 유럽영화는 한 달에 한 편씩 상영이 가능하게 되었다는 점이다.

---

24) 이마무라 미요오,『신영화연감 2600년판』, 도쿄호코쿠샤(東京豊国社), 1940.
25) 오하시 쓰네고로(大橋恒五郎) 편,『일본영화연감』, 도쿄 다이도샤(東京大同社), 1941/1942.

4. 일본영화연감과 국제영화연감

연감은 영화계의 단순한 기록만이 아니라 시국을 반영하며 생동하는 텍스트였다. 일본의 영화연감을 발행된 순서대로 나열해보면 『일본영화연감』(아사히신문사, 1925~1930) 『일본영화사업총람』(국제영화통신사, 1925~1930, 5권째는 『국제영화연감』) 『영화연감』(1934) 『Cinema Year Book of JAPAN』(국제영화협회, 1936~1937, 1938, 국제문화진흥회, 1939) 『신영화연감 2600년판』(도쿄 호코쿠샤) 『일본영화연감』(도쿄 다이도샤, 1941/1942) 『영화연감』(일본영화잡지협회, 1942, 1943)[26] 순이다.

1934년 일본 내지의 내각회의에서는 영화국책안을 결정하여 "좋은 국산영화를 보다 많이 해외에 내보내기 위해 그 판로를 개척하고 영화를 통한 우리 나라 문화의 소개와 선전, 국산필름 제조공업 확립"[27]을 꾀하게 된다. 1936년에는 검열이 점점 엄격[28]해지며 1937년에는 독일의 아르놀트 팡크가 감독한, 소위 말하는 '국제영화〈새로운 땅〉상영'을 계기로 일본영화도 해외에 진출할 수 있다[29]는 주장이 나오게 된다. 1930년의 『국제영화연감』, 1934년의 『영화연감』, 그리고 1936년의 국제영화협회의 『Cinema Year Book of JAPAN』은 일본영화계에서 영화국책안이 제시될 시기에 간행되었다. 국제영화란 무엇인가, 혹은 일본영화의 국제화란 무엇인가에 대한 논의가 제대로 이루어지지 못한 채 국제라는 단어만이 앞서가버린 국제영화연감은 오래 지속되지 못했고 1940년의 『신영화연감 2600년판』은 국제라는 단어를 떼어내고 새롭다는 뜻의 '신(新)'과 황기(皇紀) '2600년'이라는 어울리지 않는 두 단어를 같이 사용한다.

이후의 연감은 다시 국제영화연감이 아니라 일본영화연감이며 전시 비상시인 1942년에는 영화연감으로 돌아갔다. 정보국제5부장이며 영화계의 생필름 부족을 선언한 가와즈라 류조(川面隆三)가 서문을 장식한 전시 마지막 영화연감은 일본영화 연혁사와 연표를 다시 한 번 되짚어봄으로써 연감을 국제화가 아닌 내셔널한 자리로 되돌려놓았다는 점은 주목할 대목이다.

---

26)   일본영화잡지협회가 펴낸 『영화연감』 1943년판 기사는 분량 관계로 이번 호에는 게재하지 못했다.

27)   「영화국책안 드디어 각의에서 결정」, 『키네마주보』 1934년 3월 23일(제192호), 8쪽.

28)   「상영 금지 명령에 위협받는 영화계」, 『키네마주보』 1936년 10월 2일(제277호), 8~9쪽.

29)   「〈나그네〉나 〈벌거벗은 거리〉도 SY상영인가」, 『키네마주보』, 1937년 3월 11일(제287호), 5쪽.

『일본어 잡지로 본 조선영화』 시리즈의 변화

이유미 | 한국영상자료원 한국영화사연구소 연구원

2010년부터 시작한『일본어 잡지로 본 조선영화』시리즈가 올해로 6권을 내게 되었습니다. 그동안『국제영화신문(도쿄영화신문)』을 비롯하여『키네마주보』『키네마순보』『영화평론』『일본영화』『신영화』등 유수의 일본 잡지에서 발표된 조선영화 관련 기사들을 찾아 정리·번역하는 한편, 일제 강점기 말엽의 '영화국책' 전반에 대한 기사들 역시 수록·발간하여 초기 한국영화사 연구를 위한 자료 제공에 성실히 임해왔던 본 시리즈는, 아쉽게도 지난 5년 동안 이 작업의 토대를 쌓아온 정종화 선생님께서 개인 연구를 위해 자리를 비우신 까닭에 올해부터 담당자가 바뀌었습니다. 부끄럽게도, 저는 식민시기 영화에는 문외한에 가깝습니다. 영상자료원에서 발굴한 당대의 영화들은 꾸준히 보아왔지만, 그래 봤자 현재 볼 수 있는 영화들은 최대한 열린 마음으로 세어보아도 불과 스무 편, 이른바 '쾡한 아카이브'에도 불구하고 연구에 뛰어드는 동료들의 용기를 존경 어린 눈으로 바라보있을 뿐 저는 엄두를 내지 못했습니다. 그동안의 시리즈와 달리 '연구진을 대표'하는 '서문'이 아니라 '편집 후기'를 쓰기로 한 것은 이런 까닭입니다.

『일본어 잡지로 본 조선영화』6권은 이전 시리즈에 비해 성격이 조금 달라진 부분이 있습니다. 먼저, 이전에는 잡지별로 장이 구분되었던 반면 올해는 전체가 1, 2부로 나눠집니다. 그중 1부에는 그간 여러 사정으로 발간되지 못하고 누락된 기사들을 번역·수록하였습니다. 누락 기사들을 잡지별로 묶고 되도록 첫 기사가 발표된 시기를 기준으로 잡지 순서를 정하고 있습니다만, 뚜렷한 테마나 시대성이 드러나지 않는 만큼 체계 잡힌 편집이라는 인상이 아닙니다. 이전에 주로 '조선영화' 기사가 중심이었던 데 비해, 올해는 조선을 다루고 있는 '일본영화', 조선에서 개봉한 '일본영화', 조선에서 로케이션한 '일본영화', 조선인 무용수가 출연한 '일본영화'가 일본에서 일으킨 소동 등에 관한 기사, 조선에 지사를 두고 있거나 조선에서 상영 예정이라는 정보만 실린 광고, 조선 관련 항목은 두어 개 정도밖에 없는 문화영화 관련 회사 및 단체 일람, 영화로 제작되지 못했던 시나리오에 대한 평론도 있습니다. 제국 권력의 관점이 불편하게 느껴지는 언급도 왕왕 등장합니다. 그리고 2부에는 통칭 '영화연감' 기사들을 번역·수록하고 있습니다만, '연감'은 문자 그대로 잡지(雜紙)에는 속할지언정 일반적 의미의 잡지(雜誌)라 부르기에는 꺼림칙한 데가 있습니다. 예컨대 몇 번에 걸쳐 등장하는 일람과 통계 정보들은 중복되는 부분과 계산상의 오류도 적지 않고, 거기에 적혀 있는, 지금은 사라진 주소며 전화번호, 누군지 알 수 없는 사람들의 이름과 숫자가 무슨 가치를 가질 수 있을지 회의가 든 적도 있습니다.

솔직히, 6권의 편집 방향이 이렇게 된 데에는, 도서 발간 일정상 새로운 기사를 찾아낼 여유가 없었고 무엇보다 제가 새로운 기사를 찾아낼 만큼의 학문적 준비가 되어 있지 않았던 이유가 가장 큽니다. 포도나무 아래 여우와 비슷한 심정인지, 그러나 편집 과정 중에 저는 오히려 확고한 주제나 체계라는 명목으로 위의 기사들을 또다시 누락시키는 것이 더 위험하다는 생각을 하게 되었습니다. '일본어 잡지로 본 조선영화' 시리즈는 연구서가 아니기 때문입니다. 『일본어 잡지로 본 조선영화』1권 서문에도 언급되는바, 본 시리즈는 "그동안 알지 못했던, 기존의 연구 풍토에서 생각하지 못했던 새로운 발굴 자료"를 공개하는 것, 요컨대 자료 제공이 목적입니다. 자료들을 계열화하고 의미화하는 것이 연구자의 몫이라면, 이를 위해 비교할 수 있는 다양한 관점의 자료들을 최대한 많이 정확하게 제공하는 것이 자료 제공자의 몫일 것입니다. 물론 오합지졸 같은 올해 6권에서도 소소하게나마 제 나름의 자료 선별과 배치의 기준이 존재했던 만큼 누락되는 기사가 없지 않았습니다. 그럼에도 불구하고 아직 깜냥도 안 되는 편집자가 섣부르게 자료의 가치를 매기고 계열화하는 것은 최대한 피하는 것이 옳다는 것이 저의 기본 원칙이었습니다.

한편, 당대에는 식민지와 제국의 구분은 존재했을지언정 조선(한국)도 일본도 확고한 네이션을 구축하지 못했다는 것이 학계에 널리 받아들여지고 있습니다. 하물며 '조선영화'니 '일본영화'니 하는 명확하고 단선적인 범주의 내셔널시네마가 구축되었을 리 없습니다. 이 말은 절대, 조선영화에 대해 고민하고 조선영화를 만들고자 했던 노력들을 폄하하려는 것이 아닙니다. 마찬가지로 민족주의적 관점에서 조선영화의 외연을 확장시키려는 의도도 아닙니다. 내셔널시네마의 관건이 '누구에게 말을 거는가'라면 이른바 '내·선' 혹은 그 이상의 지역들을 가로지르며 다양한 관객들에게 '말을 걸고' 있는 영화들에 대한 자료를 제공하는 것 역시도 본 시리즈의 발간 취지에 어긋나지 않을 것이라는 말일 뿐입니다.

또 하나 달라진 점은 각주 설명을 줄였다는 것입니다. 먼저, 이전 시리즈에서 각주로 표기되었던 외화 제작 정보는 원제가 추적 가능한 작품들을 따로 묶어 부록의 '영화 정보'로 목록화하였습니다('조선영화'의 경우라도 '일본영화' 관련 데이터베이스에 검색값이 있는 작품들은 목록에 포함시켰습니다). 다만, 원제를 추적할 수 있어도 확정하기는 어려운 작품의 경우에는 목록의 비고란에 '추정'이라고 적고 본문에 각주를 달아 원문의 일본어 제목과 원제를 확정하기 어려운 사유를 적어두었습니다. 원제를 추적하지 못한 작품들은 본문 중에 일본어 제명을 병기하였습니다. 고유명사에 대해서는 원어가 추적 가능한 경우에는 원어를, 그렇지 않은 경우에는 일본어 표기를 본문에 병기하였습니다.

이는 명목상 가독성을 높이고 색인 기능을 대신할 수 있으리라는 기대 때문입니다. 하지만 사실상 설명을 줄일 수밖에 없었다고 해야 정확합니다. 이전 시리즈에서처럼 본문에 등장하는 고유명사들을 길게 설명할 역량을 제가 갖추지 못했기 때문입니다. 기사에 따라 표기나 정보가 제각각인 경우가 가장 곤혹스러웠는데, 이러한 것들은 한국어로 발표된 자료를 찾아보아도 통일되어 있지 않은 경우가 왕왕 있었습니다. 이 경우 어느 것이 옳은지 결정하는 것은 매우 엄중한 문제로, 저는 이것을 연구자가 결정할, 혹은 연구자들이 논의를 통해 잠정적일지언정 합의해야 할 문제라고 생각했습니다. (다행히?) 아직 자료 제공자 입장인 저는 결정의 무게는 최소화하는 대신 자료를 정확하게 전달하는 것에 방점을 두기로 했습니다. 다시 말해 본문 중 혹시 오류가 아닐까 의심이 드는 경우에도 따로 수정이나 설명을 가하지 않고, 본문의 표기나 정보 외에 다른 것도 존재한다는 식의 각주를 붙이는 것, 혹은 '추정된다'고 하는 정도가 최선이었습니다.

지금까지 말씀드린 것과는 모순될 수 있으나, 올해에는 의역한 부분들이 적지 않은 것도 차이입니다. 이전까지는 원문의 문체를 최대한 살리는 것이 기조였습니다. 자료집인 만큼 원문의 가공을 최소화하는 것이 중요하기 때문입니다. 통계표나 정보 전달을 중심으로 하는 기사의 경우에는 오류로 의심되는 것마저 가감 없이 싣는 것이 가능합니다. 그러나 평론이나 좌담회 기사 등은 원문 그대로 싣는 것이 사실상 불가능합니다. 어떻게 보면 '번역'이라는 말과 '자료집'이라는 말 자체가 상충된다고도 할 수 있습니다. 후자가 요구하는 객관성을 전자의 주관이 침식하기 때문입니다. 이 양자 간의 삐걱거림과 어긋남을 감추지 않는 것이 이른바 '축어적 번역'일 것이며, 그 의의에 대하여 저도 이견이 없습니다. 되도록 저도 이러한 입장에서 본문 교정과 편집에 임했습니다. 그럼에도 불구하고 직역이 오히려 원문 이해에 혼란을 주는 경우가 있습니다. 조금 부풀려서 말한다면, 이 경우 그나마 일본어 독해 능력이 있는 연구자는 당연히 원문을 참조할 것입니다. 그렇다면 본 시리즈의 최대 의의는 본문이 아니라 부록의 기사 소개에 있을 것입니다. 하물며 일본어 독해 능력이 없는 연구자 또는 독자에게는 그만큼의 의의도 갖지 못할 것입니다. 이는 번역으로도 자료집으로도 제대로 기능하지 못하는 최악의 상황입니다. 따라서 올해에는 의역하기로 결정한 부분이 적지 않았습니다. 재차 말하지만 본 시리즈의 목적이 자료 제공인 만큼, 일단은 그 '임무'에 초점을 맞추었습니다.

변명이 길어졌습니다. 이상의 사정으로 자못 체계도 부족하고 설명도 불친절한 결과물이 되어버린 『일본어 잡지로 본 조선영화』 6권에 대하여 연구자를 비롯한 독자 분들의 관용과 이해를 부탁드립니다. 1년간의 노력에도 불구하고 절대 없을 수가 없는 오역과 오기, 오식에 대하여 날카로운 지적과 애정 어린 비판 역시 부탁드립니다.

내년에는 올해에 이어 『영화연감』 1943-45년분과 『조선연감』, 그리고 『만주영화』에 실린 조선 관련 영화 기사를 모아 번역할 예정입니다. 연감 기사들을 통해서는 매우 구체적인 정보 자료들이, 『만주영화』와 관련해서는 그야말로 '새로운 발굴 자료'가 수록될 수 있기를 기대하고 있습니다. 향후 시리즈에 관해서도 관심과 격려를 부탁드립니다.

마지막으로 아무것도 모르고 좌충우돌 실수투성이인 신임 담당자에게 더없이 든든했던 번역자 양인실 선생님과 현실문화 관계자 분들께 감사의 마음을 전합니다.

고맙습니다,

이유미

부록

영화 정보
기사 목록

영화 정보

본문(일어) 번역제명	원제 혹은 영제	감독명	제작/공개 연도	비고
가마우지 어부	鵜匠	松村清四郎	1941	문화영화
가면의 무희	Die Erlebnisse der berühmten Tänzerin Fanny Elßler	Frederic Zelnik	1920	추정
가와나카지마 전투	川中島合戦	衣笠貞之助	1941	
가르시아의 전령	A Message to Garcia	George Marshall	1936	
가우초	The Gaucho	F. Richard Jones	1927	
가이가라 잇페이	貝殼一平	清瀬英次郎	1930	
각성	The Awakening	Victor Fleming	1928	
각 항구의 여자 난상	Captian Lash	John G. Blystone	1929	
갈라지는 피부	かまいたち	押本七之輔	1930	
강	The River	Frank Borzage	1928	
개구리는 개구리	蛙は蛙	矢内政治	1929	
개선가 높이 불러라	凱歌高らかに謳へ	井手錦之助	1930	
거짓 국기 밑에서	Unter Falscher Flagge	Johannes Meyer	1932	
거짓말에서 거짓말로	嘘から嘘	木村次郎	1930	
건배의 노래	George White's Scandals	George White	1934	
검	剣	古海卓二	1930	
검은 결혼	黒い結婚	三枝源次郎	1930	
검은 옷의 기사	The Sunset Legion	Lloyd Ingraham, Alfred L. Werker	1928	
검은 태양	黒い太陽	미상	미상	三木茂, 林田重雄 촬영, 문화영화
검을 빼어	刀を抜いて	미상	1929	
검을 넘어서	剣を越えて	渡辺邦男	1930	
겐로쿠구미	侠骨元禄組	山口好幸	1930	추정

겐로쿠 주신구라 전편	元禄忠臣蔵 前篇	溝口健二	1941	
격멸	撃滅	小笠原明峰	1930	
결핵예방	結核予防	미상	1933	문화영화
결혼행진곡	The Wedding March	Erich Von Stroheim	1928	
경염 3인의 여자	侠艶三人女	中島宝三,根岸東一郎, 金森万象	1930	추정
경찰관	警察官	内田吐夢	1933	
고양이와 제금	The Cat and the Fiddle	William K. Howard	1934	
고양이와 카나리아	The Cat and the Canary	Paul Leni	1927	
고향	藤原義江のふるさと	溝口健二	1930	
고향	Heimat	Carl Froelich	1938	
골드 러시	The Gold Rush	Charles Chaplin	1925	
골든보이	Golden Boy	Rouben Mamoulian	1938	
곰이 나오는 개간지	熊の出る開墾地	鈴木重吉	1932	
공습과 독가스	I was a Spy	Victor Saville	1933	
공의 행방	毬の行方	沢田順介	1930	문화영화
공주님 바다를 건너다	The Princess Comes Across	William K. Howard	1936	
공중전전	Silver Valley	Benjamin Stoloff	1927	〈천공폭파〉로 표기되는 경우도 있다
공포의 성	White Zombie	Victor Halperin	1932	
관동남자 겨루기	関東男くらべ	山口哲平	1930	
구라마텐구	鞍馬天狗異聞	曽根純三	1928	
구사나기 엔세키	日柳燕石	石山稔	1941	
구조신호	S.O.S	James P. Horgan	1925	
국경의 노래	国境の唄	蔦見丈夫	1926	
군국의 어머니	君国のたのに	赤沢大助	1934	추정. 문화영화

군신 다치바나 중좌	軍神橘中佐	三枝源次郎	1926	추정, 문화영화
군용열차	軍用列車	서광제	1938	
권투왕 키튼	Battling Butler	Buster Keaton	1926	
귀신퇴치	Pride of Sunshine Alley	William James Craft	1924	
그녀는 나를 사랑하지 않는다	She Loves Me Not	Elliott Nugent	1934	
그녀는 어디로 가는가	彼女は何処へ行く	池田義信	1930	
그대와 나	君と僕	日夏英太郎		
그녀의 경우	彼女の場合	春原政久	1936	
그대여 안녕	君ちゃんよさらば	大森勝	1929	
그를 둘러싼 다섯 명의 여자	彼をめぐる五人の女	阿部豊	1927	
그림 목욕탕	浮世風呂	五所平之助	1929	추정
그림자 법사	影法師	二川文太郎	1925	
그림책 무사 수행	絵本武者修行	稲垣浩	1929	
기관차 C57	機関車C57	今泉善珠	1941	문화영화
기걸 판초	Viva Villa!	Jack Conway	1934	
기계체조	器械体操	미상	1941	大内秀邦 구성, 문화영화
기누요 이야기	絹代物語	五所平之助	1930	
기생벌	寄生蜂	奥山大六郎	1940	문화영화
기치조 도련님	お坊吉三	미상	1929	
긴키 지방	近畿地方	미상	미상	문화영화
깁슨의 복수	Clearing the Trail	B. Reeves Eason	1928	
까마귀파	からす組	犬塚稔	1930	
꺼져가는 등불	The Light That Failed	William A. Wellman	1939	
꽃	花	吉村公三郎	1941	
꽃싸움	花戦	高橋寿康	1930	
나그네	旅路	이규환	1937	

나는 곡예사	Circus Rookies	Edward Sedgwick	1928	
나는 신병	Rokkies	Sam Wood	1927	
나는 탐정	Detectives	Chester M. Franklin	1928	
나루토	鳴門	미상	미상	추정. 문화영화
나베시마 괴묘전	鍋島怪猫伝	長尾史録	1929	
나오자무라이	直侍	井上金太郎	1930	
나이트클럽	Night Club	Robert Florey	1929	
나의 무용담	When a Fellow Needs a Friend	Harry Pollard	1932	
나카야마 시치사토	中山七里	並木鏡太郎	1930	
나팔수 쿠건	The Bugle call	Edward Sedgwick	1927	
낙제는 했지만	落第はしたけれど	小津安二郎	1930	
날아가는 노래	飛ぶ唄	白井戦太郎	1930	
남십자성은 부른다	南十字星は招く	佐伯永輔	1938	추정. 문화영화
내일 없는 포옹	Death Takes A Holiday	Mitchell Leisen	1934	
내일에의 싸움	The Howards of Virginia	Frank Lloyd	1940	
내일의 결혼	Marriage by Contract	James Flood	1928	
넓은 하늘처럼	大空の如く	根津新	1928	
네덜란드령 인도차이나 탐방기	蘭印探訪記	미상	1941	矢作保次 촬영, 문화영화
네덜란드의 오키치	阿蘭陀お吉	長尾史録	1927	
네로	Nero	J. Gordon Edwards	1922	
네 명의 악마	4 Devils	F. W. Murnau	1928	
네 장의 날개	The Four Feathers	Merian C. Cooper, Lothar Mendes, Ernest B. Schoedsack	1929	
노틀담의 곱추	The Hunchback of Notre Dame	Wallace Worsley	1923	

노아의 방주	Noah's Ark	Michael Curtiz	1929	
뇌명	雷鳴	鈴木重吉	1936	
눈과 인생	眼と人生	清水龍之介	미상	
눈물	新訂 涙	井上金太郎	1930	
눈물의 비곡	涙の悲曲	小国狂二	1929	
눈의 홋카이도를 둘러보다	雪の北海道	미상	1927	철도성 운송국 여객과 제작, 문화영화로 추정
뉴스전진곡	The News Parade	David Butler	1928	
뉴욕광상곡	Wolf's Clothing	Roy Del Ruth	1927	
뉴욕의 선착장	The Docks of New York	Josef von Sternberg	1928	
다시 만나는 날	Till We Meet Again	Robert Florey	1936	
다쓰마키 나가야	竜巻長屋	渡辺邦男	1929	
다정불심	多情仏心	島津保次郎	1929	
다크 엔젤	The Dark Angel	George Fitzmaurice	1925	
단게 사젠	丹下左膳	伊藤大輔	1934	
달에서 온 사자	月よりの使者	田阪具隆	1934	
담쟁이넝쿨	からみ蔦	深川ひさし	1928	
당인 박쥐전	唐人蝙蝠伝	仁科熊彦	1929	
닻의 기풍	錨の旗風	片桐巖	1925	추정
대공의 유서	大空の遺書	益田晴夫	1941	
대도쿄의 일각	大東京の一角	五所平之助	1930	
대비행 함대	The Flying Fleet	George william Hill	1929	
대산명동	Thunder Mountain	Victor Schertzinger	1925	〈태산명동〉으로 표기되는 경우도 있다
대오사카 관광	大大阪観光	미상	1936	浅原喜太郎 지도, 문화영화

대자연을 그리다	大自然を描く	미상	미상	추정, 쇼치쿠 뉴스과 배급 문화영화
대장부	No Greater Glory	Frank Borzage	1933	
대장 불바	Tarass Boulba	Alexis Granowsky	1936	
대장의 어머니	大将の母	山本紀夫	1941	
대제의 밀사	Michel Strogoff	Viktor Tourjansky	1926	
대지에 바란다	大地に祈る	村田武雄	1941	
대통령	The President	Gennaro Righelli	1928	
대학은 나왔지만	大学は出たけれど	小津安二郎	1929	
대학생활	미상	미상	미상	Nat Ross의 시리즈물로 추정
더글러스의 해적	The Black Pirate	Albert Parker	1926	
도쿄행진곡	東京行進曲	溝口健二	1929	
도회교향악	도회교향악	溝口健二	1929	
도회의 애수	Lonesome	Paul Fejos	1928	
독재 대통령	Gabriel Over the White House	Gregory La Cava	1933	
돈	金	溝口健二	1926	
돈Q	Don Q, Son of Zorro	Donald Crisp	1925	
돌격 믹스	The Canyon of Light	Benjamin Stoloff	1926	
동경하는 사람들	憧れの人々	井出錦之助	1930	
동양의 비밀	Secret of the East	Alexandre Volkoff	1928	
동양의 어머니	東洋の母	清水宏	1934	
두 국기 밑에서	Under Two Flags	Frank Lloyd	1936	
드라몬드 대위	Captain Swagger	Edward H. Griffith	1928	
땀	汗	内田吐夢	1929	
땅끝을 가다	Escape from Yesterday	Julien Duvivier	1935	
땅땅 벌레는 노래한다	かんかん虫は唄ふ	田坂具隆	1931	

땅콩 소승 경주의 권	Hot Heels	William James Craft	1927	〈땅콩 소승 경마의 권〉으로 표기되는 경우도 있다
라사가 되기까지	羅紗になるまで	미상	미상	추정, 문화영화
레뷰시대	Broadway Babies	Mervyn LeRoy	1929	
려인	麗人	島津保次郎	1930	
로마 태평기	Roman Scandals	Frank Tuttle	1933	
로빈후드	Robin Hood	Allan Dwan	1922	
로이드의 대승리	The Cat's Paw	Sam Taylor	1934	
마 도령의 도쿄올림픽 대회	マー坊の東京オリンピック大会	千葉洋路	미상	佐藤吟次郎 작화, 애니메이션
마루노우치 다섯 여자	丸の内五人女	曽根純三	1931	
마수 타이거	Devil Tiger	Clyde E. Elliott	1934	
마음의 태양	心の太陽	牛原虚彦	1934	
마의 늪	魔の沼	木藤茂	1927	
마의 대도회	魔の大都会	松本英一	1929	
마지막 열차	終列車	徳永フランク	1929	
마지막 일축	Drop Kick	Millard Webb	1927	
마티스테의 서커스	Maciste in the Lions' Den	Guido Brignone	1926	추정
만주사화(曼珠沙華)	虚栄は地獄	內田吐夢	1926	추정, 문화영화
만화 지옥	万花地獄	中島宝三	1929	
말	馬	山本嘉次郎	1941	
말의 다리	馬の脚	悪麗之助	1930	
맑은 하늘 가르스케	天晴れガル助	鈴木宏昌	1936	토키 애니메이션
망루의 결사대	望楼の決死隊	今井正	1943	
망원경	望遠鏡	三枝信太郎	1941	문화영화
머리 장식핀	簪	清水宏	1941	
메리켄잡	めりけんじゃっぷ	勝見庸太郎	1930	
메이너드	The Phantom City	Albert S. Rogell	1928	추정

메트로폴리스	Metropolis	Fritz Lang	1927	
명랑하게 걸어라	朗らかに歩め	小津安二郎	1930	
명물 삼총사	Strong Boy	John Ford	1929	
모내기	さなで	미상	1936	추정, 문화영화
모던 고양이 소동	モダン猫騒動	福田穰治	1930	
모던 출세경	Making the Grade	Alfred E. Green	1929	
모도리바시	戻橋	マキノ 雅弘	1929	
모래먼지	Destry Rides Again	George Marshall	1939	
모로코의 혈연	Love in Morocco	Rex Ingram	1932	
모험아	The Adventurer	Viachetslav Tourjansky	1928	
못난이 6총사	Six of a Kind	Leo McCarey	1934	
몽블랑의 왕자	Der Koning des Mont Blanc	Arnold Fanck	1934	
무도일본	武道日本	미상	1938	深井史郎 음악, 문화영화
무뢰한	Me, Gangster	Raoul Walsh	1928	
무명의 기수	The Unknown Cavalier	Albert S. Rogell	1926	
무엇이 그녀를 그렇게 만들었는가	何が彼女をさうさせたか	鈴木重吉	1930	
무적 타잔	Tarzan the Fearless	Robert F. Hill	1933	
미시건의 애송이	The Michigan Kid	Irvin V. Williat	1928	
미의 제전	Olympia	Leni Riefenstahl	1938	원작은 〈미의 제전〉과 〈민족의 제전〉 2부 구성
미인국 2인 행각	Two Arabian Knights	Lewis Milestone	1927	
미친 명군	狂へる名君	井上金太郎	1929	
미카에리의 탑	みかへりの塔	清水宏	1941	
미쿠니 일도류	三国一刀流	橋本松男	1929	
미토낭사	水戸浪士	村越章太郎	1930	
미토낭사	水戸浪士	石山稔	1936	

밀수입자의 사랑	Twelve Miles Out	Jack Conway	1937	
바그다드의 도적	The Thief of Bagdad	Raoul Walsh	1924	
바다를 건너는 제례	海を渡る祭礼	稲垣浩	1941	
바다의 생명선	海の生命線	미상	1933	上野行晴, 北川二和 촬영, 문화영화
바람 속의 아이들	風の中の子供	清水宏	1937	
바람의 키스	Melody in Spring	Norman Z. McLeod	1934	
바람피우는 것만은 다른 문제다	浮気ばかりは別物だ	清水宏	1930	
반도의 무희	半島の舞姫	今日出海	1936	
반도의 봄	半島の春	이병일	1941	
반사	バンサ	小倉清太郎	1934	스즈키 시게요시가 편집한 다큐멘터리
반신	半身	辻吉郎	1929	
밤의 속삭임	Come to My House	Alfred E. Green	1927	
방랑 천 하룻밤	股旅千一夜	稲垣浩	1936	
백로	白鷺	島津保次郎	1941	
백마는 부른다	白魔は招く	미상	1936	추정, 문화영화
백묵	白墨	渥美輝男	1941	
백병조	白柄組	中島宝三	1929	
백조의 죽음	La mort du cygne	Jean Benoît-Lévy	1937	
백퍼센트의 결혼	百パーセント結婚	人見吉之助	1930	
번개소리	雷鳴	鈴木重吉	1936	
번뇌	The Barker	George Fitzmaurice	1928	
벌거벗은 거리	裸の町	内田吐夢	1937	
벚꽃의 나라	桜の国	渋谷実	1941	
벤 터핀의 결혼생활	Married Life	Erle C. Kenton	1920	

벤 허	Ben-Hur: A Tale of the Christ	Fred Niblo, Charles Brabin 외	1925	
벵갈의 창기병	The Livers of a Bengal Lancer	Henry Hathaway	1935	
변덕스러운 아가씨	The Playgirl	Arthur Rosson	1928	
별의 유희	星の戯れ	石原英吉	1930	
병든 병아리	かたわ雛	井上金太郎	1930	
병원선	病院船	미상	1940	今村貞雄 구성, 문화영화
보리밭을 어지럽히는 자	Golden Harvest	Ralph Murphy	1933	
보상받지 못하는 사람	酬ひられぬ人	今野不二夫	1929	
불멸의 나무	不滅乃木	미상	1937	小野隆司, ローゼン・シャール 촬영, 松井真二 감수
불타는 에도성	江戸城炎史	原顕義	1936	
붉은 태양의 절벽	The Last of the Mohicans	George B. Seitz	1936	추정
브라운의 신병님	Sons O' Guns	Lloyd Bacon	1936	
브로드웨이	Broadway	Paul Fejos	1929	
빙원의 협아	The Grip of the Yukon	Ernst Laemmle	1928	
빛나는 아침	輝きの朝	米沢正夫	1928	
빛을 찾아서	光を求めて	勝見正義	1930	
사도정담	佐渡情話	池田富保	1934	
사랑에 굶주려	Love Hungry	Victor Heerman	1928	
사랑에 물든 지옥	愛染地獄	清瀬英次郎	1929~30	
사랑의 굴레	恋の柵	大森勝	1929	
사랑의 모양	恋模様	益田晴夫	1930	
사랑의 사냥꾼	恋の猟人	福西譲治	1930	
사랑의 십자로	愛の十字路	別宮幸雄	1930	

사랑의 일가	愛の一家	春原政久	1941	
사랑의 재즈	恋のジャズ	鈴木重吉	1929	
사랑의 정화	愛の浄火	別宮幸雄	1930	
사랑의 주마등	Smiling Irish Eyes	William A. Seiter	1929	
사랑의 하룻밤	One Night of Love	Victor Schertzinger	1934	
사루토비 사스케	猿飛佐助	曽根純三	1934	
사쓰마의 노래	薩摩歌	仁科熊彦	1930	
사일런트 하우스	The Silent House	Walter Forde	1929	
살아 있는 시체	The Living Corpse	Fyodor Otsep	1929	
살아 있는 파스칼	Feu Mathias Fascal	Marcel L'Herbier	1926	
3인 자매	三人姉妹	沼田紅緑	1925	
3일 공주	Thirty-Day Princess	Marion Gering	1934	
3일 백작	A Social Celebrity	Malcolm St. Clair	1926	
상선 테나시티	Le Paquebot Tenacity	Julien Duvivier	1934	
상어섬 탈옥	The Prisoner of Shark Island	John Ford	1936	
새로운 날개	新しき翼	미상	1941	일본육군항공 본부 지도(指導), 문화영화
새로운 땅	新しい土	Arnold Fanck, 伊丹万作	1937	
새벽의 진발	暁の進發	中川信夫	1941	
새벽의 폭풍	Storm at Daybreak	Richard Boleslawski	1933	
서광의 숲	The Flaming Forest	Reginald Barker	1926	
서커스	The Circus	Charles Chaplin	1928	
선라이즈	Sunrise	F. W. Murnau	1928	
성공한 조니	Chinatown Charlie	Charles Hines	1928	

성기의 체육제전	聖紀の体育祭典	미상	1942	추정. 니치에이(日映) 제작부 구성, 문화영화
성황당	城隍堂	방한준	1939	
세계를 적으로	Im Trommelfeuer der Westfront	Charles Will Kayser	1935	
세계에 고한다	Telling the World	Sam Wood	1928	
세 명의 어머니	三人の母	曽根純三	1930	
세실리아	The King Steps Out	Josef von Sternberg	1936	
세이부 요타소동	The Gentle Cyclone	W. S. Van Dyke	1926	
소년 노구치 히데요	少年野口英世	山内俊英	1941	
소년 로빈슨	Little Robinson Crusoe	Edward Cline	1924	
소아를 위해서	小児のために	미상	1937	애니메이션
속력시대	The Racing Romeo	Sam Wood	1927	
속 오카정담	続大岡政談	伊藤大輔	1930	
쇼 보트	Show Boat	Laura La Plante	1929	
수라팔황	修羅八荒	マキノ省三,沼田紅緑	1926	
수력발전공사	鴨緑江大水力発電工事	미상	미상	影澤清 촬영, 문화영화
수륙돌파사물광	Keep Smiling	Albert Austin, Gilbert Pratt	1925	
수산일본	水産日本	미상	미상	추정. 문화영화
수수께끼의 인형사	謎の人形師	志波西果	1929	
순정무적	Bitter Apples	Harry O. Hoyt	1927	
숨겨진 열정	Hidden Fires	Einar Bruen	1925	
숲의 신비	森の神秘	미상	미상	추정. 문화영화
스기노 병조장의 아내	杉野兵曹長の妻	山内俊英	1940	
스미스 씨 도시로 가다	Mr. Smith Goes to Washington	Frank Capra	1939	

스위트 하트	Heut tanzt Mariett	Frederic Zelnik	1928	
스틱 걸	ステッキガール	清水宏	1929	
스피드웨이	Speedway	Harry Beaumont	1929	
스피디	Speedy	Ted Wilde	1928	〈로이드의 스피디〉로 표기되는 경우도 있다
승리의 역사	Sieg im Westen	Fritz Brunsch, Werner Kortwich 외	1941	문화영화
시구레 지옥	しぐれ地獄	双ヶ丘孝	1929	
시대의 무희	時代の踊子	堀江源太郎	1930	
시미즈의 고마사	清水の小政	星哲六	1931	
시오하라 다스케	塩原多助	古野英治	1930	
시티라이트	City Lights	Charles Chaplin	1931	
신여성풍경	新女性風景	根津新	1930	
신월초	新月抄	村田実,鈴木重吉	1936	
신풍 삼척검	新風三尺剣	小石栄一	1934	
심정화	沈丁花	野村芳亭	1933	
싱가포르	Across to Singapore	William Nigh	1928	
싸우는 나가야	喧嘩長屋	矢内政治	1929	
쓰키카타 한페타	月形半平太	志波西果	1937	
시호크	The Sea Hawk	Michael Curtiz	1940	
아가씨와 바보	令嬢と与太者	野村浩将	1931	
아가씨 첨단 에로감 시대, 내 생명은 손가락이야	娘尖端エロ感時代 第一篇 私の命は指先よ	木村次郎	1930	
아! 그 순간이여	あら！その瞬間よ	斎藤寅次郎	1930	
아내에게 잡혀 살아서	尻に敷かれて	西尾佳雄	1930	
아라시야마의 노래	嵐山小唄	金森万象	1930	
아라시야마 하나고로	嵐山花五郎	江後岳翠	1929	
아리가또 상	有りがたうさん	清水宏	1936	

아마쿠사 시로	天草四郎	星哲六	1930	
아, 무정	噫無情	志波西果	1929	
아버지	父	佐々木恒次郎	1930	
아버지와 아들	Sins of the Fathers	Ludwig Berger	1928	
아스팔트	Asphalt	Joe May	1929	
아시가루 기치에몬	足軽吉右衛門	佐藤樹一郎	1930	
아와의 무희	阿波の踊子	マキノ正博	1941	
아침노을	Morgenrot	Gustav Ucicky	1932	
아카보시 주자	赤星重三	渡辺哲二	1930	
아카오 린조	赤尾林蔵	佐藤樹一郎	1929	
아키요시다이	秋吉台	미상	1940	大田仁吉 감수, 문화영화
암광	闇光	王必烈	1925	추정
애리조나	Arizona	Wesley Ruggles	1940	
애리조나의 쾌남아	The Arizona Wildcat	Roy William Neill	1927	
애증의 고개	愛憎峠	溝口健二	1934	
야구시대	Fast Company	A. Edwarrd Sutherland	1929	
야구왕	Warming Up	Fred Newmeyer	1928	
야마토	大和・傳統の産業篇	미상	1941	笹原松三郎, 角石秀夫 촬영, 문화영화
야스쿠니신사의 여신	靖国神社の女神	中川紫朗	1936	문화영화
어느 날의 갯벌	或日の干潟	미상	1940	竹内義男 감수, 문화영화
어머니	Honor Thy Mother	Paul. L. Stein	1928	
어머니	母	野村芳亭	1929	
어머니의 등불	母の灯	深田修造, 小石栄一	1941	
어머니의 마음	母の心	根岸東一郎	1935	
어머니의 종	母の鐘	永富映次郎	1936	
어화	漁火	안철영	1938	

억지 탐방대파발	Atta Boy	Edward H. Griffith	1926	
억지 하늘의 대통령	Flying Luck	Herman C. Raymaker	1927	
언덕	丘	미상	1929	문화영화
엉망진창 사랑의 모험	Youth and Adventure	James W. Horne	1925	추정
엉클 톰스 캐빈	Uncle Tom's Cabin	Harry Pollard	1927	
에도 최후의 날	江戸最後の日	稲垣浩	1941	
FP1호 응답 없음	F.P.1 antwortet nicht	Karl Hartl	1932	
여군난선	Daring Youth	William Beaudine	1924	추정
여난 아파트	Girl Without A Room	Ralph Murphy	1934	
여래야 후편	女来也後篇	石田民三	1930	
여명의 세계	黎明の世界	重宗務	1930	
여성	女性	미상	1930	추정, 문화영화
여성찬가	女性讃	阿部豊	1930	
여인전심	女人転心	清水宏	1940	
여장부	The Climbers	Paul L. Stein	1927	
역류에 서서	逆流に立ちて	安田憲郎	1924	
역전	逆転	渡辺邦男	1929	
연애금지회사	恋愛御法度会社	松井稔	1932	
연옥 두 갈래 길	煉獄二道	吉野二郎	1930	
연인	Lovers	John M. Stahl	1927	
열사의 춤	The Son of the Sheik	George Fitzmaurice	1926	추정
열혈	熱血	山口好幸	1929	
영광스럽게 우리들이 간다	輝く吾等が行くて	長倉祐孝	1931	
영원의 어머니	永遠の母	久保為義	1930	
영화도시에 나와서	Broken Hearts of Hollywood	Lloyd Bacon	1926	
오늘밤이야말로	Be Mine Tonight	Anatole Litvak	1932	
오마에다 에이고로	大前田英五郎	高橋寿康	1927	

오사루 산키치 시리즈	お猿三吉	미상	미상	片岡芳太郎 작화
오사카 여름의 진	大阪夏の陣	衣笠貞之助	1937	
오야케 아카하치	オヤケ・アカハチ	重宗務, 豊田四郎	1937	
5인의 남학생	學生五人男	マキノ正博	1927	
5인의 유쾌한 도둑	五人の愉快なる相棒	田坂具隆	1931	
오쿠무라 이오코	奥村五百子	豊田四郎	1940	
오키나와	沖縄	미상	미상	栗林實 촬영
올가	Wolga Wloga	Viktor Tourjansky	1928	추정
와야 하는 세계	Things To Come	William Cameron Menzies	1936	
왕정복고	王政復古	長尾史録	1927	
요도가와의 혈도	淀川の血刃	橋本松男	1928	
요시하라 백인 목 베기	吉原百人斬	中島宝三	1930	
요철서커스의 권	Tillie's Punctured Romance	A. Edward Sutherland	1928	
용맹과감	Brave and Bold	Carl Harbaugh	1918	
우리 사랑의 기록	わが愛の記	豊田四郎	1941	
우몬 체포 수첩	右門捕物帖	山本松男 외	1930~1937	
우편 이야기	郵便物語	南不競	미상	문화영화
울부짖는 텟페이	吠えろ鉄平	高橋寿康	1930	
울어버린 이야기	泣かされた話	米沢正夫	1928	
울지 말아	泣くな小春	松本英一	1930	추정
원앙의 노래	The Stolen Bride	Alexander Korda	1927	
원앙주문	鴛鴦呪文	高橋寿康	1930	
유랑배우	The Spieler	Tay Garnett	1928	
유령선	幻の帆船	山本冬郎	1925	
유원인 타잔	Tarzan, the Ape Man	W. S. Van Dyke	1932	
육군사관학교	陸軍士官学校	山本弘之	1937	
은반에 그리다	銀盤に描く	미상	1941	문화영화

은소유선형	The Notorious Sophie Lang	Ralph Murphy	1934	
의사 선생님이어도	お医者さんでも	伊奈精一	1929	
의인 오봉	義人呉鳳	千葉泰樹,安藤太郎	1932	
이도류 야스베	二刀流安兵衛	後藤岱山	1929	
이름 없는 새	名なし鳥	木村次郎	1929	
인생서커스	A Million Bid	Michael Curtiz	1927	
인생의 거지	Beggars of Life	William A. Wellman	1928	
일본식 도구의 해녀	和具の海女	上野耕三	1941	문화영화
일본암굴왕 후편	日本岩窟王	中島宝三	1930	
일본의 계절 화제	日本に於ける季節の話題	미상	1938	문화영화
일본의 노래	日本の歌	미상	1936	
입맞춤의 책임	接吻の責任	村山知義	1936	이후 〈연애의 책임 (恋愛の責任)〉 으로 개제(改題)
자비심의 새	慈悲心鳥	溝口健二	1927	
잔다르크	The Passion of Joan of Arc	Carl Theodor Dreyer	1928	
잔바	Simba: The King of the Beasts	Martin E. Johnson, Terry Ramsaye	1928	
잔바라 부부	チャンバラ夫婦	成瀬巳喜男	1930	
잠수함 1호	潜水艦1号	伊賀山正徳	1941	
잠자리 이야기	かげらう噺	並木鏡太郎	1930	
장군 새벽에 죽다	The General Died at Dawn	Lewis Milestone	1936	
장님	めくら	東坊城恭長	1929	
장작을 떼면서	なま薪燻べて	小沢得二	1928	
장한	長恨	伊藤大輔	1926	
장화홍련전 유령은 말한다	薔花紅蓮伝 幽霊は語る	洪吐無	1936	홍개명의 작품

잭과 콩나무	ジャックと豆の木	미상	1941	荒井和五郎, 飛石仲也 원안·작화·촬영·구성의 애니메이션
적도를 넘어서	赤道越えて	円谷英二	1936	추정, 문화영화
전기 도엽림	伝奇刀葉林	渡辺新太郎	1929	
전마 울부짖다	The War Horse	Lambert Hillyer	1927	
전선가	戦線街	古海卓二	1930	
전진훈	戦陣訓	미상	1941	니혼 추정. 일본뉴스영화사 (日本ニュース映画社) 제작, 문화영화
전함 바운티호	Mutiny on the Bounty	Frank Lloyd	1935	
젊은 과학자	Young Tom Edison	Norman Taurog	1940	
정열의 사막	The Foreign Legion	Edward Sloman	1928	
제국호텔	Hotel Imprial	Marutiz Stiller	1927	
조각배	高瀬舟	仏生寺弥作	1930	
조국을 지키는 자	On Secret Service	Arthur Woods	1933	
조용한 발걸음	静かなる歩み	伊奈精一	1930	
조선의 인상	朝鮮の印象	미상	미상	추정. 문화영화
종이 만드는 집	紙漉く家	南不競	1941	문화영화
좋아하니까	好きだから	松本英一	1929	
좋아해서 결혼했어요	好きで一緒になったのよ	斎藤寅次郎	1930	
죄가 아니에요	Belle of the Nineties	Leo McCarey	1934	
주시로 볼일의 편	十四郎御用篇	辻吉朗	1930	
주신구라	元禄快挙 大忠臣蔵	池田富保	1930	
죽음의 북극탐험	Lost in the Arctic	H. A. Snow, Sidney Snow	1928	
지도 이야기	指導物語	熊谷久虎	1941	문화영화
지복 대연전	至福大恋戦	二川文太郎	1930	

지상의 성좌	地上の星座	野村芳亭	1934	
지옥계곡의 대검객	地獄谷の大劍客	橋本松男	1930	
지원병	志願兵	安夕影	1940	
진군하라 용의 기병	The Charge of the Light Brigade	Michael Curtiz	1936	
진실한 사랑	真実の愛	清水宏	1930	
진주의 나라	真珠の国	미상	미상	高原不二夫 촬영, 문화영화
진 카르멘	Burlesque on Carmen	Charles Chaplin	1915	
집 없는 천사	家なき天使	최인규	1941	
참새의 둥지	雀のお宿	政岡憲三	미상	추정, 애니메이션
창	Chang: A Drama of the Wilderness	Merian C. Cooper, Ernest B. Schoedsack	1927	
창맹	蒼氓	熊谷久虎	1937	
창문에서 창문으로	Sally	Alfred E. Green	1925	추정
창백한 장미	蒼白き薔薇	阿部豊	1929	
챔프	The Champ	King Vidor	1931	
천하무적의 대맹습	Daredevills' Reward	Eugene Forde	1928	
철가면	The Iron Mask	Allan Dwan	1929	
철도보선구	鐵道保線區	渡辺義美	1941	추정. 문화영화
철모	Tin Hats	Edward Sedgwick	1926	
철완의 남자	Men of Steel	George Archainbaud	1926	
철을 깎는 아가씨들	鋼を削る娘達	藤本修一郎	1941	문화영화
첨단적이네요	尖端的だわね	池田忠雄	1930	
청년일본	靑年日本	三国直福	미상	추정
청춘보	靑春譜	池田義信	1930	
청춘의 피는 뛴다	靑春の血は躍る	清水宏	1930	
총성	銃声	井手錦之助	1929	

최후의 억만장자	Le Dernier Milliardaire	Rene Clair	1934	
최후의 전투기	Flight Into Darkness	Anatole Litvak	1935	
추억	The Student Prince in Old Heidelberg	Ernst Lubitsch	1927	한국에서는 〈황태자의 첫사랑〉으로 알려져 있다
춘풍의 저편에	春風の彼方へ	伊丹万作	1930	
춤추는 영웅	The Boob	William A. Wellman	1926	
춤추는 환영	踊る幻影	鈴木重吉	1930	
충돌 깁슨	Riding For Fame	B. Reeves Eason	1928	
치인의 사랑	Of Human Bondage	John Cromwell	1934	
친구	ともだち	清水宏	1940	
침묵	Silence	Rupert Julian	1926	
카이로의 결혼	Cairo Season	Reinhold Schünzel	1933	
K대학교의 이글	大学のイーグル	川浪良太	1928	
콘돌	Only Angels Have WIngs	Howard Hawks	1939	
크랙커 잭	The Crackerjack	Charles Hines	1925	
크리스티나	Christina	William K. Howard	1929	
클레오파트라	Cloepatra	Cecil B. DeMille	1934	
키튼의 결혼광	Spite Marriage	Edward Sedgwick	1929	
킨	Kean	Alexandre Volkoff	1924	
킹 오브 킹스	The King of Kings	Cecil B. DeMille	1927	
킹콩	King Kong	Merian C. Cooper, Ernest B. Schoedsack	1933	
타잔의 복수	Tarzan and His mate	Cedric Gibbons, Jack Conway	1934	
탄광	The Toilers	Reginald Barker	1928	

탄환인가 투표인가	Bullets or Ballots	William Keighley	1936	
텍사스 결사대	The Texas Rangers	King Vidor	1936	
트럼프담	Le Roman d'un Tricheur	Sacha Guitry	1936	
파리취어	Dry Martini	Harry d'Abbadie d'Arrst	1928	
판도라의 상자	The Box of Pandora	G. W. Pabst	1929	
패전의 한은 길다	敗戦の恨は長し	稲葉蚊児	1930	
폭탄 돌진	Cheyenne	Albert S. Rogell	1929	
포템킨	Bronenosets Potemkin	Sergei M. Eisenstein	1925	
폭포의 한 줄기	瀧の白糸	溝口健二	1933	
폭풍의 삼색기	A Tale of Two Cities	Jack Conway 외	1935	
폼페이 최후의 날	The Last Days of Pompeii	Carmine Gallone, Amleto Palermi	1926	
푸른 하늘	青空	深川ひさし	1929	
풍운의 저편	風雲の彼方	広瀬五郎	1938	
풍운천만초지	風雲天満草紙	岡田敬	1930	
피에 물든 가라	血染の伽羅	渡辺邦男	1930	
하나부키 신하치	花吹雪新八	渡辺新太郎	1929	
하늘 맑음 삼단뛰기	天晴三段跳	木藤茂	1931	
하늘의 소년병	空の少年兵	井上莞	1941	문화영화
하늘의 왕자	Flight	Frank Capra	1929	
하늘의 젊은이	空の若人	南不競	1941	문화영화
하라다 가이	原田甲斐	白井戦太郎	1930	
하루만 숙녀	Lady for a Day	Frank Capra	1933	
하룻밤의 비밀	A Night of Mystery	Lothar Mendes	1928	
하얀 이에 놀라서	The Night Cry	Herman C. Raymaker	1926	
하얀 처녀지	Maria Chapdelaine	Julien Duvivier	1934	
한강	漢江	방한준	1938	

한 알의 보리	一粒の麦	福西ジョージ	1932	추정, 문화영화
함대입항	The Fleet's In	Malcolm St. Clair	1928	
항공기지	航空基地	高木俊朗	1941	문화영화
행운의 별	Lucky Star	Grank Borzage	1929	
헌 옷 장수 쿠건	Old Clothes	Edward Cline	1925	
현대일본	現代日本	藤田嗣治	1937	'어린이편' '여성편' 으로 구분된다
호걸 가마꾼	豪傑駕籠屋	江後岳翠	1929	
호걸 핫치	Go Get 'Em Hutch	George B. Seitz	1922	
호랑이 부인	His Tiger Wife	Hobart Henley	1928	
호반의 도적	湖畔の盗賊	清瀬英次郎	1930	
호반의 집	湖畔の家	金森万象	1930	
혼선행진곡	混線行進曲	福西穰治	1929	
홍당무	Poil de Carotte	Julien Duvivier	1932	
홍련정토	紅蓮淨土	星哲郎	1929	
화류병	花柳病	미상	1933	애니메이션
화장가게의 아가씨	紅屋の娘	根津新	1929	
환상의 그림자를 쫓아서	幻の影を追ひて	米沢正夫	1930	
환상의 마차	La Charrette Fantome	Julien Duvivier	1939	
환성을 받으며	歓声を浴びて	森永健次郎	1941	
활동배우	Show People	King Vidor	1928	
활주하라 켈리	Slide, Kelly, Slide	Edward Sedgwick	1927	
황국의 방패	皇国の楯	高木孝一	1941	
황금의 세계	The Trail of '98	Clarence Brown	1928	
황야	荒野	松本英一	1929	
흑경정	Der schwarze Walfisch	Fritz Wendhausen	1933	
흑기사	Der Schwarze Husar	Gerhard Lamprecht	1932	

흙에서 산다	土に生きる	三木茂	1941	조선영화 〈흙에서 산다(土に實る)〉와는 별개 작품
흰 쥐 이야기	白鼠物語	미상	미상	鈴木広昌 제작, 애니메이션
히노마루 타로	日の丸太郎	미상	미상	鈴木宏昌 작화·촬영
히타치 마루	常陸丸	阪田重則	1930	
히틀러 청년	Hitlerjunge Quex	Hans Steinhoff	1933	

기사 목록

1부

『활동구락부』

원문 호수	원문 쪽수	기사 제목	필자	자료집 쪽수
1924년 2월 (제7-2호)	88~89	〈열녀 춘향전〉		13

『활동잡지』

원문 호수	원문 쪽수	기사 제목	필자	자료집 쪽수
1924년 7월 (제7-7호)	70~71	선지(鮮支)영화계 단신 일본영화 천지가 대부분		16
	70~71	조선에서 영화제작을 개시		18

『연극과 키네마』

원문 호수	원문 쪽수	기사 제목	필자	자료집 쪽수
1924년 10월	미상	조선키네마와 쇼치쿠의 조선극		19
1924년 12월	미상	여배우의 집(2) 조선키네마 이월화		20

『키네마순보』

원문 호수	원문 쪽수	기사 제목	필자	자료집 쪽수
1927년 5월 21일 (제262호)	47	[일본영화 소개] 〈국경의 노래〉		21
	58	[영화평] 〈국경의 노래〉	기타가와 후유히코	22
1930년 4월 21일 (제363호)	13	〈잔다르크〉 조선 상영 금지		23
	79	[일본영화 소개] 〈승방비곡〉		24
		[일본영화 소개] 〈철인도〉		25
	97	[촬영소통신] 조선영화통신		26

1930년 5월 1일 (제364호)	131~132	[지방통신] 경성통신	다쓰야마 도시코	27
1930년 6월 1일 (제367호)	7	[시보란] 데이키네의 조선 진출		34
	115	[지방통신] 경성의 부		34
1930년 6월 11일 (제368호)	103	[지방통신] 경성의 부		35
1930년 6월 21일 (제369호)	90~91	[지방통신] 경성의 부		37
1930년 7월 1일 (제370호)	102	[촬영소통신] 조선영화통신		39
1930년 7월 11일 (제371호)	13	〈무엇이 그녀를 그렇게 만들었는가〉 상영에 임하는 두 가지 모험!	김영환	40
	70	[촬영소통신] 조선영화통신		42
	77	[지방통신] 경성의 부		43
1930년 7월 21일 (제372호)	68	[촬영소통신] 조선영화통신		44
	71	[지방통신] 경성의 부		45
1930년 8월 1일 (제373호)	117~118	[지방통신] 경성의 부		47
1930년 8월 11일 (제374호)	76	[촬영소통신] 조선영화통신		49
	85~86	[지방통신] 경성의 부		49
	87	[지방통신] 부산 키네마계의 근황	세이고 생	51
1930년 8월 21일 (제375호)	5	[시보란] 폭스 경성 지사, 대리점으로 변경		56
1931년 1월 1일 (제387호)	214	[촬영소통신] 조선영화통신		56
1931년 1월 21일 (제389호)	107	[지방통신] 경성의 부		57
1931년 2월 1일 (제390호)	105	[촬영소통신] 조선영화통신		58
1931년 4월 1일 (제396호)	13	[시보란] '활영교육' 선만에 진출		59
	218~219	영화관록		59
	219	영화관 통계		62
1936년 1월 1일 (제562호)	13	[시보란] 단신 한 다발		62

1936년 6월 1일 (제577호)	76	[광고] 〈장화홍련전〉		62
1939년 9월 21일 (제693호)	미상	[광고] 〈아리랑〉		63
	미상	[광고] 〈사랑을 찾아서〉		63
1940년 10월 11일 (제730호)	미상	[광고] 〈수업료〉		64
	미상	[광고] 〈복지만리〉		64

『키네마주보』

원문 호수	원문 쪽수	기사 제목	필자	자료집 쪽수
1933년 2월 10일 (제143호)	19	영화국책에 관한 건의안에 대하여	이와세 료	66
1933년 3월 3일 (제146호)	30	[광고] 〈거짓 국기 밑에서〉		68
1933년 4월 7일 (제150호)	36~38	일본에서의 발성영사기 분포	키네마주보 편집부	68
1933년 5월 19일 (제156호)	7	영화국책 수립을 위한 내각 직속 영화국 실현의 기운 다가오다		69
1933년 6월 30일 (제161호)	7~9	영화국책에 관한 제 문제 영화국책이란 어떤 것인가	다나카 준이치로	70
1933년 9월 1일 (제169호)	8	조선에서도 영화정책 실시		78
1933년 10월 13일 (제174호)	9	영화국책에 관한 경보국 안의 제시 요강을 검토하다(1)		79
	10	대일본, 국산 양 협회 영화국책에 건의		83
1933년 10월 27일 (제176호)	9	영화국책에 관한 경보국 안의 제시 요강을 검토하다(2)		83
	10	조선총독부에서 국산영화 할당법 시행		85
1933년 11월 10일 (제178호)	31	[광고] 〈바다의 생명선〉		86
1933년 11월 17일 (제179호)	20	조선의 영화통제에 대해서	시바타 요시야스	86
1934년 1월 19일 (제184호)	11	국책영화의 강제상영 우리 나라에서도 곧 의회에 제출되는가		89

1934년 3월 23일 (제192호)	8	영화국책안 드디어 각의에서 결정		90
1934년 4월 27일 (제196호)	9	민업통제 및 수출영화 통제안 드디어 만들어지다		91
1934년 5월 11일 (제198호)	10	한발 앞서 조선에서 영화통제		92
1934년 5월 18일 (제199호)	20	실천적 영화국책 비판	이시마키 요시오	92
1934년 8월 17일 (제209호)	6	국산영화 장려의 조선영화 통제 9월 1일부터 실시		96
1935년 1월 4일 (제224호)	55~68	일본 전국 영화흥행 조사 전국 영화흥행 조사에 나타난 제 현상	다나카 준이치로	96
1935년 2월 22일 (제230호)	28	영화인 국기(121) 대만, 조선의 권	규칸초	101
1935년 5월 31일 (제241호)	15	경성영화계 도와가 최고 순위		104
1935년 6월 7일 (제242호)	11	경성흥행가, 서양물 34편 소화		104
1935년 6월 28일 (제244호)	9	경성 쇼치쿠자		106
1935년 10월 11일 (제254호)	22	신코키네마 만추의 레파토리		106
1935년 10월 18일 (제255호)	11	북만주영화계 방화관이 발전하고 있다	구와타 생	107
1935년 11월 1일 (제256호)	8	최승희를 출연시키고 나서 키네마팔레스 들끓다		107
1936년 2월 7일 (제262호)	27	신코키네마 초봄의 레퍼토리		109
1936년 8월 14일 (제273호)	13	조선영화주식회사 만들어지다		109
1936년 10월 2일 (277호)	8~9	상영 금지 명령에 위협받는 영화계	오모리 히코로쿠	110
1937년 3월 11일 (제287호)	5	〈나그네〉나 〈벌거벗은 거리〉도 SY상영인가		114

1937년 4월 11일 (제289호)	88~92	문화영화 배급제작소 일람표	키네마주보 편집부	115
	92~93	문화교육영화 관계 단체 일람표	키네마주보 편집부	130
1937년 5월 21일 (제290호)	26~33	[칼리지 시네마] 〈나그네〉 합평		136
1937년 6월 1일 (제291호)	25	〈오야케 아카하치〉		148
1938년 9월 5일 (제327호)	1	[오늘의 금언] 영화 검열에 대하여	히토미 생	149
1939년 9월 5일 (제338호)	27	[광고] 유럽영화는 도와상사 우수영화는 도와상사		151
1939년 3월 25일 (제345호)	1	오락을 없앨 수 없는 생활	히토미 나오요시	152

『영화평론』

원문 호수	원문 쪽수	기사 제목	필자	자료집 쪽수
1932년 12월	113~114	[평론] 〈임자 없는 나룻배〉	이다 히데요	155
1937년 5월 (제135호)	미상	[광고] 〈나그네〉		156
1937년 6월 (제136호)	112~114	[평론] 〈나그네〉	기지마 유키오	157

『시나리오 연구』

원문 호수	원문 쪽수	기사 제목	필자	자료집 쪽수
1938년 5월	111~115	조선영화와 그 시나리오	최동일	161
	미상	[광고] 〈군용열차〉		165

『시나리오 행동』

원문 호수	원문 쪽수	기사 제목	필자	자료집 쪽수
1939년 10월	18~20	조선영화와 그 시나리오	최동일	167

『영화의 친구』

원문 호수	원문 쪽수	기사 제목	필자	자료집 쪽수
1939년 1월 (제17-1호)	97	조선에서	무라야마 도모요시	171
1939년 11월 (제17-11호)	미상	〈오쿠무라 이오코〉 조선 로케이션 스냅		173
	66~68	[선만 현지 로케 통신] 〈오쿠무라 이오코〉 로케이션 현장으로부터	도요타 시로	174
1940년 9월 (제18-9호)	121	[시사실] 단평	오쿠로 도요시	177
1940년 10월 (제18-10호)	78~79	반도영화에 대하여	니와 후미오 외	178
1940년 11월 (제18-11호)	72~73	[광고] 〈복지만리〉 〈집 없는 천사〉		181
1940년 12월 (제18-12호)	78~79	[담화실] 반도영화계에 보내는 말	장혁주	182

『스타』

원문 호수	원문 쪽수	기사 제목	필자	자료집 쪽수
1940년 10월 초순 (제8-18호)	미상	[광고] 〈복지만리〉 〈집 없는 천사〉		185
1940년 11월 하순 (제18-20호)	14~15	반도영화와 그 근황	노구치 히사미쓰	186

2부

『일본영화사업총람』

원문 호수	원문 쪽수	기사 제목	자료집 쪽수
1926년 (다이쇼 15년판)	102~103	본방 각 지방 영화계의 현 정세	193
1927년 (쇼와 2년판)	588~589	전국 영화 및 연예 회사 흥신록	194
	605~609	영화 관계 사업 조사록	196

1928~1929년 (쇼와 3, 4년판)	69	주요 상설관 월별 입장인원 통계	196
	161~168	전국 영화 및 연예 사업 회사 흥신록	197
	181~191	일본 영화사업자명록	198
	302~303	일본 영화관명록-조선	198

『국제영화연감』

원문 호수	원문 쪽수	기사 제목	자료집 쪽수
1934년 (쇼와 9년판)	126	영화 및 연예 광고 통계	201
	127~131	조선영화 검열·제작·흥행 통계	202
	353~367	중앙관공청·단체 문화영화 이용 상황	209
	454~456	전국 영화관명록-조선	215
	460~463	전국 주요 일간신문사 및 영화란 기자록	218

『일본영화연감』

원문 호수	원문 쪽수	기사 제목	자료집 쪽수
1941년 (쇼와 16년판)	미상	[광고] Rola	219
	미상	[광고] Paramount Pictures	219
	미상	[광고] RKO RADIO PICTURES	220
	미상	[광고] COLUMBIA PICTURES	221
	미상	[광고] METRO-GOLDWYN-MAYER PICTURES	221
	86~91	전국 영화관명록-조선	222

『영화연감』

원문 호수	원문 쪽수	기사 제목	자료집 쪽수
1942년 (쇼와 17년판)	7.1~7.25	[제1부 기록-조선] 조선영화계 일지	233
	7.3~7.5	[제1부 기록-조선] 영화정책 동향	240
	7.5	[제1부 기록-조선] 조선총독부 추천영화 일람	242

일제강점기 영화자료총서 13

일본어 잡지로 본 조선영화 6

초판 인쇄	2015년 12월 16일
초판 발행	2015년 12월 21일
기획 및 발간	한국영상자료원(KOFA)
펴낸이	류재림
펴낸곳	한국영상자료원
주소	서울 마포구 월드컵북로 400
출판등록	2007년 8월 3일 제 313-2007-000160호
대표전화	02-3153-2001
팩스	02-3153-2080
이메일	kofa@koreafilm.or.kr
홈페이지	www.koreafilm.or.kr
편집 및 디자인	현실문화연구 (02-393-1125)
총판 및 유통	현실문화연구

2015 ⓒ 한국영상자료원, 양인실, 이유미

값 25,000원

ISBN 978-89-93056-54-9 04680
      978-89-93056-09-9 (세트)